중국 산동성 불상

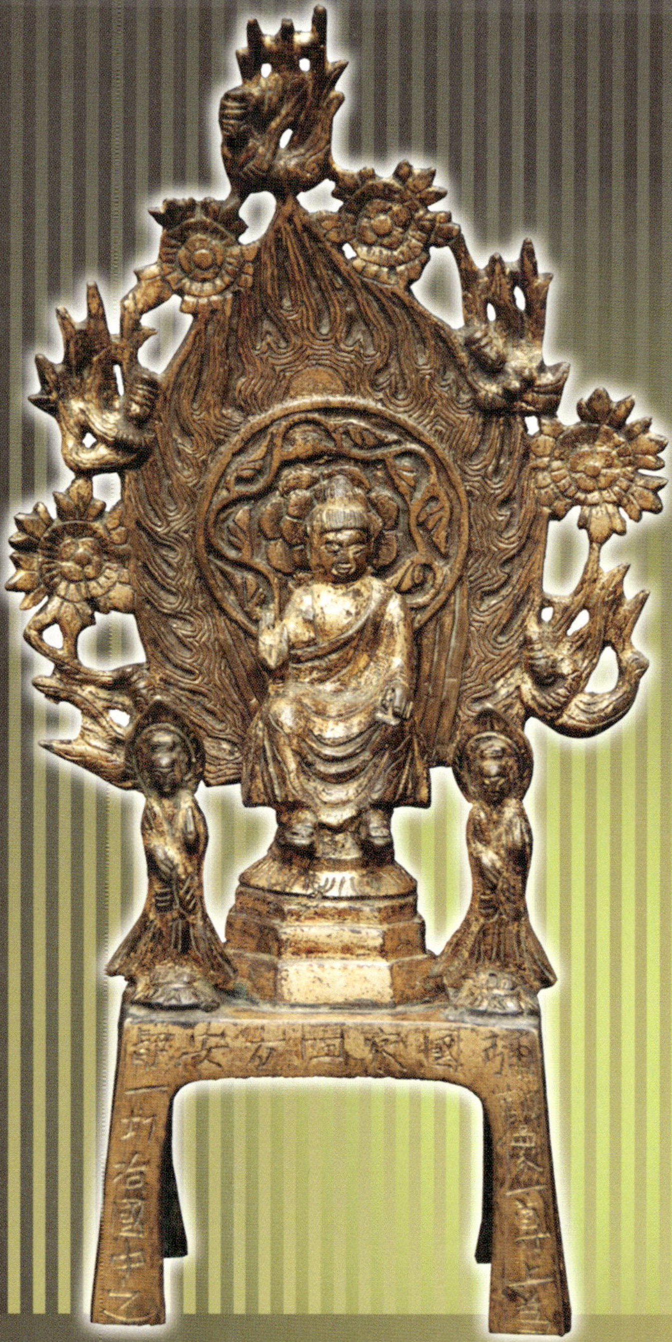

양은경 지음

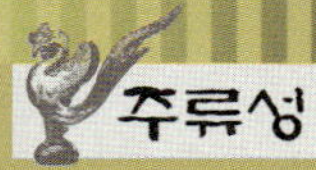

중국 산동성 불상

지은이__양은경
펴낸날__2010년 11월 10일
펴낸곳__주류성출판사
주소__서울특별시 서초구 서초동 1308-25 강남오피스텔 1309호
e-mail__juluesung@yahoo.co.kr
Homepage__www.juluesung.co.kr / www.juluesung.com / www.주류성.com
전화__02-3481-1024
팩스__02-3482-0656

값 22,000원

잘못된 책은 교환해 드립니다.
ISBN 978-89-6246-048-3   93900

중국 산동성 불상

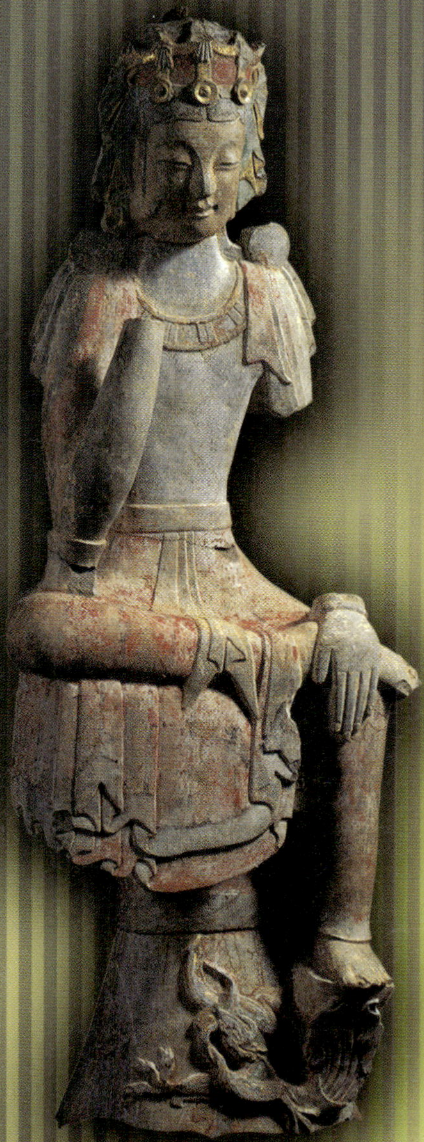

양은경 지음

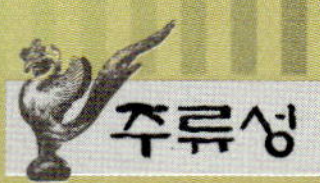

목차

Ⅲ. 금동불상(金銅佛像) • 155

1. 출토지와 내용 • 156

2. 시기별 특징 • 182

중국 산동성 불상

우리나라 삼국시대 대중 불교교섭에서 지리적으로 가장 중요한 지역이 바로 오늘날의 산동성이었다. 당시 고구려를 제외한 백제, 신라는 중국과의 대외 관계시에 해로를 적극적으로 활용하였다. 삼국은 모두 산동성을 경유하여 북방 혹은 남방지역으로 나아갔기 때문에 중국과의 해상교통에서 산동성이 차지하는 비중은 지대하였다.

산동성에서 출토된 금동불상은 우리나라 삼국시대 금동불상을 연구하는데 중요한 위치를 차지하고 있다. 또한 산동지역에서 동위~북제시대 조성된 반가사유상과 수대에 집중적으로 개착된 마애조상감은 우리나라 삼국시대 반가사유상, 마애불과 흡사하여 기원처로서의 중요성이 계속해서 강조되고 있다.

대학시절 우연히 한국 삼국시대 금동불에 매료된 이후 다른 나라 불교조각에 대해서도 관심을 가지게 되었다. 1990년대 초기 석사과정을 밟고 있던 필자는 중국 불교유적 답사에 참여하게 되는 기회를 가지게 되었다. 낯선 풍경이 신기하기도 하였지만 한국 불상의 교류처로서의 중국에 대해 알고 싶은 열정은 유학을 결심하게 하였다.

7년 반이라는 중국 유학시절 동안 필자가 중국 전역의 석굴과 불교조각상을 답사하고 조사하는 과정에서도 유난히 산동지역 불상에 대한 애착이 남달랐다. 산동성의 지형과 사람들의 인정이 고향 한국과 비슷하다고 느끼기도 하였고 음식들도 우리가 먹던 것과 유사한 것이 많다고 생각하였다.

그러나 실제 현장 속에서의 불상 조사는 그다지 순조롭지 않았다. 우선 산동성의 석굴은 중국의 기타 다른 석굴들과 달리 대부분 산 정상부에 개착되어 있기 때문에 등산이 만만치 않았다. 또한 금동불과 석불상들은 작은 도시에서도 출토가 많이 되었기 때문에 현장으로 가는 교통 사정이 원활하지 않아 애간장을 태운 적이 한두번이 아니었다.

한국 삼국시대 불교조각을 이해하고 연구하기 위해서는 지리적으로 가까운 중국 산동성의 상황을 이해해야 한다는 작은 관심에서부터 출발한 산동성 불상 조사는 이렇게 한 권의 책으로 출판되게 되어 감회가 새롭다.

우선 미진한 내용임에도 불구하고 출판을 흔쾌히 수락해 주신 주류성 출판사 최병식 사장님께 감사드린다. 또한 산동성 불상조사에 직접적인 도움을 주신 山東大學校 劉鳳君교수님과 銘文 운독에 많은 도움을 주신 목포대학교 최연식교수님께도 지면을 빌어 감사드린다. 마지막으로 도면 작성을 깔끔하게 해 준 제자 박윤배, 문지원학생에게도 감사를 전한다.

I

산동성(山東省)의 현황과 역사

산동성은 중국 동부의 황하(黃河) 하류에 소재하며 바다와 연접해 있다(도 1). 동경 114°47.5′~122°42.3′, 북위 34°22.9′~38°24.01′에 위치하며 반도와 내륙으로 구성되어 있다. 반도는 발해(渤海), 황해(黃海)와 닿아 있으며 요동반도(遼東半島)와도 서로 마주보고 있다. 내륙은 하북성(河北省), 하남성(河南省), 안휘성(安徽省), 강소성(江蘇省)과 연접해 있다. 산동성의 전체 면적은 15.78만㎢이다.[1]

산지구릉이 차지하는 면적은 5.34만km²이며 산동성 전체 면적의 34%를 차지한다. 평원분지는 약 10만km²로 65%를 차지하고 있으며 강,

---

1. 國立文化財研究所,『中國 所在 文化遺蹟 調査報告書』(國立文化財研究所, 1998), 16쪽: 李令芝編輯,『山東省地圖册』(山東省地圖出版社, 2009), 2쪽.

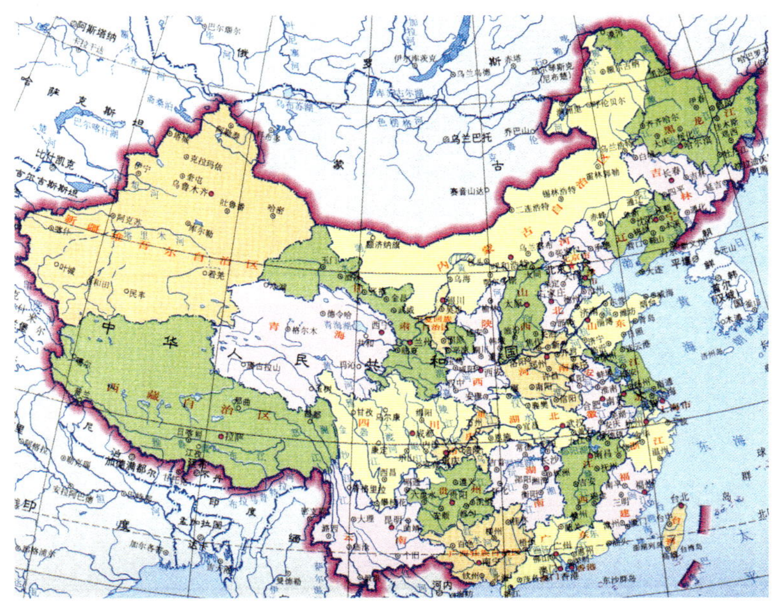

(도 1) 山東省 지도(張武冰 · 晋淑蘭主編, 『新編實用中國地圖册』(中國地圖出版社, 2006), 도1)

호수 등은 1%를 차지한다. 산동성 내에서 해발고도가 가장 높은 산은 태산(泰山)으로 1,545m이다. 산동성의 근해에 분포한 섬들은 모두 296 개이며 이중 면적이 가장 넓은 섬은 묘도군도(廟島群島)에 속한 남장 산도(南長山島)이다.

1990년 4차례의 인구조사를 통해 산동성에는 39종의 민족이 살고 있 는 것으로 확인된다. 이중 한족(漢族)이 총인구 수의 99.42%를 차지하 며 회족(回族), 만족(滿族), 몽고족(蒙古族), 장족(壯族), 조선족(朝鮮族) 등이 살고 있다.[2]

산동이라는 명칭은 최초 지리적인 개념에서 시작되었는데 효산(崤

2. 劉英文編輯, 『山東省地圖册』(山東省地圖出版社, 1993).

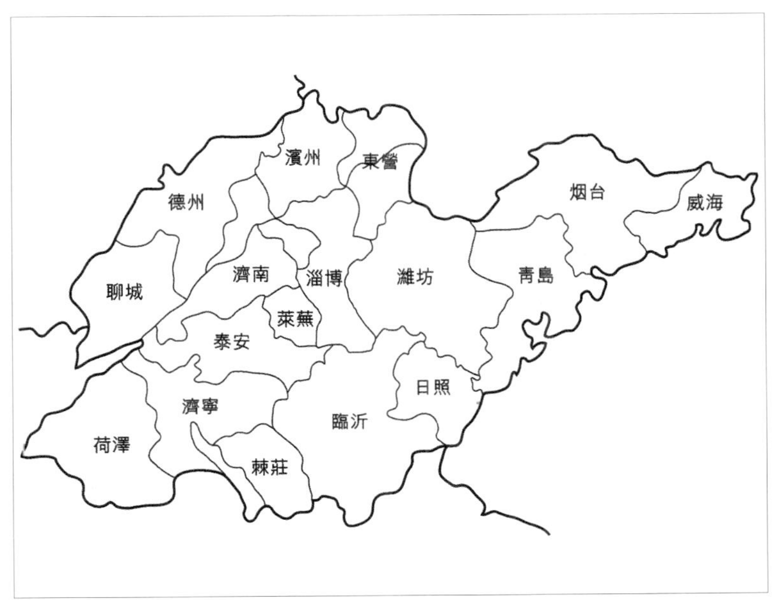

(도 2) 山東省 地級市地図

山), 화산(華山) 혹은 태행산(太行山) 동쪽의 황하 유역의 광대한 지역을 가리켰다. 금대(金代)인 1168년에 이르러 산동동·서로통군사(山東東·西路統軍司)가 설치되면서부터 "산동"이라는 행정구역 명칭이 시작되었다. 청대 초기에 산동성(山東省)이 설치된 이후 오늘날까지 이어지고 있다.

산동성의 중심 도시는 제남시(濟南市)이며 산동성 전체는 17개의 지급(地級)시(市, 도 2), 49개의 구(區), 31개의 현급시(縣級市), 60개 현(縣)으로 나뉘어져 있다. 산동성의 현재 행정구역 명칭을 표로 작성하면 아래의 【표 1】과 같다.

고대 산동은 제로(齊魯)라고 불렸는데, 제로라는 명칭은 서주시대 그 곳에 건립된 봉국(封國)의 이름에서 유래되었다. 산동지역에는 구

【표 1】 산동성의 행정구역 명칭(2008년 9월 기준)

지급시 (地級市)	구(區), 현급시(縣級市), 현(縣)
제남시 (濟南市)	역하구(歷下區), 괴음구(槐蔭區), 역성구(歷城區), 시중구(市中區), 천교구(天橋區), 장청구(長淸區), 장구시(章丘市), 평음현(平陰縣), 상하현(商河縣), 제양현(濟陽縣)
청도시 (靑島市)	시남구(市南區), 사방구(四方區), 노산구(嶗山區), 성양구(城陽區), 시북구(市北區), 황도구(黃島區), 이창구(李滄區), 즉묵시(卽墨市), 교남시(膠南市), 교주시(膠州市), 평도시(平度市), 내서시(萊西市)
치박시 (淄博市)	치천구(淄川區), 박산구(博山區), 주촌구(周村區), 장점구(張店區), 임치구(臨淄區), 환대현(桓臺縣), 기원현(沂源縣), 고청현(高靑縣)
조장시 (棗莊市)	시중구(市中區), 역성구(嶧城區), 산정구(山亭區), 설성구(薛城區), 대아장구(台兒莊區), 등주시(滕州市)
동영시 (東營市)	동영구(東營區), 간리현(墾利縣), 하구구(河口區), 이진현(利津縣), 광요현(廣饒縣)
연대시 (煙臺市)	지부구(芝罘區), 모평구(牟平區), 복산구(福山區), 내산구(萊山區), 내양시(萊陽市), 봉래시(蓬萊市), 서하시(棲霞市), 용구시(龍口市), 내주시(萊州市), 초원시(招遠市), 해양시(海陽市), 장도현(長島縣)
유방시 (濰坊市)	유성구(濰城區), 방자구(坊子區), 한정구(寒亭區), 규문구(奎文區), 청주시(靑州市), 수광시(壽光市), 고밀시(高密市), 제성시(諸城市), 안구시(安丘市), 창읍시(昌邑市), 임구현(臨朐縣), 창락현(昌樂縣)
제령시 (濟寧市)	시중구(市中區), 임성구(任城區), 연주시(兗州市), 곡부시(曲阜市), 추성시(鄒城市), 미산현(微山縣), 금향현(金鄕縣), 문상현(汶上縣), 양산현(梁山縣), 어대현(魚臺縣), 가상현(嘉祥縣), 사수현(泗水縣)
태안시 (泰安市)	태산구(泰山區), 대악구(岱岳區), 신태시(新泰市), 비성시(肥城市), 영양현(寧陽縣), 동평현(東平縣)
위해시(威海市)	환취구(環翠區), 영성시(榮成市), 문등시(文登市), 유산시(乳山市)
일조시(日照市)	동항구(東港區), 남산구(嵐山區), 거현(莒縣), 오련현(五蓮縣)
내무시(萊蕪市)	내성구(萊城區), 강성구(鋼城區)
임기시 (臨沂市)	난산구(蘭山區), 하동구(河東區), 나장구(羅莊區), 담성현(郯城縣), 창산현(蒼山縣), 평읍현(平邑縣), 몽음현(蒙陰縣), 기남현(沂南縣), 기수현(沂水縣), 비현(費縣), 거남현(莒南縣), 임술현(臨沭縣)
덕주시 (德州市)	덕성구(德城區), 우성시(禹城市), 낙릉시(樂陵市), 영진현(寧津縣), 임읍현(臨邑縣), 평원현(平原縣), 무성현(武城縣), 능현(陵縣), 경운현(慶雲縣), 제하현(齊河縣), 하진현(夏津縣)
요성시 (聊城市)	동창부구(東昌府區), 임청시(臨淸市), 신현(莘縣), 동아현(東阿縣), 고당현(高唐縣), 양곡현(陽谷縣), 치평현(茌平縣), 관현(冠縣)
빈주시 (濱州市)	빈성구(濱城區), 양신현(陽信縣), 첨화현(沾化縣), 추평현(鄒平縣), 혜민현(惠民縣), 무체현(無棣縣), 박흥현(博興縣)
하택시 (菏澤市)	목단구(牡丹區), 선현(單縣), 거야현(巨野縣), 견성현(鄄城縣), 동명현(東明縣), 조현(曹縣), 성무현(成武縣), 운성현(鄆城縣), 정도현(定陶縣)

석기시대부터 사람이 살기 시작하였으며, 이 곳은 신석기시대 대문구(大汶口), 용산(龍山)문화의 발상지이기도 하다. B.C 11세기 주(周) 무왕 시기 주공(周公) 희단(姬旦)은 노(魯)나라에서 하늘에 제사를 지내고 예절과 음악을 만들었다. 춘추시대 공자가 이곳에서 출생하여 유교사상을 탄생시켰다.

서주, 춘추시대 산동은 제, 노, 조(趙), 등(滕), 설(薛), 담(郯), 거(莒), 송(宋), 위국(魏國)에 속해 있었다. 전국시대 후기에는 넓게는 제(齊)에 속했으며 그 남북에는 초(楚), 조(趙)가 있었다. 진나라가 전국을 통일한 이후 산동은 제군(齊郡), 낭야(琅琊), 동해(東海), 설군(薛郡), 동군(東郡), 등군(等郡)으로 나뉘었다. 한 무제 B.C 106년 전국에는 13부주(部州)가 설치되었는데, 산동은 청주(靑州), 연주(兗州), 서주(徐州)에 속하였다. 동한시대 산동지역에는 청주, 서주, 연주, 예주(豫州)가 설치되었다.

서진 초기 산동은 청주, 서주, 연주, 예주, 기주(冀州)에 속하였으며 회제(懷帝: 307~313년) 이후에는 후조, 전연, 전진, 남연이 할거하였다. 동진 안제(安帝) 410년에는 유유(劉裕)가 남연을 평정하였으며 청주, 연주, 서주가 다시 설치되었다. 이후 기주가 덧붙여 설치되어 역성(歷城: 오늘날의 제남)을 다스렸다. 북위가 산동지역을 점령했던 469년에는 북위 영토로 편입되었다. 이후 동위, 북제, 북주가 교체되었으며 수 왕조가 북방을 통일한 후 전국에 다시 13부주를 두었다. 산동은 당시 청주, 서주, 연주, 예주에 속하였다.

당대 정관(貞觀) 초기에 전국을 10도(道)로 나누었는데 산동의 황하와 제남 이남은 하남도(河南道), 그 북쪽은 하북도(河北道)에 속했다. 북송대에는 도(道)를 로(路)로 개칭하여 전국을 24로로 나누었다. 산동지역은 경동동로(京東東路), 경동서로(京東西路)로 나뉘었다. 금대 1168년에 산동동서로는 군사(軍司)로 통일되었으며 익도(益都: 현 청주시)가 여전히 중심도시였다. 이 이후부터 "산동"이라는 단어가 정식적인 지방 행정구역으로 명명되기 시작하였다.

명대 1368년 산동행중서성(山東行中書省)이 청주에 설치되었으며 이후 1376년 이 산동행서성은 청주에서 제남으로 이동되었다. 청대에 들어와 산동지역의 정식 행정명은 산동성(山東省)으로 명명되기 시작하였고 지금까지 이어지고 있다.[3]

큰 바다와 접하고 있는 산동지역은 중국의 2대 신화 중 하나인 봉래(蓬萊)신화의 발생지이기도 하다.[4] 신화 속의 봉래선산(蓬萊仙山)이 산동지역의 무성한 산림과 환상속에 존재한다는 것이다. 산동성에는 오악(五嶽) 중 으뜸인 동악 태산이 자리하고 있다. 봉래산과 태산은 불로장생을 꿈꾸었던 진시황, 한 무제와도 밀접한 관련을 맺고 있다. 이곳에서는 도교가 발전하여 수많은 도궁(道宮), 도관(道觀)이 건립되기도 하였다.[5]

이렇듯 유구한 역사를 자랑하는 산동지역에는 찬란한 문화가 꽃피었고 오늘날 수많은 명승고적이 현존한다. 불교가 산동에 전래된 이후 산동의 불교 중심지는 제남-치박(淄博)-청주 일대 지역이었다.

청주는 산동반도 중부에 위치하고 있으며 현재 행정구역상 유방시(濰坊市) 관할에 속해 있다. 총 면적은 1,569㎢에 달한다. 청주는 고대 중국의 아홉 개 주(州) 중 하나이며 구석기시대부터 사람들이 이 곳에 살기 시작하여 신석기시대에는 북신문화(北辛文化), 용산문화(龍山文化)를 꽃피웠다.

---

3. 安作璋主編,『山東通史』(山東人民出版社, 1994), 1~2쪽.
4. 또다른 하나의 신화는 곤륜(崑崙)신화이다.
5. 趙浦根·朱赤主編,『山東寺廟窟龕』(齊魯書社, 2002), 1~3쪽.

동한시대 산동지역에 청주가 설치된 이후 명대까지 산동지역의 중심 도시는 청주였다. 흔히 청주지역은 현 청주시를 중심으로 하여 인접한 임구현, 제성시 등을 모두 포함한 범위를 의미한다.

청주는 고대 산동지역의 정치, 경제, 사회, 문화의 중심지였다. 그러나 명대 1376년부터 제남이 청주의 기능을 대신하여 정치적인 중심지로 부상함으로써 청주는 그 위상이 점점 쇠락하였다. 오늘날의 청주시에는 타산석굴, 운문산석굴, 용흥사(龍興寺) 유적지가 명승고적으로 손꼽힌다.

제성시는 산동반도 동남부에 위치하며 총면적은 2,183㎢에 이른다. 행정구역상 유방시에 속해 있다. 제성시는 서한 B.C 181년 동무현(東武縣)이 설치된 이후 낭야군(琅琊郡), 고밀군(高密郡), 밀주(密州) 등으로 명명되었다. 제성시의 역사는 유구하다. 지금까지 제성시에서는 고생물 화석을 비롯하여 신석기시대, 상주, 한대 문화유적지가 260여 곳이 발견되었다. 또한 고대 불교사원으로는 당대(唐代)의 용흥사(龍興寺), 등홍선사(東洪禪寺)와 송대 서석불사(西石佛寺)가 확인되었다.[6]

제남시는 현재 산동성의 중심 도시이며 총 면적은 8,177㎢이다. 남쪽으로는 태산, 북으로는 황하와 연접해 있다. 역사가 유구한 고대 도시이며 신석시시대부터 인류가 살기 시작하여 대문구문화, 용산문화를 형성하였다. 춘추전국시대에는 제(齊)나라가 소재했으며 진대에는 제북군(齊北郡)이 설치되었다. 한대에 오늘날의 장구시(章丘市) 평릉성(平陵城)에 제남군(濟南郡)이 설치되면서 "제남"이라는 단어가 출현하였다.

위진남북조시대에는 전란이 많이 발생하였기에 진(晉) 영가(永嘉) 연간(307~312년) 제남군은 동평릉에서 역성(歷城)으로 관할지가 옮겨졌다. 수대 583년에는 제남군(濟南郡)이 제주(齊州)로 개명되었으며 이

---

6. 李洪波主編, 『諸城文化志』(中國文史出版社, 2004), 392~416쪽.

후 송대 1116년에는 제주(齊州)가 제남부(濟南府)로 승격되면서 발전을 계속하였다. 명대 초기 제남에 산동행성(山東行城)이 설치되면서 산동지역 최고의 정치장관이 이 곳에 거주하게 되었다. 이에 제남은 산동성의 정치 중심지로 부상하게 되었으며 이전시기 산동의 중심지였던 청주를 대신하여 크게 발전하였다.

제남지역 중 제남시에 속하는 대표적인 문물고적으로는 중국 최고(最古)의 석탑 사문탑(四門塔)을 비롯하여 천불애, 청동산 대불사 마애조상, 구탑사 구정탑(九頂塔)이 있다. 장청구에는 영암사(靈巖寺), 오봉산 연화동석굴 등이 문물고적으로 손꼽힌다.

산동지역은 동한대 이래 불교의 극성으로 인해 현재 이 지역에서는 많은 사원과 사원유적지, 석굴, 불상 등이 발견되었다. 남북조에서 수대에 걸쳐 불교와 불교 조각상은 산동지역만의 지역성이 강한 특징을 형성하였다. 최근 청주시, 제성시를 중심으로 출토된 엄청난 수량의 석불상과 박흥현(博興縣)을 중심으로 출토된 금동불상들은 정확한 출토지와 더불어 그 양식의 선진성과 독자적인 풍격으로 인해 학계의 관심을 집중시키고 있다.[7] 특히 박흥현과 제성시에서 출토된 금동불상은 한국 삼국시대 금동불상을 연구하는데 아주 중요한 위치를 차지하고 있다.

지리적으로 한국과 가장 가까운 위치를 차지한 중국 산동의 불교 조각상은 한국 삼국시대 불교 조각상과의 유사성으로 인해 두 지역간의 밀접한 교류관계를 확인할 수 있다. 이렇듯 중요한 산동성 불교조각에 대해 다음에서 자세히 서술하도록 하겠다. 그리고 본문에서는 행정적인 산동성이라 하지 않고 문화와 관련하여 산동지역이라고 명명하도록 하겠다.

---

7. 劉鳳君, 「靑州地區北朝晩期石佛像與"靑州風格"」, 『考古學報』1(2002), 39~58쪽: 劉鳳君主編, 『黃河三角洲佛敎造像硏究』(山東人民出版社, 2003), 229~252쪽.

Ⅱ

불교석굴(佛敎石窟)과
마애조상(磨崖造像)

산동지역의 석굴과 마애조상(磨崖造像)에는 현존하는 명문이 많이 남아 있는데 특히 수당대에 집중되었다. 청주시(靑州市), 제남시(濟南市), 동평현(東平縣)을 중심으로 석굴과 마애조상감이 집중적으로 분포되어 있다. 그러나 이 지역의 석굴과 마애조상에 대한 연구는 그다지 많지 않다. 타산석굴(駝山石窟)과 운문산석굴(雲門山石窟)을 제외한 나머지 석굴들은 대부분 자연 동굴을 이용하거나 암벽면에 얕게 새겨져 있기 때문에 보존상태가 양호하지 못하며 대부분 규모가 작기 때문에 학술계의 주목을 받지 못하였다.

산동지역의 석굴과 마애조상감에 대한 연구는 외국 학자들로부터 시작되었다. 스웨덴의 시렌(Osvald Sirén),[8] 프랑스의 샤반(E. É. Chavannes),[9] 일본 세키노 다다시(關野貞)와 도키와 다이조(常

盤大定)는 여러 차례 중국을 방문하여 이 지역 석굴과 마애조상감을 조사하였다.[10) 이들의 조사보고서는 개설적인 내용이 대부분이지만 그 가운데 일본학자들의 조사내용은 비교적 자세한 편이다. 그들이 남긴 사진자료들은 현재 파손된 불상의 원모습을 이해하는데 도움을 주고 있다.

중국은 1950년대에 접어들어 형삼림(荊三林), 염문유(閻文儒) 등이 교학의 필요성에 의해 제남, 청주일대 석굴과 마애조상을 전문적으로 조사하여 논문을 발표하였다.[11) 그러나 이들의 연구조사는 모두 석굴과 마애조상감에 대한 문자기록과 사진촬영, 명문 확인 등의 작업이 주요한 것으로 깊이 있는 연구를 이루지는 못하였다. 최근에는 제남시 부근의 마애감과 청주 타산석굴을 중심으로 한 이 지역의 석굴에 대한 전문적인 논문이 몇 편 발표되기도 하였다.[12)

하지만 산동지역 석굴과 기타 지역과의 비교, 당시 가장 유행한 불교조각 소재와 공양인·불교사상 변화, 단독 금동상·석불상과의 비교관계 등 종합적인 고찰과 심도 있는 토론을 하는 수준은 되지 못하고 있다. 따라서 필자는 이전시기 학자들이 소홀히 했던 이러한 문제들을 중심으로 하여 산동지역 불교석굴과 마애조상을 살펴보도록 하겠다.

---

8. Osvald Sirén, *Chinese Sculpture From the Fifth to the Fourteenth Century*, London: Ernest Benn, Ltd, 1925.

9. E. É. Chavannes, *Mission archéologique dans la Chine Septentrionale*, Paris: leroux, 1909~1915.

10. 關野貞·常盤大定, 『支那佛敎史迹』4(佛敎史迹硏究會, 1927): 關野貞·常盤大定, 『支那文化史迹』4(法藏館, 1939).

11. 荊三林, 「濟南近郊的北魏隋唐造像」, 『文物參考資料』9(1955), 22~39쪽: 荊三林, 「關於濟南近郊的北魏隋唐造像的初步意見」, 『文物參考資料』3(1956): 閻文儒, 「雲門山與駝山」, 『文物參考資料』10(1957), 30~33쪽: 荊三林, 「濟南郊外歷代石窟及摩崖造像」上·下, 『現代佛學』5·6(1958), 17~21, 20~22쪽.

1. 분포지와 내용

산동지역의 석굴과 마애조상은 현 제남시(濟南市), 청주시(靑州市), 동평현(東平縣)에 많이 개착되어 있으며 임구현(臨朐縣), 기원현(沂源縣), 교남시(膠南市) 등에도 산발적으로 분포한다(도 3). 이중 청주시 타산 제1, 2, 5굴과 용동 제5굴, 천불산 제4, 6, 7굴 등의 몇몇 석굴을 제외하면 대부분의 예는 마애조상감에 속한다.[13]

여기서 한 가지 우리가 고려해야 될 부분은 석굴의 의미인데, 석굴은 규모가 크고 네 벽면을 가지고 있으며 정식의 석굴문을 가지고 있는 것을 일컫는다.[14] 그러나 위에서 언급한 산동지역 석굴은 비록 석굴문과 네 벽면을 가지고 있지만, 타산 제1, 2굴을 제외한 용동, 천불산은 규모가 작다. 이중 남북조시대에 개착된 황석애 마애조상, 용동 마애조상의 제1호 동굴을 제외한 나머지는 대부분 수대에 개착되었다. 신통사 천

---

12. 최근에 발표된 논저로는 아래와 같은 대표적인 글이 있다.
　① 阪井卓,「神通寺千佛崖の唐代初期造像について」,『佛敎藝術』159(1985), 63~76쪽 ② 泰安市文物考古硏究室,「山東東平白佛山石窟造像調査」,『考古』3(1989), 231~233쪽 ③ 陳聿東,「山東隋代石窟藝術探析」,『南開學報』5(1992), 69~75쪽 ④ 張總,「白佛山等十六王子像槪述」,『敦煌硏究』3(1998), 28~33쪽 ⑤ 張總,「北朝至隋山東佛敎藝術査硏新得」,『漢唐之間的宗敎藝術與考古』(文物出版社, 2000), 61~81쪽 ⑥ 梁銀景,「中國 駝山石窟 佛敎雕刻에 대한 考察」,『佛敎美術硏究』2(1995), 123~148쪽 ⑦ 李裕群,「駝山石窟開鑿年代與造像題材考」,『文物』6(1998), 47~56쪽 ⑧ 李淸泉,「濟南地區石窟, 摩崖造像調査與初步硏究」,『藝術史硏究』2(2000), 329~442쪽 ⑨ 梁銀景,『隋代佛敎窟龕硏究』(文物出版社, 2004), 58~60쪽 ⑩ 양은경,「中國 山東지역 隋代 佛敎石窟과 摩崖造像」,『강좌 미술사』20(2003), 185~224쪽.

13. 용동, 옥함산, 천불산, 신통사 천불애 등의 마애조상감의 번호는 현재 학계에서 공식적으로 명명한 것이 없는 관계로 저자가 임의로 정한 것을 사용하겠다.

14. 마쓰창 외 저·양은경 역,『중국 불교석굴』(다홀미디어, 2006), 288쪽.

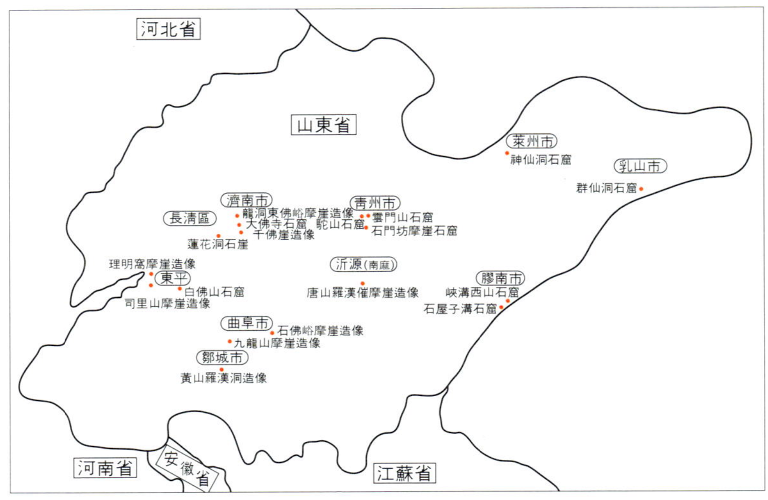

(도 3) 山東省 佛敎石窟과 磨崖造像龕의 분포도

불애, 백불산, 연화동, 동불욕사, 이명와, 석문산 등은 당대에 개착되었으며 사리산, 불혜산의 마애조상은 송대의 작품이다. 분포지를 기준으로 하면 크게 청주, 제남, 동평, 노중(魯中),[15] 교남일대로 나눌 수 있는데 이를 기준으로 하여 산동지역의 석굴과 마애조상의 현황에 대해 살펴보기로 하겠다.

(1) 청주지역(靑州地域)

청주시에 소재한 타산석굴, 운문산석굴이 대표적이다(도 4). 이 두 석굴은 석굴과 마애조각상이 모두 있지만 흔히 "석굴"로 통칭되며, 남북조, 수, 당대에 조성되었다.

---

15. "魯中"은 산동성에서 중간 지점에 해당되는 곳으로 임구현, 기원현이 이에 속한다.

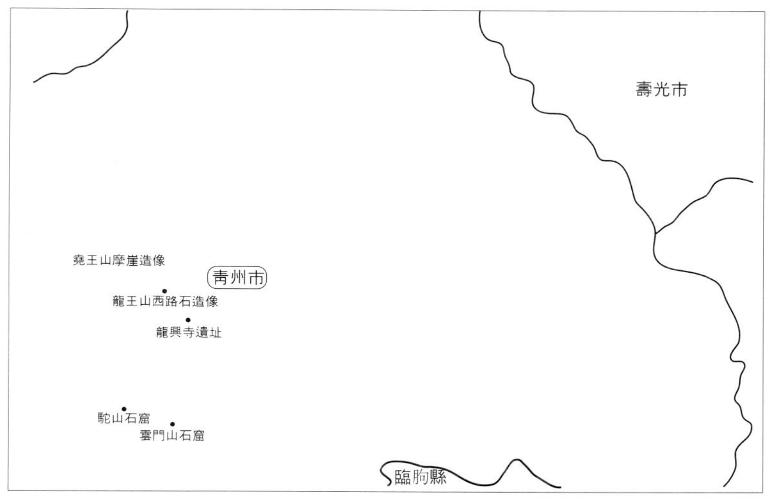

(도 4) 駝山石窟, 雲門山石窟 위치도

1) 타산석굴(駝山石窟)

청주시에서 서남쪽으로 약 6km 떨어진 왕가장(王家莊)의 서쪽에 위
치하며 운문산석굴과 마주보고 있다. "타산"이란 명칭은 멀리서 바라
본 산의 모습이 마치 낙타가 엎드려 누워 있는 것과 같은 형상에서 유
래한다.[16] 산의 풍경이 아름답고 고적이 많아 예로부터 "청주팔경(靑
州八景)" 중 하나였다. 문헌기록에서는 언제부터 이 곳이 타산으로 불
렸는지 명확하지 않으나 석굴 내에 새겨진 명문에 근거하면 적어도 당
대에는 타산사(駝山寺)로 불려졌음을 알 수 있다.

석굴은 산 정상부 석회암 바위벽에 뚫려 있으며, 석굴 윗부분의 산
정상에는 황폐화된 호천궁(昊天宮) 유적지가 있다. 원래 타산사라는

---

16. 董傳運, 『山東名勝古迹』(山東友誼書社, 1989), 77쪽.

불교사원이 이 곳에 건립되었으나 송대에 황제의 도교숭배로 인해 도교사원인 오천궁으로 개명되었다.[17]

현재 석굴 입구인 북쪽에서 남쪽으로 석굴이 조영되어 있다. 가장 북쪽의 석굴은 장방형의 작은 굴로 석굴 내부에 조각상이나 벽화가 전혀 없는 것으로 보아 예굴(瘞窟)[18]로 여겨진다. 예굴을 제외한 타산석굴의 동굴은 모두 5개, 마애조상감이 1개 현존한다.[19]

① 제1굴

현재 타산석굴 입구에 들어서면 가장 먼저 위치한 석굴로, 평면구조는 장방형이며 천정은 평평하다(도 5). 석굴 넓이는 2.15m, 높이 1.8m,

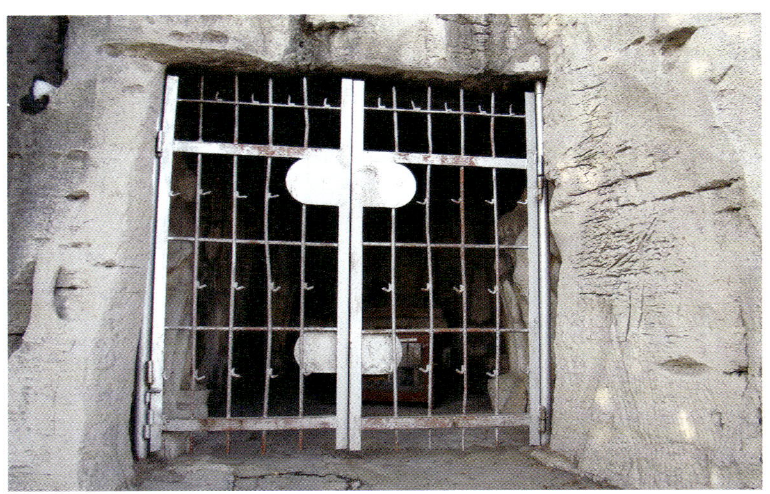

(도 5) 駝山石窟 제1굴(唐) 전경

17. 馮蜂鳴,『巨佛, 駝山, 仰天山文化探源』(中國文聯出版社, 2000), 126~136쪽.
18. 예굴이란 승려의 시체를 넣어 둔 동굴을 뜻하며 일종의 승려의 무덤인 셈이다.
19. 梁銀景,「中國 駝山石窟 佛敎彫刻에 대한 考察」,『佛敎美術硏究』2(1995), 123쪽.

깊이는 남쪽이 약 3.5m, 북쪽은 약 3m이며 석굴 입구 폭은 2.11m이다. 중앙 정벽에 평평한 불단을 설치한 후 본존불좌상 1구, 나한상 2구를 배치하였으며 좌우 벽면에는 보살상 4구, 역사상 2구, 작은 불감이 4개 새겨져 있다(도 6).

남벽의 인왕상과 보살상 사이에 있는 감은 이회옹(李懷雍)이 703년 조성하였으며(아래의 C), 협시보살상과 보살입상 사이에 있는 불감은 윤사정(尹思貞)의 발원으로 702년 개착되었다(아래의 B). 북벽의 협시보살상과 보살입상 사이에 있는 감은 임현람(任玄覽)이 702년 조성하였다(아래의 A). 각각의 명문은 아래와 같다.[20]

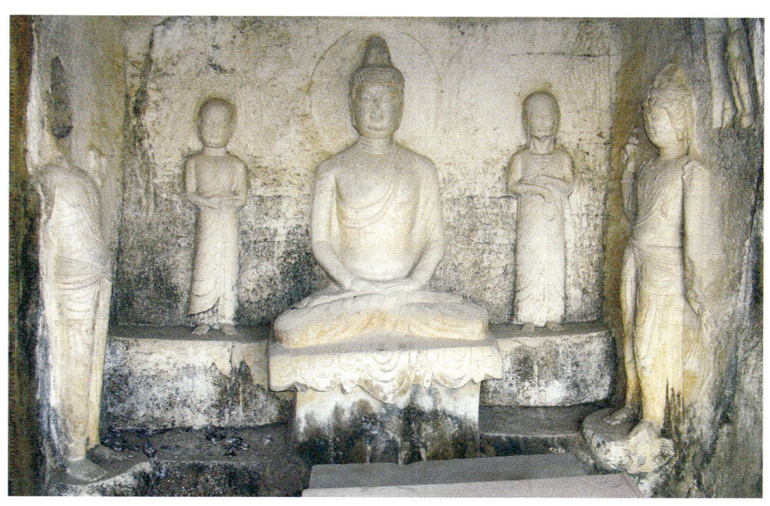

〈도 6〉 駝山石窟 제1굴(唐) 내부

20. 타산석굴의 명문 내용은 필자가 현지 조사한 것임.

• A: 長安二年三過卄日戊辰卄六日癸巳, 前羽林郎任玄覽, 奉□於紫家軍□, 敬造觀世音菩薩一軀, 及亡過父母, 亡兄楚秀, 亡女玉羅, 見存眷屬, 及法界倉生, 咸同私福

[장안2년(702) 20일 무진 26일 계사에 전우림랑 임현람은 자가군에서 □하여 관세음보살상 1구를 경건하게 조성하였다. 죽은 부모와 죽은 형 초수, 죽은 딸 옥라와 살아있는 집안식구들 및 법계창생이 이 복을 누리기를 기원한다]

• B: 長安二年歲次七□庚辰□五日壬子, 靑州益縣佛弟子尹思貞, 爲亡過妻張氏, 及女待興見, 施淨財於馳山寺, 敬造石一佛像鋪, 上爲金輪皇帝, 下及師僧父母, 及衆子大火埃扛群生於相浪, 亡者往生淨土, 得樂無窮, 法界蒼生, 咸同私福

[장안2년(702) 세차 칠□ □5일 임자에 청주 익현의 불제자 윤사정은 죽은 부인 장씨와 딸을 다시 보기를 기대하며 깨끗한 재산을 타산사에 시주하여 석불상 1구를 조성한다. 위로는 금륜황제를 위하고 아래로는 사승, 부모 및 중생들이 고난을 이기기를 원하며 죽은 자들은 정토 왕생하여 무궁한 즐거움을 얻기를 바라며 법계창생의 모두가 이 복을 누리기를 바란다]

• C: 長安三年十月十九日, 李懷雍爲亡過母任, 及妹□□見存父, 茲施淨財, 敬造弥陁像一鋪, 普願見在眷屬, 咸同斯福, 高文絕書

[장안3년(703) 10월19일, 이회옹은 죽은 어머니 임씨와 여동생, 현존하신 아버지를 뵙기를 원하여 재산을 시주하여 미타상 1구를 조성한다. 집안식구들은 복을 이루기를 바라며 고문절이 글을 쓴다]

　　본존불좌상은 목에 7엽으로 구성된 목걸이, 오른팔에 꽃모양의 팔찌
를 착용하였다. 역사상은 "咸通十三年二月八日[함통13년 2월 8일]"이
란 명문에 의해 당 872년에 조성되었음을 알 수 있다. 제1굴은 적어도
702년 이전에 본존불상과 보살상 등이 먼저 조성되었으며 이후에 소불
감과 인왕상, 2구의 보살상 등이 추가로 제작되었다.

② 제2굴

　　방형 평면, 평평한 천정을 가진 석굴이다(도 7). 석굴의 넓이는 2.91m,
깊이는 약 1.8m이다. 본존불좌상 1구, 협시보살상 2구, 크고 작은 불조
각상이 내부에 새겨져 있으며, 석굴 외부에는 얕은 부조로 인왕상 2구,
작은 불보살상이 있다. 석굴 내부에는 바닥에서부터 약 10cm정도 높은
凹형의 낮은 단이 설치되어 있으며 단 위쪽에 삼존상이 배치되어 있다
(도 8). 불상의 대좌 정면에는 "像主張小叉敬造, 像主叉妻呂敬造, 比丘
尼□女父孝義[상주인 장소차가 공경하여 조성하며, 상주인 장소차의
부인 여씨가 공경하여 조성한다. 비구니 □여의 아버지 효의]"란 명문

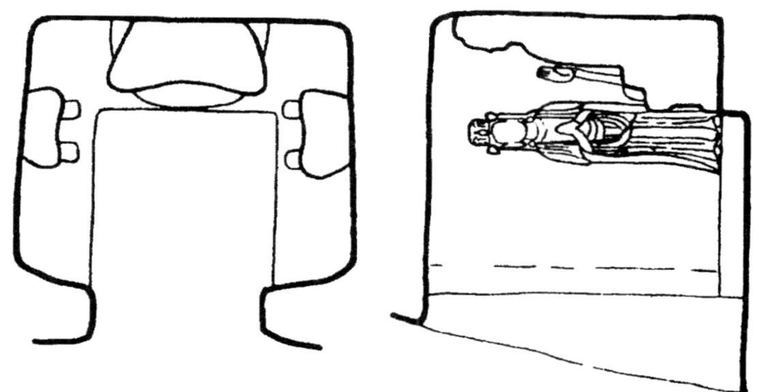

(도 7) 駝山石窟 제2굴(隋) 평면도와 단면도(李裕群, 「駝山石窟開鑿年代與造像題材考」, 『文物』
6(1998), 50쪽 도 3 下)

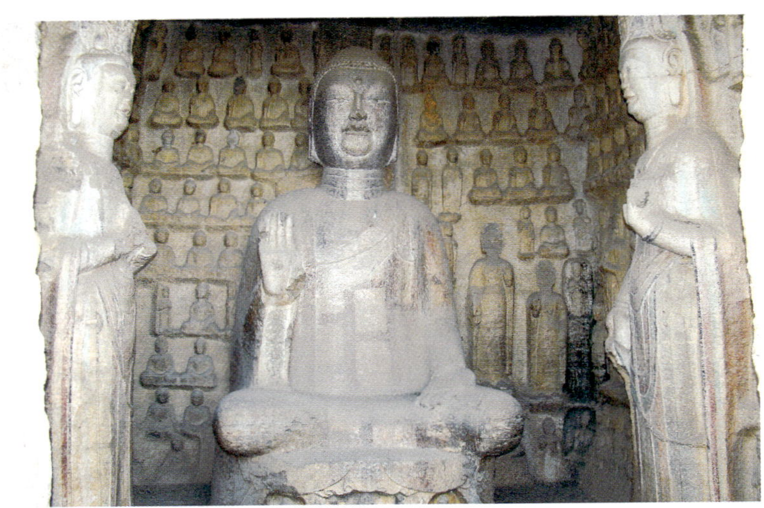

(도 8) 駝山石窟 제2굴(隋) 전경

이 새겨져 있다. 명문을 통해 조성시기는 알 수 없지만 공양주는 장소
차와 그의 부인, 비구니 임을 알 수 있다.

불상은 왼쪽 가사의 어깨부분에서 끈을 묶은 표현이 있으며, 이 곳에
서 다시 가사를 연결하여 오른쪽 겨드랑이 밑으로 가사를 돌려 입은 구
뉴식(鉤紐式) 가사를 착용하였다. 보살상은 하체에 입은 치마를 가슴
높이까지 올려서 입고 있다. 협시보살상은 보관을 쓰고 있으며, 천의는
배, 무릎부분에서 U자형으로 드리워져 있다. 동쪽 협시보살상의 왼쪽
에는 호복(胡服)을 입은 공양자상이 있다.

제2굴은 조각양식을 통해 수대(隋代)에 조성되었다고 추정된다. 굴
외부의 위쪽과 좌우 벽면에 몇 개의 구멍이 뚫려 있어 목조 건축물을
설치한 것으로 보인다. 불상의 대좌와 북벽의 작은 보살상 사이에는 명
문이 있다.

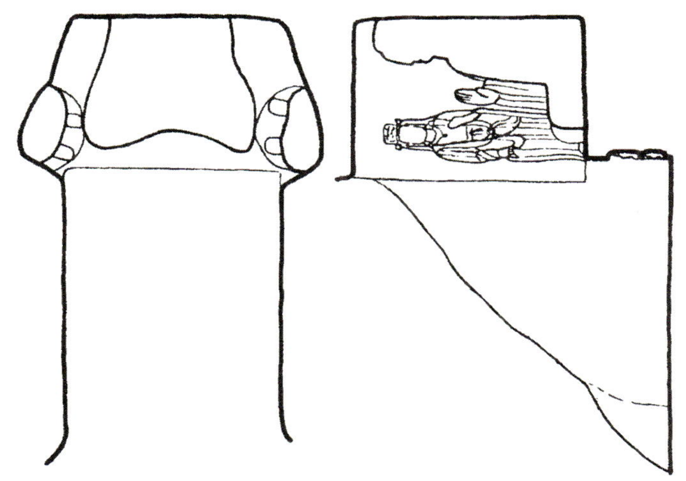

(도 9) 駝山石窟 제3굴(隋) 평면도와 단면도(李裕群, 「駝山石窟開鑿年代與造像題材考」, 『文物』6(1998), 50쪽 도 3 上)

③ 제3굴

마애조상감에 속하며 평면 구조는 거의 방형에 가깝다 (도 9). 입구에서 약 4.1m정도 안으로 들어간 곳에 삼존상이 배치되어 있다(도 10). 천정은 약간 곡선을 이룬 형이며 금 이 심하게 생겨 있다. 제3굴은 타산석굴에서 규모가 가장 크 며 본존의 대좌에는 명문이 새겨져 있다.

"像主樂安郡沙門都僧盖, 大像主靑州總管柱國平桑公

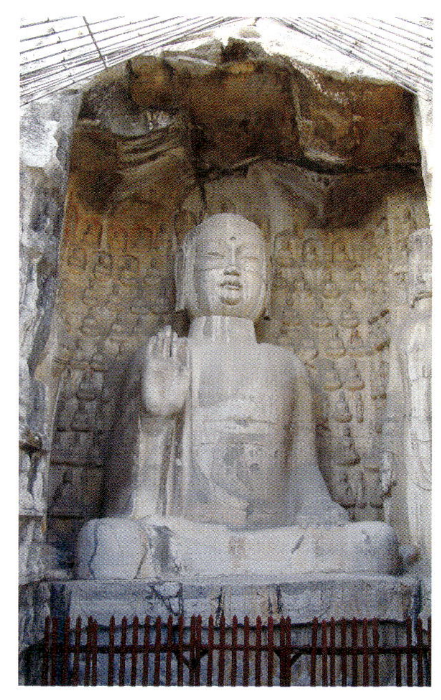

(도 10) 駝山石窟 제3굴(隋) 전경

[상주인은 낙안군의 사문도 승개이고 대불상의 주인은 청주총관 주국평상공이다]"의 명문은 조성연대를 추정하는데 직접적인 자료를 제공한다. "낙안군(樂安郡)"이란 지명은 583년에 폐지되었으며, 청주총관(靑州總管) 역시 594년에 폐지된다. 또한 "주국평상공(柱國平桑公)"은 『隋書』卷47 「列傳」 第1의 기록을 통해 "위조(韋操)"라는 인물임을 알 수 있다. 결국 제3굴의 본존불과 협시보살상은 청주총관 위조에 의해 581~583년에 조성되었다.[21]

불상과 보살상은 얼굴과 손발이 큰 편이어서 전체적으로 신체비례가 어색하다. 굴 외부에 여러 개의 구멍이 있는데 이는 목조가구(木造架構)를 설치한 흔적이다.

④ 제4굴

방형 평면, 평평한 천정을 하고 있다(도 11). 석굴의 넓이는 1.85m, 깊

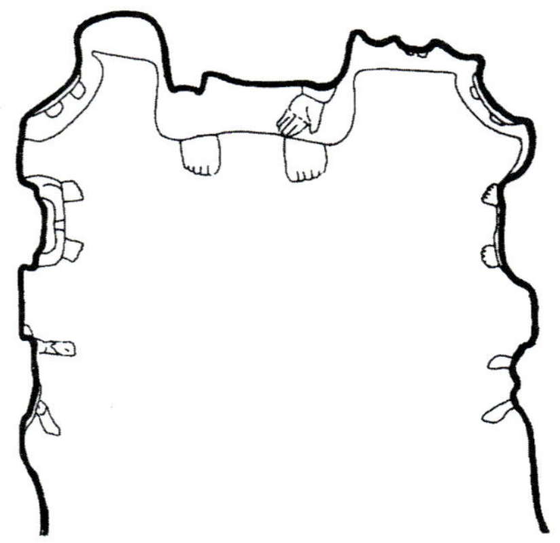

(도 11) 駝山石窟 제4굴(東魏~北齊) 평면도(唐仲明, 『山東地區隋代摩崖龕窟造像研究』(山東大學 碩士學位論文, 2000.5), 도 7: 山東省 靑州市博物館 자료 제공)

21. 梁銀景,「中國 駝山石窟 佛敎彫刻에 대한 考察」,『佛敎美術研究』2(1995), 124~128쪽.

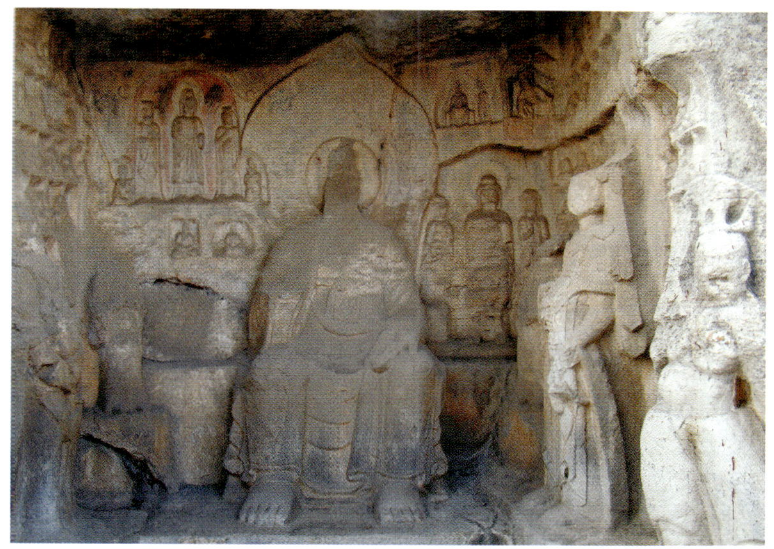

(도 12) 駝山石窟 제4굴(東魏~北齊) 전경

이는 2.11m이다. 의좌상인 본존불과 나한상 2구, 협시보살상 2구(도 12), 작은 불보살상, 역사상 2구가 배치되었다. 제2, 3굴과 동일하게 석굴 외부에는 구멍이 몇 개 있다. 불상과 보살상의 복식을 통해 제4굴은 동위(東魏)부터 북제대(北齊代)에 개착된 것으로 추정되며 역사상은 당대(唐代)에 조성되었다.

⑤ 마애불

제4굴과 제5굴 사이에는 얕은 부조로 새겨진 마애불이 하나 있는데, 윗부분에 3개의 작은 불감, 아랫부분에 불입상 1구와 의좌불을 본존으로 한 오존상이 있다(도 13). 마멸이 심한 편이며 마애감 위쪽에는 목조 가구를 설치한 흔적이 있다. 조각양식을 통해 수대에 조성된 것으로 추정된다.

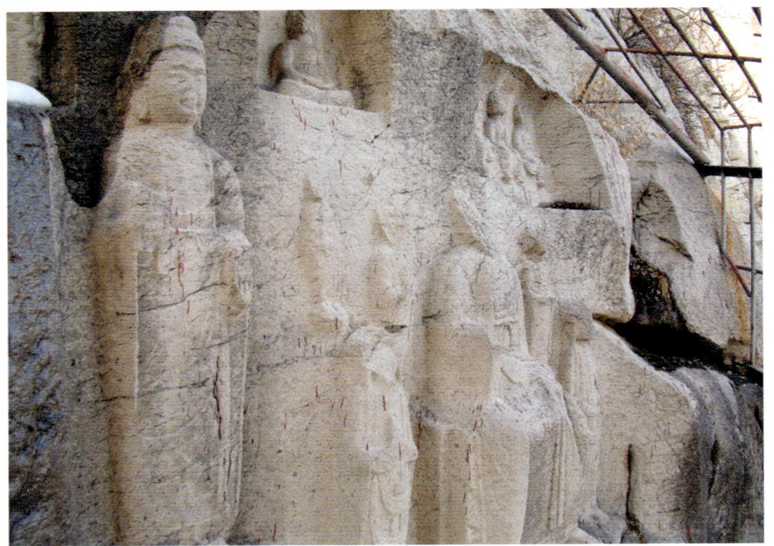

(도 13) 駝山石窟 제4굴과 제5굴 사이의 마애불(隋)

⑥ 제5굴

타산석굴에서 가장 규모가 작은 석굴이다. 구조는 방형 평면에 천정은 평평하다(도 14). 석굴의 깊이는 약 1.51m이며 넓이는 약 1.1m이다. 계단식으로 마련된 대좌 위쪽에 상현좌(裳懸座)를 드리운 본존불좌상이 있으며 그 좌우에 보살상이 2구 배치되었다(도 15). 나머지 벽면에는 소불보살상이 새겨져 있으며 석굴 외부에는 목조가구를 설치한 흔적이 남아 있다.[22) 석굴구조와 불교조각 양식을 통해 당대 초기에 조성된 것으로 추정된다.

타산석굴 제3굴과 마애불은 마애조상에 속하며 제1, 2, 4, 5굴은 석굴

---

22. 梁銀景,『中國 駝山石窟 佛敎彫刻에 대한 考察-第2·3窟을 中心으로-』, (東國大學校 석사학위논문, 1994), 6쪽.

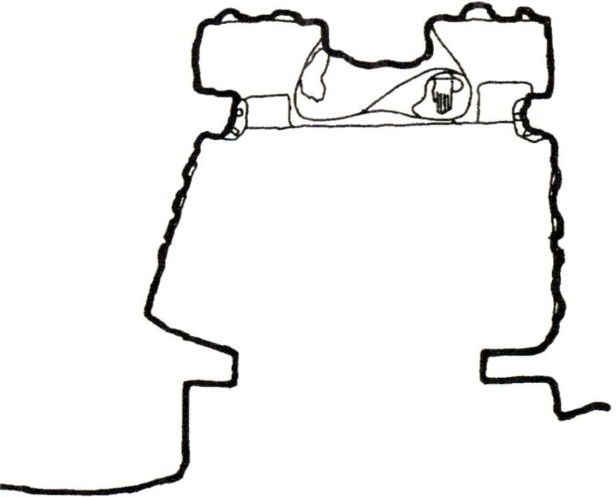

(도 14) 駝山石窟 제5굴(唐) 평면도(唐仲明, 앞의 학위논문, 도 9: 山東省 靑州市博物館 자료제공)

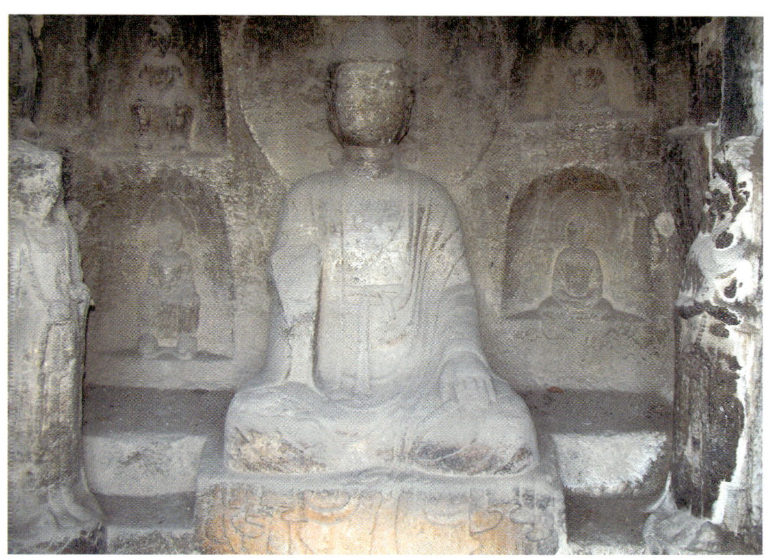

(도 15) 駝山石窟 제5굴(唐) 전경

의 범주에 속한다고 볼 수 있다. 제4굴은 남북조시대, 제2·3굴과 마애불은 수대, 제1·5굴은 당대에 조성되었다. 타산석굴의 구조와 현상, 필자가 조사한 명문의 내용을 요약하면 아래의【표 2, 3】과 같다.

【표 2】타산석굴의 구조와 현상

		제1굴	제2굴	제3굴	제4굴	마애불	제5굴
유형		석굴	석굴	감	석굴	마애불	석굴
석굴(감) 구조		方形 평면, 平頂	方形 평면, 平頂	方形 평면, 平頂	方形 평면, 平頂	·	方形 평면, 平頂
석굴 크기 (m)	넓이	2.15	2.91	4.35	1.85	·	1.1
	깊이	남쪽: 3.5 북쪽: 3	남쪽: 1.75 북쪽: 1.85	불대좌에서부터: 2.2	2.11	·	1.51
조각상	굴내부	불좌상 1구, 나한상 2구, 보살상 4구, 역사상 2구, 소감 4개	불좌상 1구, 보살상 2구, 소불보살상, 공양자상	불좌상 1구, 보살상 2구, 소불보살상	불의좌상 1구, 나한상 2구, 보살상 2구, 역사상 2구, 소불보살상	불의좌상 1구, 나한상 2구, 보살상 2구, 불입상 1구, 불감 3개	불좌상 1구, 보살상 2구, 소불보살상
	굴외부	없음	인왕상 2구, 소불감 3개, 소불상 7구	다수의 불보살상	역사상 2구		없음
조각상 배치방식		구존상	삼존상	삼존상	오존상	오존상	삼존상
명문유무		있음	있음	있음	없음	없음	없음
가구흔적		없음	있음	있음	있음	있음	있음
조성시기		唐	隋	隋	東魏~北齊	隋	唐

【표 3】 타산석굴의 명문 분석표[23)]

석굴 번호	명문내용	명문 위치	조성 시기	공양자	조상물	발원대상	비고
1	長安二年三過廿日戊辰廿六日癸巳, 前羽林郎任玄覽, 奉□於紫家軍□, 敬造觀世音菩薩一軀, 及亡過父母, 亡兄楚秀, 亡女玉羅, 見存眷屬, 及法界倉生, 咸同私福	불감 아래쪽	唐 (702)	任玄覽	觀世音菩薩一軀	亡父母, 亡兄楚秀, 亡女玉羅	
	長安二年歲次七□庚辰□五日壬子, 青州益縣佛弟子尹思貞, 爲亡過妻張氏, 及女待興見, 施淨財於駝山寺, 敬造石一佛像鋪, 上爲金輪皇帝, 下及師僧父母, 及衆子大火埃抂群生於相浪, 亡者往生淨土, 得樂無窮, 法界蒼生, 咸同私福	불감 오른쪽 (向左)	唐 (702)	尹思貞	觀世音菩薩一軀	亡過妻張氏, 女	『舊唐書』卷100「列傳」第50, 『新唐書』卷128「列傳」第53, 『青州府志』卷7「職官表」3에 의하면 尹思貞은 青州刺史를 역임
	長安三年十月十九日, 李懷雍爲亡過母任, 及妹□□見存父, 茲施淨財, 敬造弥陁像一鋪, 普願見在眷屬, 咸同斯福, 高文絶書	불감 오른쪽	唐 (703)	李懷雍	弥陁像一鋪鋪	亡過母任, 妹	
	咸通十三年二月八日	북벽 인왕상 위쪽	唐 (872)				

23. 梁銀景, 『中國 駝山石窟 佛敎彫刻에 대한 考察-第2·3窟을 中心으로-』, (東國大學校 석사학위논문, 1994), 21쪽. 구두점은 필자가 번역내용에 의거하여 임의로 찍은 것임.

	• 比丘尼光供養 　像主張小叉敬造 • 像主叉妻呂敬造 　比丘尼□女父孝義	본존 불상 대좌 정면		張小叉와 그의 부인			
2	像主馬土世爲亡 父敬造	북벽 소보살 입상 옆쪽		馬土世		亡父	
	像主馬住妻成公 端爲亡夫敬造	북벽 소불상 옆쪽		馬住의 부인 成公端		亡夫	
3	• 像主朱二□ • 比丘僧解供養佛時 • 像主樂安郡沙門都 　僧盖 • 大像主靑州總管柱 　國平桑公 • 像主□遭母□□夫造 • 像主李詢□二女敬造 • 像主李淵像造父母	본존 불상 대좌 정면	隋 (581~ 583)	朱二□, 僧解, 僧盖, 靑州總管 柱國平桑 公, 李詢, 李淵			柱國平桑公 은『隋書』卷 47「列傳」第 1,『靑州府 志』卷7「職 官表」3에 의 하면 韋操 임.
	• 像主曹忽爲亡父母 　造无量壽	본존 불상 대좌 정면	隋	曹忽	无量壽	亡父母	
	• 像主馬摩耶張眞妙 　爲師僧父母敬造 • 像主馬摩耶敬造无 　量壽一軀 • 像主張眞妙敬造无 　量壽一軀	본존 불상 대좌 정면	隋	馬摩耶 張眞妙	无量壽	師僧父母	
	• 像主明觀爲亡父母 • 像主張略爲亡父母 　敬造	본존 불상 대좌 좌우쪽	隋	明觀, 張略		亡父母	

2) 운문산석굴(雲門山石窟)

운문산석굴은 청주시에서 남쪽으로 약 5km 떨어진 곳에 위치한다. 여름과 가을이면 구름이 이 산을 통과하여 한 폭의 아름다운 신선세계의 장관을 그려내어 "운문(雲門)" 혹은 "운문선경(雲門仙境)"이라 찬탄되어 "운문산(雲門山)"이란 이름을 얻었다. 운문산의 정상은 "대운정(大雲頂)"이라 불리우며, 당·송대 운문산에 대운사(大雲寺)가 있었으나 지금은 현존하지 않는다. 산 정상부에는 명대 건립된 옥녀사(玉女祠)가 현존한다.[24]

운문산은 우선 바위면에 새겨진 글자들이 유명한데, 당 742년 북해태수 조거정(趙居貞)의 "투용시(投龍詩)", 953년 팽인복(彭仁福)의 '운군산대운사중수벽감공덕기(雲門山大雲寺重修壁龕功德記)', 명 1560년 새겨진 "수(壽)"자는 장관을 이루고 있다.[25]

운문산에는 불교석굴과 도교석굴이 현존하고 있다. 불교석굴이 개착된 곳의 산 뒷쪽에는 도교석굴이 2개 현존하는데 한 곳은 만춘동(萬春洞)으로 명대(明代) 조성되었다. 동굴 안쪽에는 잠을 자고 있는 석상 1구가 있다. 또다른 동굴 안쪽에는 마단양조사(馬丹陽祖師)가 앉아 있는데 역시 명대 작품이다.

불교석굴은 산 정상부에 분포되어 있으며 석굴 3개, 마애조상감 2개, 자연 동굴이 1개 조성되어 있다. 불교석굴은 서쪽에서 동쪽으로 제1, 2굴, 3~5굴이 개착되어 있다. 제1, 2굴은 마애조상감으로 수대에 개착되었으며 제3~5굴은 석굴이지만 규모가 작고 당대에 개착되었다.

---

24. 趙浦根·朱赤主編,『山東寺廟塔窟』(齊魯書社, 2002), 487~488쪽.

25. 郭建芬等編著,『山東文物叢書-碑刻造像』(山東友誼出版社, 2002), 487~488쪽.

① 제1굴

불감의 정면은 방형(方形)을 이루며 높이는 약 2.0m, 넓이는 약 3.3m
이다. 불좌상 1구, 보살입상 2구, 역사상 2구를 배치한 오존상이다(도
16). 머리는 모두 파손되었다. 감 내부의 벽면에 23개의 작은 불감도 아
울러 새겨져 있다.

주존불상은 왼쪽 어깨부분에서 끈을 묶어 다시 가사를 연결하여 오
른쪽 어깨 위쪽으로 가사를 돌려 입은 구뉴식 가사 표현을 하고 있다.
가사 안쪽에는 내의를 착용하였으며 띠매듭의 표현도 있다. 보살상은
치마를 가슴 높이까지 올려서 옷을 여미고 있다. 천의는 U자형을 이루
며 이중으로 걸쳐져 있으며 영락은 한쪽 어깨에서 다른 쪽 다리 아래로
비스듬한 사선형으로 드리워져 있다. 역사상은 근육이 사실적으로 표
현된 벗은 상체가 특징적이다.

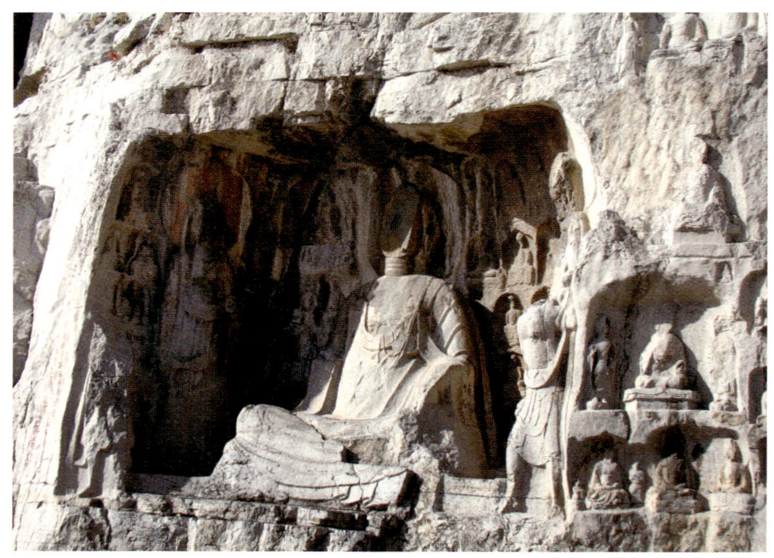

(도 16) 雲門山石窟 제1굴(隋) 전경

　제1굴 내부 벽면에는 23개의 작은 불감이 있다. 불감의 정면은 방형 혹은 첨공형을 이루며 좌불상, 이불병좌상, 삼존상 등을 안치하였다. 이 불감들에서 12條의 명문이 확인되었는데 그 내용은 다음과 같다.[26]

- 大隋開皇十年歲次庚戌三月八日, 像主□□, 爲亡夫李□, 造无量壽一軀, 供養
  [대수 개황10년(590) 세차 경술 3월8일, 상주인 □□은 죽은 남편 이□를 위해 무량수 1구를 조성하여 공양한다]

- 開皇九年九月廿二日, 宋同駝妻孫, 造無量, 爲亡父□(凡), 法界□咸同斯□(福)
  [개황9년(589) 9월22일, 송동타의 부인 손씨는 죽은 아버지 □(범)을 위해 무량수를 조성함에 법계□이 모두 이 복을 누리기를 바란다]

- 開皇十九年五月十二日, 像主宋乾駝妻王怜妃, 侍佛時
  [개황19년(599) 5월12일, 상주인 송건타의 부인 왕령비가 부처를 공양한다]

- 開皇九年二月一日
  [개황9년(589) 2월1일]

---

26. 명문은 필자가 현지 조사한 것이며, 명문 속의 구두점은 필자가 번역 내용에 의거하여 임의로 찍은 것임.

• 大隋開皇十八年三月八日, 像主比丘尼情□□□身, 造無量壽像
  一軀, 供養
  [대수 개황18년(598) 3월8일, 상주인 비구니 정□□가 □몸으로 무
  량수상 1구를 조성하여 공양한다]

• 大隋仁壽二年四月十五日, 陳汝□□□□(彌勒像), 敬造無量壽
  像一□□□□, 下諸□□□□師僧父母, 法界衆生□□□□□□
  □, 陳洪□□
  [대수 인수2년(602) 4월15일, 진여□가 (미륵상)을 □하여 무량수상
  을 1구 조성한다. 아래로는 모든 □와 사승부모, 법계중생이 □하
  기를 바란다]

• 鹿潘妃, 爲亡女王端, 敬造無量壽, 願法界俱同此福
  [녹반비가 죽은 딸 왕단을 위해 무량수를 조성함에 법계의 모든 존
  재가 이 복을 누리기를 바란다]

• □□□女□□父□, 敬造無量壽佛, 供養
  [□의 딸은 □ 아버지를 □하여 무량수불을 조성하여 공양한다]

• □, 敬造無量壽佛, 法界□□
  [□은 무량수불을 경조하며 법계□□]

• …衆生咸…[…중생 모두…]

• …像主…[…상주인…]

• …養佛…[…부처를 공양…]

② 제2굴

불감 정면은 첨공형을 이루며 전체 높이는 3.3m, 넓이는 2.5m이다 (도 17). 불상 1구, 보살입상 2구의 삼존상이 있었으나 현재 불상은 소실되어 현존하지 않는다

(도 18). 불감 내부에는 후대에 새긴 작은 불감 24개가 있다. 협시보살상의 천의는 U자형을 이루며 배부분에서 위, 아래로 표현되었다. 어깨에서부터 길게 늘어뜨린 영락을 걸치고 있으며 허리에는 요패(腰佩) 수식(垂飾)을 하고 있다.

소형 불감을 포함하여 제2굴 내에서는

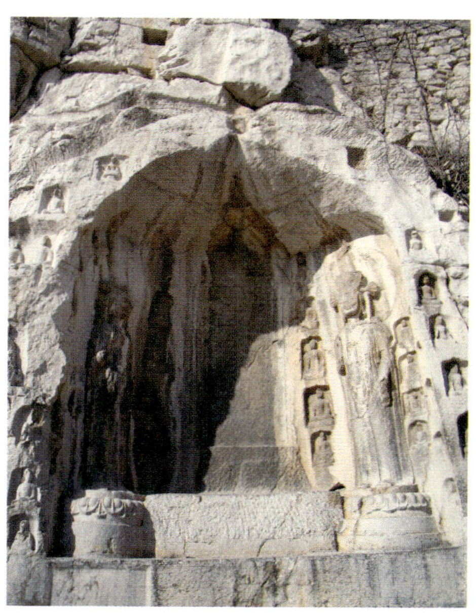

(도 17) 雲門山石窟 제2굴(北齊) 전경

(도 18) 雲門山石窟 제2굴(北齊) 평면도(李裕群선생 자료제공, 필자 그림)

명문제기가 발견되지 않아 직접적인 개착연대를 찾기는 어렵다. 그러나 전체 불감의 정상부에는 "人"자형을 이룬 배수구가 있다. 이 배수구의 서쪽에는 아래쪽으로 비스듬히 빗물이 낙수하는 부분이 제1굴 주존불상으로 이어진다. 다시 말해 만약 비가 내린다면 제2굴의 배수구를 통해 제2굴에서 제1굴의 주존불상으로 빗물이 흐르게 되는 것이다. 이는 예배의 대상인 부처, 즉 불상에 대해 악의를 범하는 것과 동시에 불가능한 일이다. 만약 제1굴과 제2굴이 비슷한 시기에 개착되었다면 이러한 현상이 빚어졌을 가능성은 희박하다. 이러한 사실을 통해 제2굴은 제1굴보다 조성시기가 이르다고 추정된다.

제2굴에 현존하는 협시보살상은 얼굴표정, 장신구, 천의양식 등으로 미루어 북제대로 판단되며 당시 청주지역 단독보살상에서 성행한 조각양식을 그대로 보여주고 있다.

제1굴과 제2굴 사이의 주변 암벽에는 후대에 새겨진 작은 불감 17개가 있으며 명문제기가 있다. 기년이 있는 예는 모두 천보12년(天寶十二年: 753년)이다.

③ 제3굴

평면은 방형이며 천정은 평평하다. 석굴 내부의 정벽면과 좌우벽면의 아래쪽에 단을 설치하여 석굴의 전체 평면모습이 凹형을 이룬다. 석굴의 넓이는 1.7m, 깊이 1.75m, 높이는 1.42m로 규모는 작은 편이다.[27] 석굴 옆쪽에 "唐天寶十二[당 천보12년: 753년]"라는 명문이 새겨져 있어 이 석굴은 753년에 개착되었음을 알 수 있다.

---

27. 운문산석굴 제3, 4, 5굴의 넓이, 깊이, 높이는 劉鳳君, 『山東佛像藝術』(藝術家, 2001), 146~150쪽의 내용을 참고함.

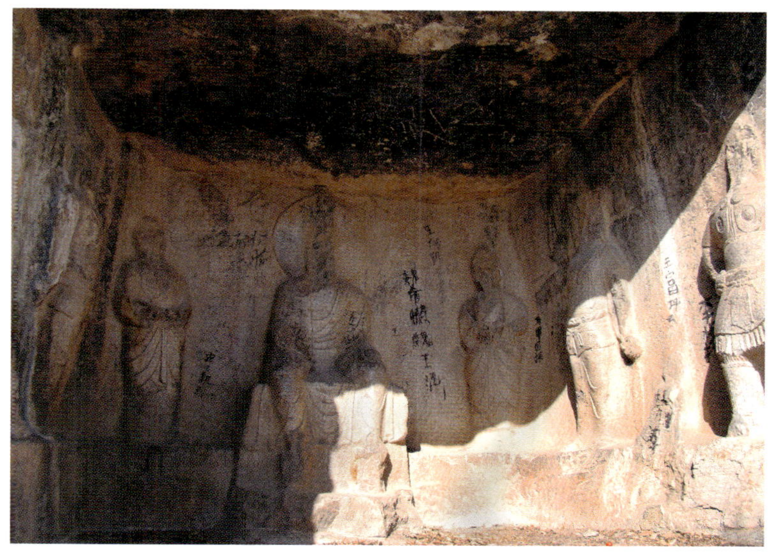

〈도 19〉 雲門山石窟 제3굴(753년) 내부 전경

내부 정벽면에는 불의좌상(佛倚坐像) 1구, 제자상 2구, 좌우벽면에
는 각각 보살입상 1구, 천왕상 1구씩을 배치한 칠존상이다(도 19). 머리
는 모두 소실되었으나 전체적으로 보존상태가 양호하다.

④ 제4굴

제3굴과 마찬가지로 석굴 내부에 낮은 단을 설치하고 그 위쪽에 불
보살상을 안치하였다(도 20). 석굴의 평면은 방형이며 천정은 평평하
다. 넓이는 1.55m, 깊이 1.6m, 높이는 1.5m이다. 조각상의 배치방식은
불의좌상 1구, 제자상 2구, 보살입상 2구, 역사상 2구의 칠존상이다.[28]

---

28. 류펑쥔, 「산동지역 북조, 수, 당의 불상」, 『고구려 불상과 중국 산동 불상』(동북아
역사재단, 2007), 186쪽.

조각상의 머리는 모두 깨어져 현존하지 않는다. 불상, 제자상, 역사상
에 채색을 한 흔적이 뚜렷한데 광배, 옷, 천의 등에 붉은색, 녹색 등이 칠
해져 있다(도 21).

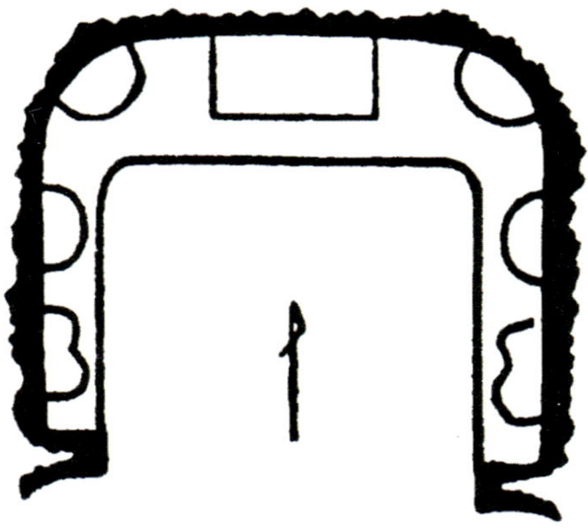

(도 20) 雲門山石窟 제4굴(唐) 평면도(閻文儒,「雲門山與駝山」,『文物參考資料』10(1957), 31쪽 도 3)

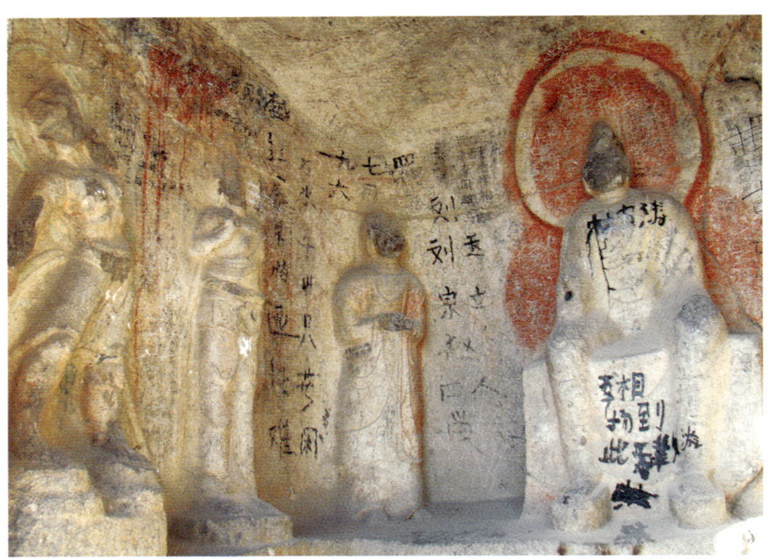

(도 21) 雲門山石窟 제4굴(唐) 내부 전경

⑤ 제5굴

석굴 내부의 정벽면, 좌우벽면의 아래쪽에 단을 설치하였으며 그 위쪽에 불의좌상 1구, 제자상 2구, 보살입상 2구, 천왕상 2구를 배치하였다. 석굴 평면은 방형이며 천정은 평평하다. 석굴의 넓이는 1.46m, 깊이 1.85m, 높이는 1.25m이다.

석굴 내부의 세 벽면에는 불좌상 1구가 조각되어 있는 불감이 빽빽하게 배치되어 있다. 정벽면의 불의좌상 아래쪽 불단 양측에는 공양자상이 조각되어 있으나 풍화상태가 심각하다. 불상, 보살상, 제자상, 천왕상의 아래쪽에는 모두 대좌가 새겨져 있는데, 불상은 방형 대좌, 제자상과 보살상은 반원형 대좌, 천왕상은 악귀를 밟고 있다. 특히 불의좌상의 방형 대좌 아래쪽 중앙에는 연꽃이 뻗어 나와 불상의 두 발을 받치고 있다. 조각상에는 붉은색, 녹색 등의 채색이 가해진 흔적이 확인된다.

석굴 내부에는 당대 731년명의 명문이 새겨져 있으며 "靑州雲門山功德銘并序. 丞議郎行益都縣令唐□□□. 夫代上□□, 人間□□…開元十九年歲次辛未…[청주 운문산 공덕명과 서. 승의랑행 익도현령 당□□□은 □□하여 인간□□하고…개원19년(731) 세차 신미…]"이다. 이 명문 속의 익도현령은『新唐書·宰相世系表』와 '萊州刺史唐貞休德政碑'의 기록에 근거하여 당도주(唐道周)라는 인물로 판단된다.[29) 제5굴은 731년 청주지역의 현령을 역임한 당도주가 발원하여 개착한 동굴이다.

---

29. 溫玉成,「靑州佛教造像考察記」,『四門塔阿閦佛與山東佛像藝術研究』(中國文史出版社, 2005), 172쪽.

⑥ 자연 동굴

자연 동굴 안쪽에는 작은 불감이 배치되어 있으며 그 속에 불상들이 현존한다. 하지만 모두 훼손이 심각하여 원래의 형상을 정확하게 확인하기는 힘들다. 운문산석굴의 구조와 현황을 간략하게 표로 정리하면 【표 4】와 같다.

【표 4】 운문산석굴 구조와 현황

		제1굴	제2굴	제3굴	제4굴	제5굴	자연 동굴
유형		감	감	석굴	석굴	석굴	동굴
석굴(감) 구조		타원형 평면, 平頂	타원형 평면, 尖拱形 천정	방형 평면, 平頂	방형 평면, 平頂	방형 평면, 平頂	불규칙
크기 (m)	넓이	3.30	2.50	1.70	1.55	1.46	·
	깊이	·	·	1.75	1.60	1.85	·
	높이	2.00	3.30	1.42	1.50	1.25	·
조각상	굴 내부	불좌상 1구, 보살입상 2구, 소불보살상, 공양자상	불상 1구 (소실), 보살입상 2구	불의좌상 1구, 제자상 2구, 보살입상 2구, 천왕상 2구	불의좌상 1구, 제자상 2구, 보살입상 2구, 천왕상 2구	불의좌상 1구, 제자상 2구, 보살입상 2구, 천왕상 2구, 소불좌상, 공양자상	소불보살상
	굴 외부	역사상 2구	소불보살상	없음	없음	없음	없음
배치방식		오존상	삼존상	칠존상	칠존상	칠존상	·
명문유무		있음	있음	있음(753년)	없음	있음(731년)	없음
조성시기		隋	北齊	唐	唐	唐	·

(2) 제남지역(濟南地域)

현 제남시와 그 부근에는 크고 작은 마애조상이 집중적으로 분포되어 있다(도 22). 북위~동위대 개착된 황석애, 용동 마애조상 이외에는

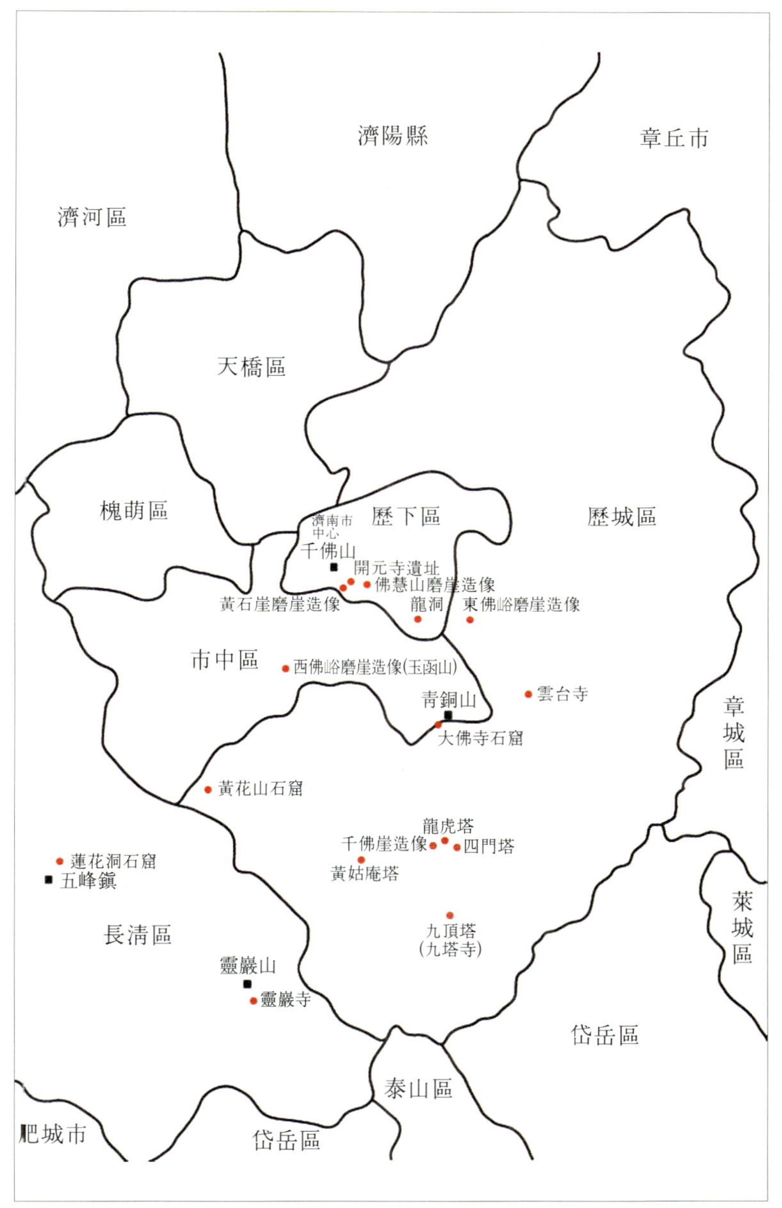

(도 22) 濟南市와 부근의 석굴과 마애조상감 분포도

대부분 수, 당대에 개착되었다.

1) 황석애(黃石崖) 마애조상

제남시의 중심에서부터 3km 떨어진 역하구(歷下區)의 나사정산(螺絲頂山)에 소재하며 해발 400m의 산 정상부에 개착되어 있다(도 23). 동으로는 개원사(開元寺), 서북쪽은 천불산(千佛山)과 마주보고 있다. 황석애 마애조상은 남북조시대 개착되었는데 산동지역에서 현존하는 마애조상감 중 가장 이른 시기의 예에 속한다. 대굴 1개, 소감 28개가 있으며 불감과 불감 사이에 북위 정광연간(正光年間: 520~525년)에서 동위 흥화연간(興和年間: 539~542년)의 명문이 8기 현존한다.[30] 조각상의 머리는 대부분 훼손되었다.

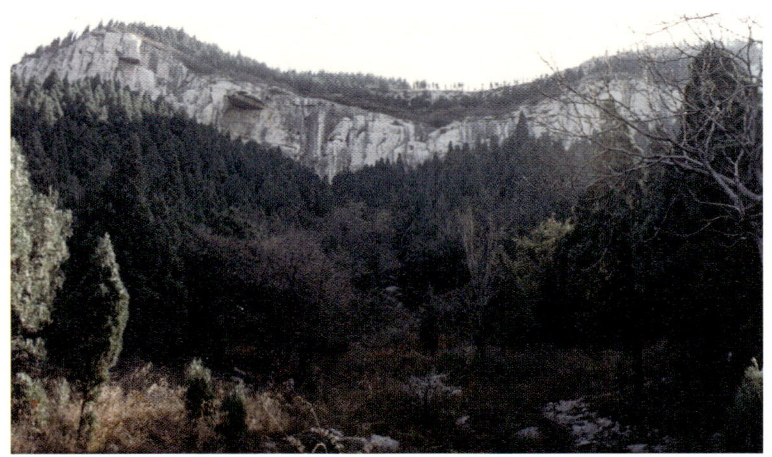

(도 23) 黃石崖 마애조상감의 遠景

30. 황석애 마애조상의 불감 번호는 장총(張總)의 연구결과를 참고로 하였음(張總, 「山東歷城黃石崖摩崖龕窟調査」, 『文物』4(1996), 37~46쪽).

① 대굴(大窟)

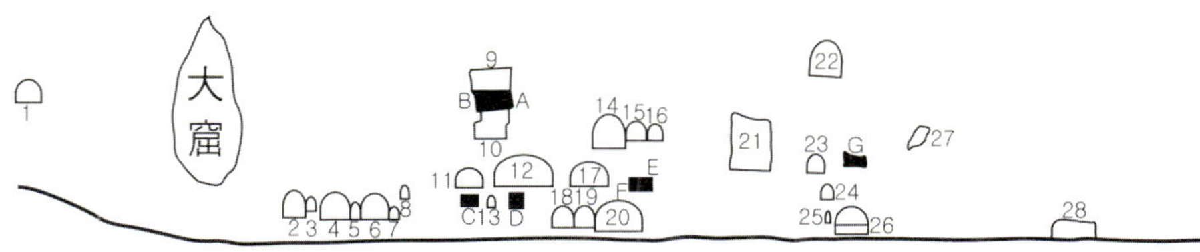

(도 24) 黃石崖 마애조상감과 명문 위치 표시도(張總, 「山東歷城黃石崖摩崖龕窟調查」, 『文物』4(1996), 37쪽 도 1을 참고하여 필자가 다시 작성)

동서 36m에 이르는 불감의 분포 중 제1호감과 제2호감 사이에 큰 규모의 동굴이 1개 위치한다(도 24). 이 동굴은 자연 석회동굴을 이용하여 조성되었으며 동굴의 안쪽 동, 서 벽면에 조각상이 있다(도 25). 양쪽 벽면의 아래쪽에는 높이 20cm의 낮은 방형 기단이 있으며 이 기단 위쪽에 불상, 보살상을 새겨 놓았다.

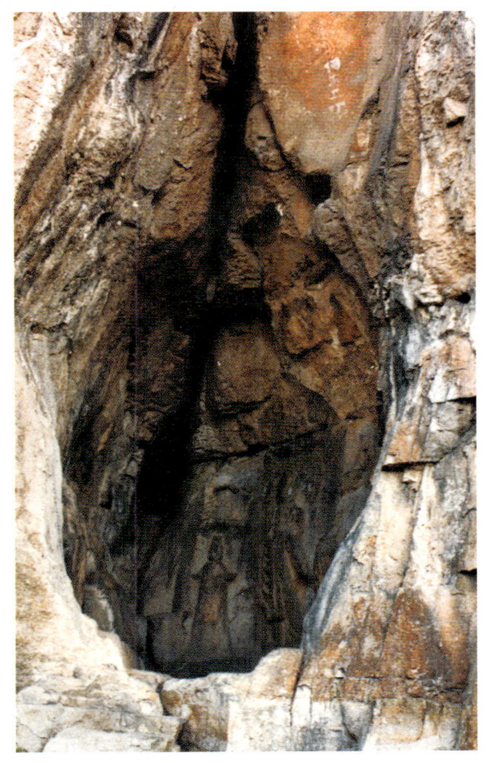

(도 25) 黃石崖 마애조상감의 대굴(北魏) 전경

㉠ 동쪽 벽 조각상

불좌상 1구, 불입상 1구, 보살입상 3구와 불좌상의 위쪽 부분에는 높이 30cm의 소불좌상 2구가 배치되어 있다(도 26).

불좌상의 높이는 150cm이며 대좌는 52cm이다. 불좌상은 방형 대좌 위에 결가부좌하였으며 오른쪽 발이 노출되어 있다. 통견식 가사착의 법으로 가슴에 띠매듭이 표현되었다. 가사의 끝단이 대좌를 덮고 있으며 끝단이 Ω형을 이루고 있다. 광배는 인동문, 동심원으로 장식되었다. 좌불상의 위쪽에 배치된 2구의 소불좌상 사이에는 명(明) 천계원년(天啓元年: 1621년)의 명문제기가 있으며 아래쪽에는 나한상이 선각으로 새겨져 있다.

불입상의 높이는 130cm이며 통견식 복식에 띠매듭이 표현되어 있다. 원형 두광에는 동심원과 인동문이 조각되었다. 보살입상 3구는 높

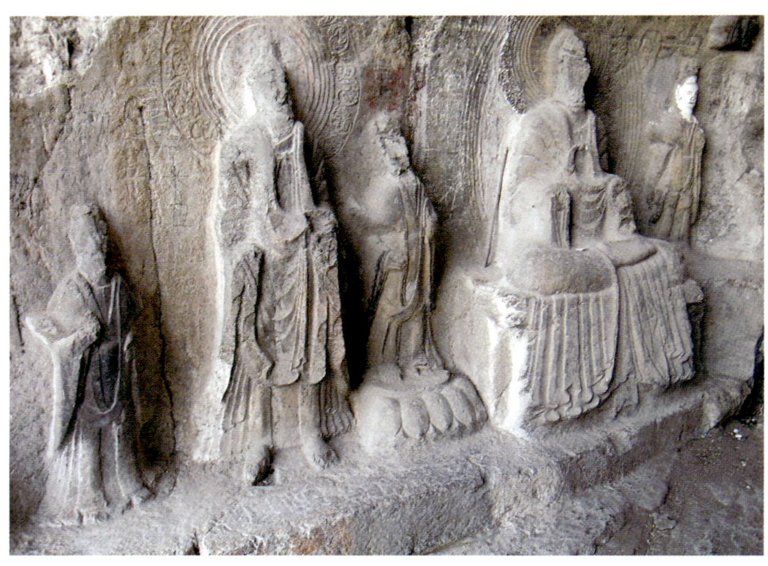

(도 26) 黃石崖 마애조상감의 대굴 내 동쪽 벽 조각상(北魏)

이가 90~110cm이며 복련좌 위쪽에 배치된 예도 있다. 천의는 무릎에서 X자형으로 교차되었다.

ⓒ 서쪽 벽 조각상

동쪽 벽과 동일하게 낮고 평평한 기단 위쪽에 삼존상, 소불입상 1구, 소불좌상 12구가 배치되어 있다(도 27).

삼존상은 불입상 1구, 보살입상 2구이며 원형 광배를 가진다. 불입상의 높이는 160cm, 보살입상은 120cm이며 부조로 새겨진 연화대좌 위에 배치되었다. 불입상은 통견식 가사를 걸치고 있으며 오른쪽 어깨에서 수직으로 내려온 가사 끝단이 왼쪽 팔을 지나 아래로 내려져 있다. 가사 주름이 삼각형을 이루며 옷의 질감은 두껍다. 원형 두광과 신광에는 동심원과 인동문이 조각되었으며 거신광에는 쌍용, 향로, 화불 3구, 비

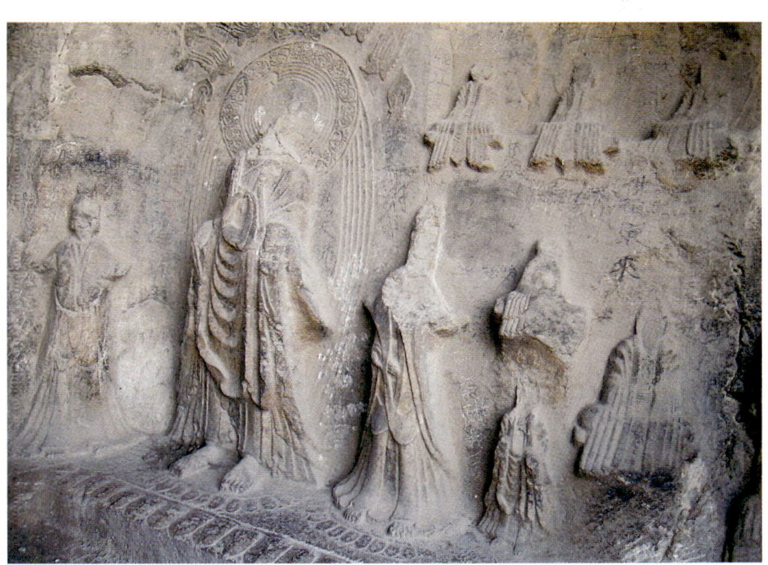

(도 27) 黃石崖 마애조상감의 대굴 내 서쪽 벽 조각상(北魏)

천상 7구가 표현되었다. 보살상과 소불좌상의 양식은 동쪽 벽의 보살
상과 동일하다.

② 소감(小龕)

제1호부터 제28호감까지 분포되어 있으며(도 24), 제9·10·21·28
호감의 불감의 정면은 방형이고 나머지는 원공형(圓拱形)[31] 혹은 주
형(舟形)이다(도 28). 조각상의 배치방식은 제3, 5, 7, 8, 13, 16, 25호감은
독존상이며 제18, 19호감은 불입상 2구를 안치하였다. 삼존상 배치방식
은 제1, 2, 4, 6, 11, 14, 15, 17, 21, 24, 26호감에서 보인다. 제9호감은 불좌상

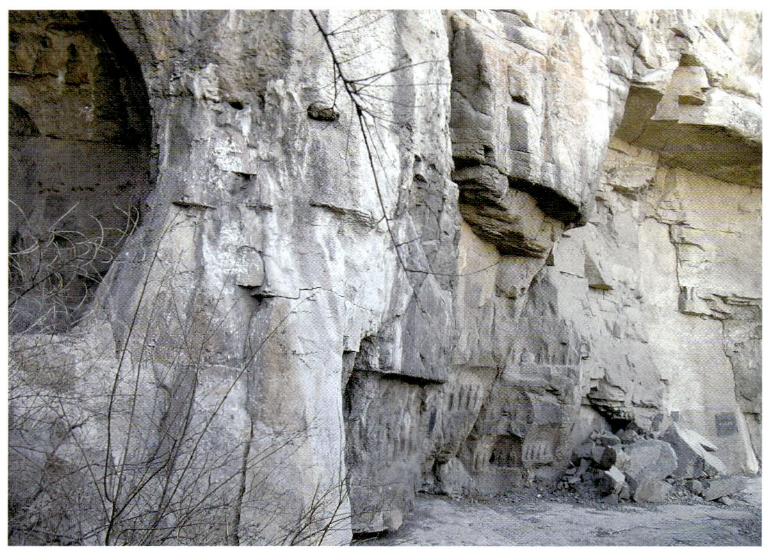

(도 28) 黃石崖 마애조상감 전경

31. 원공형(圓拱形)은 불감정면의 위쪽이 반타원형을 이루는 불감유형이며 첨공형
(尖拱形)은 불감정면 위쪽이 뾰족하며 아래로 내려올수록 넓어지는 모습이다. 첨
공형은 흔히 주형(舟形)이라고도 불리운다.

4구, 제12호감은 불입상 4구, 제20호감은 불입상 2구ㆍ불좌상 2구를 안치하였다. 제10호감은 불좌상 6구를 배치하였는데 5구만 현존한다. 불상은 통견식 가사를 착용하고 있다. 보살상의 천의는 무릎에서 X자형으로 교차되었다. 불, 보살상의 전체적인 양식은 대굴의 불, 보살상과 유사하다. 제14, 21, 27호감의 위쪽에는 비천상이 있다.

제9호감 아래쪽(A, B), 11호감 아래쪽(C), 12호감 아래쪽(D), 20호감 위쪽(E, F), 24호감 위쪽(G)에 명문제기가 있는데, 내용은 다음과 같다.[32)]

- 제9호감(A):

大魏正光四年七月廿九日」法義兄弟姊妹等敬造」石窟像廿四軀悉以」戌」就歷名提記」釋伏宋同心鋤」維那主劉愛女」維那主沐□姬賈萊」劉法香王寶姬劉阿香」劉阿思劉勝王胡阿□」王犁姜呼延伏姬賈阿妃」劉桃姬王足孫敬□」趙妃姜張勝界張英仁」姬姜女□骨子徐淸女」維那主張牛女維那主」呼延摩香白齊姜」石桃女趙義姜」張道安

[대위 정광4년(523) 7월29일, 법의 형제자매 등은 석굴조각상 24구를 조성하여 모두 완공됨에 이름을 기록하고자 한다. 유나주 유애녀, 유나주 목□희, 고래, 유법향, 왕보희, 유아향, 유아사, 유승왕, 호아□, 왕리, 강호, 연복희, 가아비, 유도희, 왕족손이 조성하며, 조비강, 장승계, 장영인, 희강녀, □골자, 서청녀, 유나주 장우녀, 유나주 호연마향, 백제강, 석도녀, 조의강, 장도안]

• 제9호감(B):

喬伏香敬造﹁釋迦像一軀﹁敬心供養

[교복향이 석가상 1구를 조성함에 마음을 다해 공양한다]

• 제11호감(C):

大巍元象二年歲﹁次己未三月廿三﹁日假伏波將軍巍郡丞姚敬遵敬造﹁
彌勒像一區畫餝﹁訖功上爲七世□﹁父母現在眷屬常﹁與善居値佛聞法﹁
一切衆生咸同斯﹁福﹁息暉振彥宗僧寶﹁惠風淸虎子林

[대위 원상2년(539) 세차 기미 3월23일, 가복파장군 외군 승상 요경준이
미륵상 1구를 장식하여 완성하였다. 위로는 칠세부모를 위하며 현재권
속은 항상 함께 좋은 곳에 처하여 부처를 만나 불법을 듣고 일체중생
역시 이 복을 누리기를 바란다. 자손 휘진, 언종, 승보, 혜풍청, 호자림]

• 제12호감(D):

興和二年九月十七日淸信﹁女趙勝習仵二人敬造﹁彌勒石像三軀願生
生﹁世世直遇彌勒現□在﹁居眷常與居一時成佛

[흥화2년(540) 9월17일, 청신녀 조승, 습오 두 사람은 미륵석상 3구를
조성한다. 언제나 미륵을 만나기를 바라며 현재에 살고 있는 권속은 함
께 성불을 이루기를 원한다]

• 제20호감(E):

大魏孝昌三年七月十日法﹁義兄弟一百餘人各抽家財﹁於歷山之陰敬
造石窟雕刊﹁靈像上爲帝主法界群生師﹁僧父母居家眷屬咸豫福慶﹁所願
如是都維那張神龍﹁都維那王難生楊渥﹁比丘僧利比丘洪伓比丘僧瑞﹁比
丘明越比丘僧哲克敬賢﹁趙方興梁思善單僧長﹁皇家龍燕延暉楊伯憘

[대위 효창3년(527) 7월10일 법의형제 100여 명이 각각 재산을 받치어 역산의 북쪽에 석굴을 개착하고 불상을 조각한다. 위로는 황제를 위하고 법계군생, 사승부모, 집안의 권속들이 모두 복을 누리기를 바라며 소원하는 바는 이와 같다. 도유나 장신용, 도유나 왕난생, 양악, 비구 승리, 비구 홍비, 비구 승서, 비구 명월, 비구 승철, 연경현, 조방흥, 양사선, 단승장, 황가용, 연연휘, 양백희]

• 제20호감(F):

維大魏建義元年五月四日淸信士佛弟」子雍州長安人王僧歡敬造尊像一軀上」愿皇祚永隆歷劫師僧七世父母兄弟姊妹」妻子女等及善友知識邊地衆生常生佛」國彌勒出世龍華三會愿登初首

[대위 건의원년(528) 5월 4일 청신사 불제자 옹주 장안사람 왕승환은 존상 1구를 조성한다. 위로는 황제의 복을 구하고 사승, 칠세부모 형제자매와 아내와 자녀 및 친한 친구 주변지역의 중생이 항상 불국에 태어나며 미륵이 세상에 나타날 때 용화삼회에 제일 먼저 오르기를 원한다]

• 제24호감(G):

大魏孝昌二年九月丁酉朔八日甲辰」帝主元氏法義卅五人敬造彌勒像一軀普」爲四恩三有法界衆生愿値彌勒」都維那比丘靜志都維那楊鹿子都維那賈」道順都維那趙伏念比丘道雲比邱洪伛馮道」□鄧恭伯張惠銀張皇思張社生馬僧智」皇外龍劉歡劉市奴陳宜德王難生」維那劉阿母女維那趙勝姜崔令姿魚小姬」白舍姬趙安姬薛男生張金姿王肄勝張女」珠劉斋劉勝郭南西門淸姜趙迎男賈娥」張外姿員三英張勝姜王伏姬」趙勾男趙勝姿劉明勝趙桃女」趙祖僖

[대위 효창2년(526) 9월 정유삭 8일 갑진, 제주 원씨 법의 35인이 미륵

상 1구를 조성한다. 법계중생이 미륵을 만나기를 원한다. 도유나 비구 정지, 도유나 양녹자, 도유나 고도순, 도유나 조복념, 비구 도운, 비구 홍비, 풍도□, 등공백, 장혜은, 장황사, 장사생, 마승지, 황외용, 유환, 유시노, 진의덕, 왕난생, 유나 유아모녀, 유나 조승강, 최영자, 어소희, 백사희, 조안희, 설남생, 장금자, 왕이승, 장여주, 유재, 유승, 곽남서, 문청강, 조영남, 고아, 장외자, 원삼영, 장승강, 왕복희, 조구남, 조승자, 유명승, 조도녀, 조조희]

위의 명문에서 정광4년(正光四年)은 523년, 원상2년(元象二年)은 539년, 흥화2년(興和二年)은 540년, 효창3년(孝昌三年)은 527년, 건의원년(建義元年)은 528년, 효창2년(孝昌二年)은 526년이므로 황석애 마애조상은 북위~동위대에 개착되었음을 알 수 있다. 또한 명문 C, F, G의 내용을 통해 미륵상이 주요하게 조성되었다는 사실도 발견할 수 있다.

【표 5】 황석애 마애조상의 현황

번호	감		조각상 배치방식	명문		조성시기
	정면구조	장식		위치와내용	연대	
1	원공형 (圓拱形)	없음	삼존상(불상 1구, 보살입상 2구)	없음	•	北魏 末~東魏
대굴 동쪽벽	자연 용동	없음	불좌상 1구, 불입상 1구, 보살상 3구, 소불좌상 2구	없음	•	北魏 末~東魏
대굴 서쪽벽		없음	삼존상, 소불입상 1구, 소불좌상 12구	없음	•	北魏 末~東魏
2	주형 (舟形)	없음	삼존상	없음	•	〃
3	주형	없음	불좌상 1구	없음	•	〃
4	주형	없음	삼존상	없음	•	〃
5	주형	없음	보살입상 1구	없음	•	〃
6	원공형	없음	삼존상	없음	•	〃
7	주형	없음	불입상 1구	없음	•	〃

8	주형	없음	불입상 1구	없음	•	〃
9	방형	없음	불좌상 4구	감 아래쪽 (A, B)	A: 523년	523년
10	방형	없음	불좌상 5구	없음	•	北魏 末~東魏
11	원공형	없음	삼존상	감 아래쪽 (C)	C: 539년	539년
12	원공형	없음	불입상 4구	감 아래쪽 (D)	D: 540년	540년
13	주형	없음	불좌상 1구	없음	•	北魏 末~東魏
14	주형	비천	삼존상	없음	•	〃
15	주형	없음	삼존상	없음	•	〃
16	주형	없음	보살입상 1구	없음	•	〃
17	주형	없음	삼존상	없음	•	〃
18	원공형	없음	불입상 2구	없음	•	〃
19	원공형	없음	불입상 2구	없음	•	〃
20	원공형	없음	불좌상 2구, 불입상 2구	감 위쪽 (E, F)	E: 527년 F: 528년	527, 528년
21	원공형	비천	삼존상	없음	•	北魏 末~東魏
22	원공형	없음	불상 1구(불명확), 보살상 1구	없음	•	北魏 末~東魏
23	원공형	없음	불좌상(미완성)	없음	•	〃
24	원공형	휘장	삼존상	감 위쪽(G)	G: 526년	526년
25	원공형	없음	불입상 1구	없음	•	〃
26	원공형	없음	삼존상	없음	•	〃
27	원공형	비천	없음	없음	•	〃
28	원공형	없음	없음	없음	•	〃

2) 용동(龍洞) 마애조상

제남시 중심에서부터 동남쪽으로 약 15km에 위치한 용동산(龍洞山 혹은 禹登山)에 개착되어 있기 때문에 "용동"으로 불리운다(도 29). 행정구역으로는 역하구에 속한다. 용동산의 서쪽 봉우리 암벽면에 석회

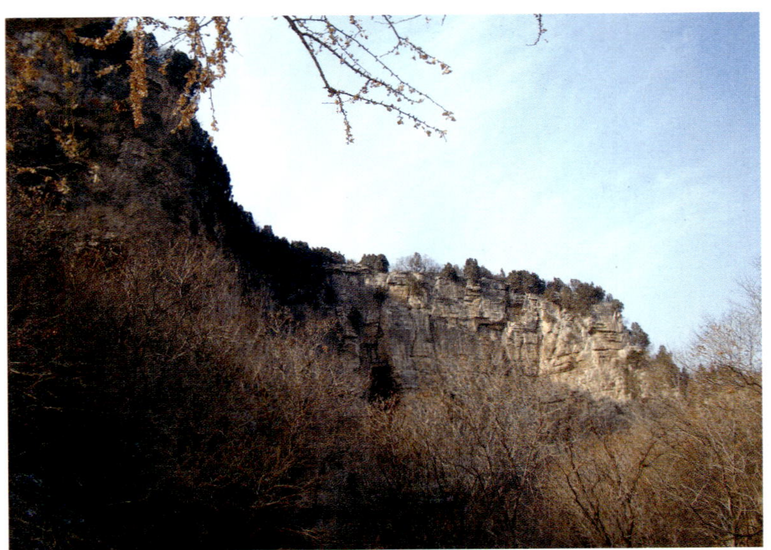

(도 29) 龍洞 마애조상감 遠景

동굴 2개와 두 동굴의 외부에 마애
조각상이 분포되어 있다. 이 천연
석회동굴의 번호는 각각 제1호, 제4
호이며 제1호는 대동(大洞), 제4호
는 소동(小洞)이라고도 불린다(도
30).[33] 용동의 아래쪽에는 송대 성
수원(聖壽院), 일명 용동사(龍洞寺)

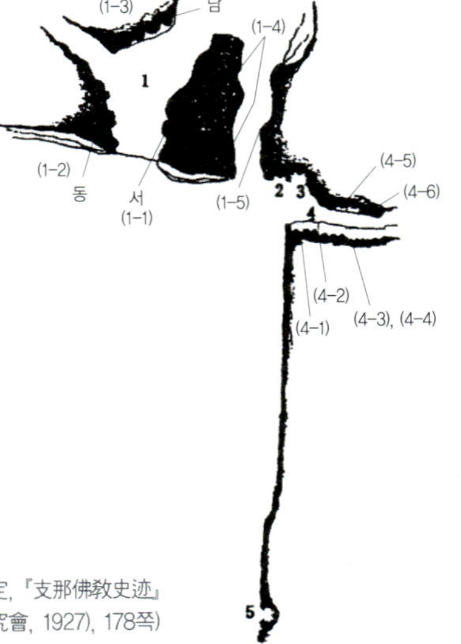

(도 30) 龍洞 평면도(關野貞·常盤大定, 『支那佛敎史迹』
4(佛敎史迹硏究會, 1927), 178쪽)

33. 용동의 번호매김은 양은경, 「中國 山東지역 隋代 佛敎石窟과 摩崖造像」, 『강좌 미
술사』20(2003), 196~197쪽의 내용을 참고로 새로이 작성함.

란 사원유적지가 있다. 이 유적지에는 '송원풍2년봉용동신칙첩비(宋元豊二年(1079)封龍洞神敕牒碑)'가 현존한다.

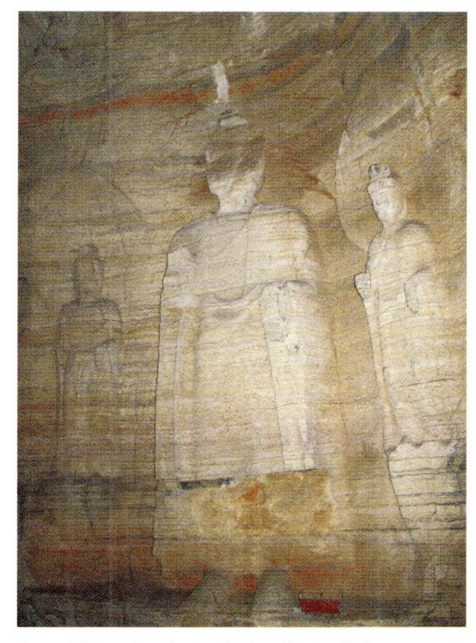
(도 31) 龍洞 제1호감 내부의 삼존상(北魏~東魏)

① 제1호감(대동: 大洞)

동서 길이는 19m이며 용동 마애조상 중 규모가 가장 크다. 동굴의 서쪽에는 남북 방향으로 난 동굴 입구가 2개 있어 동대동(東大洞)과 서대동(西大洞)로 명명된다. 동대동의 서쪽 벽면에는 주형 광배를 가진 불입상 1구가 있으며 높이는 4.2m이다(제1-1호감). 동쪽 벽면(제1-2호감)과 이와 마주보는 남쪽 벽면(제1-3호감)에는 주형 광배를 가진 불입상 1구, 보살입상 2구인 삼존상이 조각되어 있으며 불상의 높이는 약 3.4m, 보살상은 약 3m이다(도 31). 서대동의 동쪽 벽면(제1-4호감)과 서쪽 벽면(제1-5호감)에는 각각 6조(組)의 불상이 배치되어 있다.

모두 주형 광배를 가진 불입상 1구 혹은 삼존상이 11개 배치되어 있으며 1개는 현재 소실되었다. 상의 높이는 대부분 24~74cm이다. 현재 풍화는 심하지만 큰 육계, 포의박대식 가사, 둥근 옷깃, 옷자락이 부드럽게 아래로 늘어뜨려진 형상 등으로 판단하면 북위 말에서 동위대로 추정된다.

② 제2호감

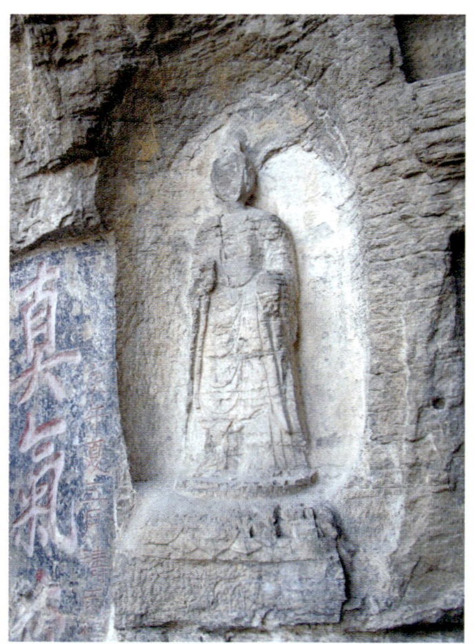

(도 32) 龍洞 제2호감의 불입상(537년)

대동(大洞) 바깥쪽의 제2호감은 아무런 장식이 없는 원공형 감이며 불입상 1구가 조각되어 있다(도 32). 감 아래쪽에 "汝陽王□叔等人[여양왕 □숙 등의 사람]"이란 명문제기가 있는데, 공양자 중 "車騎將軍乞伏銳[거기장군 걸복예]"란 이름도 존재한다. 이 명문의 시기는 동위 천평4년(天平4年: 537)이며, 거기장군 걸복예 등의 시주에 의해 미륵상이 조성되었다.[34] 불상은 통견식 대의를 걸치고 있으며 오른쪽 어깨에서 수직으로 내려온 옷자락은 왼쪽 팔 위를 지나 아래로 드리워져 있다.

③ 제3호감

제2호감의 옆에 위치하며 감 옆쪽에 새겨진 "대원 연우5년(大元延祐五年: 1318년)"의 명문으로 인해 원대(元代)에 조성되었음을 알 수 있다.[35]

---

34. 명문은 淸 法偉堂이 편찬한 『山左訪碑錄』(『石刻史料新編』第二輯 地方類(臺北: 新文豊出版公社, 1979), 9055쪽)의 내용을 참고로 함.

35. 淸 法偉堂의 『山左訪碑錄』(『石刻史料新編』第二輯 地方類(臺北: 新文豊出版公社, 1979), 9057쪽)을 참고로 함.

불좌상 1구, 제자상 2구,
보살상 4구가 새겨져 있
다(도 33).

④ 제4호감

흔히 소동(小洞)으로
도 불리우며 내부 북벽
에는 4조로 구성된 불상,
보살상과 남벽에 불상 1
구(제4-5호), 보살상 1구
(제4-6호)가 있다. 북벽
의 동굴 입구에 위치한
감은 제4-1호이며 좌불

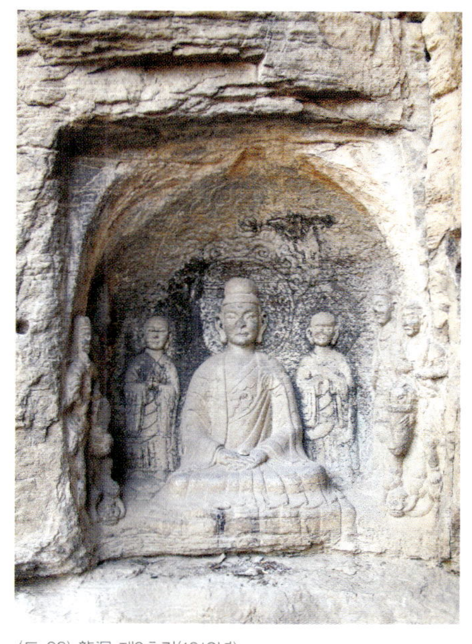

(도 33) 龍洞 제3호감(1318년)

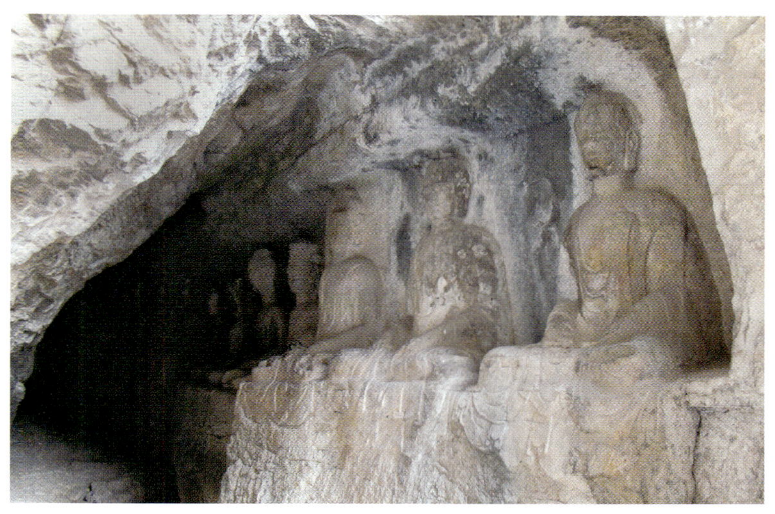

(도 34) 龍洞 제4호감 내부의 북쪽 벽면에 조각된 불상(隋)

상 3구를 배치하였다(도 34). 제4-2호감은 불좌상 1구, 보살좌상 2구인 삼존상이다. 제4-3호감은 불좌상 2구, 불의좌상 1구이며 제4-4호감은 불의좌상 1구를 배치하였다. 제4-1호감은 불상이 3구 조각된 삼불(三佛) 조합이며 제4-2호감은 화불이 새겨진 보살보관으로 인해 아미타삼존상으로 여겨진다.

조각은 풍만하며 불상은 얇은 질감의 통견의 가사를 걸치고 있다. 옷주름선은 간략하고 두 손을 모아 배 앞쪽에 두었다. 보살상은 화려한 보관, 목걸이, 영락을 걸치고 있다. 조각양식으로 보아 수대 마애감으로 추정된다. 제4호감 외부의 위쪽 암벽면에 불감이 3개 있다. 가장 위쪽에 불좌상 1구·보살상 2구를 배치한 불감이 2개(제4-7호), 아래쪽 암벽면에는 이불병좌상인 불좌상 2구가 배치되어 있다(제4-8호).

⑤ 제5호굴

비록 규모는 작지만 타산 제2굴과 더불어 산동지역에서는 그 예가 희소한 석굴의 범주에 속하는 동굴이다. 방형 평면구조이며 천정은 평평하다. 정벽면에 불상 1구, 좌우 벽면에 협시보살상 2구, 제자상 2구를 배치한 오존상이다(도 35). 불상은 구뉴식(鉤紐式) 가사에 선정인을 결하고 있다. 제5호굴은 凹형 불단과 불상을 정벽에 배치한 석굴구조면에서 타산 제2굴과 유사하다. 조각상의 양식 역시 수대로 편년되는 관계로 수대에 개착되었다.[36]

세키노 다다시(關野貞)와 도키와 다이조(常盤大定)가 조사할 당시에는 제5호굴 북쪽에 불입상과 사자상이 있었으나,[37] 현재는 찾아 볼

---

36. 梁銀景,『隋代佛教窟龕研究』(文物出版社, 2004), 43~68쪽.

37. 常盤大定·關野貞,『支那佛教史蹟』1(佛教史蹟研究會, 1972), 181쪽.

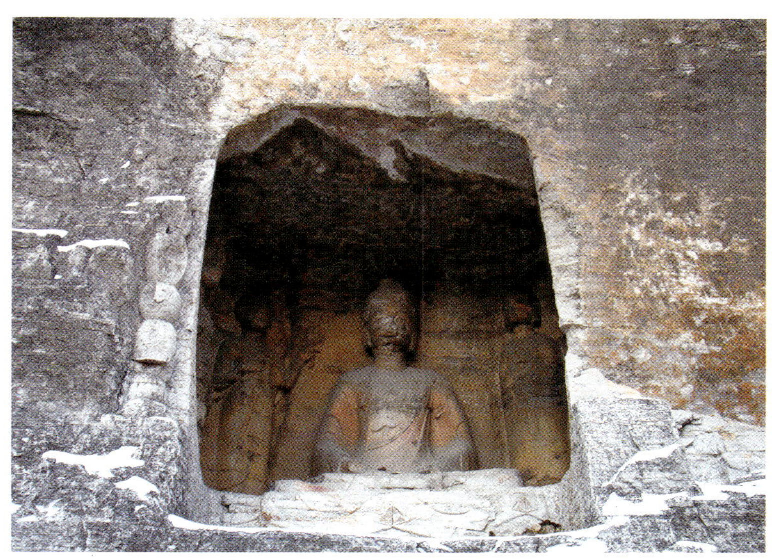

(도 35) 龍洞 제5굴(隋)

수 없다. 청대 풍운원(馮雲鵷)이 저술한 『濟南金石志』卷2 "大業三年十月十八日智照敬造[대업3년(607) 10월 18일 지조가 조성한다]"란 기록으로 미루어,[38) 용동 수대 석굴과 불감 중에는 양제(煬帝) 대업연간(大業年間)에 개착된 예도 있음을 알 수 있다.

결론적으로 대동은 북위 말~동위대, 제2호감은 동위 537년, 제3호감은 원대 1318년, 제4호감은 수대, 제5호굴은 수대로 편년된다. 즉 용동은 북위 말, 동위, 수, 원대에 각각 조성되었다.

38. 『石刻史料新編』第二輯, 12 地方類(臺北: 新文豊出版公司, 1979), 9801쪽 출처.

【표 6】용동 마애조상의 현황

번호		유형	감, 석굴 구조	조각상 배치방식	명문위치와 연대	조성시기
1 (大洞)	1-1(東大洞)	감	주형(舟形)	불입상 1구	·	北魏 末~ 東魏
	1-2(東大洞)		주형	불입상 1구, 보살입상 2구	·	
	1-3(東大洞)		주형	불입상 1구, 보살입상 2구	·	
	1-4(西大洞)		주형, 방형	불입상 1구(3예), 불명확	·	
	1-5(西大洞)		주형, 원공형	불입상 1구(2예), 불입상 1구 · 보살입상 2구(3예)	·	
2		감	주형	불입상 1구	불감 아래쪽, 大魏天平四年(537)	東魏
3		감	원공형	불좌상 1구, 제자상 2구, 보살상 4구	불감 옆쪽, 大元延祐五年(1318)	元
4 (小洞)	4-1	감	방형	불좌상 3구		隋
	4-2		방형	불좌상 1구, 보살좌상 2구	·	
	4-3		방형	불좌상 2구, 불의좌상 1구	·	
	4-4		방형	불의좌상 1구	·	
	4-5		방형	불좌상 1구	·	
	4-6		방형	보살좌상 1구	·	
	4-7		방형	삼존상 2예	·	
	4-8		방형	불좌상 2구	·	
5		석굴	방형 평면, 평평한 천정	불좌상 1구, 보살입상 2구, 제자상 2구	·	隋

3) 동불욕사(東佛峪寺) 마애조상

동불욕사는 용동(龍洞)에서 동쪽으로 4km정도 떨어진 곳에 위치하고 있으며 행정구역상으로는 역성구(歷城區)에 속한다. 용동과 마찬가지로 산세가 험준하고 자연경관이 수려하다. 반야사(般若寺)란 수대 고찰(古刹) 유적지가 있으며 반야사 뒷편의 거대한 암벽면에 17개의 마애감이 조성되어 있다(도 36). 제4, 8, 11, 12, 13, 14호감은 완성되지 못한 채 폐기되었거나 불상이 현존하지 않는다.[39] 제1, 15호감은 높은 위치

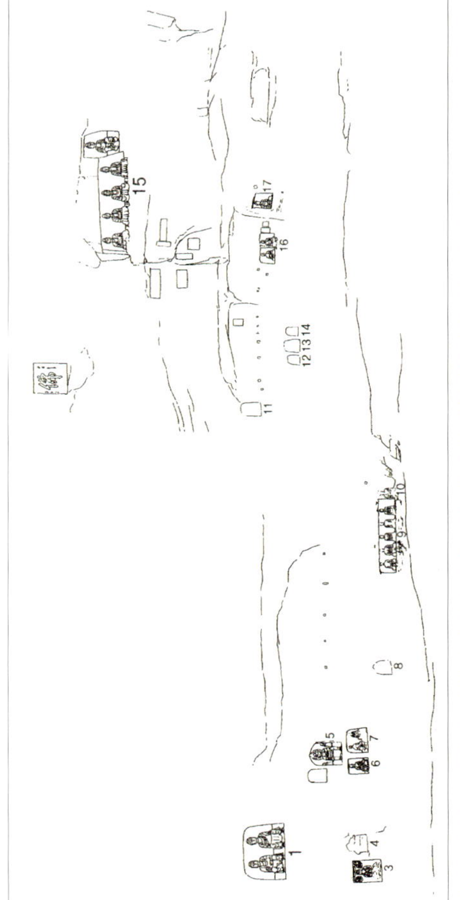

에 조성된 관계로 보존상태가 가장 양호하다.

제1호감은 원공형 불감 안쪽에 불의좌상 2구가 병좌로 배치되었다. 제2호감은 방형 불감 속에 불좌상 1구를 안치하였으며 불감 우측에 "唐乾元二年…遇緣造像[당 건원2년(759)…우연이 조성한다]"이란 명문이 새겨져 있다. 제3호감은 방형 불감 속에 불좌상 1구와 비천 2구를 새겨 놓았다.

제5호감은 첨공형(尖拱形) 불감 안쪽에 불의좌상 1구, 보살입상 2구를 배치하였다. 불감의 좌측에 "唐開成二年…劉長淸等造像[당 개성2년(837)…유장청 등이 조성한다]"의 명

(도 36) 東佛峪寺 마애조상 정면도(李淸泉, 「濟南地區石窟,摩崖造像調査與初步硏究」, 『藝術史硏究』2(2000), 큰 도면 3)

---

39. 동불욕사의 불감 번호는 李淸泉, 「濟南地區石窟,摩崖造像調查與初步研究」, 『藝術史研究』2(2000), 실측도 3을 참고함.

문이 있다.[40) 제6호감은 방형 불감에 불좌상 1구, 제7호감은 원공형 불감에 불좌상 2구인 병좌상이 있다. 제9호감은 방형을 이루며 불좌상 5구가 배치되어 있다. 제10호감은 보존상태가 좋지 않으나 불좌상 2구는 확인할 수 있다.

제15호감은 방형 불감 속에 불좌상 4구와 불의좌상 1구가 배치되어 있다. 감 좌측에 "大隋開皇七年…比丘尼□靜元, 比丘尼洛法洛…淸信女趙文姜等敬造釋迦像四區彌勒像一區[41) [대수 개황7년(587)…비구니

【표 7】 동불욕사 마애조상의 현황

번호	유형	감 구조	조각상 배치방식	명문의 위치와 연대	조성시기
1	감	원공형	불의좌상 2구	•	唐
2	감	방형	불좌상 1구	감 오른쪽, 乾元二年(759)	唐
3	감	방형	불좌상 1구	•	唐
4	감	소실	소실	•	•
5	감	첨공형	불의좌상 1구, 보살입상 2구	감 왼쪽, 開成二年(837)	唐
6	감	방형	불좌상 1구	•	唐
7	감	원공형	불좌상 2구	•	唐
8	감	원공형	소실	•	•
9	감	방형	불좌상 5구	•	唐
10	감	소실	불좌상 2구	•	•
11	감	원공형	소실	•	•
12	감	원공형	소실	•	•
13	감	원공형	소실	•	•
14	감	원공형	소실	•	•
15	감	방형	불좌상 4구, 불의좌상 1구	감 왼쪽, 開皇七年(587)	隋
16	감	원공형	불좌상 2구	•	•
17	감	방형	불좌상 1구	•	隋

---

40. 제1호감과 제5호감의 명문은 李淸泉, 앞의 논문, 342쪽 참고.

41. 『濟南金石志』卷二(『石刻史料新編』第二輯, 12 地方類 (臺北: 新文豊出版公司, 1979), 9800쪽 참고).

□정원, 비구니 낙법락…청신녀 조문강 등이 석가상 4구와 미륵상 1구를 조성한대"란 명문제기가 있다. 제16호감은 두개의 불감이 합쳐진 것으로 불좌상 1구가 각각 배치되었으며 제17호감 역시 방형 불감 속에 불좌상 1구가 있다.

동불욕사 마애조상은 모두 수, 당대 작품들로 불상은 통견식 가사를 걸치고 있으며 특히 당대 불상은 내의를 묶은 띠매듭의 표현이 있는 예도 있다.

4) 천불산(千佛山) 마애조상

천불산 마애조상은 제남시 역하구(歷下區) 천불산(혹은 역산)의 중턱에 세워진 흥국선사(興國禪寺)의 내부에 위치하며 남쪽 암벽면에 동서로 개착되어 있다(도 37). 조각상은 대부분 후대에 중수를 거치는 과정에서 심각하게 훼손되었다. 이러한 보수작업은 원래 양식을 살펴보는데 많은 어려움을 더하고 있다. 그러나 대부분의 불보살상은 가사착용 모습과 얼굴 형상 등 원상을 확인할 수 있다.

제1호감은 텅 빈 석굴이다(도 38).[42] 제2호감은 불좌상 1구, 불입상 6구를 배치한 감(제2-1호감)과 불입상 2구(제2-2

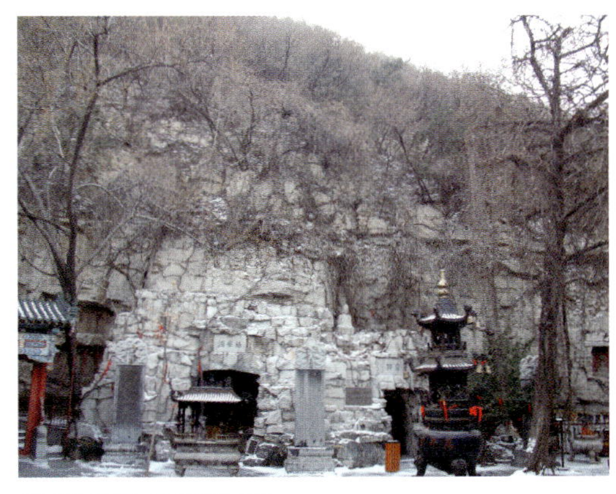

(도 37) 千佛山 마애조상 전경

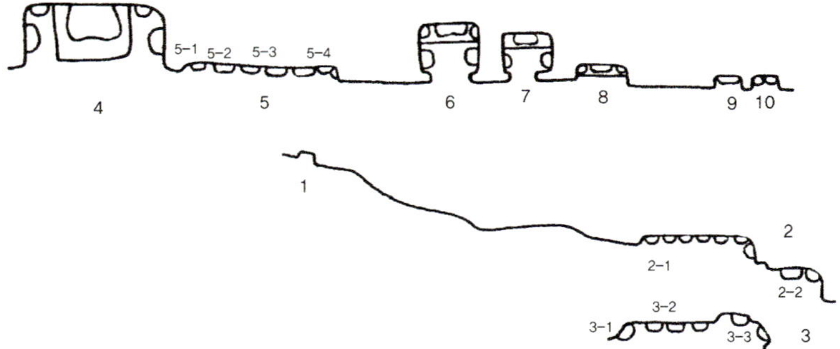

(도 38) 千佛山 마애조상 평면도(李裕群선생 자료제공, 필자 그림)

호감)를 안치한 감으로 나뉘어진다. 제3호감은 불입상 1구(제3-1호감), 불좌상 1구·보살상 2구(제3-2호감), 불좌상 1구·보살입상 1구(제3-3호감)가 있다. 모두 방형을 이룬 불감이다.

극락동(極樂洞)은 천불산 마애조상 중 규모가 가장 큰 동굴이며 본문에서는 제4호감으로 명명된다. 안쪽에 불좌상 1구, 제자상 2구, 보살입상 2구가 배치되어 있으며 나머지 공간의 벽면에는 불좌상, 불입상이 새겨져 있다. 주존 불좌상, 보살상과 벽면의 작은 불상들은 금색으로 채색되었다. 극락동의 옆쪽에는 작은 불상들이 배치되어 있는데 불좌상 1구(제5-1호감), 불좌상 1구(제5-2호감), 보살입상 1구·불좌상 1구(제5-3호감), 불좌상 2구·보살입상 1구(제5-4호감)가 굴 안쪽에 있다.

제6호감~제10호감은 규모가 작은 편이며 제6호~제8호감은 정벽면에 낮은 단을 설치한 감 구조로 평면이 방형을 이룬다. 제6호감은 정벽에 불좌상 1구, 좌우에 제자상 각각 1구, 그 앞쪽에는 보살상 1구씩을 배

---

42. 천불산 마애조상감의 번호는 필자가 현지답사를 통하여 조사한 결과 연구의 편의상 정한 것(양은경,「中國 山東지역 隋代 佛敎石窟과 摩崖造像」,『강좌 미술사』 20(2003), 194~195쪽의 내용)을 사용함.

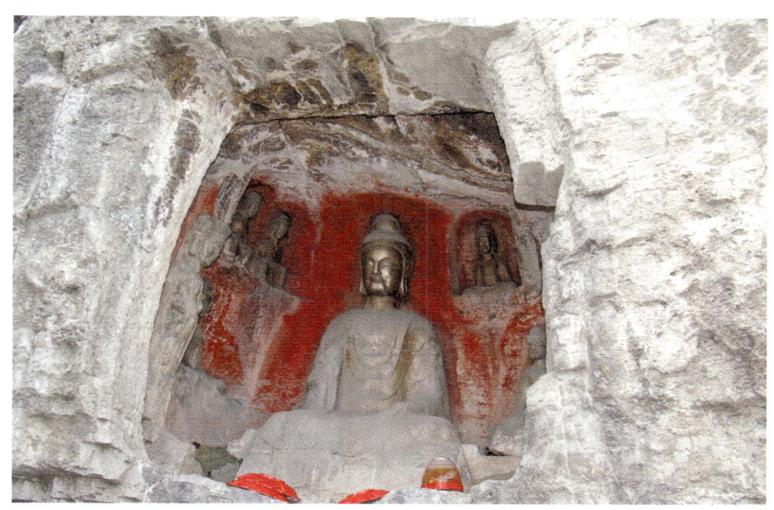

치하였다.

제7호감은 정벽에 불좌상 1구, 앞쪽의 좌우측에 보살상이 각각 1구씩 있다(도 39). 감의 외부 위쪽과 감 내부에 명문제기 4기가 확인된다. 명문의 내용은 다음과 같다.[43]

• 제7호감 외부 위쪽:

維大隋開皇十年歲次庚戌八月丙辰朔八日癸亥, 弟子李景崇知□身非永固形, 軀難存機緣無留生, 化有易是以, 敬造□(阿)彌陁像一區并□(菩)薩, 上爲皇帝□(下)師僧父母見存眷□(屬), 一切衆生咸同斯□(福)

[대수 개황10년(590) 세차 경술 8월 8일 계해, 제자 이경숭은 몸이 영

---

43. 명문은 淸代 麥曾德이 편찬한 『續歷城縣志』卷三十一 金石考 二十七 기록(『石刻史料新編』第三輯 二五(臺北: 新文豊出版公司, 1986), 403쪽)과 唐仲明, 『山東地區隋代摩崖龕窟造像硏究』(山東大學 碩士學位論文, 2000.5), 13~14쪽을 참고함.

원하지 않고 형체가 영원하지 않음을 알고 (아)미타상 1구와 보살상을 조성한다. 위로는 황제를 위하고 아래로는 사승, 부모, 살아있는 가족과 일체중생들이 복을 누리기를 원한다]

- 제7호감 안쪽 주존불상 좌측 위쪽 작은 감 좌측:

開皇十年歲在酉十月庚申朔十五日, 邑子□□□□□□釋迦像一軀, 旦願皇…

[개황10년(590) 세재 7월 경신삭 15일, 읍자 □□□□가 석가상 1구를 조성함에 원하는 바는…]

- 제7호감 안쪽 주존불상 좌측 위쪽 작은 감 좌측:

開皇十一年十月, 張寒妃爲亡父母, 敬造□□一軀像, 爲皇帝□, 此世衆眷屬□□□□

[개황11년(591) 10월 장한비는 죽은 부모를 위하여 □□1구를 조성한다. 황제와 현생에서의 권속들을 위하여□□□]

- 제7호감 주존 불상 위쪽 작은 감 우측:

開皇十一年五月十九日, 女□□□, 爲亡父母亡弟, 造彌勒像一軀, 王六許□□, 爲亡父母亡兄, 造彌勒像一軀, 上爲國王□主師僧父母, 有形之類咸同斯福

[개황11년(591) 5월 19일 여□□□는 죽은 부모와 죽은 동생을 위하여 미륵상 1구를 조성한다. 왕육허□□는 죽은 부모와 죽은 형을 위하여 미륵상 1구를 만든다. 위로는 국왕을 위하고 사승, 부모와 모든 존재가 복을 누리기를 바란다]

감 외부 위쪽의 명문으로 판단하면 감 내부에 새겨진 삼존상은 아미타불과 관음, 대세지보살임을 알 수 있다.

제8호감 역시 불좌상 1구, 보살입상 2구를 배치하였다. 제9호감은 불좌상 1구, 제10호감은 불좌상 2구를 두었다.

『續歷城縣志』 등 문헌자료를 통해 보면, 천불산 마애조각상들은 조성 당시 대부분 명문이 있었으나 지금은 7기 정도가 확인된다.[44] 개착연대는 모두 개황연간(開皇年間: 581~600년)이며 불상은 아미타, 미륵, 석가 등이다.

【표 8】 천불산 마애조상의 현황

번호		유형	감 정면 구조	조각상 배치방식	명문위치와 연대	조성시기
1		감	자연 동굴	없음	·	·
2	2-1	감	방형	불좌상 1구, 불입상 6구		隋
	2-2	감		불입상 2구		
3	3-1	감	방형	불입상 1구	·	隋
	3-2	감		불입상 1구, 보살입상 2구	·	
	3-3	감		불좌상 1구, 보살입상 1구	·	
4		감	자연 동굴	불좌상 1구, 제자상 2구, 보살입상 2구		隋
5	5-1	감	자연 동굴	불좌상 1구		隋
	5-2	감		불좌상 1구	·	
	5-3	감		불좌상 1구, 보살입상 1구	·	
	5-4	감		불좌상 2구, 불입상 1구	·	
6		감	방형	불좌상 1구, 제자상 2구, 보살입상 2구	·	隋
7		감	방형	불좌상 1구, 보살입상 2구	감 외부 위쪽 · 감 안쪽, 開皇十年(590) · 開皇十一年(591)	隋
8		감	방형	불좌상 1구, 보살입상 2구	·	隋
9		감	방형	불좌상 1구	·	隋
10		감	방형	불좌상 2구	·	隋

44. 唐仲明, 「濟南玉函山隋代摩崖龕窟造像」, 『中原文物』1(2003), pp. 46~53.

5) 옥함산(玉函山) 마애조상

옥함산은 제남시 시중구(市中區)의 흥륭산(興隆山)에 개착되어 있으며 산의 서북쪽 암벽면에 마애감상이 있다(도 40).

마애조상감은 상하 5층으로 배열되어 있으며 감은 방형(方形) 구조를 이룬다(도 41). 현존하는 조각상들은 훼손이 심하지만 조각 배치방

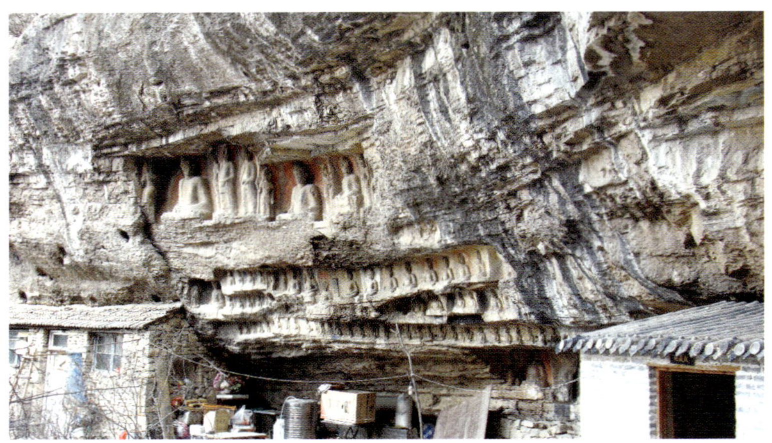

(도 40) 玉函山 마애조상 전경(隋)

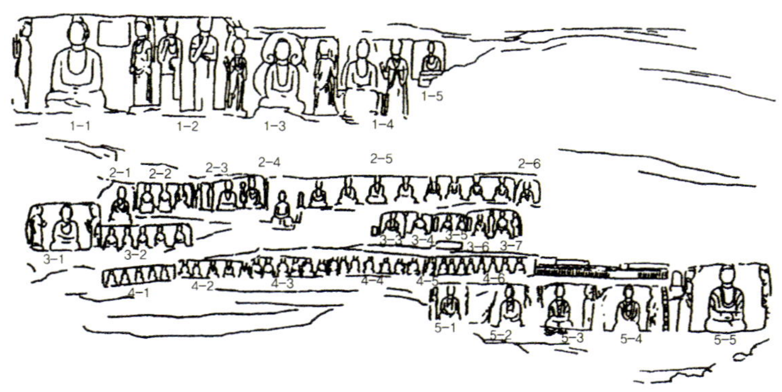

(도 41) 玉函山 마애조상 정면도(李淸泉, 앞의 논문, 큰 도면 4)

식과 조각소재 등을 확인할 수 있다. 무엇보다도 수대 기년명문을 많이 가지고 있어 수대 석굴을 연구하는데 좋은 참고자료가 된다. 584년, 585년, 587년, 588년, 589년, 593년, 600년의 기년을 가진 옥함산 마애조상은 대부분 수대에 조성되었다.

가장 위층의 불감 수량은 5개(제1-1~1-5호감)이며 그 아래층은 각각 6개(제2-1~2-6호감), 7개(제3-1~3-7호감), 6개(제4-1~4-6호감), 5개(제5-1~5-5호감)이다. 불감은 모두 방형을 이루며 조각상 배치방식은 불좌상 1구(제1-5, 2-1, 3-3, 3-4, 3-6호감) 혹은 보살상 1구(제2-6, 4-5호감)를 배치한 경우와 불입상 2구(제1-2호감), 불의좌상 1구·보살입상 1구(제1-4호감), 불좌상 2구(제3-5호감), 보살좌상 2구(제2-4호감)를 배치한 예가 있다.

또한 불좌상 1구, 보살입상 2구를 안치한 삼존상(제1-1, 1-3, 2-3, 3-1, 3-7, 5-1~5-5호감)과 불좌상 2구, 보살상 1구(제2-2호감)의 삼존을 이룬 예도 있다. 불좌상 5구(제3-2), 불좌상 8구(제2-5, 4-6호감)를 이룬 배치방식과 보살좌상 5구(제4-1, 4-2호감), 보살좌상 6구(제4-3호감), 보살좌상 7구(제4-4호감)를 이룬 특이한 배치방식도 있다.

명문제기가 새겨진 불감의 위치와 내용은 다음과 같다.[45]

• 제1-1호감(감 안쪽):

大隋楊主開皇七年, 歲在丁未五月十日, 殷洪纂息仕□, 敬造釋迦像一區并二菩薩, 言‥‥‥‥‥八年八月八日爲訖

---

45. 명문은 麥曾德,『續歷城縣志』卷三十一『石刻史料新編』第三輯 二五 地方類 (台北 新文豐出版公司, 1986), 401~403쪽: 關野貞·常盤大定,『支那佛教史跡』1(佛教史跡研究會, 1927), 182~184쪽: 唐仲明,「濟南玉函山隋代摩崖龕窟造像」,『中原文物』1(2003), 46~53쪽을 참고함.

[대수 양씨군주 개황7년(587) 세재 정미 5월 10일, 은홍찬과 자식(자손) 사□는 석가상 1구와 보살상 2구를 조성한다. 이 글은 8년(588년) 8월 8일에 새긴다]

• 제2-2호감(감 안쪽):
像主□□□□□子·中, 像主大□滿□□同波
[상주인 □□자중, 상주인 대□만□□동파]

• 제2-3호감(감 안쪽):
開皇八年七月廿日, 羅江敬造二佛二菩薩
[개황8년(588) 7월 20일 나강은 불상 2구, 보살상 2구를 조성한다]

• 제2-4호감(감 왼쪽):
開皇八年七月廿日, 羅沙彌爲父母造二菩薩
[개황8년(588) 7월 20일 나사미는 부모를 위하여 보살상 2구를 조성한다]

• 제3-4호감(감 왼쪽):
開皇九年九月五日, 傅朗振共妻鄒, 爲亡息雅兒, 敬造釋迦像一軀
[개황9년(589) 9월 5일 부랑진은 부인 추와 함께 자식(자손) 아아를 위하여 석가상 1구를 조성한다]

• 제3-5호감(제3-4, 3-5호감 사이):
像主顔海爲父母, 敬造像二軀, 法界同福
[상주인 안해는 부모를 위하여 조각상 2구를 조성함에 법계중생은

복을 누리기를 원한다]

- 제3-7호감(감 왼쪽):

顔海妻展, 爲亡父母見在眷屬, 敬造釋迦像一軀

[안해의 부인 전은 죽은 부모와 현세권속을 위하여 석가상 1구를 조성한다]

- 제4-5호감 혹은 제4-6호감의 1구(제3-5호감 아래쪽):

李惠猛妻楊靜太口, 造觀世音像一區, 爲帝法界衆生七世師僧父, 共同此福

[이혜맹의 부인 양정태는 황제와 법계중생, 칠세사승, 아버지를 위하여 관세음상 1구를 조성함에 모두 복을 누리기를 바란다]

- 제4-6호감(제3-6호감 아래쪽):

大隋開皇四年季歲次甲辰八月辛卯朔十五日乙巳, 故人劉洛, 敬造七佛, 爲本生父母己身妻子眷屬愿 逢彌勒, 七佛主劉洛, 爲造福人房直維衛佛式佛, 維葉佛 勾樓秦佛, 句那含牟尼佛, 迦葉佛, 釋迦, 彌勒佛

[대수 개황4년(584) 세차 갑진 8월 신묘삭 15일 을사, 고인 유락은 칠불을 조성한다. 현생의 부모와 자기 자신, 부인과 자식, 권속들이 미륵을 만나기를 바란다. 칠불의 주인 유락은 복을 구하기 위해 방직위는 위불식불, 유엽불, 구루진불, 구나함모니불, 가엽불, 석가, 미륵불을 조성하였다]

- 제5-2호감(감 왼쪽):

開皇五年歲次乙巳七月丙辰朔七日壬戌, 佛弟子口太妻夏樹, 敬造彌

勒像並二菩薩, 爲帝主諸官七世師僧父母, 見存眷屬法界衆生, 有形之類
鹹同斯福

[개황5년(585) 세차 을사 7월 병진삭 7일 임술, 불제자 □태의 부인 하
수는 미륵상과 보살상 2구를 조성한다. 황제와 관리들, 칠세사승, 부모,
권속, 법계중생, 모든 형상들이 복을 누리기를 바란다]

• 제5-3호감(감 안쪽):

大隨開皇十三年歲次癸丑五月庚子朔二日, 佛弟子羅寶奴爲亡父
紹及亡姐阿敢. 敬造北堪彌陁像並二菩薩三軀, □紹妻王侍佛時女華
仁侍佛

[대수 개황13년(593) 세차 계축 5월 경자삭 2일, 불제자 나보노는 죽은
아버지 소와 누이 아감을 위하여 북감 미타상과 보살상 2구의 삼존상
을 조성한다. □소의 부인 왕씨와 딸 화인이 부처를 공양한다]

• 제5-3, 5-4호감(제5-3호감 위쪽):
李在成, 王朝陽, 鄭東海
[이재성, 왕조양, 정동해]

• 제5-5호감(감 오른쪽):

大隋開皇廿年十月八日, 張峻母桓爲亡夫張遵義, 敬造釋迦像一軀並
二菩薩, 上爲國王帝主下諸師僧父母, 一切法界衆生龍華三會, 愿登上道
[대수 개황20년(600) 10월 8일, 장준의 어머니 환은 죽은 남편 장준의
을 위하여 석가상 1구와 보살상 2구를 조성한다. 위로는 국왕과 아래로
는 사승, 부모, 일체중생이 용화삼회하며 도를 이루기를 원한다]

【표 9】 옥함산 마애조상의 현황

번호		유형	감정면 구조	조각상 배치방식	명문위치와 연대	조성시기
1	1-1	감	방형	불좌상 1구, 보살입상 2구	감 안쪽, 開皇七年(587)	隋
	1-2	감	방형	불입상 2구	·	
	1-3	감	방형	불좌상 1구, 보살입상 2구	·	
	1-4	감	방형	불의좌상 1구, 보살입상 1구	·	
	1-5	감	방형	불좌상 1구	·	
2	2-1	감	방형	불좌상 1구	·	隋
	2-2	감	방형	불좌상 2구, 보살좌상 1구	·	
	2-3	감	방형	불좌상 1구, 보살입상 2구	감 안쪽, 開皇八年(588)	
	2-4	감	방형	보살좌상 2구	감 왼쪽, 開皇八年(588)	
	2-5	감	방형	불좌상 8구	·	
	2-6	감	방형	보살좌상 1구	·	
3	3-1	감	방형	불좌상 1구, 보살입상 2구	·	隋
	3-2	감	방형	불좌상 5구	·	
	3-3	감	방형	불좌상 1구	·	
	3-4	감	방형	불좌상 1구	감 왼쪽, 開皇九年(589)	
	3-5	감	방형	불좌상 2구	·	
	3-6	감	방형	불좌상 1구	·	
	3-7	감	방형	불좌상 1구, 보살입상 2구	·	
4	4-1	감	방형	보상좌상 5구	·	隋
	4-2	감	방형	보살좌상 5구	·	
	4-3	감	방형	보살좌상 6구	·	
	4-4	감	방형	보살좌상 7구	·	
	4-5	감	방형	보살좌상 1구	제3-5호감 아래쪽, 開皇四年(584)	
	4-6	감	방형	불좌상 8구	·	
5	5-1	감	방형	불좌상 1구, 보살입상 2구	·	隋
	5-2	감	방형	불좌상 1구, 보살입상 2구	감 왼쪽, 開皇五年(585)	
	5-3	감	방형	불좌상 1구, 보살입상 2구	감 안쪽, 開皇十三年(593)	
	5-4	감	방형	불좌상 1구, 보살입상 2구	·	
	5-5	감	방형	불좌상 1구, 보살입상 2구	감 오른쪽, 開皇廿年(600)	

6) 영암사(靈巖寺) 방산(方山) 증명감(證明龕)

영암사는 제남시로부터 남쪽으로 45km 떨어진 장청구(長淸區) 만덕진(萬德鎭)에 소재하고 있으며 태산(泰山)의 서북쪽 지맥인 영암산에 위치한다. 영암사는 동진대 개창되어 지금까지 산동 불교의 중심이 되어 온 아주 중요한 사찰로, 당송대에는 중국 사대명찰(四大名刹) 중 하나였다.

현재 사원구역은 전각, 불탑, 묘탑림, 방산 증명감 등으로 구성되어 있다. 건축물 배치는 남향을 하고 있으며 산문(山門), 천왕전, 종루, 고루, 대웅보전, 오화전(五花殿), 천불전, 반주전(般舟殿) 유적지, 어서각(御書閣) 등이 있다. 사원 서쪽편에 묘탑림이 있다.[46]

사찰의 뒤편에 방산이라 불리우는 산이 있으며 산 정상부에 마애조

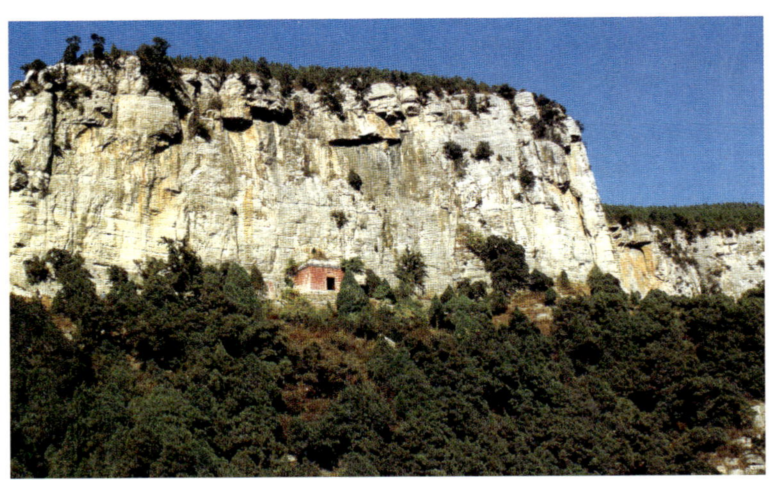

(도 42) 靈巖寺 方山 證明龕 입구

46. 靈巖寺編輯委員會編, 『靈巖寺』(文物出版社, 1999), 1~10쪽.

상 하나와 그 앞쪽에
건축물이   있다(도
42). 증명감은 자연 석
벽을 이용하여 개착
되었다. 감의 평면은
원각(圓角)을 이룬 방
형이며 입구가 활짝
열려 있다. 천정은 궁
륭형(穹窿形)이며 증
명감의 넓이는 5m,
깊이는 4m이다. 감의
내부에는 불단이 있
으며 단 위쪽에 불좌
상 1구, 제자상 2구,

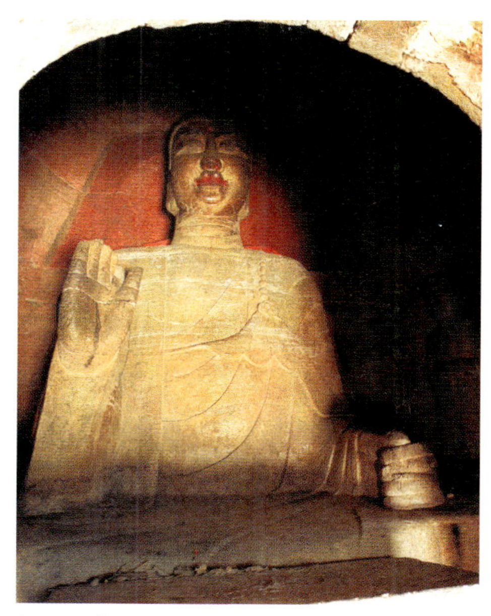
(도 43) 靈巖寺 方山 證明龕 불좌상(隋)

보살상 2구가 있고 불단 앞쪽의 좌우에는 역사상 2구, 사자상 2구가 조
각되어 있다.[47] 불상의 좌고(坐高)는 5m이며(도 43), 보살상과 제자상
의 높이는 2.5m 정도이다.

불상 대좌에 새겨진 唐 정원13년(貞元十三年: 797), 장경4년(長慶四
年: 824)의 여행객 명문제기와 대중8년(大中八年: 854)에 조각된 '방산
증명감공덕기(方山證明龕功德記)'의 내용으로 인해 증명감 조각상은
지금까지 당대 초기에 조성된 것으로 여겨졌다.[48]

그러나 최근에 영암사, 신보사(神寶寺), 신통사(神通寺) 등 태산 지맥

---

47. 李裕群, 「靈巖寺石刻造像考」, 『文物』8(2005), 79~86쪽.

48. 常盤大定・關野貞, 『支那佛教史蹟』1(佛教史蹟研究會, 1972), 153~156쪽: 李清泉,
　　「濟南地區石窟, 摩崖造像調查與初步研究」, 『藝術史研究』2(2000), 343~344쪽.

에 건립된 사찰들과 불상, 시주자들의 관계가 문헌기록과 실물을 통해 구체적으로 연구되었다. 수 양제와 그의 아들들이 산동을 순례할 당시 이 세 사찰의 시주자가 되었다. 양제와 장자 하남왕(河南王)은 신통사, 양제의 둘째 아들인 제왕(齊王)은 신보사, 화양왕(華陽王)은 보산사(寶山寺: 영암사의 옛 이름)의 시주자가 되어 많은 불사활동을 하였다. 신통사 사문탑 (四門塔) 내부의 네 불상, 영암사의 증명감 불상은 모두 수대 불상의 특징을 강하게 지니고 있다. 즉 육계는 낮으며 구뉴식 가사 착의를 하고 있다. 그러므로 양제와 그 아들들의 시주와 결부되어 이 불상들이 조성된 것으로 보여진다.[49]

7) 신통사(神通寺) 천불애(千佛崖)

신통사는 제남시로부터 남쪽 32km 떨어진 역성구(歷城區) 유부진 (柳埠鎮)의 곤서산(琨瑞山)의 북쪽 금여곡(金輿谷)에 위치하고 있다. 곤서산은 태산의 북록에 소재하고 있다. 신통사의 본명은 낭공사(朗公寺)로 전진(前秦)시대 유명한 고승 불도징(佛圖澄)의 제자 승랑(僧朗)이 이 곳에 사찰을 건립하였다. 신통사는 산동지역에서 가장 이른 시기에 건립된 최대의 불교사원 중 하나였다.[50]

낭공사가 건립된 이후 전진(前秦), 후진(後秦), 동진(東晉), 후연(後燕), 북위(北魏)의 황제들이 승랑을 공경하여 신통사에 예물을 보내었다. 또한 신통사 불당에는 고려(高麗), 곤륜(崑崙) 등 7개국 국왕이 보낸 불상이 모셔지기도 하였다. 수대 583년 낭공사는 문제(文帝)로부터 "신

49. 梁銀景,「山東 神通寺 千佛崖의 銘文分析과 造像의 特徵」,『中國史研究』34(2005), 59~61쪽: 李裕群,「靈巖寺石刻造像考」,『文物』8(2005), 79~86쪽.

50. 由少平·常興照等編著,『山東文物叢書-建築』(山東友誼出版社, 2002), 343~349쪽.

통사(神通寺)"라는 이름을 사사받았으며 601년 사리탑 건립활동 당시에는 고승 법찬(法璨)이 신통사로 파견되어 탑을 건립하였다. 이후 양제(煬帝)와 그 아들이 신통사의 대시주자가 되어 그야말로 신통사는 산동지역에서 중요한 사찰의 위치를 차지하게 되었다. 당대(唐代)에도 불상과 불탑 건립이 계속 이루어졌다.[51]

그 결과 현재 신통사에는 수대 건립의 사문탑(四門塔), 당대 용호탑(龍虎塔)과 금, 원, 명, 청대 고승의 부도들이 모셔진 묘탑림, 역대 비각(碑刻) 등이 현존하고 있다.[52] 이와같은 신통사 내부에 있는 많은 문물들과 함께 "천불애(千佛崖)"라고 명명되는 마애조상감이 현존한다.

신통사의 서쪽편 백호산(白虎山)의 암벽면에 천불애 마애조상이 조

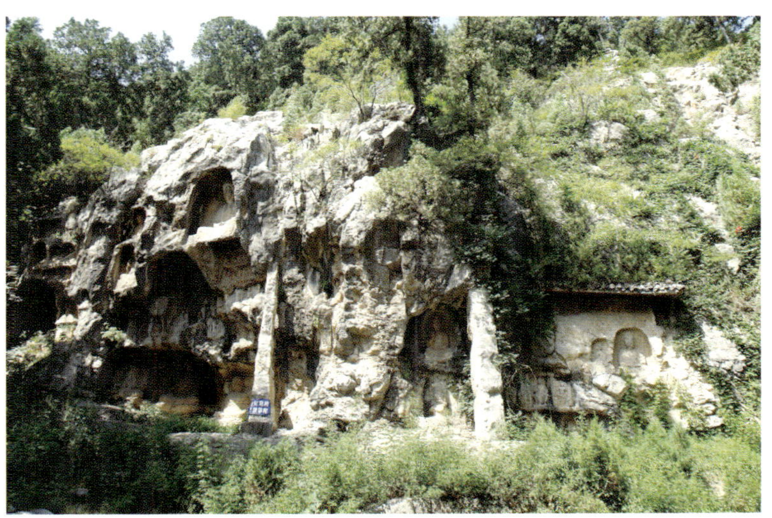

(도 44) 神通寺 千佛崖 전경

---

51. 劉振淸主編, 『齊魯文化』東方思想的搖籃 (商務印書館, 1996), 221~222쪽.
52. 劉繼文, 『濟南神通寺』(山東友誼出版社, 2005), 20~56쪽.

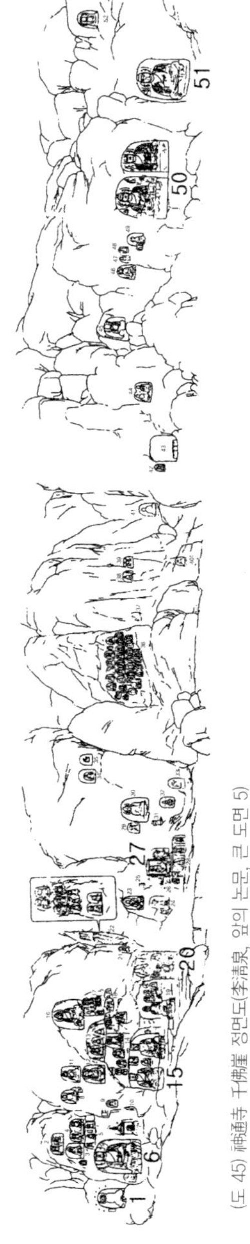

(도 45) 神通寺 千佛崖 정면도(李清泉, 앞의 논문, 도면 5)

성되어 있다(도 44). 산의 높이는 285m이며 남측에 천불애가 위치하고 있다. 남북으로 약 65m, 높이 20m에 걸쳐 크고 작은 마애조상이 분포되어 있다. 현재 천불애에는 200여 구의 불교조각상이 조성되어 있으며 10여 條의 명문 제기가 알려져 있다. 현재 신통사를 방문하면 입구가 있는 남쪽에서 진입하기 때문에 마애조상을 현재의 남쪽에서 북쪽으로 편의상 52개로 묶어 번호를 정하기로 하겠다.

조상감은 넓이와 높이가 3m을 넘지 않는 예가 대부분이며, 깊이 역시 가장 깊은 조상감이 1m가 되지 않는 얕은 감이다(도 45). 대부분의 마애조상감 정면구조는 원공형(圓拱形)이고, 감 주위에는 장식이 없는 그야말로 단순한 형상을 보인다. 조각상 배치에 있어서도 대부분 좌불상 1구 혹은 2, 3구를 배치하였다. 좌불상 1구를 배치한 독존상의 불감은 모두 35개이다. 암벽면의 아래쪽에 개착된 제1, 6, 15, 27, 50호감은 규모가 크며 넓이와 높이는 1m를 이룬다. 천불애의 현재 상황은【표 10】의 내용과 같다.

【표 10】 신통사 천불애의 현황

	감 구조	감 장식	조각상 배치방식	명문 유무	조성시기(년)
1	원공형	無	불좌상 1구	有	657
2	원공형	無	불좌상 2구	有	唐
3	원공형	無	불좌상 1구	無	唐
4	원공형	無	불좌상 2구	有	唐
5	원공형	無	불좌상 3구	無	唐
6	원공형	無	불좌상 1구	有	658
7	탑형	尖拱形 龕楣	불좌상 1구	無	唐
8	원공형	無	불좌상 1구	有	唐
9	원공형	無	불좌상 1구	有	唐
10	원공형	無	불좌상 1구	無	唐
11	원공형	無	불좌상 1구	無	唐
12	원공형	無	불좌상 1구	無	唐
13	원공형	無	불좌상 4구	無	唐
14	원공형	無	불좌상 1구	無	唐
15	원공형	無	불좌상 2구	有	644
16	원공형	無	불좌상 1구	無	唐
17	방형	無	불좌상 9구(삼존상)	無	唐
18	원공형	無	불좌상 4구	有	唐
19	원공형	無	불좌상 1구	無	唐
20	원공형	無	불좌상 4구, 보살상 2구	有	唐
21	원공형	無	보살상 1구	無	唐
22	원공형	龍頭	불좌상 10구	無	唐
23	원공형	無	불좌상 1구	無	唐
24	원공형	蓮柱	불좌상 1구	無	唐
25	원공형	無	불좌상 1구	無	唐
26	원공형	無	불좌상 1구	無	唐
27	방형	尖拱形 龕楣: 火焰紋, 감 양측: 蓮柱	불좌상 1구, 역사상 1구	有	657
28	원공형	無	불좌상 5구	無	唐
29	원공형	無	불좌상 1구	無	唐
30	원공형	無	불좌상 1구	無	唐
31	원공형	無	불좌상 1구	有	唐
32	원공형	無	불좌상 1구	無	唐
33	원공형	無	불좌상 1구	無	唐
34	원공형	無	불좌상 1구	無	唐
35	원공형	無	불좌상 1구	無	唐
36	원공형	卷草紋	불좌상 1구	無	唐
37	원공형	無	불좌상 1구	無	唐
38	원공형	無	불좌상 1구, 보살상 1구	無	唐

39	원공형	無	불좌상 1구, 보살상 2구, 제자상 2구	無	唐
40	원공형	無	불좌상 1구	無	唐
41	원공형	無	불좌상 1구	無	唐
42	원공형	無	불좌상 1구	無	唐
43	원공형	無	현존하지 않음	無	唐
44	원공형	無	불좌상 2구	無	唐
45	원공형	無	불좌상 1구	無	唐
46	원공형	無	불좌상 1구	無	唐
47	원공형	無	불좌상 1구	無	唐
48	원공형	無	불좌상 1구	無	唐
49	원공형	無	불좌상 1구	無	唐
50	원공형	無	불좌상 2구	有	658
51	원공형	無	불좌상 1구	無	唐
52	원공형	無	불좌상 1구	無	唐

52개의 천불애 조상감 중 현존하는 12條의 명문제기의 내용은 청대 풍운원(馮雲鵷)의 『濟南金石志』, 육증상(陸增祥)의 『八瓊室金石補正』, 손성연(孫星衍)의 『寰宇訪碑錄』, 법위당(法偉堂)의 『山左訪碑錄』에 이미 기록되어 있다. 이외에도 『續歷城縣志』, 『山左金石志』에서도 간단하게 천불애 명문을 언급하고 있다. 『濟南金石志』卷二에는 19條의 명문제기가 수록되어 있으며,[53] 『八瓊室金石補正』卷二十九에는 22條[54] 『寰宇訪碑錄』卷三은 21條,[55] 『山左訪碑錄』에는 20條[56]가 기록되어 있다. 이중 『濟南金石志』, 『八瓊室金石補正』에 기록된 제기는 그 내용이 비교적 상세하지만 『寰宇訪碑錄』과 『山左訪碑錄』에는 명문제기의 제목만이 기술되어 있다.

고문헌에 수록된 명문제기 내용과 필자가 조사한 내용을 비교분석

53. 『石刻史料新編』第二輯, 12 地方類 (臺北: 新文豊出版公司, 1979), 9801~9803쪽.

54. 『石刻史料新編』第一輯, 一般類, 4457~4460쪽.

55. 『石刻史料新編』第一輯, 26 目錄題跋類, 19878~19885쪽.

56. 『石刻史料新編』第二輯, 地方類, 9055~9058쪽.

하여 아래의 표로 작성하였다.

【표 11】고문헌에 수록된 천불애 명문과 필자의 조사 내용 비교표

	『寰宇訪碑錄』	『濟南金石志』	『八瓊室金石補正』	筆者의 조사내용
1	南平長公主造象記.正書顯慶二年	顯慶二年南平長公主爲太宗文皇帝敬艁像一軀	顯慶二年南平長公主爲太宗文皇帝敬艁象一軀	顯慶二年, 南平長公主爲太宗文皇帝敬艁象一軀
6	僧明德造象.正書顯慶三年		大唐顯慶三年僧明德敬艁	大唐顯慶三年, 僧明德敬艁
15	僧明德造象記.正書貞觀十八年	大唐貞觀十八年僧明德知風燭難倚艁石像兩軀瞻顏祀禮	大唐貞觀十八年僧明德知風燭難待識苦海□迫越竭衣鉢淨財□艁…□石像兩軀上報…通□含識瞻顏禮…罪名至心歡…沙業報恐山□處…	大唐貞觀□□,□□德知風獨難,□□□□□迫越竭衣鉢□…□石像兩軀.上報…含識瞻顏禮…□名至心歡…□□報恐山…
20	僧沙棟造象記.正書武德□年	大唐武德二年桑門沙棟厥年七十	□□處俱□有隣□□師□桑門僧沙棟□響莫異…飜□在□國書傳記每□大唐武德二年厥年七十有□若載陟之□□□恩…立	…有隣□□□□桑門□沙□□響莫異…國書傳記□□大唐武德□□厥年七十□若載陟之□□□恩…
27	齊州刺史劉元意造象記.正書顯慶二年九月	大唐顯慶三年九月十五日齊州刺史上柱國駙馬都尉渝國公劉元意敬佛像供養	大唐顯慶二年九月十五日齊州刺史上柱國駙馬都尉渝國公劉元意敬造像供養	大唐顯慶二年九月十五日, 齊州刺史上柱國駙馬都尉渝國公劉玄意, 敬造像供養
50		大唐顯慶三年行青州刺史清信佛弟子趙王福爲太宗文皇帝敬艁彌陀像一軀願四夷順命家國安寧法界衆生普登佛道	*大唐顯慶三年行青州刺史清信佛弟子趙王福爲太宗文皇帝敬艁弥陁像一軀願四夷順命家國安寧法界衆生普登佛道 *高道卯爲比邱尼眞海沙弥感師敬艁像一鋪普及法界衆生咸同斯福 *像主前旅師上騎都尉劉君操供養 *像主王玄亮被蠱魅得差艁像設齋願合家平安法界衆生咸同斯福	*大唐顯慶三年, 行青州刺史清信佛弟子趙王福, 爲太宗文皇帝, 敬艁弥陁像一軀, 願四夷順命, 家國安寧, 法界衆生普登佛道. *高道卯爲比丘尼眞海沙弥感師, 敬造像一鋪, 普及法界衆生咸同斯福. *像主前旅師上騎都尉劉君操供養 *像主王玄亮被蠱魅得差艁像設齋.願合家平安, 法界衆生, 咸同斯福.

(밑줄선이 있는 표시는 필자의 조사 내용과 다른 점임)

　　1924년부터 현재까지 천불애 명문에 대해 언급한 대표적인 학자로
는 일본인 세키노 다다시(關野貞)·도키와 다이조(常盤大定),[57] 사카
이 다카시(阪井卓),[58] 중국인 형삼림(荊三林)·장학운(張鶴雲),[59] 이
청천(李淸泉)[60]과 양은경[61]이 있다. 이들의 연구내용을 간단하게 표
로 작성하면 다음과 같다.

【표 12】 천불애 명문 내용 비교표

	關野貞·常盤大定	荊三林·張鶴雲	李淸泉	筆者
1		顯慶二年,南平長公主爲太宗文皇帝敬艁像一軀	大唐顯慶二年南平長公主造像	顯慶二年,南平長公主爲太宗文皇帝敬艁象一軀
5			梁師陟造像	
6	大唐顯慶三年,僧明德敬艁		顯慶三年僧明德造像	大唐顯慶三年,僧明德敬艁
8			文明元年阿奴造像	
9			文明元年陶得意造像	
15	大唐貞觀十八年,僧明德知風獨難□,識苦□□迨越竭衣鉢淨…艁石像兩軀.上報…含識膽顔禮…罪名至心歎…切業報恐山…變…記		貞觀十八年僧明德造像	大唐貞觀□□□,□□德知風獨難□,□□□□迨越竭衣鉢□…□石像兩軀.上報…含識膽顔禮…□名至心歎…□□報恐山…
18			顔孝斌造像	
20			武德年沙棟造像	…有隣□□□□□桑門□沙 □□響莫異…國書傳記□ □大唐武德□□□厥年七十 □若載陟之□□□恩…

<hr>

57. 關野貞·常盤大定, 앞의 책, 137~141쪽.

58. 阪井卓,「神通寺千佛崖の唐代初期造像について」,『佛敎藝術』159(1985), 63~71쪽.

59. 荊三林·張鶴雲, 앞의 논문, 30~31쪽.

60. 李淸泉, 앞의 논문, 371~380쪽.

61. 梁銀景,「山東 神通寺 千佛崖의 銘文分析과 造像의 特徵」,『中國史硏究』34(2005), 49~53쪽.

27	大唐顯慶二年九月十五日,齊州刺史上柱國駙馬都尉渝國公劉玄意,敬造□像供養	大唐顯慶三年六月十五日,齊州刺史上柱國駙馬都尉渝國公劉玄意,敬造相供養	顯慶三年劉玄意造像	大唐*顯慶二年*九月十五日,齊州刺史上柱國駙馬都尉渝國公劉玄意, 敬造像供養
31			文明元年趙昕妻羅造像	
50	*大唐顯慶三年,行青州刺史清信佛弟子趙王福,爲□太宗文皇帝,敬造彌陀像一軀,願四夷順命,家國安寧,法界衆生普登佛道 *像主前旅師上騎都尉劉君操供養 *像主劉操亡妹順妃供養 *像主王玄亮被蠱魅得差造像設齋.願合家平安,法界衆生,咸同斯福 *高道邱爲比丘尼眞海沙彌□師,敬造像一舖,普及法界衆生,咸同斯福	*大唐顯慶二年,行青州刺史清信佛弟子趙王福,爲太宗文皇帝,敬造彌陀像一軀,願四夷順命,家國安寧,法界衆生,同登佛道 *劉操亡妹祈福造像 *永□□年□月爲天災,側□諸村,史□,王元□百餘人等□,世澤□,設齊造像	*大唐顯慶三年趙王福造像 *劉君操造像 *永淳二年史同,王方□等造像	*大唐*顯慶三年*,行青州刺史清信佛弟子趙王福,爲太宗文皇帝,敬*艁弥陁*像一軀,願四夷順命,家國安寧,法界衆生普登佛道 *高道*邜*爲比丘尼眞海沙弥*感*師,敬造像一*鋪*,普及法界衆生咸同斯福 *像主前旅師上騎都尉劉君操供養 *像主王玄亮被蠱魅得差*艁*像設齋,願合家平安,法界衆生,咸同斯福
51		陶□爲亡兒造像記		

(밑줄선이 있는 표시는 필자가 새로이 정리한 내용임)

　　제1, 6, 15, 27, 50호감은 개착된 위치가 아래쪽이며 규모 역시 가장 크다.【표 12】에 근거하면 제1호감은 657년 남평장공주(南平長公主)가 시주자가 되어 개착하였으며(도 46), 제6호감과 제15호감은 658년과 644년에 승명덕(僧明德, 도 47), 제27호감은 657년 부마(駙馬) 유현의(劉玄意)(도 48), 제50호감은 658년 황자(皇子) 이복(李福)이 시주하여 조성하

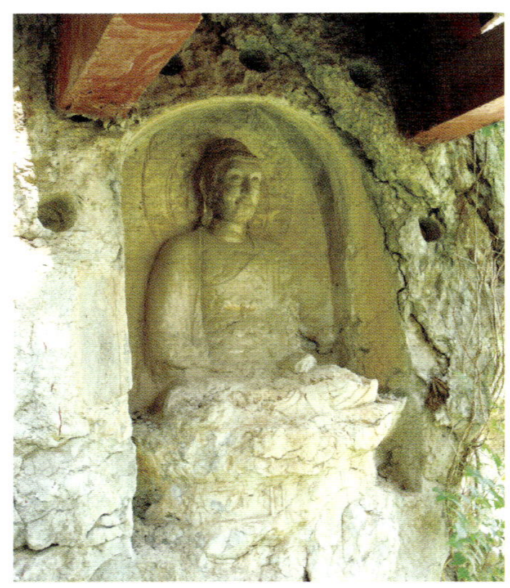

(도 46) 神通寺 千佛崖 제1호감(657년)

였다(도 49).

남평장공주는 당 태종(太宗) 21녀 중 3번째로 왕경직(王敬直)에게 시집갔다 유현의에게 다시 재가하였다.[62] 유현의는 제주자사(齊州刺史)를 역임할 당시인 657년 천불애에 불의좌상 1구와 역사상, 사자상 1구를 조성하였다

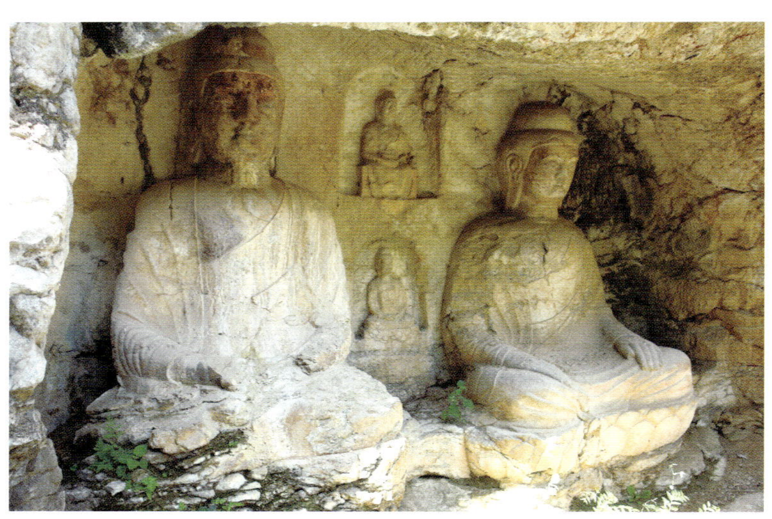

(도 47) 神通寺 千佛崖 제15호감(644년)

62. "太宗二十一女…南平長公主, 下嫁王敬直, 以累斥嶺南, 更嫁劉玄意"(中華書局標點本, 1975), 3645쪽.

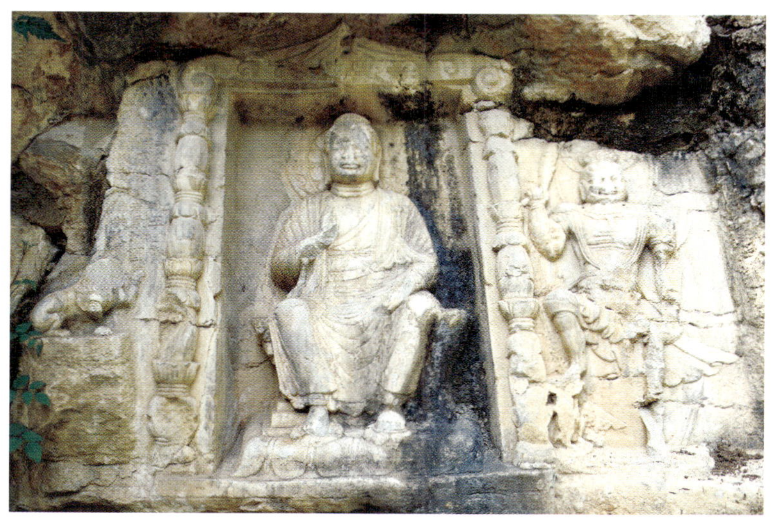

(도 48) 神通寺 千佛崖 제27호감(657년)

(제27호감). 그는 650년 여주자사(汝州刺史)를 역임할 때 용문석굴 빈양 남동 내에 조상감 2개와 금강역사상 1구를 만들었다.[63] 658년 조왕(趙王) 이복은 미타상(彌陀像) 1구를 조상한

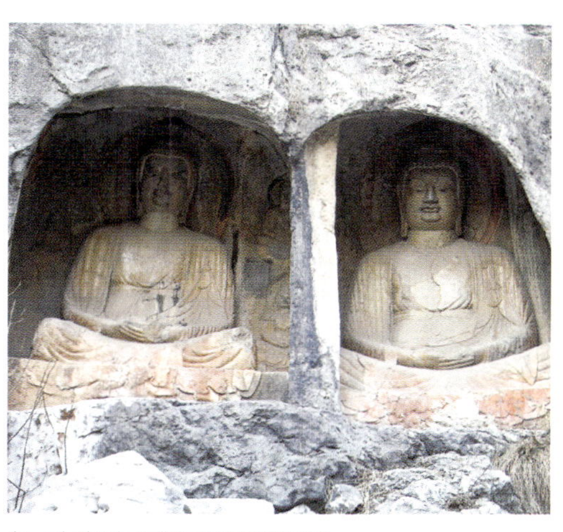

(도 49) 神通寺 千佛崖 제50호감(658년)

63. 梁銀景,「山東 神通寺 千佛崖의 銘文分析과 造像의 特徵」,『中國史研究』34(中國史學會, 2005.2), 55~57쪽.

다. 이복은 태종의 13번째 아들로 639년에 조왕으로 봉해졌다.[64) 명문
에는 이복이 미타상 1구를 조성한다고 되어 있지만 실제는 2구의 병좌
상이다(제50호감). 신통사의 명덕(明德)이란 고승 또한 644년(제15호
감), 658년(제6호감)에 불상을 조성하였다.

천불애 마애조상은 당대 태종, 고종연간에 집중적으로 조영되었으
며 제4호감은 명대 가정37년(1558)에 중수되기도 하였다. 천불애 마애
조상의 감 구조는 원공형이 가장 많은데 이러한 구조는 수대 이 지역에
서 극성한 방형 감 구조와 다른 점이다. 또한 불좌상 1구를 배치하고 있
는 점 역시 이전시기 이 지역 불상배치에서 단독 불입상 혹은 삼존상이
많은 것과는 다른 점이다. 그러나 불상의 육계가 높고 큰 점, 가사가 대
좌를 덮은 점, 구뉴식 가사의 모습은 수대 이 지역에서 성행한 양식과
유사하다.

8) 오봉산(五峰山) 연화동(蓮花洞)

연화동 조각상은 제남시 장청구(長淸區) 오봉산의 서쪽 취선봉(聚仙
峰)의 서측 암벽면에 위치하고 있다(도 22). 평면은 장방형이며 동굴의
넓이는 5m, 깊이 4m, 높이는 3m이다. 굴문 위쪽에 "성불연화동(聖佛蓮
花洞)"이라 새겨져 있으며, 굴 외부에는 명대 "천계6년(天啓六年:
1626)"에 개조한 문이 있다. 굴 내부의 정벽면에는 불좌상 1구, 제자상 2
구, 보살상 2구가 새겨져 있으며 네 벽면에는 소불 242구가 조각되어 있
다(도 50).

64. "趙王福, 太宗第十三子也. 貞觀十三年受封…":『舊唐書』卷七十六「列傳 第二十六」
太宗諸子傳 (中華書局標點本, 1975), 2665~2666쪽.

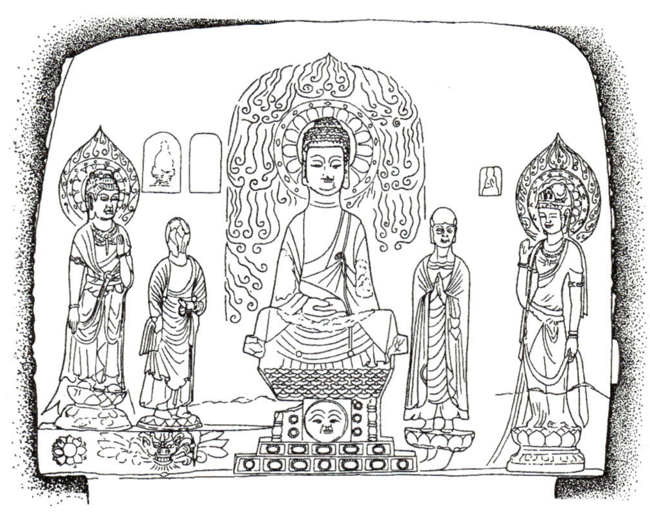

(도 50) 五峰山 蓮花洞(唐, 李淸泉, 앞의 논문, 큰 도면 8)

주존불상은 연화대좌 위에 선정인을 결하고 있다. 구뉴식 가사를 착용하고 있으며 연화문 원형 두광과 화염문이 새겨진 신광이 정교하게 표현되었다. 천정에는 연화문이 새겨져 있으며 네 벽면에는 당, 송대 명문이 있다.

조각상의 명문은 대부분 불명확하지만 "석귀비(石貴妃)", "노의기(盧義基)", "죽은 부인을 위해 조성한다(亡妻造像)" 등 몇몇은 글자를 판독할 수 있다. 『山東通志』등의 문헌기록에서는 동굴 왼편에 "東魏武定5年"[동위 무정5년(547)], "北齊乾明元年"[북제 건명원년(560)]의 제기가 있다고 기록되어 있어 연화동이 동위대에는 개착되었음을 표명하고 있다.[65] 하지만 현존하는 불상, 보살상의 조각양식으로 판단하면 당대(唐代) 작품으로 판단된다.

---

65. 趙浦根·朱赤主編,『山東寺廟塔窟』(齊魯書社, 2002), 472~473쪽.

9) 청동산(靑銅山) 대불사(大佛寺) 마애조상

대불사 불상은 제남시 남쪽 역성구(歷城區) 금수천(錦綉川) 향로촌(鄕老村)의 북쪽 청동산 남록 암벽면에 조성되어 있다. 남향을 하고 있으며 마애조상이 현존한다(도 51). 동굴의 높이는 9.5m, 깊이 4.5m, 넓이는 4.7m이며 석조 좌불상 주존이 넓은 면적을 차지하고 있다. 청동산 대불상은 산동성에서 규모가 큰 불상에 속한다.[66]

주존불좌상의 신체 높이는 8m이며(도 52), 통견의에 띠매듭이 드리워져 있다. 동굴의 동쪽 벽면에는 보살입상 1구, 나한상 1구가 새겨져 있다. 보살상은 높이 2.2m로 왼손에 정병, 오른손에 버드나무 가지를 들고 있다. 얼굴과 신체가 풍만하고 표정은 자애롭다. 나한상의 높이는 1.8m이다. 동굴 서쪽 벽면에는 불상 7구가 새겨져 있다. 보살상은 당대 작품으로 여겨지나 주존 불상은 조금 더 이른 시기의 것으로 판단된다.

동굴 내부에는 "像主叢景暉, 像主徐晃母王,

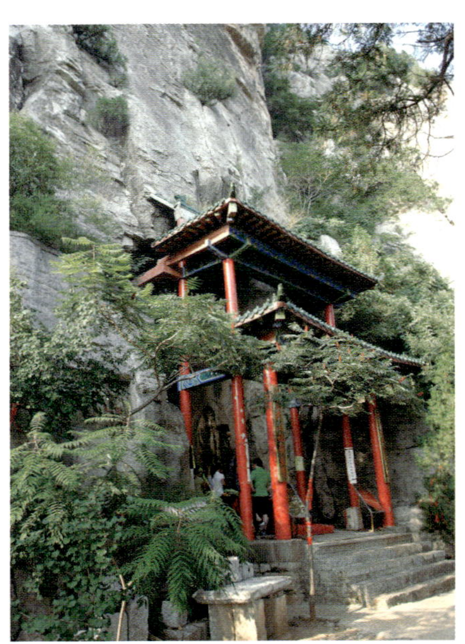

(도 51) 靑銅山 大佛寺 전경

---

66. 孫建華編著,『漫步石窟雕塑』(中國社會科學出版社, 2005), 84~85쪽.

像主高秋玉, 像主羅勝男,
"像主榮僧"[상주인 총경휘, 상주인 서황의 어머니 왕씨, 상주인 고추옥, 상주인 나승남, 상주인 영숭의 명문제기와 명대 가정 연간(嘉靖年間)에 중수된 제기가 있다. 또한 주불상 오른편 이불병좌상감 내에 "천보7년(天寶七年: 748)"의 명문이 발견되었다.[67]

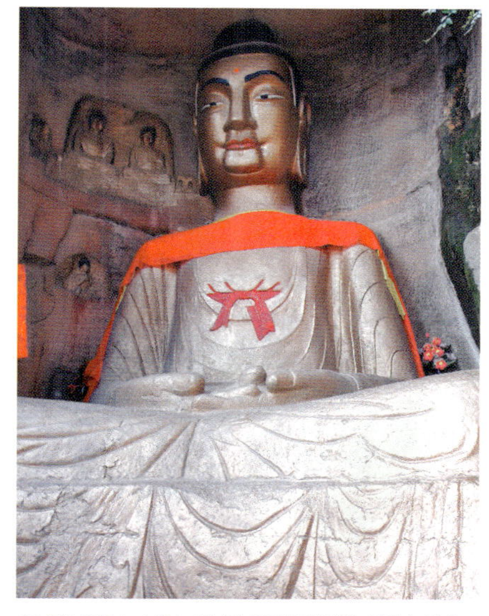

(도 52) 靑銅山 大佛寺 내부의 주존불좌상(唐), 전체 높이 8m

10) 영취산(靈鷲山) 구탑사(九塔寺) 마애조상

구탑사는 제남시 역성구(歷城區) 유부진(柳埠鎭) 영취산 서록에 위치하고 있으며 신통사에서는 남쪽으로 5km 떨어진 곳이다. 이 곳에는 유명한 구정탑(九頂塔)이 있기 때문에 구탑사라 불리운다. 전설에 의하면 당대(唐代) 대장군 위지경덕(尉遲敬德)이 건립하였다 한다.[68]

사원 뒤편에 조각이 새겨진 곳이 3곳이 있다. 감 1개만 있는 곳이 있기도 하고 두 번째 분포지점에는 상하 2층에 7개의 감이 개착되어 있다. 원공형 혹은 첨공형 불감 속에 문수ㆍ보현상, 불좌상 1구, 불상 5구

---

67. 孫建華,「濟南市大佛寺調査記」,『文物』10(1964), 45쪽.

68. 高愛頴ㆍ劉守亮,『齊魯歷史文化叢書-齊魯名寺』(山東文藝出版社, 2004), 45쪽.

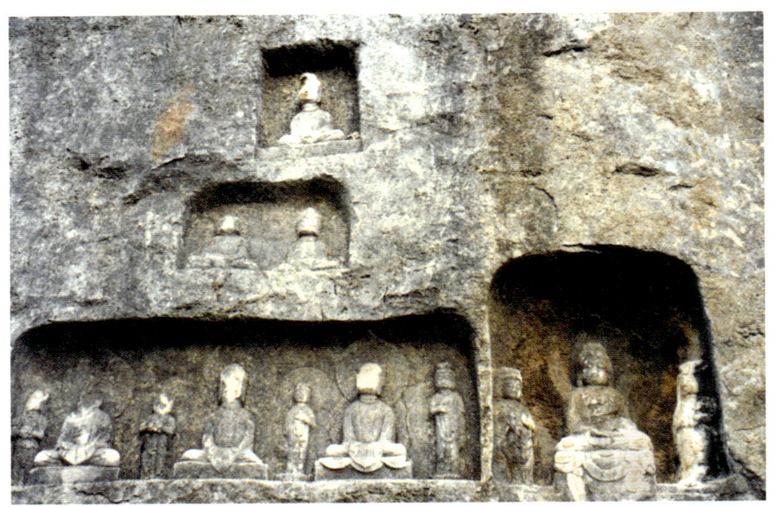

(도 53) 靈鷲山 九塔寺 마애조상(唐, 李淸泉선생 사진 제공)

· 보살상 2구, 불상 1구 · 제자상 2구, 불상 1구 · 보살상 2구 등이 배치되어 있다. "天寶年間"[천보연간]의 명문이 새겨져 있다.

세 번째 지점에는 모두 16개 불감이 있으며 상하 5층으로 배열되어 있다(도 53). 불감은 크지 않으며 가장 큰 예도 87cm를 넘지 않는다. 불상 1구, 이불병좌상, 불상 3구 · 협시상 4구, 불입상 2구 · 협시상 2구, 불상 2구 · 협시보살 3구 등 배치방식이 다양하다. "天寶十一年"[천보11년(752)]의 명문제기가 새겨져 있다.

영취산 구탑사 마애조상은 당대(唐代)에 집중적으로 조성되었다.

11) 불혜산(佛慧山) 개원사(開元寺), 대불두(大佛頭) 마애조상

개원사는 제남시 남쪽 근교로 약 3km에 떨어진 불혜산, 혹은 대불두산(大佛頭山)에 소재하고 있다(도 54). 산 아래에 개원사 유적지가 있

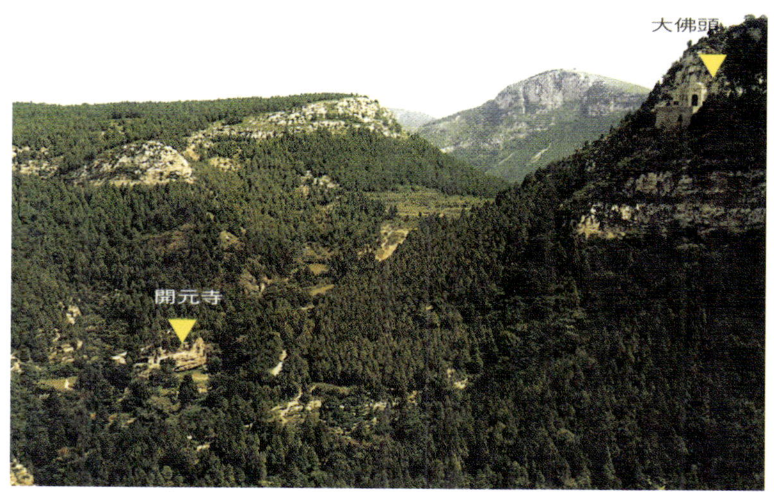

(도 54) 開元寺와 大佛頭 마애조상의 위치(劉鳳君선생 사진 제공)

다. 개원사는 고대에 불혜사로 불리고 전하는 바에 의하면 당대에 건립되었으며 명대 초기에 개원사로 개칭되었다 한다. 현재 황폐화되어 유적지만이 확인된다. 불전 동, 남, 북쪽의 석벽에 당대 마애조상이 아직 남아 있다(도 55).

개원사 남쪽에는 대불두 조각상이 있다. 불감은 산을 이용하여 개착되었으며 대불두상의 높이는 7.8m, 넓이 5.35m이다. 흉부 이상의 가슴과 얼굴만 조각되어 반신상(半身像)에 속한다. 이 불상은 북송 경우2년(景祐二年: 1035) 조성되기 시작하였다. 불감 서쪽 벽에는 명대 만력연간(萬曆年間: 1573~1620년)에 중수된 명문제기가 있다. 동쪽 벽에는 방형 탑 2기가 새겨져 있다.[69]

69. 王仲奮,『中國名窟名洞』(中國旅游出版社, 2002), 138쪽.

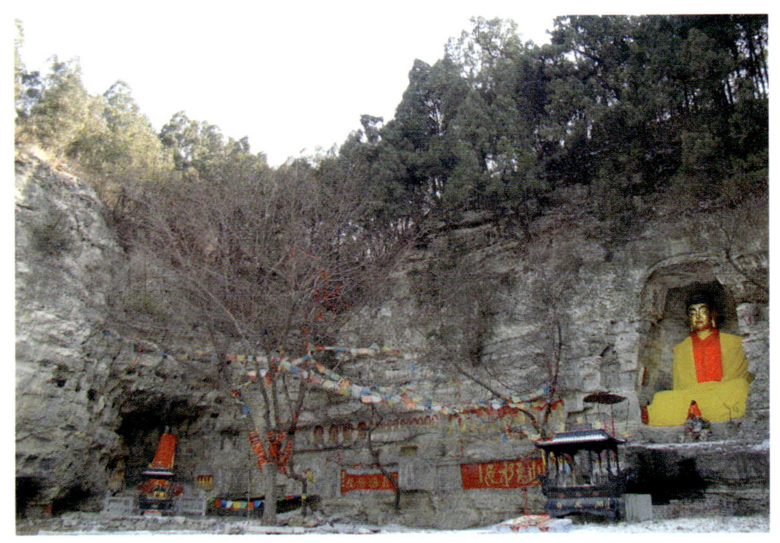

(도 55) 佛慧山 마애조상감 전경(唐)

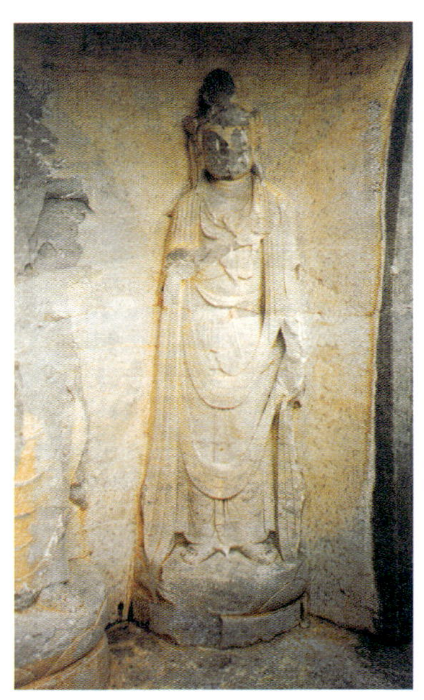

(도 56) 天池山 마애조상(唐)

12) 천지산(天池山) 마애 조상

천지산은 제남시 평음현(平陰縣) 홍범지진(洪范池鎭)에 소재하는데 이 곳에는 8개의 불감이 남아 있다. 불감은 북쪽에서부터 남쪽으로 배열되어 있는데, 2개의 불감에만 조각상이 현존한다. 2개의 불감 속에는 각각 삼존상(불입상 1구, 보살입상 2구: 도 56)과 보살입상 1구를 배치하였다.

삼존상을 배치한 불감 내외부에는 "釋迦牟尼佛", "觀世音菩薩", "大勢至菩薩"이 현존하며 보살 단독상 불감에는 "□□□□鄆州, □□□□□敬造, 觀世音菩薩一軀"의 명문제기가 현존한다. 이 지역은 754년 이후부터 운주(鄆州)에 소속되었다는 사실과 조각상의 양식을 통해 당대로 편년된다.[70)]

(3) 동평지역(東平地域)

동평현은 제남시의 남쪽에 위치하며 행정구역은 태안시에 속해 있다. 대표적인 석굴과 마애조상의 예로는 백불산석굴, 이명와, 사리산석굴이 있다(도 57).

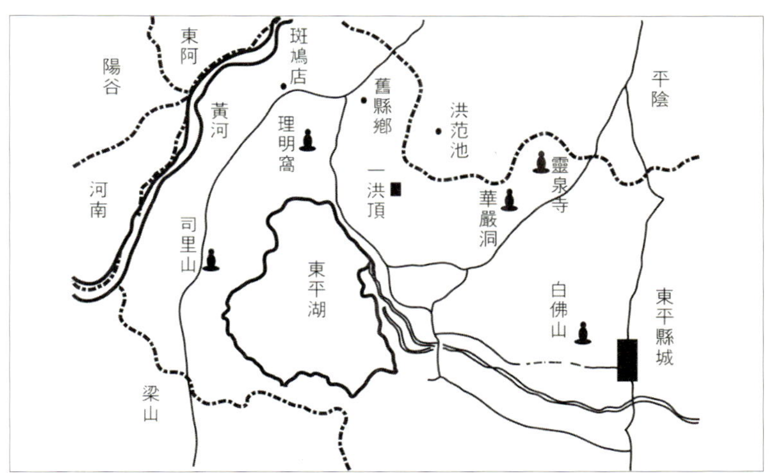

(도 57) 東平지역 석굴과 마애조상 분포도(張總 · 鄭巖, 「山東東平理明窩摩崖造像」, 『文物』8(1998), 72쪽 도 1을 참고하여 필자가 다시 작성)

70. 唐仲明, 「山東平陰天池山唐代摩崖造像調査報告」, 『2009, 中國重慶大足石刻國際學術研討會-論文滙編』人文社科 · 保護(二)(重慶, 2009), 202~206쪽.

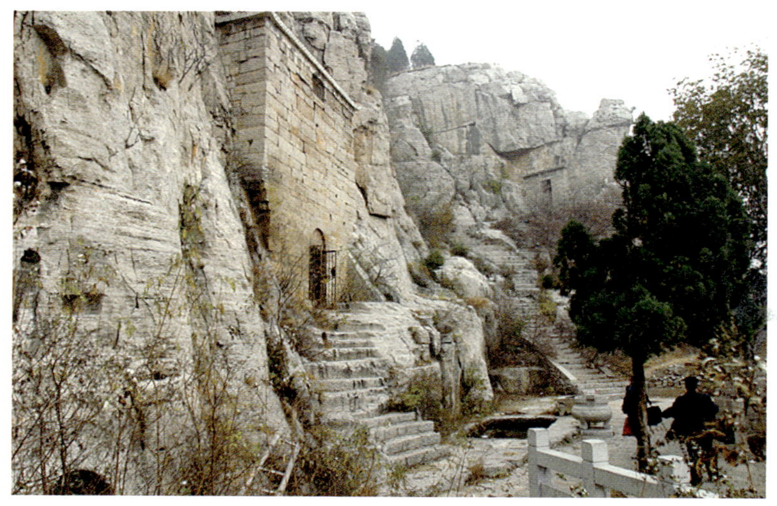

(도 58) 白佛山 마애조상 전경

1) 백불산석굴(白佛山石窟)

백불산은 위산(危山) 혹은 금라산(金螺山)으로 명명되며 동평현 수성향(須城鄉) 초촌(焦村) 북쪽 1km에 위치하고 있다. 현재 석굴과 마애조상은 모두 4개이며 흔히 "백불산석굴"로 통칭된다(도 58). 산 남측 해발 200m에 개착되어 있으며 제1, 2굴은 수대, 제3굴은 당대, 제4굴은 오대~송대에 조성되었다.[71]

① 제1굴

자연동굴을 이용하여 개조한 불감으로 평면은 반타원형이고 천정은 평평하다. 석굴 높이는 약 7.5m이며 넓이 4.5m, 깊이는 5m이다. 굴

---

71. 泰安市文物考古研究室,「山東東平白佛山石窟造像調查」,『考古』3(1989), 231~233쪽.

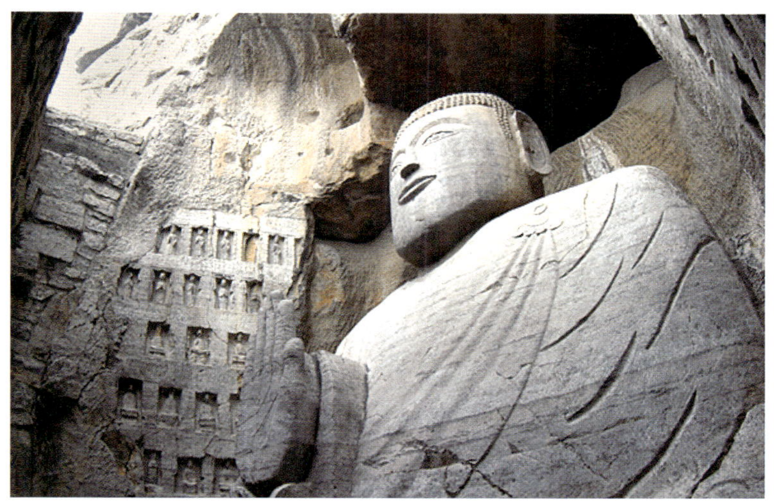

(도 59) 白佛山 제1굴 불좌상(隋), 높이 670cm

내부 북쪽 벽 중앙에 높이 6.7m의 불좌상이 1구 조각되어 있다(도 59). 연화대좌 위에 앉아 있으며 두 손은 시무외, 여원인을 결하고 있다.

머리와 손이 크게 조각되어 있으며, 비교적 세밀하게 조각된 얼굴모습과 대의 주름선 묘사와는 달리 상체에 걸친 가사는 조잡하게 얕은 음각선으로 표현되었다. 왼쪽 어깨에서부터 아래로 구뉴식 가사가 있다.

불좌상의 좌우 벽면에는 작은 불감이 규칙적으로 배열되어 있다. 불감 안쪽에는 단독상, 삼존상 등이 배치되었고 불감 옆쪽에는 "상주인(象主人)"으로 시작되는 공양자명이 새겨진 명문제기가 현존한다.[72]

작은 불감 중에는 십육왕자상(十六王子像)과 열반상(涅槃像)이 있다. 십육왕자상은 《法華經》〈化城喩品〉에서 서술한 대통지승불(大通

---

72. 백불산 제1굴 내부의 좌우 벽면에 새겨진 명문제기의 내용은 청대 육증상(陸增祥)이 편찬한 『八琼室金石補正』卷二十四의 기록을 참고하기 바람(『石刻史料新編』第一輯 第六册(臺北: 新文豊出版公司, 1977), 4378~4381쪽).

智勝佛)과 십육왕자가 출가하여 성불을 이룬 이야기를 표현한 것이다.[73]

제1굴 외부 서측 암벽면에는 명문이 있다.[74]

"大隋開皇七年寺主王子華, 妻仵娘男□表□" [대수 개황7년(587) 사주 왕자화와 부인 오낭남이 □표한대이다.

풍화가 심한 편이어서 글자를 알아보기 힘들지만 이 기록으로 인해 제1굴은 개황7년, 즉 587년에 개착되었음을 알 수 있다.

② 제2굴

제2굴은 제1굴에서 서쪽으로 15m 떨어진 곳의 암벽면에 개착되어 있다. 천연 동굴을 약간 개조하여 만든 동굴로 반원형의 평면과 평평한 천정구조를 이루고 있다. 동굴 입구는 남쪽, 서쪽의 양측에 있다. 남쪽 입구는 절벽면이며 서쪽의 문은 인공적으로 만들어 아래에서 암벽면을 따라 올라가야 동굴로 들어 갈 수 있다. 제2굴의 높이는 약 3m이며, 굴 안쪽에 불상 1구, 보살상 2구의 삼존상을 조각하였다.

주존불상의 높이는 2.4m이며 남향으로 앉아 있다(도 60). 얼굴은 길쭉하며 육계는 소발(素髮)이다. 두 귀는 아래로 길게 드리워져 있으며

---

73. 하남성 수천석굴(水泉石窟) 외부 비석의 기록 중 십육왕자상 내용이 서두로 시작되고 있으며, 낙양 부근과 하북지역에서 발견된 북위~북제대 조각상과 산서지역의 북제대 십육왕자상 기둥 등에서도 이 내용이 발견되었다(張總, 「白佛山等十六王子像槪述」, 『敦煌研究』3(1998), 28~33쪽: 張總, 「北朝至隋山東佛敎藝術査研新得」, 『漢唐之間的宗敎藝術與考古』(文物出版社, 2000), 73~77쪽).

74. 명문은 『八瓊室金石補正』卷二十四의 기록을 참고(『石刻史料新編』第一輯 第六册(臺北: 新文豊出版公司, 1977), 4378쪽).

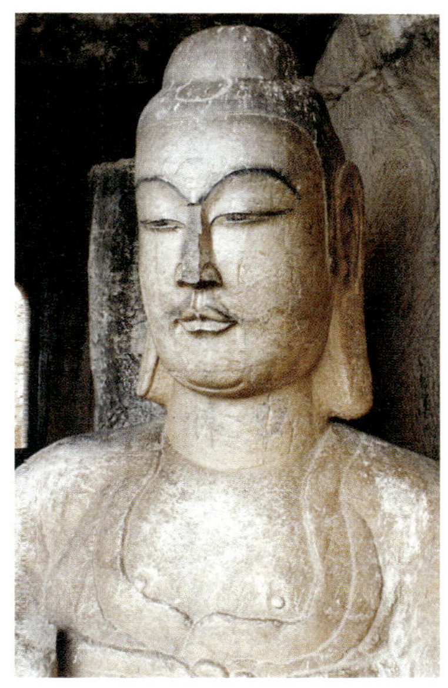
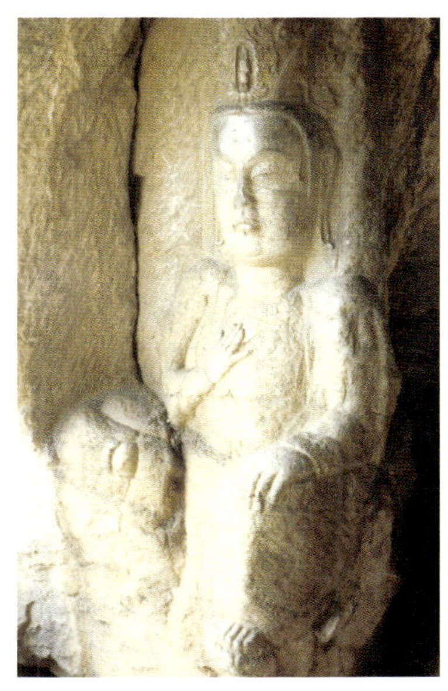

(도 60) 白佛山 제2굴 반신불상(隋), 높이 240cm (張總선생 사진 제공)

(도 61) 白佛山 제2굴 동쪽 벽의 협시보살상(隋), 160cm

목은 굵은 편이다. 대의는 조잡하며 흉부에는 유방이 표현되어 있다. 주존불상은 특이하게 상반신만 조각되었다. 동쪽의 좌협시보살상은 반가좌(半跏坐)로 보관에 화불(化佛)이 새겨져 있다(도 61). 보살상 높이는 1.6m이며, 왼손은 무릎에 올려 놓고 있으며 오른손은 파손되었다. 서쪽 보살상은 높이가 1.4m이며, 왼손은 무릎, 오른손은 가슴 앞쪽에 올리고 있다. 얼굴이 큰 신체비례로 상체는 정교하게 조각하였으나 하체는 조잡하게 처리되었다.

　동굴 내부의 동쪽과 북쪽 벽에는 중수 제기가 3기 있는데 동쪽 벽의 1곳은 명대의 명문이다. 동굴 외부의 아래쪽 암벽면에도 명문제기가 현존하는데 다음과 같다.

"大隋開皇十季歲次庚戌九月乙酉朔三日丁亥, 發心主沙門曇獻, 劉子貴, 任祖峰, 周子讓, 張胡解, 建昌妻王西門, 浪牘并造一切經人等 在此危山, 敬造阿弥陁象一區. 上爲皇帝陛下一切有形同沾斯慶"[대수 개황10년(590) 세차 9월 을유 □3일 정□, 발심주 승려 담헌, 유자귀, 임조봉, 주자양, 장호해, 건창의 부인 왕과 서문낭독 등이 함께 일체경을 만들었던 사람들이 이 위산에 아미타상 1구를 조성한다. 위로는 황제폐하와 일체의 중생들이 이 복을 함께 누리기를 바란다].[75]

이 명문제기가 제2굴과 관련된 것이라면 제2굴은 590년 개착되었으며 동굴 내부에 조성된 불상은 아미타상이다. 실제로 협시보살상의 보관에 새겨진 도상과도 일치한다.

③ 제3굴

제2굴의 아래쪽, 제1굴의 서쪽 10m에 위치한다. 높이 1.2m, 넓이 1m, 깊이 0.95m이며 마애조상감에 가까운 작은 굴이다. 안쪽에 불의좌상 1구, 협시보살상 2구의 삼존상을 안치하였다(도 62). 첨공형 불감 안쪽의 주존 불의좌상은 높이가 42cm이며, 이마에 백호를 새긴 흔적이 있다. 가슴이 노출되어 있고 얼굴은 풍만하다. 협시보살상의 높이는 36cm이다.

굴 안쪽의 서쪽 벽면에는 명문제기가 현존하는데 내용은 다음과 같다.

"大唐故節度使隨軍宣德郎贈大理寺直, 權知齊州司馬, 淸河張府君, 彌勒像□文并序. 夫善而能固者□□□□"[76] [대당 고절도사 수군선덕

탕중 대리사 직권지
제주사마 청하장부군
이 미륵상을 조성하
고 명문을 남긴다.

이 명문제기를 통
해 제3굴은 당대에 조
성되었고 굴 안쪽의
불상은 미륵상임을 알
수 있다.

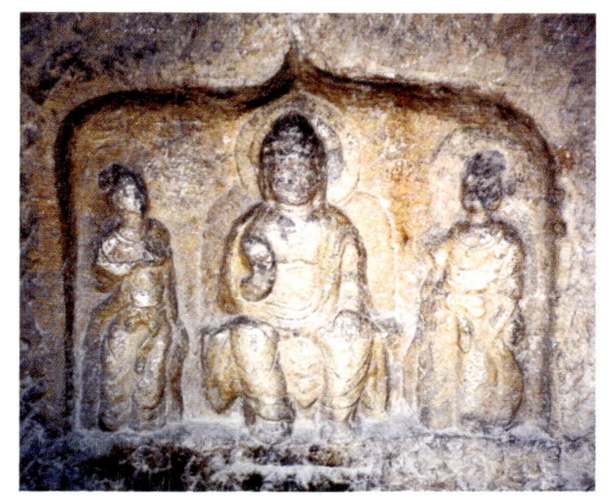

(도 62) 白佛山 제3굴 내부 불상(唐)

④ 제4굴

제4굴은 제1굴에서 동쪽으로 30m 떨어진 곳에 위치하며 굴 입구는
서향을 하고 있다. 굴의 높이는 2.4m, 넓이 3m, 깊이는 3.5m이다. 굴 안
쪽에는 12존상을 배치하였다(도 63).

동쪽 벽에는 4존상이 있으며 높이는 약 90cm이다. 고부조로 조각되
어 있고 조각상 옆쪽에는 "像主"의 명문이 있으나 이미 풍화가 심해 불
명확하다. 남쪽 벽에는 고부조로 단독상을 조각하였으며 높이는
100cm이다. 북쪽 벽에는 칠존상이 있는데 이중 6존은 고부조상으로 표
현되었다. 가운데에는 좌불상 1구, 나한상 2구가 있다. 불상은 통견의
를 걸치고 있으며 가슴 쪽에 띠매듭이 있다. 나한상은 승려복을 입고
있다.

---

76. 명문은 山東省地方史志編纂委員會, 『山東省志·文物志』(山東人民出版社, 1996),
319쪽의 내용 참고.

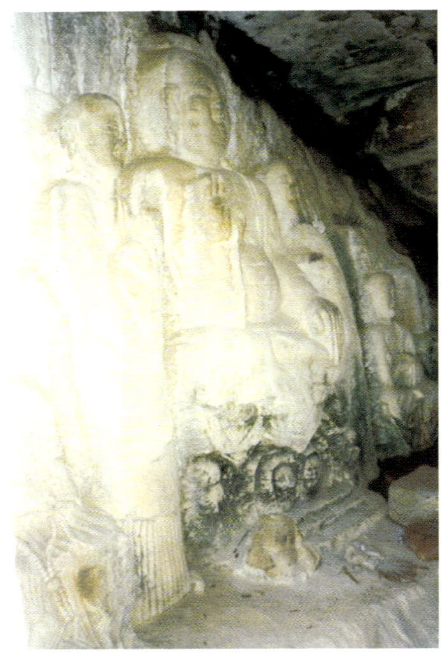

(도 63) 白佛山 제4굴 내부 전경(五代~宋)

북쪽 벽면에는 "鄆州須城縣汶陽鄉□□□造像一區"[운주 수성현 문양향 □□□ 상 1구를 조성한다]이란 명문제기가 있다. 『東平州志』의 기록에 의하면 "운주 수성현"이란 명칭은 오대~송대 초기에 불렸던 지명이라고 한다. 그러므로 제4굴 조각상의 연대는 오대~송대 초기로 편년된다.[77]

【표 13】 백불산석굴의 현황

번호	유형	감 정면 구조	조각상 배치방식	명문위치와 연대	조성시기
1	감	반원형 평면, 뚫려있음	불좌상 1구	외부 서측 암벽면, 開皇七年(587)	587년
2	감	반원형 평면, 平頂	불좌상 1구, 보살반가상 2구	외부 아래쪽, 開皇十季(590)	590년
3	감	방형 평면, 平頂	불의좌상 1구, 보살입상 2구		唐
4	석굴	방형 평면, 平頂	12존상		五代~宋

77. 泰安市文物考古研究室,「山東東平白佛山石窟造像調查」,『考古』3(1989), 231~233쪽.

2) 이명와(理明窩) 마애조상

　　이명와 마애조상은 동평현에서 서북쪽에 소재한 반구점진(斑鳩店鎭) 육공산(六工山)의 서쪽 봉우리 남록에 개착되어 있다. 당대(唐代) 육공산에는 미타원(彌陀院)이 소재하였고, 현재 산 아래쪽에는 건복사(建福寺) 유적지가 현존한다. 부근에는 불교예술품과 문화유적지가 있다. 이홍정(二洪頂) 남북조시대 마애각경, 운취산(雲翠山) 남북조시대 마애각경, 홍범지(洪范池)의 수대 사리석함과 송대 조각상 등이 대표적이다.

　　이명와 마애조상은 동서 길이 12m, 높이 2.2m의 암벽면에 분포하고 있으며 8개의 불감과 2개의 부속 불감이 있다(도 64). 조각상은 모두 47구로 명문제기는 18기 있다(도 65). 명문의 연대는 당 장안3년(長安三年: 703)~함통14년(咸通十四年: 873)으로 기년이 있는 제기는 8기이다

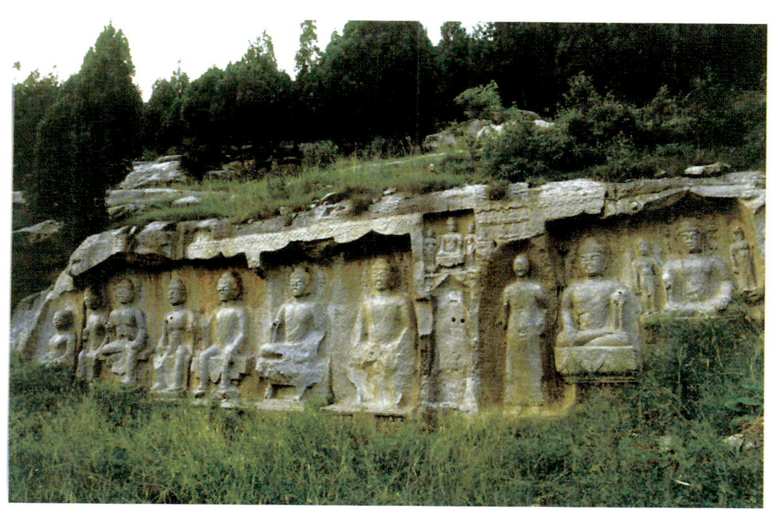

(도 64) 理明窩 마애조상 전경(唐, 張總선생 사진 제공)

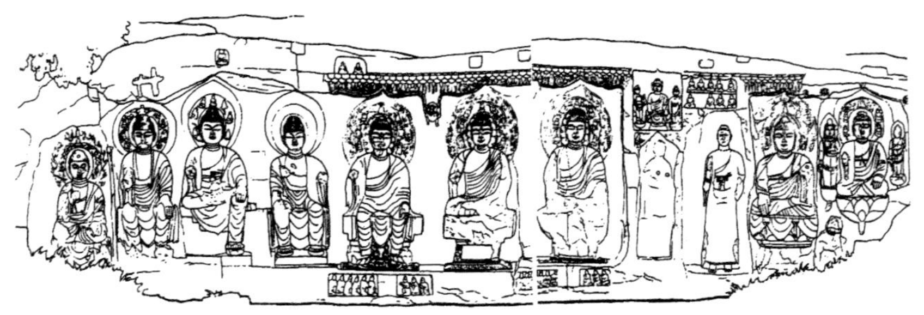

(도 65) 理明窟 마애조상의 정면도(張總 · 鄭巖, 앞의 논문, 74~75쪽 도 3)

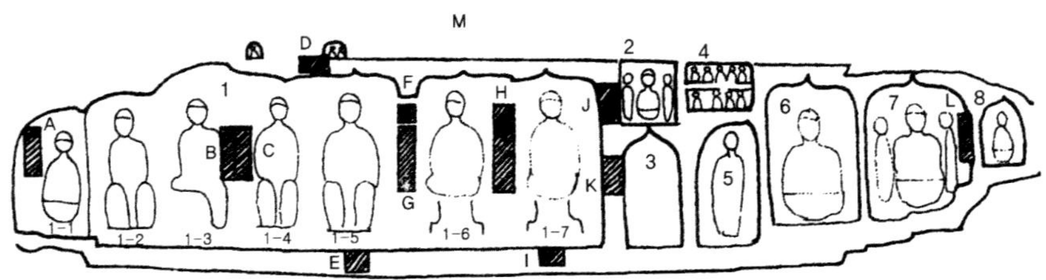

(도 66) 理明窟 마애조상 명문제기 표시도(張總 · 鄭巖, 앞의 논문, 74~75쪽 도 4

(도 66). 조각상의 기법은 정교하고 보존상태도 양호하다. 당대 불교유존으로 귀한 자료이다.

마애조상은 남향을 하고 있고 매우 밀집해 분포되어 있다. 굴감 번호의 순서대로 현상을 간략하게 설명하도록 하겠다.

① 제1호감

높이 1.98m, 넓이 6.84m, 깊이 0.28m이다. 감의 정면구조는 방형을 이룬다. 전체적으로 불상을 7구 배치하였지만 각각의 제작연대는 다르다.

• 제1-1호 불상

불좌상이며 높이는 112cm이다. 머리는 나발이며 머리 중간부분에
보주(寶朱)가 있다. 가사(袈裟)는 통견식이고 안쪽에 승기지(僧祇支)를
착용하였다. 가사가 대좌 아래쪽으로 드리워져 있다. 두광에는 화염문
이 새겨져 있으며 안쪽에 인동당초문과 화불 7구가 있다. 머리와 상체
는 하체보다 크며 불상 오른쪽(向左)에 높이 52cm, 넓이 18cm로 873년
명 제기가 있다. 편의상 A로 설정하도록 하며 내용은 다음과 같다.[78]

A: 咸通十四年二月十六□, 成公□
[함통14년(873) 2월 16□, 성공□]

• 제1-2호 불상

불의좌상으로 높이 163cm이다. 머리는 나발이며 가사는 오른쪽 어
깨에서 아래로 늘어뜨리고 왼쪽 어깨에서는 아래로 늘어뜨린 옷자락
이 가슴과 배부분에서 오른쪽으로 돌아간다. 오른손은 시무외인, 왼손
은 무릎에 두고 있다. 가사는 방형 대좌를 덮고 있다. 두광에는 화불 7
구와 인동당초문이 새겨져 있다.

• 제1-3호 불상

반가좌를 하고 있으며 높이는 163cm이다. 육계는 높으며 둥근 소용
돌이 무늬가 대칭적으로 새겨져 있다. 가사는 오른쪽 어깨에서 수직으
로 늘어뜨려져 있으며 왼쪽 어깨에서는 아래로 내려진 후 옷자락이 오
른쪽으로 돌아간다. 승기지와 띠매듭이 표현되어 있다. 두광에는 화불

---

78. 이명와의 명문제기는 張總,「山東東平理明窟摩崖造像」,『文物』8(1998), 73~78쪽 참고.

7구와 식물줄기문이 부조로 새겨져 있다. 이 불상 위쪽에는 작은 부속 불감이 있는데, 높이는 18cm이며 방형의 감이다. 안쪽에는 불좌상 1구가 있다.

불상의 왼쪽(向右)의 명문이 있는데 B로 설정하며 그 내용은 아래와 같다.[79)]

B: 大像主變思□妻羅男冀主合家大小, 愿天長地久此像恒存普爲群生咸登解脫利苦. 開元八年七月十日□記

[대불상 주인 란사□의 부인 나씨, 아들 기주 등 가족은 원하건대 오랜 세월을 누리며 이 조각상이 항상 존재하여 많은 사람들이 함께 이익과 괴로움으로부터 해탈을 이루기를 바란다. 개원8년(720) 7월 10일 기록함]

• 제1-4호 불상

불의좌상으로 높이가 171cm이다. 육계는 높으며 소용돌이 무늬가 새겨져 있다. 가사는 왼쪽 어깨에서 아래쪽으로 늘어뜨려져 있으며 오른쪽 어깨의 가사는 아래로 내려오다 왼팔 아래로 굽어 돌아간다. 가사 주름은 신체를 따라 평행한 주름선을 이루고 있다. 이 불상의 오른쪽에는 명문제기 C와 위쪽에는 높이 8cm, 폭 26cm의 명문제기 D가 있다.

C: 大像主□元嗣妻阿以南求昌□劉哥, □□□女□□□□□□郎□□□□妃□, 九□□阿□□□□□劉郁女王嬾合家大小供養, 愿天長地久, 此□常存, 普爲群生, 咸登解脫離苦, 開元八年七月十一日撰

[대불상 주인 □원사의 부인 아이남 □□ … 유욱의 딸 왕마의 가족
이 공양함에 오랜세월을 누리고 항상 존재하여 많은 사람들이 괴로움
으로부터 벗어나기를 바란다. 개원8년(720) 7월 11일 명문을 새긴다]

이 조각상은 개원8년(開元八年), 즉 당 현종 때인 720년에 조성되
었다.

D: 木匠, 王博, □□, 佛□

[목장, 왕박, □□, 불□]

명문제기 D의 왼쪽에는 소불감이 하나 있는데 불좌상 2구를 배치하
였다.

• 제1-5호 불상

불의좌상으로 높이는 179cm이다. 불상의 특징은 제1-2호 불상과 유
사하다. 대좌는 수미좌(須彌座)로 아래쪽에 연화문과 괴수의 머리가
새겨져 있다. 대좌 아래쪽에는 명문제기와 공양자상이 있다. 명문제기
E는 다음의 내용이다.

E: 大象主王八元, □女男□, 男□□二, 五人□□, 二十□月□

[대불상 주인 왕팔원, □녀, 남□, 남□, □이의 다섯명이 □□, 20□
월□]

이 불상과 여섯 번째 불상 사이의 공간에는 F, G의 명문제기가 새겨
져 있다.

F: 弥阤院

[미타원]

G: 長安三年□二月□□□王八元□□

[장안3년(703) □2월 □□□ 왕팔원]

여기서 장안3년(長安三年)은 무측천시기로 703년이며 공양주인 왕팔원은 아래의 제1-6호 불상의 공양주인 청신녀 비구니이다.

• 제1-6호 불상

불좌상으로 높이는 177cm이다. 불상의 전체적인 양식은 제1-5호 불상과 유사하다. 오른쪽 어깨에서 내려와 오른 팔을 덮고 있는 가사는 앞의 불상과 다른 모습이다. 불상 좌측(向右)에는 명문제기 H가 있다.

H: 大唐長安三年淸信女比丘尼王八元妹江妃, 敬造弥阤像一軀, 普爲法界蒼生俱時離苦

[대당 장안3년(703) 청신녀 비구니 왕팔원의 여동생 강비가 미타상 1구를 조성한다. 법계창생의 모든 사람이 이익과 괴로움에서 벗어나길 원한다]

• 제1-7호 불상

불좌상이며 높이는 170cm이다. 전체적인 특징은 제1-6호 불상과 동일하다. 수미좌 아래쪽에는 공양자상 9구와 명문제기 I가 존재한다.

I: 大程村王方

[대정촌의 왕방]

제1-5~1-7호 불상 위쪽에는 휘장문, 괴수얼굴, 첨공형(尖拱形) 감미(龕尾)가 조각되어 있다.

② 제2호감

방형 불감이며 높이는 0.68m, 넓이 0.6m이다. 감 안쪽에는 불좌상 1구, 협시보살상 2구가 있다. 감 오른쪽(向左)에는 명문제기 J가 있다.

J: 大象主□妃供養, 夫孌□供養□□□合家供養

[대상의 주인 □비가 공양하고 남편 난이 공양한다. 가족이 합심하여 공양한다]

③ 제3호감

첨공형 감으로 높이는 1.38m, 넓이 0.49m이다. 감 내부의 조각상은 이미 파손되어 불입상의 흔적만 찾아 볼 수 있다. 감 오른쪽에는 명문제기 K가 있다.

K: 大程村王方□□張氏

[대정촌 왕방□□ 장씨]

④ 제4호감

방형 불감 안쪽에 상하 2층으로 불좌상 9구를 새겼다.

⑤ 제5호감

감 형식은 불명확하며 불입상 1구가 남아 있다. 조각수법은 조잡하며, 가사 안쪽에 띠매듭 표현이 보인다.

⑥ 제6호감

첨공형 불감으로 제1-5~제1-7호 불상 위쪽의 휘장문이 여기까지 뻗어 있다. 제6호감의 주존상은 불좌상이며 전체 높이는 174cm이다.

⑦ 제7호감

첨공형 불감이며 불감의 높이는 1.8m이다. 감 양측 끝단에는 동물 머리가 장식되어 있다. 불감 안쪽에는 불좌상 1구, 보살입상 2구의 삼존상이 배치되어 있다. 불좌상의 높이는 94cm로 불상양식은 제6호감과 유사하다. 불상 아래쪽 우측에는 사자상 1구가 있으며 머리를 돌려 포효하는 형상이다. 좌협시보살의 좌측에는 명문제기 L이 있다.

L: 開元八年七月十一□□者日…□□, 大像主…供養□□元妻何李
[개원8년(720) 7월 11일…대상주…공양한다. □원의 부인 하리]

⑧ 제8호감

첨공형 불감으로 불감의 높이는 66cm이다. 안쪽에 불좌상 1구를 새겼으며 얼굴은 이미 소실되었다.

전체 마애조상의 가장 위쪽에는 방형의 구멍이 5개 뚫려 있다. 그리고 제1-6호 불상의 위쪽에는 "治平六年二月"[치평6년(1069년) 2월]이란 명문제기가 현존한다.

위의 명문제기를 통해 이명와 마애조상은 703년에 개착되기 시작하였으며, 대부분이 당대 불상임을 알 수 있다. 조각상이 조성될 초기에는 미타원이란 명칭이 있었으며 마애조상과 관련있는 사원건축물이 존재했던 것으로 추정된다. 마애조상 앞쪽에는 명대 정덕8년(正德八年: 1513년)의 '중수건복사비기(重修建福寺碑記)'와 석당주(石幢柱)가 현존한다.

【표 14】이명와 마애조상의 현황

번호		유형	감정면 구조	조각상 배치방식	명문위치와 연대	조성시기
1	1-1	감	불명확	불좌상 1구	불상 오른쪽, 咸通十四年(873)	873년
	1-2		첨공형	불의좌상 1구	·	唐
	1-3			불반가상 1구	불상 왼쪽, 開元八年(720)	720년
	1-4			불의좌상 1구	불상 오른쪽, 開元八年(720)	720년
	1-5			불의좌상 1구	불상 아래쪽과 왼쪽, 長安三年(703)	703년
	1-6			불좌상 1구	불상 왼쪽, 長安三年(703)	703년
	1-7			불좌상 1구	불상 아래쪽	唐
2		감	방형	불좌상 1구, 보살입상 2구	불상 오른쪽	唐
3		감	첨공형	파손(불입상 1구)	불상 오른쪽	唐
4		감	방형	불좌상 9구	·	唐
5		감	불명확	불입상 1구	·	唐
6		감	첨공형	불좌상 1구	·	唐
7		감	첨공형	불좌상 1구, 보살입상 2구	좌협시보살의 왼쪽, 開元八年(720)	720년
8		감	첨공형	불좌상 1구		唐

3) 사리산(司里山) 마애조상

사리산은 동평현 대묘향(戴廟鄉) 사리산촌 동쪽에 위치한다. 과거에는 극량산(棘梁山)으로도 명명되었으며 송대 이래 이곳에 순검사(巡檢司)가 설치되면서 사리산으로 개명되었다. 산은 해발 105m로 동쪽으로 동평호(東平湖)를 바라보고 있다.

산 정상부는 비교적 평탄하며 중간 부분에 거석이 융기되어 있다. 거석은 자연적으로 동서 방향의 둘로 나뉘어져 있다. 동쪽 면과 서쪽 면은 모두 방형에 가깝다. 서쪽 면의 남면에는 총 높이가 9.2m, 넓이 30m에 달하는 대불로서 불좌상 1구와 보살상 2구가 있다(도 67). 불좌상의 높이는 6.8m이며 두부는 2.3m에 이른다. 보살상의 두부는 현존하지 않는다. 불좌상은 이마에 백호가 새겨져 있으며 우견편단식 불의를 걸치

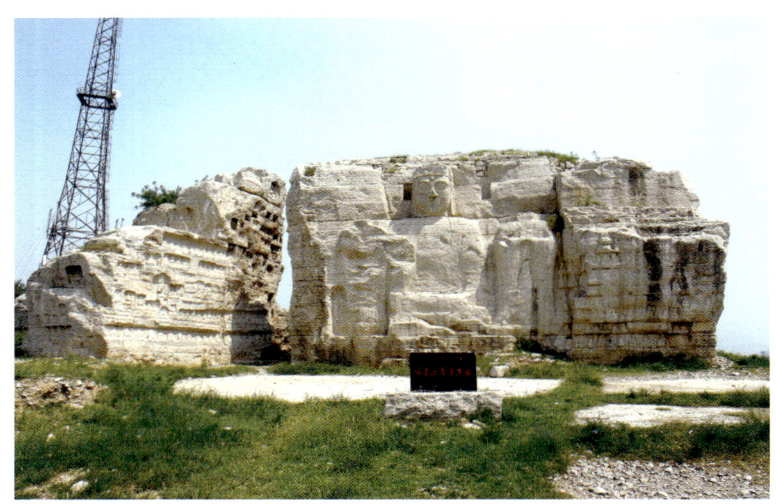

(도 67) 司里山 마애조상(北齊~明) 전경

고 있다. 두 보살상은 신발을 신고 있다.

동쪽 면에는 높이가 2m에 이르는 조각상 9존이 좌상과 입상의 형식으로 있다. 서쪽 면과 남쪽 면의 다른 부분, 둘로 갈라진 공간의 동쪽면과 서쪽 면에는 불감이 조각되어 있다. 나한상이 새겨진 예도 있다.

사리산 마애조상감은 오랫동안 지속적으로 조성되었다. 명문제기는 북제 황건2년[皇建二年: 561], 당 개원9년[開元九年: 721], 당 원화11년[元和十一年: 816], 북송 치평원년[治平元年: 1064], 명 가정연간[嘉靖年間: 1522~1566] 등의 연호가 현존한다. 명문을 통해 사리산 마애조상감은 남북조~명대에 걸쳐 조성되었음을 알 수 있다.[80]

마애조상감은 풍화가 심각한 상태이지만 조각상의 전체적인 면모는 어느정도 확인할 수 있다. 북제 불상은 대불의 동쪽편에 위치하며

---

80. 趙浦根 · 朱赤主編, 앞의 책, 473~475쪽.

단독 입상이다. 머리는 소실되었으며 높이는 20cm 정도이다. 당대~송 개 불교조각상은 불상, 보살상, 나한상이 많으며 단독상, 삼존상, 오존상, 다불병좌상 등이 있다.

산 정상 주변에는 명 숭정(崇禎)년에 조각된 옥황전낙성비(玉皇殿落成碑), 청 건륭(乾隆)46년의 중수낭낭대전비기(重修娘娘大殿碑記), 민국(民國)연간에 조성된 중수옥황전(重修玉皇殿), 태산행궁전(泰山行宮殿), 천수불(千手佛), 관음전(觀音殿), 진무묘비기(鎭武廟碑記) 등이 있다. 이 사리산 마애조상감 주변에는 건축물이 건조되었음을 알 수 있으나 현재는 남아있지 않다.

산 정상부에서 아래쪽의 마을로 내려오는 도중에 마애조상이 새겨진 암석이 하나 있지만 풍화가 심각해 조각상의 구체적인 상황을 파악하기 힘들다. 그 아래로 더 내려오면 노천에 석굴이 하나 조성되어 있다. 안쪽에는 현재 아무것도 남아 있지 않은 석굴로 참선을 행한 선굴(禪窟)이었을 것으로 추정된다.

(4) 기타지역(其他地域)

1) 임구현(臨朐縣) 석문방(石門坊) 마애조상

석문방 마애조각상은 임구현의 서쪽 10km 위치의 석문방풍경구(石門坊風景區)에 소재한다(도 68). 산의 양측 두 봉우리가 서로 마주보며 마치 문과 같은 형상을 하고 있어 "석문"으로 불리운다. 산은 높고 계곡은 깊어 경치가 출중하여 고대 임구의 팔경(八景)중 하나로 손꼽혔다.

『臨朐縣志』의 기록에는 당대(唐代) 이 곳에 석문사(石門寺)가 있었

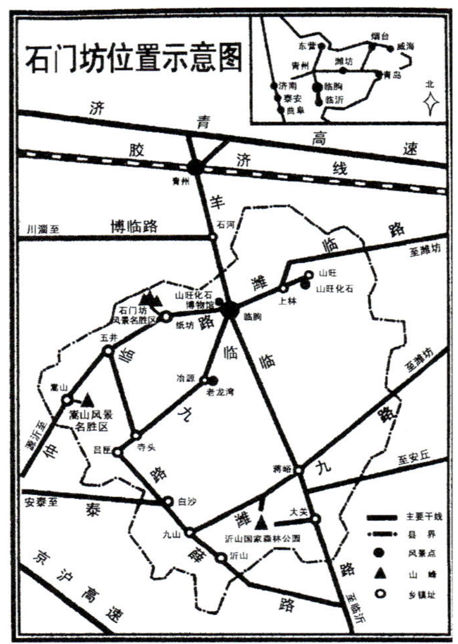

(도 68) 石門坊 마애조상 위치도(潘心德主編, 『山東著名風景名勝-石門坊』(明天出版社, 2002), 도면)

다고 기술되어 있다. 1992년 건설공사를 하던 중 이 곳에서 '석문산숭성사조상비기(石門山崇聖寺造像碑記)'가 출토되었다. 비석의 기록에 의하면 북송 1054년에는 이곳이 숭성사로 불리웠으며 원, 명, 청대까지 사찰이 존재했었다고 한다. 민국(民國) 초기 사찰은 전쟁과 혼란 속에 파괴되었다. 사원유적지의 북쪽 암벽면에 조성된 마애조각상은 부분적으로 보존되어 오고 있다. 마애조각상에는 명문제기가 많이 현존하는데 대부분이 당 천보연간(天寶年間: 742~755년)에 속한다.[81]

북위 462년 석문사가 건립됨과 동시에 마애조각상 10여 개가 조성되었다. 북주 574년 폐불정책과 더불어 조각상은 모두 훼손되어 현존하지 않는다. 당대 접어들어 불교가 흥성함에 따라 석문사가 중수되었으며 천보연간에 90여 구의 마애조각상이 조성되었다. 당대 말기 회창폐불기간 석문사는 소실되었으며 마애조상 역시 거의 훼손되어 현재는

---

81. 郭建芬, 『山東文物叢書-碑刻造像』(山東友誼出版社, 2002), 363쪽.

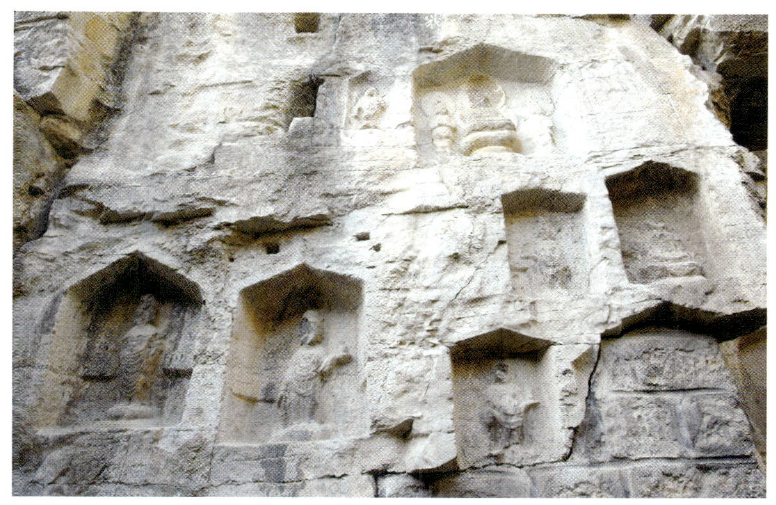

〔도 69〕 石門坊 마애조상(唐~明)

50여 개의 불감이 존재한다.[82]

　마애조상은 대부분 봉공묘(逢公廟) 뒤편과 좌우 양측 암벽면에 당대 불감이 비교적 집중적으로 분포되었다(도 69). 또한 서산의 암벽면에도 조각상이 분포되어 있으며 조각양식으로 보아 명청대로 간주된다. 마애조상은 깊이 파인 부조형식을 하고 있으며 깊이가 깊은 예는 20cm, 얕은 경우는 7~10cm이다.[83]

　불감의 규모는 비록 작지만 조각수준과 예술기교가 비교적 높으며 지방적인 색채를 농후하게 띠고 있다. 또한 조성연대가 집중되어 있고 감의 정확한 조성연대를 알 수 있다. 당대 청주지역의 마애조각상의 예는 비교적 적은 편이어서 석문방 마애조각상은 조각사상 중요한 위치

82. 中共臨朐縣委宣傳部·臨朐縣旅游局·紙坊鄕黨委政府編,『石門坊』(濰坊市新聞出版局, 1996), 12쪽.
83. 潘心德主編,『山東著名風景名勝-石門坊』(明天出版社, 2002), 45~47쪽.

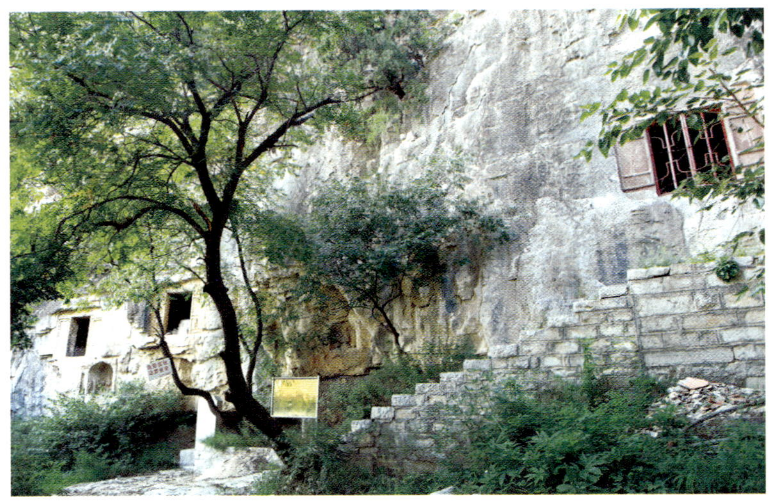

를 차지한다고 말할 수 있다.

불상의 종류로는 아미타불, 약사불, 보생불, 정광불이 있으며 보살상으로는 문수보살, 보현보살, 일광보살, 월광보살, 관세음보살상이 있다. 명왕으로는 대덕위, 금강야차 등이 존재하며 천으로는 사천왕, 길상천, 기예천 등이 있다.

문창전(文昌殿)의 오른쪽 암벽면에는 높이 약 2m의 석굴이 3개 현존하며 "三石龕"으로 불린다(도 70). 남향으로 개착되었고 3개의 동굴이 인접해 있어 좌(左), 중(中), 우감(右龕) 혹은 좌화(坐化), 와화(臥化), 삼반항(三盤炕)으로도 불리운다. 『東鎮述遺記札』, 『臨朐縣志』, 『臨朐縣續志』의 기록에 근거하면 중감(中龕)은 석문 숭성사 초대 주지스님이었던 법정선사(法正禪師)의 재사(齋舍)임과 동시에 수당(壽堂)이며, 좌감(左龕)은 그의 제자로 이 사원의 2대 주지였던 취공선사(聚公禪師)의 재사 장소였다. 이 두 석굴은 원대에 개착되었다. 우감(右龕)은 명대

1536년 개착되었으며 당시 주지승 도명선사(道明禪師)의 수당이었다.[84] 다시 말해 이 세 석굴은 원, 명대 석문방의 사찰에 주지승으로 있었던 승려들의 생전의 수행장소와 동시에 무덤으로 사용된 곳이었다.

2) 곡부시(曲阜市) 구룡산석굴(九龍山石窟)

구룡산석굴은 곡부시로부터 남쪽으로 12km 떨어진 무가촌(武家村)의 동쪽 약 200m 구룡산에 분포하고 있다. 현존하는 명문제기에 의하면 이 석굴은 당대에 조성되었다고 한다. 남쪽에서 북쪽에 걸쳐 모두 6개의 불감이 있으며 남쪽에 제1호감이 위치한다.[85]

제1호감은 서향을 하고 있으며 높이 0.6m, 넓이 0.6m이다. 내부에 노사나불좌상 1구, 보살상 2구, 제자상 2구를 배치하였다. 본존 노사나불상의 수미좌 오른편에 "唐天寶五年, 爲其母建造, 盧舍那佛…[당 천보5년(746) 어머니를 위해서 노사나불을 조성한다]" 이란 명문제기가 새겨져 있다.

제2호감은 높이 1.95m, 넓이 1.1m이다. 높이 1.7m의 보살입상 1구가 있다. 제3호감의 높이는 0.84m, 넓이 0.6m이며 보살좌상 1구를 안치하였다. 제4호감은 높이 0.6m, 넓이 0.38m이며 내부에 사자를 타고 있는 문수상과 역사상 2구가 있다. 제5호감은 높이 0.8m, 넓이 0.46m이다. 내부에 코끼리를 탄 보현보살상과 주위에 좌불, 보살, 역사상 등이 조각되어 있다. 제6호감은 높이 2.4m, 넓이 1.38m이다. 높이 1.85m의 불입상

---

84. 潘心德主編, 앞의 책, 51~53쪽.

85. 王仲奮, 앞의 책, 143~144쪽.

1구가 있다.

조각양식으로 보아 성당대 작품으로 판단된다.

3) 기원현(沂源縣) 당산(唐山) 마애조상

당산 마애조상은 산동성 중부에 위치한 기원현 동리진(東里鎮) 당산 주봉우리의 남쪽에 조성되어 있다. 당산의 원래 이름은 탑산(塔山)이며 산세가 탑과 유사하여 붙여진 명칭이다.

마애조각상은 모두 502구로 얕은 부조로 새겨져 있다. 조각상의 높이는 대부분 25cm정도이며 불좌상, 나한상이다. 현재 풍화가 심각하지만 조각상의 복식과 선각은 판별할 수 있다.

4) 기원현(沂源縣) 형산(荊山) 마애조상

노산(魯山)이 위치한 기원현 형산에 마애조각상이 있다. 긴 방형 불감 속에 새겨진 조각상은 모두 18구로 얕은 부조로 조성되었다. 모두 나한상이며 높이는 약 40cm이다. 통견식 가사를 걸치고 있으며 가슴에 승기지 표현이 있다. 얼굴은 거의 훼손되어 보존상태가 양호하지 않다.

방형 불감의 위쪽에는 16개의 방형 구멍이 옆으로 규칙적으로 파여져 있다. 이 구멍들의 위쪽에는 물결모양으로 골이 파여 있다. 이는 나무 서까래에 기와를 삽입한 흔적으로 보인다. 결국 마애조각상 위쪽에는 건축물을 조성하여 마애조각상을 보호하였던 것으로 추정된다. 마애조각상의 왼편 위쪽에는 명문제기가 있으나 정확하게 판독하기는 어렵다.

5) 교남시(膠南市) 대주산석굴(大珠山石窟)

교남시에서 서남쪽으로 8km의 거리에는 유명한 대주산이 있다. 후등안(侯登岸)의『大珠山考』에는 당나라의 선인 주중(朱仲)이 이 산에 거주하였기 때문에 "대주산(大朱山)"으로 불리웠다고 한다. 대주산에 석굴이 많이 개착되었다고 전해지고 있지만 현재 3개의 석굴이 가장 대표적이다. 즉 협구(峽溝) 서산석굴(西山石窟), 협구 남산석굴(南山石窟), 석옥자구석굴(石屋子溝石窟)이다.

협구 서산석굴은 대주산진(大珠山鎭) 협구촌(峽溝村)의 서쪽 산에 위치한다. 굴문은 동향이며 평면은 장방형이다. 높이는 0.8m이며 넓이는 0.7m이다. 석굴문 좌우에는 호랑이가 새겨져 있지만 조각기법은 조잡하다. 석굴 내부에는 불교조각상 30구를 조각하였는데 정면에 8구, 왼쪽 벽에 10구, 오른쪽 벽에 12구가 있다.

협구 남산석굴은 협구촌 남쪽에 위치한 산 정상에 위치한다. 남향이며 평면은 장방형이다. 높이는 1.7m, 넓이는 1.6m이다. 굴 내부의 정면벽에는 불교조각상 9구, 좌우 벽에 각각 6구씩 모두 21구를 배치하였다. 모두 부조로 조각되었다. 그러나 이 석굴은 일찍이 파손되어 불상의 형식과 명문제기가 모호하다.

석옥자구석굴은 대주산진 석옥자구촌(石屋子溝村)의 북쪽에 위치한다. 남향이며 높이는 1m에 이른다. 석굴문의 위쪽에는 인자형(人字形) 배수구가 파여져 있다. 굴 내부의 정면벽에는 불교조각상 6구, 왼쪽 벽에 11구, 오른쪽 벽에 6구로 모두 27구이다. 또한 비천과 구름무늬 등의 장식문양도 조각되어 있다. 당대(唐代)에 조성된 것으로 여겨진다.[86)]

6) 추성시(鄒城市) 대왕와(大王窩) 마애조상

추성시에서 동쪽으로 35km 떨어진 곳에 봉황산(鳳凰山)이 위치한다. 이 산의 중턱부분에 마애조각상이 하나 있다. 이 마애조상의 남쪽 산 아래에 대왕와촌(大王窩村)이 위치하기 때문에 대왕와 마애조상으로 불린다.

조각상은 불상 1구만 조성되어 있고 흔히 석가모니불로 간주되고 있다. 불상의 높이는 8.7m이며 얼굴을 제외한 신체부분은 파손이 심하다. 조각양식으로 보아 당대(唐代)에 조성된 것으로 추정된다.[87] 산 아래에는 사원이 건립된 흔적이 있다.

7) 신태시(新泰市) 각로정(閣老頂) 마애조상

1993년 4월 신태시 방성진(放城鎭) 청룡산(靑龍山)의 주 봉우리인 각로정에서 마애조상감 2개가 발견되었다. 하나는 각로정의 산 남쪽에 위치하며 일명 관세음조상이라고 명명된다. 또다른 하나는 이 관세음조상으로부터 동쪽으로 100m 떨어진 동자애(童子崖)에 개착되어 있어 동자애조상으로 불리운다.

각로정 관세음조상은 첨공형의 불감 안쪽에 부조로 조각되어 있다. 불감의 높이는 95cm, 넓이는 112cm이다. 관세음상의 높이는 78cm이며 넓이는 82cm이다. 관세음상은 보관을 쓰고 있으며 두광을 표현하였다. 얼굴은 풍만하며 미소를 머금고 있다. 천의는 배 부분에서 교차되고 상

---

86. 류펑쥔,「산동지역 북조, 수, 당의 불상」,『고구려 불상과 중국 산동 불상』(동북아 역사재단, 2007), 190쪽.

87. 趙浦根 · 朱赤主編, 앞의 책, 502~503쪽.

체에는 영락을 걸치고 있다. 유희좌의 자세로 앉아 있으며 오른손은 오른쪽 무릎 위에 두었다. 관세음보살상의 좌우에는 협시상이 각각 1구씩 있으나 우협시상의 풍화가 비교적 심하다. 대체적인 윤곽으로 판단하면 우협시상은 동자상으로 추정되며 좌협시상은 정병을 잡고 있는 용녀이다. 이 조각상에는 투조, 선조, 음각, 양각 등 다양한 조각기법이 활용되었다. 이 관음상의 양식은 북송대 관음보살상과 아주 유사하여 북송대로 편년된다.[88]

동자애조상은 두 명의 인물상이 이야기를 하고 있는 형상으로 조각되어 있다. 부조로 새겨져 있고 조각상의 높이는 64cm이다. 문수화현노인(文殊化現老人)의 이야기를 조각한 것으로 추정되고 있다.

2. 시기별 특징

산동지역의 불교석굴과 마애조각상은 남북조시대부터 개착되기 시작하여 명대까지 이어진다. 【표 15】를 통해 살펴보면 현존하는 산동지역의 석굴과 마애조상 중 개착시기가 가장 빠른 것은 북위대이며 황석애 마애조상, 용동 마애조상이 대표적이다. 동위대에는 황석애와 용동에서 계속해서 개착활동이 이루어졌다. 동위~북제대에는 타산석굴 제4굴, 운문산석굴 제2굴, 사리산의 마애불입상이 조성되었다.

수대에 이르면 석굴과 마애조상이 많이 조성되었다. 예를 들어 타산석굴 제2, 3굴, 운문산석굴 제1굴, 용동 소동(제4호감) 및 제5굴, 동불욕사 제15, 17호감, 천불산, 옥함산, 영암사 방산 증명감, 백불산석굴 제1, 2

---

88. 穆紅梅·張經法, 「新泰市放城鎭閣老頂觀音造像」, 『四門塔阿閦佛與山東佛像藝術研究』(中國文史出版社, 2005), 348~350쪽.

【표 15】산동지역 불교석굴과 마애조상감

소재지		명칭	유형	불감, 석굴 총 수량	명문유무	조성시기
濰坊市	靑州市	駝山石窟	석굴, 마애불, 불감	6	有	東魏~北齊, 隋, 唐
		雲門山石窟	석굴, 불감	5	有	北齊, 隋, 唐
	臨朐縣	石門坊 磨崖造像	석굴, 불감	50여	有	唐, 宋, 明
濟南市	歷下區	黃石崖 磨崖造像	불감	30	有	北魏, 東魏
		龍洞 磨崖造像	석굴, 불감	5곳	有	北魏, 東魏, 隋, 唐, 元
		千佛山 磨崖造像	불감	10	有	隋
		佛慧山 開元寺 磨崖造像	불감	·	有	唐, 北宋
		佛慧山 大佛頭 磨崖造像	불감	1	有	北宋
	市中區	玉函山 磨崖造像	불감	29	有	隋
	長淸區	靈巖寺 方山 證明龕	불감	1	有	隋
		五峰山 蓮花洞	석굴	1	有	唐
	歷城區	東佛峪寺 磨崖造像	불감	17	有	隋, 唐
		神通寺 千佛崖	불감	52	有	唐, 明
		靑銅山 大佛寺 磨崖造像	불감	1	有	唐, 明
		靈鷲山 九塔寺 磨崖造像	불감	24	有	唐
	平陰縣	天池山 磨崖造像	불감	8	有	唐
泰安市	東平縣	白佛山石窟	석굴, 불감	5	有	隋, 唐, 宋
		理明窩 磨崖造像	불감	8	有	唐
		司里山 磨崖造像	불감	·	有	北齊, 唐, 宋, 明
	新泰市	閣老頂 磨崖造像	불감	2	無	宋
齊寧市	鄒城市	大王窩 磨崖造像	마애불	불상: 1구	無	唐
	曲阜市	九龍山石窟	불감	6	有	唐
淄博市	沂源縣	唐山 磨崖造像	마애불	불상: 502구	無	唐, 宋(?)
		荊山 磨崖造像	불감	1	無	宋
靑島市	膠南市	大珠山石窟	석굴	3	無	唐

(표 속의 불감, 석굴 총 수량은 필자의 번호에 의거한 숫자임)

굴이 있다. 당대에도 타산석굴 제1, 5굴, 운문산석굴 제3, 4, 5굴, 동불욕사 제1, 2, 3, 5, 6, 7, 9호감, 신통사 천불애, 오봉산 연화동, 청동산 대불사, 영취산 구탑사, 불혜산 개원사, 백불산석굴 제3굴, 이명와, 사리산, 석문방, 구룡산, 대주산석굴, 대왕와 마애조상 등 석굴과 마애조상이 여전히 활발히 조성되었다. 송~원대에 이르면 용동 제3호감, 대불두 마애조상, 백불산석굴 제4굴, 사리산, 형산 마애조상 등 일부 개착이 이루어지고 있으나 쇠퇴기로 접어들고 있다.

아래에서는 각 시기별 석굴과 마애조상의 특징에 대해 살펴보도록 하겠다.

(1) 남북조시대(南北朝時代)

제남시에 소재한 황석애 마애조상과 용동 대동·제2호감, 청주시에 위치한 타산석굴 제4굴과 운문산석굴 제2굴이 이 시기에 해당된다. 타산석굴 제4굴을 제외한 나머지 예들은 모두 마애조각상이다.

1) 마애조상감 구조

황석애(마애조상, 도 28), 용동 마애조상(도 32), 운문산 제2굴(도 17)의 정면 감 구조는 주형(舟形), 원공형(圓拱形), 방형(方形)이다. 이중 황석애와 용동은 북위, 동위대 개착되었으며 운문산 제2굴은 북제대 조성된 것으로 판단된다. 정면 감의 구조는 정상부가 뾰족한 주형, 둥근 원공형이 많다. 특히 주형 감은 금동불, 석불 등 단독상의 주형 광배와 동일한 모습이다. 산동지역에서 발견된 남북조시대 금동불, 석불상의 광배 역시 주형을 이룬 광배가 가장 많다(도 71). 결국 황석애, 용동

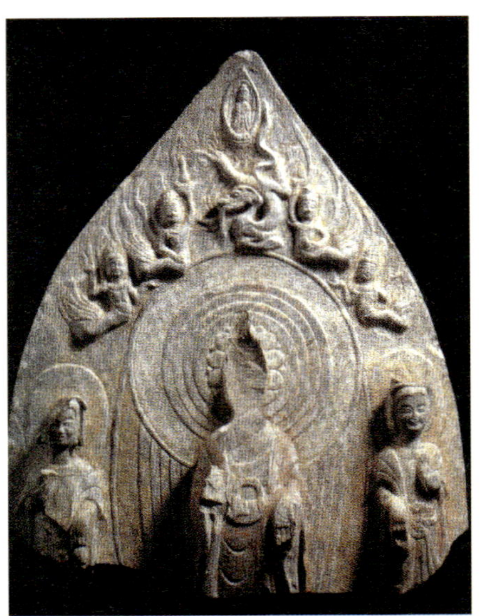

(도 71) 太昌元年銘 미륵상(532년), 靑州市 龍興寺 출토, 51cm, 청주시박물관 소장(中國歷史博物館·山東靑州市博物館, 『山東靑州龍興寺出土佛敎石刻造像精品』, 中國歷史博物館, 1999, 43쪽 사진)

마애조상의 정면 감의 구조는 단독상에서 성행했던 광배의 형상을 그대로 옮겨 놓았다고 생각된다.

용문석굴로 대표되는 북위 석굴과 마애조상의 감 구조는 원공형, 첨공형(尖拱形), 옥형(屋形), 녹형(盝形) 등 다양하다 (도 72). 또한 감 주위는 휘장, 동자상, 늘어뜨려진 술장식, 포도장식, 불상, 비천상 등으로 아주 복잡하고 화려하게 장식되어 있다.[89] 용문석굴 이외의 낙양 주위의 남북조시대 석굴과 마애조상감의 감 구조 역시 용문석굴의 예와 유사하다. 운강석굴을 중심으로 한 주변지역의 소규모 석굴들과 마애조상 역시 원공형, 녹형 등의 감미(龕楣)를 가진 감이 유행하였다.[90]

용문석굴을 중심으로 한 낙양지역의 북위 석굴과 마애조상감은 494년 북위의 낙양천도 이후 조성된 예가 대부분이다. 산동 황석애, 용동

89. 溫玉成, 「龍門北朝小龕的類型, 分期與洞窟排年」, 『中國石窟·龍門石窟(一)』(文物出版社, 1991), 175~180쪽.

90. 梁銀景·崔德卿, 「北魏시기 大同지역의 小石窟群」, 『강좌 미술사』23(한국불교미술사학회, 2004), 328~339쪽.

의 북위 마애조상감
의 정면 감 구조는 당
시 수도였던 낙양지
역의 조상감 구조와
유사하지만 차이점
도 존재한다. 다시
말해 산동지역에서
는 당시 낙양에서 성
행했던 녹형, 첨공형,
옥형 등은 보이지 않
을 뿐만 아니라 감 주
위에 복잡하고 화려

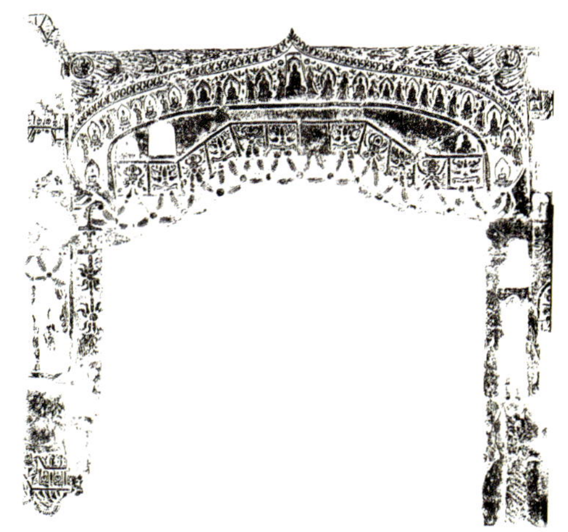

(도 72) 龍門石窟 古陽洞 북쪽 벽 제289호감의 탁본(北魏, 劉景龍, 『古陽洞-龍門石窟第一四四三窟』第二冊(科學出版社, 2001), 120쪽 도 125)

한 장식물이 첨가되지 않았다.

결국 산동지역의 남북조시대 마애조상감은 당시 낙양과 관련이 없는 것은 아니지만, 산동지역 내부에서 성행한 금동불상, 석불상의 광배와 더욱 연관성이 밀접하다.

2) 조각상의 배치방식

황석애, 용동, 타산석굴 제4굴, 운문산 제2굴의 조각상 배치방식은 불상 1구, 보살상 2구를 배치한 삼존상이 가장 일반적이다. 이외에 불입상 1구 혹은 불좌상 1구를 배치한 단독상이 그 다음으로 많은 수를 차지한다. 황석애 제5호감, 16호감은 보살입상을 단독 배치하고 있다.

북위 태화연간의 용문석굴의 조각상 배치방식은 운강석굴의 전통을 계승하여 삼존상이 주류를 이룬다. 선무제시기부터 빈양동을 중심

으로 조각상의 배치방식은 불상 1구, 보살상 2구, 제자상 2구인 오존상
이 출현하고 동시에 주된 배치방식으로 자리 잡는다.[91)

북제대에는 삼존상, 오존상이 여전히 계속되고 있으나 불상 1구, 보
살상 2구, 제자상 4구를 배치한 칠존상이 수도 업도(鄴都)를 중심으로
유행한다. 대표적인 예로 하북성 한단시(邯鄲市) 남향당산(南響堂山)
제 1, 2, 6굴 정벽 불보살상이 있다.[92)

황석애, 용동의 북위~동위 불교 조각상은 동시기 낙양을 중심으로
한 불교조각상 배치방식과는 다소 차이점이 있다. 이처럼 남북조시대
산동지역의 석굴과 마애조상감의 조각상 배치방식인 단독상, 삼존상
은 동시기 산동지역 금동, 석불상의 배치방식과 동일하다. 감 구조와
더불어 조각상 배치방식 역시 수도지역 중앙양식의 영향을 받고 있으
나 또한 지방적인 색채도 농후함을 알 수 있다.

3) 조각상의 특징

황석애 마애조상감을 기준으로 살펴보면 북위 후기, 즉 효명제(孝明
帝) 정광4년(正光四年, 523)~동위 이전 시기의 불상은 어깨 부분이 비교
적 여위었으며 포의박대식 가사를 착용하고 있다. 좌상의 수인은 선정
인이 많으며 입상은 시무외, 여원인이 보편적이다(도 26, 27). 좌상의 가
사는 비교적 두껍고 무거운 느낌이다. 가사는 두 무릎 아래로 드리워
져 있으며 바깥쪽에서 삼각형을 이루고 있다. 입상의 경우 오른쪽 어깨
에서 내려온 가사 자락이 왼 팔 위로 지나 아래로 늘어뜨려져 있다.

91. 마쓰창 외 지음·양은경 역, 『중국 불교석굴』(다홀미디어, 2006), 290~293쪽.

92. 李裕群, 『北朝晚期石窟寺研究』(文物出版社, 2003), 22~23쪽.

협시보살상의 천의는 무릎에서 교차되었으며 어깨 양측에는 뾰족한 형상으로 높이 치솟아 있다. 상체에는 내의를 입고 있으며 옷깃이 V자형을 이룬다.

동위대 불상양식은 북위대와 다소 차이점이 있다. 좌불상의 옷주름선은 감소되었으며 입불상의 옷은 얇게 변하였다. 조형(造型)은 점점 둥글고 풍만해진다. 보살상의 두 어깨 옆으로 뾰족하게 처리되던 천의 표현은 사라지기 시작하여 두 어깨에서 천의가 아래로 늘어뜨려져 있다. 또한 무릎부분에서 교차한 천의는 환(環)과 함께 표현된 예도 출현한다.[93]

(2) 수대(隋代)

수 왕조에 들어서면 산동지역의 불교석굴과 마애조상감은 활기차게 조성되었지만 여전히 마애조상 개착이 대부분을 차지한다. 석굴의 예로는 타산석굴 제2굴, 용동 제5굴이 있다.

타산 제2, 3굴, 운문산 제1굴, 동불욕사 제15, 17굴, 천불산, 옥함산, 영암사 방산 증명감, 백불산 제1, 2굴, 용동 제4, 5호감이 대표적이다.

1) 석굴 구조

타산 제2굴과 용동 제5굴은 평면이 방형 凹자형이며 천정은 평평하다(도 7). 모두 불전굴에 속하는 석굴이다.[94] 凹자형 불단 위쪽에 불상, 보살상 등을 안치하였다. 凹자형 평면구조는 남북조~수대에 산동

---

93. 李清泉, 「濟南地區石窟, 摩崖造像調查與初步研究」, 『藝術史研究』2(2000), 417쪽.

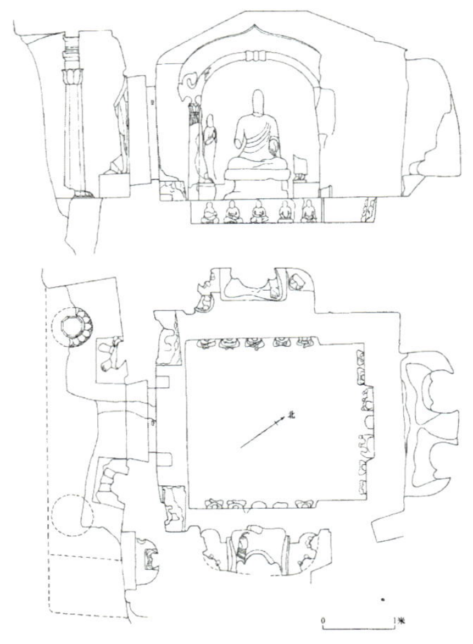

(도 73) 天龍山石窟 제10굴(北齊) 평면도와 단면도(李裕群·李鋼, 『天龍山石窟』(科學出版社, 2003), 72쪽 도 49)

지역 이외의 동부지역에서는 흔히 보이지 않는 형식이다. 북제대 산서, 하남, 하북지역의 대표적인 불전굴 구조는 방형의 삼벽삼감식(三壁三龕式) 평면구조, 복두형(覆斗形) 천정이다(도 73).[95] 즉 중앙과 좌우 벽면의 중앙에 감을 하나씩 팠으며, 천정은 두(斗)를 거꾸로 엎어놓은 듯한 모양을 하고 있다.

물론 북제대에는 불전굴 이외에 중심주굴이 중요한 석굴유형에 속하며, 흔히 방형(方形) 평면, 복두형 천정 혹은 평평한 천정을 이룬다. 북제대 중심주굴의 대표적인 예로는 하북성 한단시(邯鄲市) 북향당산(北響堂山) 북동(北洞), 중동(中洞)과 남향당산(南響堂山) 제1, 2굴,[96] 소향당산석굴(小響堂山石窟),[97] 산서성 태원시(太原市) 고고동(姑姑洞) 하굴(下窟)[98] 등이

---

94. 중국석굴은 평면구조와 사용기능에 따라 크게 7종류로 나눌 수 있다. 즉 동굴 내부에 탑을 배치한 탑묘굴(中心柱窟), 동굴 내부에 불상이 안치된 불전굴(佛殿窟), 승려들이 생활하거나 수행을 목적으로 한 승방굴(僧房窟), 탑묘굴 혹은 불전굴 내부에 거대 불상을 안치한 대상굴(大像窟), 동굴 내부에 단(壇)을 설치한 불단굴(佛壇窟), 승방굴 중 선행(禪行)을 목적으로 한 小型禪窟(羅漢窟), 소형선굴이 여러개 모여 있는 선굴군(禪窟群)이다(마쓰창 외 지음·양은경 역, 앞의 책, 17쪽).

95. 삼벽삼감식은 세 벽면에 세 개의 불감을 설치한 형식이다.

있다. 석굴들은 북제 황실귀족, 고급 상층관료, 읍의(邑義) 등이 시주하여 개착하였으며 규모 또한 크다.

북제대 성행한 중심주굴의 유형은 산동지역에서는 발견된 예가 없다. 북제대 동부지역의 대표적인 불전굴 형식인 삼벽삼감식에 속하는 석굴의 대표적인 예로는 북향당산 남동과 남향당산 제3굴, 5굴, 7굴, 천룡산 제10굴, 16굴 등이 있다. 수대 산서, 하남, 하북지역 석굴 또한 앞 시기 북제대 삼벽삼감식 구조를 계승하여 계속 유행하였다.

대주성굴과 천불동의 감은 깊이가 얕으며 불보살상 또한 얕은 부조로 새겨졌다(도 74). 감 주위에는 어떠한 장식도 표현하지 않은 아주 간단한 형식을 이룬다. 이러한 특징은 이전시기 북제대 깊게 새겨진 감 주위를 화려하고 복잡하게 새긴, 즉 휘장과 처마, 기둥 등으로 구성되었던 특징과는 상이한 모습이다. 하북, 하남지역 수대 불전굴은 기본적으로 이전 북제대 석굴 구조를 계승하면서 다소 간략화된 특징을 이룬다.[99]

96. 남, 북향당산석굴에 대해서는 지금까지 무척 많은 文章과 저서가 발표되었다. 이 중 석굴 구조에 대한 비교적 구체적인 논문은 다음과 같다: ① 水野淸一·長廣敏雄, 『響堂山石窟』(京都 東方文化學院京都硏究所, 1937) ② 邯鄲市峰峰礦區文管所·北京大學考古實習隊, 「南響堂山石窟新發現窟檐遺蹟及龕像」, 『文物』5(1992), 1~15쪽 ③ 田村節子, 「響堂山石窟の現狀」, 『佛敎藝術』153(1984), 35~55쪽 ④ 曾布川寬, 「響堂山石窟考」, 『東方學報』62(1990), 165~207쪽 ⑤ 顔娟英, 「河北南響堂山石窟寺初探」, 『考古與歷史文化-慶祝高去尋先生八十大壽論文集』(下)(臺北 正中, 1991), 331~362쪽 ⑥ 李裕群, 『中原北方地區北朝晚期的石窟寺』(北京大學 考古系博士學位論文, 1993), 2~16쪽.

97. 邯鄲市文物保管所, 「邯鄲鼓山水浴寺石窟調査報告」, 『文物』4(1987), 1~23쪽.

98. 李裕群, 「太原姑姑洞與瓦窯村石窟調査報告」, 『文物季刊』3(1995), 47~61쪽.

99. 河南省古代建築保護研究所, 「河南安陽靈泉寺石窟及小南海石窟」, 『文物』4(1988), 1~13쪽: 河南省古代建築保護研究所, 『寶山靈泉寺』(河南人民出版社, 1991), 15~18쪽: 李玉珉, 「大住聖窟」, 『故宮學術季刊』2(1998), 1~52쪽: 王振國, 「河南沁陽懸谷山隋代千佛洞石窟」, 『敦煌研究』4(2000), 27~32쪽.

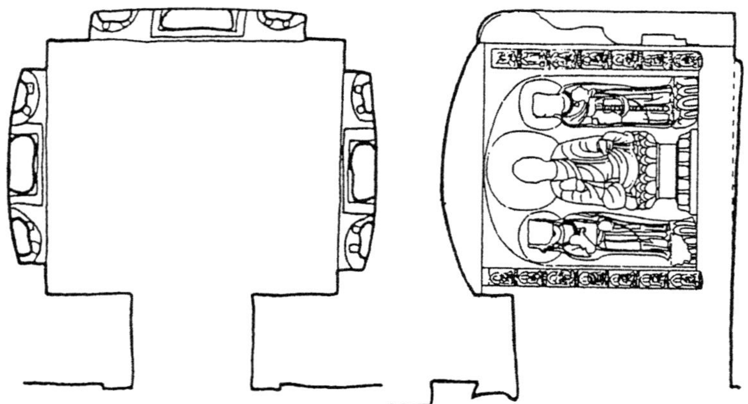

(도 74) 大住聖窟(隋) 평면도와 단면도(河南省古代建築保護研究所, 『寶山靈泉寺』(河南省人民出版社, 1991), 148쪽 도 30)

결국 수대 산동지역 석굴 구조는 기타 동부지역 석굴 구조와는 다소 차이점이 있으며, 수대 산동지역의 대표적인 凹자형 석굴 평면구조는 이후 초당시기 하남성 용문석굴에서 보인다.

2) 마애조상감 구조

타산 제3굴의 정면 구조는 첨공형(尖拱形)이며 그 외의 수대 산동지역의 마애조상감은 방형이 대다수를 차지한다. 이러한 방형 마애조상감은 황석애 조상감 등 남북조시대부터 이 지역에서 보인다. 수대 들어 옥함산 조상감과 백불산 제1굴 내 소불감 등에서 방형 감 주위에 연주문(聯珠紋)이 장식되기도 하였지만 아무런 장식이 없는 간단한 사각형의 감이 절대다수를 차지한다(도 41).

동시기 산서, 하남, 하북지역 마애조상감은 단순한 원공형 감 혹은 보리수를 새긴 원공형 감이 대표적이다(도 75). 즉 둥근 불감의 위쪽은

원공형인 감미(龕楣)와 감 양측에
기둥을 세운 모습이거나 둥근 감 위
쪽에 보리수를 새긴 형식이다. 대표
적인 예로 남, 북향당산석굴 내외에
새겨진 소형 마애조상감, 용문석굴
의 수대 마애조상감, 하남성 박애현
(博愛縣) 석불탄(石佛灘) 마애조상
감 등이 있다.[100]

이러한 마애감의 구조는 북제대
하남, 하북, 산서지역의 석굴, 조상
비 등에서 유행하였으며 수대에도
꾸준히 성행하였다. 물론 수대 하북
성 곡양(曲陽) 팔회사(八會寺) 각경

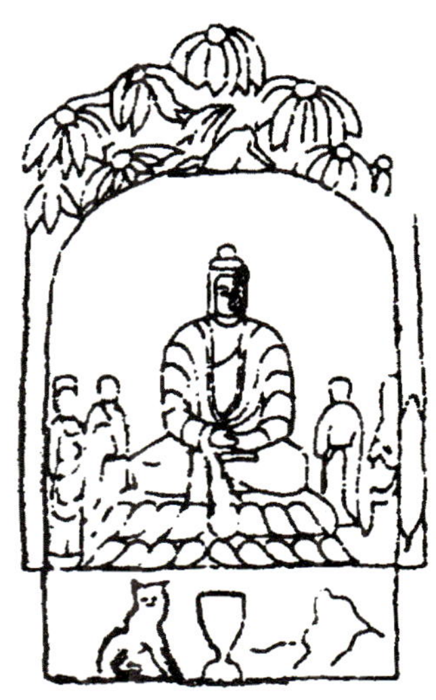

(도 75) 龍門石窟 賓陽中洞 외측 開皇15年
銘 아미타불감(595년)(王振國, 「龍門隋代小
龕初探」, 『華夏考古』1(1998), 72쪽 도 3)

감(刻經龕)[101]과 용문석굴 소감 등에서 방형 혹은 첨공형 감 형식이 나
타나기도 하지만 주요 형식을 이루지는 못하였다. 결국 마애조상감 구
조에 있어서는 산동지역과 기타 동부지역 간에 차이점이 존재하며 산
동지역은 낙양지역 마애감 구조와는 그다지 영향관계가 많이 보이지
않는다.

3) 조각상의 배치방식

조각상의 배치방식은 정벽에 불상 1구, 좌우벽에 협시보살상을 각각

---

100. 河南省古建研究所, 「博愛縣石佛灘隋代摩崖造像調査簡報」, 『中原文物』1(1992),
97~102쪽: 王振國, 「龍門隋代小龕初探」, 『華夏考古』1(1998), 69~87쪽.

101. 劉建華, 「河北曲陽八會寺隋代刻經龕」, 『文物』5(1995), 77~86쪽.

1구씩 안치한 삼존상이다. 석굴 내부의 주존 불상을 정벽 한 곳에만 배치한 이러한 배치방식은 이전시기 타산 제4굴에서도 보이고 있다. 그러나 수대 석굴에서는 凸자형 석굴 구조의 등장과 더불어 이러한 배치방식이 더욱 유행한다.

마애조상감의 불보살상 배치방식으로는 흔히 불상 1구, 협시보살상 2구를 배치한 삼존상이 가장 일반적이다. 불상 1구, 협시보살상 2구, 제자상 혹은 역사상 2구를 배치한 오존상도 있지만 극히 적다. 오존상은 운문산 제1굴, 용동 제5굴 등이 대표적이다. 이외에 불상 1구만 배치하거나 보살상 1구 혹은 불보살상을 각각 2구 혹은 8구 배치하는 등 흔히 우리가 표준으로 삼는 배치방식이 아닌 예가 많은 것 또한 산동 수대 조각 배치방식의 특징이다.

이처럼 표준이 아닌 배치방식은 남북조시대 황석애 마애조상감에서부터 시작하여 신통사 천불애 등 이 지역에서 당대까지 계속 유행한다.

수대 산동지역 석굴과 마애조상감에서 유행한 삼존상, 오존상의 배치방식은 기타 동부지역 석굴과 마애조상감에서도 여전히 성행하는 배치방식이다. 북제 하남, 하북, 산서지역에서 아주 성행한 칠존상의 배치방식은 수대 들어 동부지역에서는 더이상 유행하지 않는다. 물론 581년에 조성된 산서성 개하사(開河寺) 마애불은 여전히 북제대 전통을 이어 칠존상으로 배치되지만 동부지역에서는 전체적으로 칠존상의 배치방식이 많이 보이지 않는다.

이처럼 수대 동부지역 조각상 배치방식은 석굴 구조, 마애감 구조의 간략화라는 시대적 조류에 따라 간소화된 양상으로 변화, 발전하고 있다. 서부 돈황 막고굴에서는 이러한 동부지역의 흐름과는 역으로 수대에 들어서서 칠존상의 배치방식이 나타나기 시작하여 계속해서 유행한다.[102]

결국 수대 산동지역의 조각상 배치방식은 삼존상이 가장 대표적인 형식이며, 이러한 유행사조는 동시기 산서, 하남, 하북지역의 조각상 배치특징과 같은 조류를 타고 있음을 알 수 있다. 그리고 마애조상감 조성의 유행과 더불어 특정적이고 표준적이지 못한 배치방식도 아울러 유행하며, 산동지역에서 이러한 특징이 더욱더 선명하게 드러나고 있다.

4) 조각상의 특징

불상, 보살상에서 가장 특징적인 양식으로는 착의표현의 현실화를 들수 있다. 즉 불상에서는 구뉴식(鉤紐式) 가사, 교령삼(交領衫) 혹은 교령식(交領式) 가사 착의법 등이 대표적인 예이며, 보살상에서는 두 겹의 치마를 가슴 높이까지 올려 입고 있는 것이 특징이다.

① 구뉴식(鉤紐式) 가사

운문산 제1굴(도 76), 타산 제2굴(도 77), 백불산 제1굴, 용동 제5굴의 주존 불상은 가사의 왼쪽 어깨 부분에서 고리를 통과하거나 끈을 묶어

---

102. 90여개의 돈황 막고굴 수대 동굴은 크게 세 시기로 시기구분이 가능하다. 제1기는 581년~589년, 즉 수 왕조가 전국을 통일하기 이전 시기이며, 석굴 구조와 조각상 배치방식, 벽화 배치방법, 불보살상 특징, 벽화 특징 등에서 북주 전통을 계승하고 있다. 제2기는 590년~612년으로, 석굴 구조와 조각상 배치방식, 경변도(經變圖)의 출현과 유행, 연주문의 유행, 불보살상의 특징 등 남북조시대와는 다른 새로운 요소가 대거 출현하고 있다. 제3기는 613년~당 무덕연간(武德年間)으로 2기 양식을 계승한 가운데 석굴 구조, 벽화 배치방식, 불보살상들의 세부적인 면에서 다소 변화가 보이고 있다. 이중 조각상 배치방식은 2기부터 변화가 보이며 칠존상, 십삼존상 등 이전시기에는 전혀 보이지 않던 형식이 나타나기도 한다(樊錦詩·關友惠·劉玉權, 「莫高窟隋代石窟の時代區分」, 『中國石窟·敦煌莫高窟』(二)(平凡社, 1981), 186~205쪽: 梁銀景, 앞의 책, 81~99쪽).

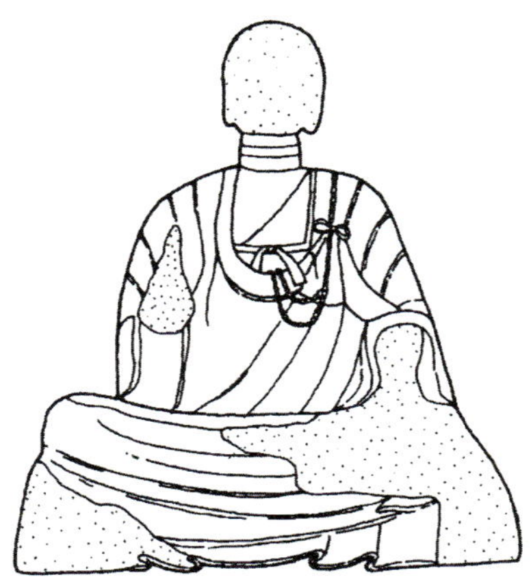

(도 76) 雲門山石窟 제1굴 주존불좌상(隋, 梁銀景, 『隋代佛教窟龕研究』(文物出版社, 2004), 48쪽 도 55)

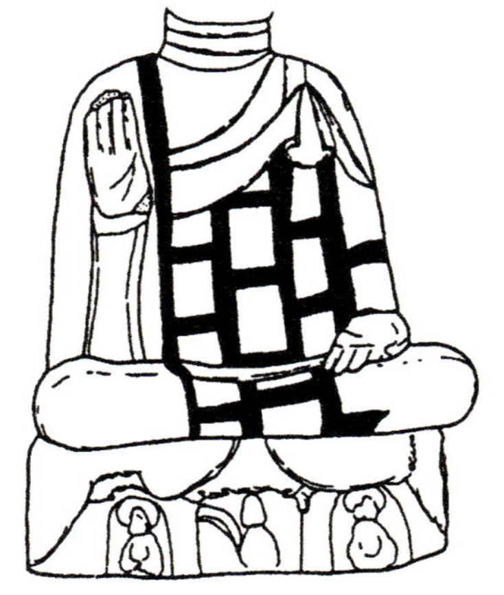

(도 77) 駝山石窟 제2굴 주존불좌상(隋, 梁銀景, 앞의 책, 51쪽 도 65)

다시 가사를 연결하여 오른쪽 어깨 위쪽으로 돌려 입거나 오른쪽 겨드랑이 밑으로 가사를 돌려 입은 모습으로 조각되었다. 이러한 가사 착의법을 구뉴식(鉤紐式)이라 부르는데, 이 구뉴식 가사 착의방법은 당시 승려들이 현실생활 속에서 실제 착용한 승복을 그대로 불상에 표현한 것이다. 이러한 불상 가사착의 양식은 수대 산동지역에서 아주 극성하였으며, 이후 초당대에도 여전히 성행한다.[103]

현재까지 수대 산동지역 이외의 기타 동부지역 불상에서는 581년명 산서성 개하사 마애불에서 그 예를 확인할 수 있으며(도 78) 하남, 하북지역의 석굴과 조각에서는 이러한 가사착의법이 많이 보이지 않는다. 수대 산서, 하남, 하북지역의 불상은 다소의 변화는 보이지만 여전히 북제대 쌍령하수식(雙

---

103. 양은경, 「中國 山東지역 隋代 佛敎石窟과 摩崖造像」, 『講座 美術史』20(2003), 208쪽.

領下垂式) 가사 착의법이 주
류를 이루고 있다. 이후 초당
641년경에 조각된 용문석굴
빈양남동 본존불에서 다시 구
뉴식 가사를 찾아 볼 수 있
다.[104]

이러한 이유로 구뉴식 가사
표현은 산동지역 수대 불상
양식의 특징으로 여겨짐과 동
시에 이후 초당대 낙양지역에
까지 영향력을 행사한 것으로
간주되고 있다.[105] 그러나 동
시기 돈황 막고굴 소조상과
설법도에서 구뉴식 가사 표현

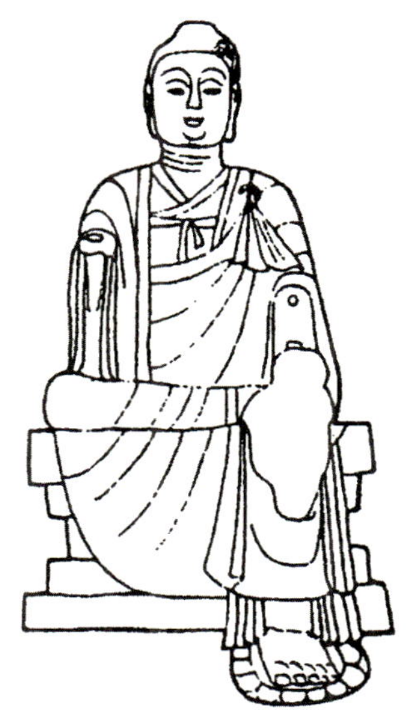

(도 78) 開河寺 581년명 마애불(山西省古建築保護研
究所 · 北京大學考古學系石窟調査組, 「山西平定開河
寺石窟」, 『文物』1(1997), 83쪽 도 25-2)

이 많이 확인된다. 예를 들면 제379, 397, 401, 402굴 등의 소조상과 제

104. 빈양남동(賓陽南洞)은 북위 선무제(宣武帝) 당시 완공을 보지 못한 체 폐기되었
다가 당대에 이르러 태종의 넷째 아들 위왕(魏王) 이태(李泰)가 어머니 문덕황
후(文德皇后)를 그리워하며 기념적으로 다시 조상활동을 시작함과 더불어 석굴
조영이 이루어진다. 사실 641년 이태가 시주하여 빈양남동 외부에 새긴 이궐불
감비(伊闕佛龕碑)의 내용에 의거하여 그가 당시에 조성한 불상에 대해 이전 長
廣敏雄 등 일본학자들은 잠계사동(潛溪寺洞) 주존불로 간주하였으나, 1980년
중국학자 장약우(張若愚)가 빈양남동 주존불로 반박한 이후 지금은 일반적으로
빈양남동 주존불로 간주되고 있다(水野淸一 · 長廣敏雄, 『龍門石窟の硏究』(京
都, 1941), 25~26쪽: 張若愚, 「伊闕佛龕之碑和潛溪寺, 賓陽洞」, 『文物』1(1980),
19~24쪽: 岡田健, 「龍門石窟初唐造像論 -その一 太宗貞觀期まての道のり-」, 『佛
敎藝術』171(1987), 81~88쪽: 曾布川寬, 「龍門石窟における唐代造像の硏究」, 『東
方學報』60(1988), 211~236쪽).

105. 曾布川寬, 「龍門石窟における唐代造像の硏究」, 『東方學報』60(1988), 223~234쪽.

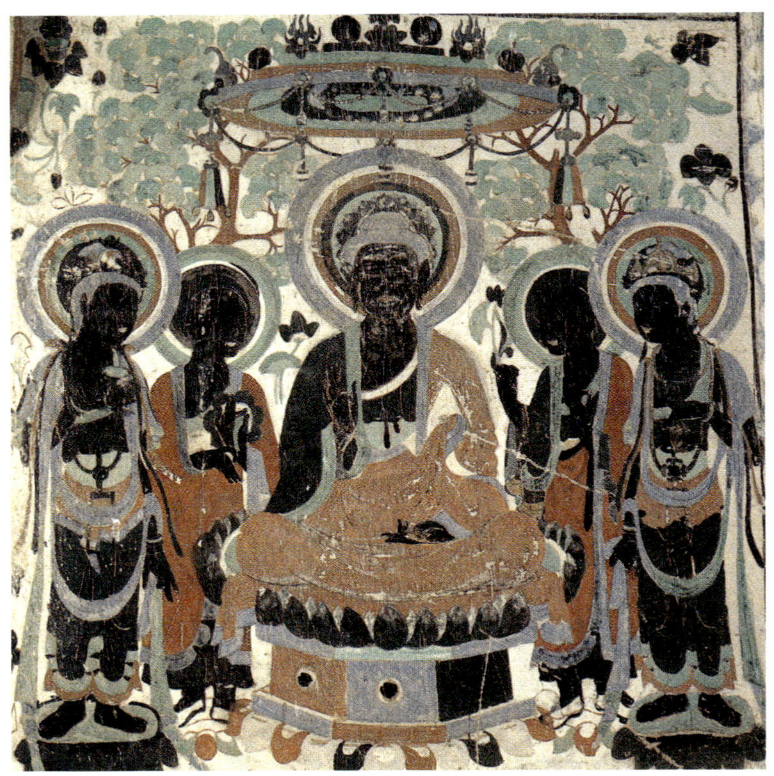

(도 79) 敦煌 莫高窟 제244굴 북쪽 벽 동측 중층 설법도(隋, 敦煌文物研究所編, 『中國石窟 · 敦煌莫高窟』 2(平凡社, 1993), 사진 179)

244, 313, 380, 398, 425굴 등의 설법도가 대표적인 예이다(도 79). 아울러 수대 병령사 제8굴 주존상 역시 구뉴식 가사표현을 하고 있다. 최근 산동 청주시에서 출토된 불, 보살상 가운데에는 이러한 가사착의를 한 불상이 더러 있다.

북제 수도인 업도(鄴都)와 그 주변지역의 석굴과 하북 곡양(曲陽) 일대에서 대거 출토된 백석상(白石像)에서는 이러한 가사표현이 거의 발견되지 않는다. 그러나 북제 말기로 편년되는 작품에서는 소수이지만 그 예가 보이기 시작하므로 북제 말부터 서서히 이러한 표현이 나타난다고 간주해도 무리는 없을 것 같다. 구뉴식 가사표현의 기원이 어디에 있는지의 문제는 뒤로 미루고 수대에는 산동지역과 서부 돈황지역에서 아주 극성하였다.

또한 여기서 한가지 주목해야 할 사실은 이러한 구뉴식 가사는 흔히 북제대 극도로 얇고 몸에 밀착된 대의(大衣)와는 달리 가사가 두껍고 길이도 길어져 불좌를 덮고 있는 예가 대다수이다. 수대에 승복(僧服) 개혁이 있었는지 여부에 대해서는 현존하는 문헌기록을 통해서 이를 확인하기 어렵다. 그러나 북주 불상 양식과 비교하여 많은 부분에서 유사점이 발견됨으로 인해 수대 산동지역의 위와 같은 두꺼운 대의 표현 양식은 아마 북주 불상과의 영향관계에서 파생된 결과로 여겨진다.

북위 효문제(孝文帝) 한화(漢化)정책 이후의 불상에서는 포의박대식(褒衣博帶式) 가사가 주류를 이룬다.[106] 이후 북제에 들어서서 소현대통(昭玄大統) 법상(法上)의 승려 복제개혁(服制改革)과 서역출신 조중달화풍(曹仲達畵風)의 영향 등으로 포의박대식 가사는 점점 사라지고 다양한 형태의 가사 착의법이 유행한다. 더불어 대의의 길이도 짧아졌으며 아주 얇은 질감으로 몸에 밀착되어 신체 양감이 드러나는 양식이 극성하게 된다.[107] 북주 불상에서도 복고주의(復古主義)의 팽배와 더불어 불상 착의(着衣)에서 다소 변화가 있지만 여전히 불의는 두껍고 불좌를 덮고 있는 표현이 주류를 이룬다.

결국 남북조 말기부터 유행하기 시작한 현실주의 조각양식이 수대

---

106. 褒衣博帶式 가사는 옷의 폭이 넓고 허리띠의 면적도 넓은 가사를 의미한다.

107. 劉東光 著·勝木言一郎 譯,「響堂山石窟に關するいくつかの問題について」,『佛敎藝術』230(1997), 37~55쪽: 宿白,「靑州龍興寺窖藏所出佛像的幾個問題」,『山東靑州龍興寺出土佛敎石刻造像精品』(1999), 14~23쪽.

에 이르러 더욱 극성한 것이다. 그리고 산동지역에서 성행한 구뉴식 표현법은 이러한 현실주의적인 시대흐름과 부합하여 나타난 것으로 추정된다.

② 교령삼(交領衫), 교령식(交領式) 가사 착의

백불산 제1굴 불좌상(도 80), 천불산 불입상 등은 대의를 y자형 혹은 γ자형을 한 모습으로 입고 있다. 이처럼 대의를 y자형 혹은 γ자형을 한 모습으로 입은 형식을 교령식(交領式)이라고 부른다. 즉 옷깃을 교차하여 입었다는 뜻이다. 최근 청주 용흥사에서 출토된 불상 중 대의 안쪽에 입은 내의의 옷깃을 y자형으로 교차하여 입은, 즉 교령삼(交領衫)을 착용한 예가 발견되었다. 이러한 교령식 가사 착의 혹은 교령삼의 표현은 당대 산동지역에서는 그다지 유행하지 않는다. 결국 이러한 가사 착의 양식이 산동지역에서는 수대에 반짝 유행한 수대적인 특징임을 알 수 있다.

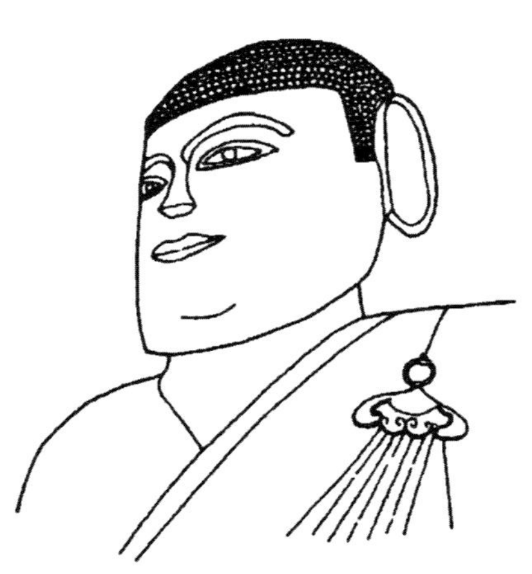

(도 80) 白佛山 제1굴 불좌상(梁銀景, 앞의 책, 49쪽 도 58)

수대 산동 이외의 하남, 하북, 산서지역에서도 내의 옷깃을 y자형으로 입고 있는 교령삼이 다소 보인다. 예를 들어 개하사 마애불(도 78), 봉룡산(封龍山) 제3굴 불좌상 등이 그 대표적인 예이다. 돈황 막고굴 제282굴 소조상과 제295굴 설법도 중의 불좌상에서도 y자형 혹은 γ자형의 교령삼 혹

은 교령식 대의 착의
가 확인된다. 이후 당
대 돈황 막고굴과 동
쿠지역 불상에서는
이러한 대의 착의 표
현의 예가 거의 확인
되지 않는다.

　결국 불상에서의
교령삼 혹은 교령식
대의 착의 표현법은
수대 조각의 특징임을

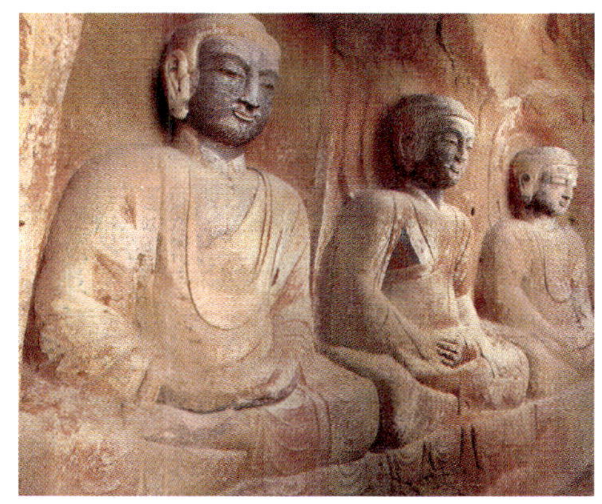

(도 81) 須彌山石窟 제51굴 서쪽 벽 불상(北周, 寧夏回族自治區 文物管理委員會·北京大學考古系, 『須彌山石窟内容總錄』(文物出版社, 1997), 191쪽 사진 12)

알 수 있다. 그리고 산동지역도 이러한 전체적인 조각양식의 영향으로 인해 수대 성행한 양식으로 자리잡고 있음을 확인할 수 있다.

　교령식으로 옷깃을 여미는 방식은 현실 생활속의 사람들이 실제로 옷을 입는 방식 중 하나였다. 수대 당시 승려와 일상 생활에서 사람들이 실제로 옷깃을 y자형으로 입은 교령식 여밈방식을 불상에 그대로 대입하여 표현한 것이다. 북제 불교 조각에서는 교령삼 혹은 교령식 대의 착용 예가 거의 보이지 않지만 수미산 제46굴, 51굴 등 북주 불상에서는 확인된다(도81). 이로인해 교령삼 혹은 교령식 가사착용은 북주대 장안을 중심으로 한 지역에서 나타나기 시작한 것으로 여겨진다. 이후 수대에 들어서면 장안지역 불보살상 양식이 전국적인 영향력을 행사하였고 그 특징 중 하나로 이 교령삼 혹은 교령식 대의 착용이 포함되리라 생각된다.108)

---

108. 梁銀景,「隋代 長安·洛陽지역 佛教雕刻 硏究」,『講座美術史』18(2003), 164~169쪽.

③ 보살상 치마의 가슴높이 착의법

타산 제2(도 82), 3굴 협시보살상과 운문산 제1굴 협시보살상, 옥함산 600년명 우협시보살상, 용동 제4호감 내 보살좌상 등은 모두 하체에 입은 치마를 가슴 높이까지 올려서 옷을 여미고 있다. 이중 타산 제2굴 협시보살상, 운문산 제1굴 보살상은 치마를 두 겹으로 입고 있으며, 모두 상부는 흉부 부위에, 하부는 발 끝에 이르고 있다. 이러한 치마 착용으로 인해 신체비례면에서 보살상의 하체가 상대적으로 길어 보이는 시각적인 효과를 거두고 있다.

또한 보살상의 상체가 나체(裸體)로 드러나는 양상도 억제하는 결과를 낳고 있다. 결국 남북조시대 보살상의 상체를 천의(天衣)나 장신구 등을 이용하여 몸매가 드러나는 것을 억제한 것과는 달리 이 시기 보살상은 치마를 이용하여 직접적으로 상체를 가리고 있다. 이러한 보살상 치마 착의 표현법은 산동지역에서는 북제대 나타나기 시작하여 수대에 성행하였으며 이후 당대에는 그 예가 거의 보이지 않는다.

동시기 하남, 하북, 산서지역 보살상의 경우 천룡산 제8굴 보살상, 傳 하북 정주(定州) 일대 출토 국립도쿄

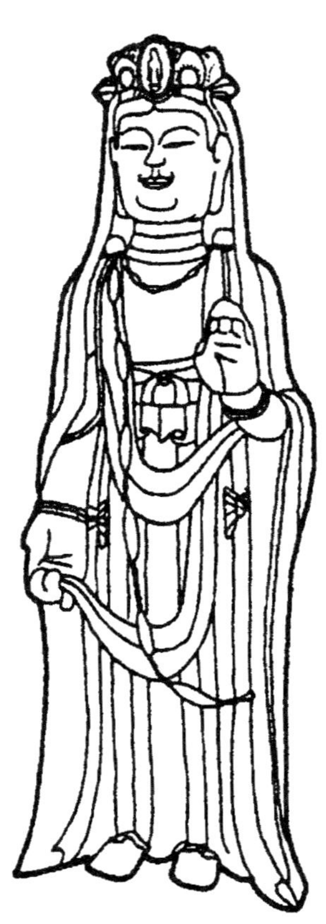

(도 82) 駝山石窟 제2굴 좌협시보살상 (隋, 李裕群, 「駝山石窟開鑿年代與造像題材考」, 『文物』6(1998), 54쪽 도 8의 오른쪽 도면)

박물관(國立東京博物館) 소장의 개황5년명(開皇五年銘) 보살상 등이 두 겹의 치마를 하체에 두르고 있다. 이처럼 산서, 하북, 하남지역에서 발견, 혹은 수집된 수대 보살상 중에서도 두 겹 치마 표현의 예는 더러 보이고 있다. 그러나 대부분이 위에 덧입고 있는 치마 길이가 안쪽에 입고 있는 치마보다 짧다. 또한 두 겹의 치마를 모두 허리에서부터 아래로 입은 경우가 대부분이다.

하남성 대주성굴과 천불동, 용문석굴 수대 마애조상감, 하북성 남, 북향당산 내외의 수대 마애조상의 보살상은 대체적으로 치마를 한 겹으로 걸치고 있다. 마애조상감의 규모가 작은 관계로 인해 보살상의 두 겹 치마 표현을 간략화 시켰을 가능성도 추정해 볼 수 있다. 조각기술도 정교하지 않고 규모도 작은 마애감은 제외한다고 하더라도 수대 산서, 하북, 하남지역의 석굴과 큰 규모의 마애불에서는 두 겹 치마 착용의 보살상 표현은 성행하지 않았다.

산서, 하남, 하북지역의 보살상의 두 겹 치마 착용 표현기법은 북제대에 이미 성행한 양식이다. 북향당산 보살상, 소남해석굴 중굴(中窟) 보살상, 향천사(香泉寺) 보살상, 천룡산 제1굴 보살상, 고고동(姑姑洞) 중굴(中窟) 보살상(도 83) 등이 대표적이다. 산동지역 역시 청주시, 제성시 일대에서 출토된 북제 보살

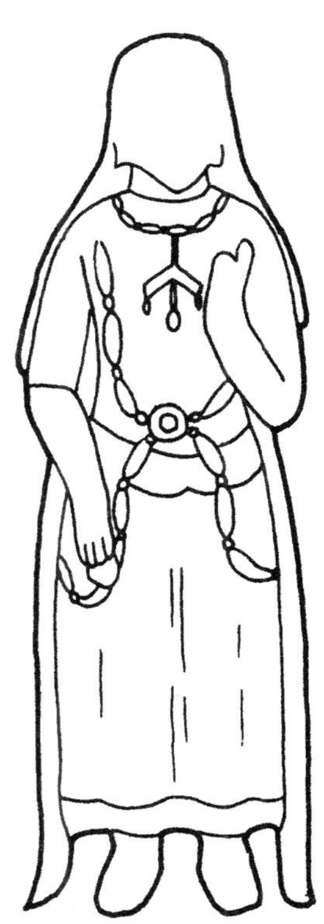

(도 83) 姑姑洞 중굴 서쪽 벽의 좌협시보살상(北齊, 李裕群·李鋼, 앞의 책, 147쪽 도 110)

상, 운문산 제2굴 보살상은 치마를 두 겹으로 입고 있다.

보살상이 두 겹의 치마를 입고 있는 이러한 표현은 남북조시대 불상의 포의박대식 가사 착용과 더불어 보살상에서도 착의가 두꺼워짐과 동시에 치마를 두 겹으로 입고 있는 모습이 유행하게 된다. 물론 북제에 들어서서 치마가 얇아지고 위에 다시 입고 있는 치마는 길이가 짧아지는 변화도 보인다. 그러나 여기서 우리가 주목해야 할 사실은 남북조시대 보살상의 두 겹 치마 표현에서 치마 윗부분을 가슴 높이까지 올려서 입고 있는 예는 그다지 많이 보이지 않는다는 점이다. 그리고 치마 아랫부분 역시 두 겹의 치마 길이가 똑같은 경우는 거의 없다.

결국 앞에서 서술한 수대 산동지역 보살상의 치마 착용 표현은 남북조~수대 산서, 하남, 하북지역 보살상에서는 그다지 유행하지 않았다. 막고굴 수대 제420굴, 427굴, 244굴 소조 보살상과 벽화에서 두 겹의 치마를 착용한 표현은 많이 보이지만 산동지역 보살상처럼 치마를 가슴 위쪽까지 올려 입고 있지는 않다. 북주 양식의 영향으로 제작된 개황원년(581)명 차장유조보살상(車長儒造菩薩像)은 치마를 가슴 위쪽까지 올려서 입고 있지만 치마를 한 겹으로 걸치고 있다.

결국 치마를 두 겹으로 가슴 위쪽까지 올려서 입고 있는 표현은 수대, 그것도 산동지역에서 특별히 유행한 양식으로 간주된다. 그리고 이러한 보살상 치마 착용방식 또한 당시 일상생활의 부녀들의 복장을 그대로 조각에 대입하여 표현하였다. 산동 수대 서민행부부묘(徐敏行夫婦墓) 연향행락도(宴享行樂圖) 중의 부인상(婦人像), 서안에서 발견된 수대 이정훈묘(李靜訓墓)에서 출토된 여자 도용, 막고굴 제390굴 여공양인도(도 84) 등의 수대 벽화 중에 보이는 부인들이 모두 치마를 가슴 부분까지 높이 올려서 입고 있다.

이러한 수대 부녀들의 치마 착용방식은 이후 당대까지 계속 이어진

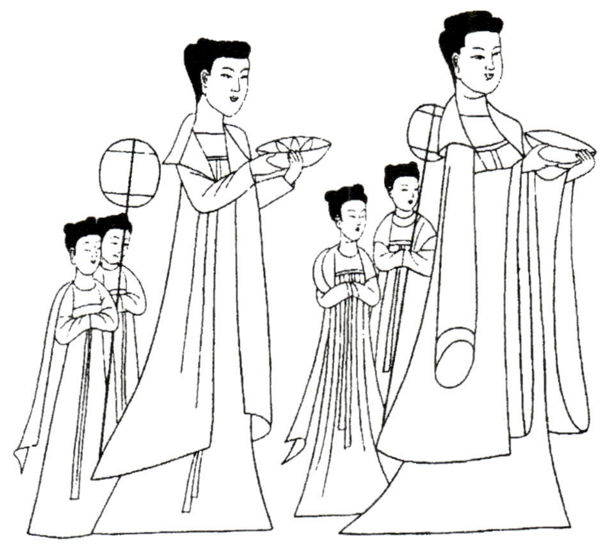

(도 84) 敦煌 莫高窟 제390굴 공양자상(沈從文, 『中國古代服飾研究』(上海書店出版社, 1997), 도 103)

다. 예를 들어 영태공주묘(永泰公主墓) 등 당대 벽화 중의 부녀들에서
도 그 예를 쉽게 확인할 수 있다. 치마를 가슴 위쪽까지 올려서 입고 있
는 방식은 수대 당시 일상생활 속에서 부녀들이 착용한 복장법을 모방
하여 직접 불교 보살상에 표현한 것이다. 이 양식 또한 수대 당시 조각
상에 팽배한 현실주의란 유행 조류와 그 맥을 같이 하고 있다.109)

109. 수대 조각양식의 사실주의화 특징은 일찍이 Marylin M.Rhie에 의해 주장되었
다. 그녀는 수대 불 · 보살상에서의 적합한 신체비례, 적절한 양감, 선적인 부드
러운 조각기법, 자세의 편안함 등에서 수대 사실주의 양식의 특징을 강조하였
다(Marylin M.Rhie, "Late Sui Buddhist Sculpture: A Chronology and Regional
Analysis", *Archives of Asian Art*, No.35, 1982, 27~39쪽).

⑶ 당대(唐代)

남북조~수대 청주시, 제남시를 중심으로 한 지역에서 석굴과 마애조상감 개착활동이 활발히 이루어졌다. 당대에 들어서면 동평현, 임구현, 곡부시, 교남시 등 산동 전 지역에서 개굴활동이 진행되었다. 그러나 규모가 비교적 큰 석굴은 여전히 청주지역에 집중되어 있었으며 기타 지역에서는 마애조상감이 많이 조성되었다. 제남시 인근지역에서는 비록 마애조상이지만 규모가 큰 대불이 조성되기도 하였다.

이 시기에 해당되는 예로는 타산 제1·5굴, 운문산 제3~5굴, 동불욕사 1~3·5~7·9호감, 신통사 천불애, 오봉산 연화동, 영취산 구탑사, 불혜산 개원사, 이명와, 석문방, 구룡산, 대주산석굴 등이 대표적이다.

1) 석굴 구조

타산석굴 제1굴·5굴, 운문산석굴 제3·4·5굴, 백불산 제3굴, 연화동석굴, 대주산석굴이 현존한다. 이중 타산 제1굴과 운문산석굴은 현존하는 명문에서 각각 702년 이전, 731, 753년에 조성되었음을 알 수 있다. 이중 타산 제1·5굴, 운문산 제3·4·5굴은 석굴 규모, 석굴 구조로 볼때 진정한 석굴이라고 판단된다.

타산 제1굴은 정벽에 불단을 설치한 불단굴에 속하며 타산 제5굴, 운문산 제3·4(도 20)·5굴은 정벽과 좌우벽면에 단을 설치한 불단굴이다. 모두 방형 평면이며 천정은 평평하다. 운문산석굴의 凹자형 평면 구조는 수대 산동지역 석굴에서 보이며 당대 초기로 편년되는 타산 제5굴을 비롯하여 천보연간의 운문산 제3~5굴에서도 계속해서 유행한다.

석굴 내부의 정벽, 좌
우벽면의 아래에 불단
을 설치한 석굴 구조는
당대 용문석굴 잠계사
동(潛溪寺洞: 도 85), 봉
남동(奉南洞), 북시사백
행정토당(北市絲帛行淨
土堂), 용화사(龍華寺)
등 많은 석굴에서 확인
된다. 그러나 북시사백
행정토당을 제외한 대
부분의 용문석굴의 당
대 석굴에서 凸자형 평

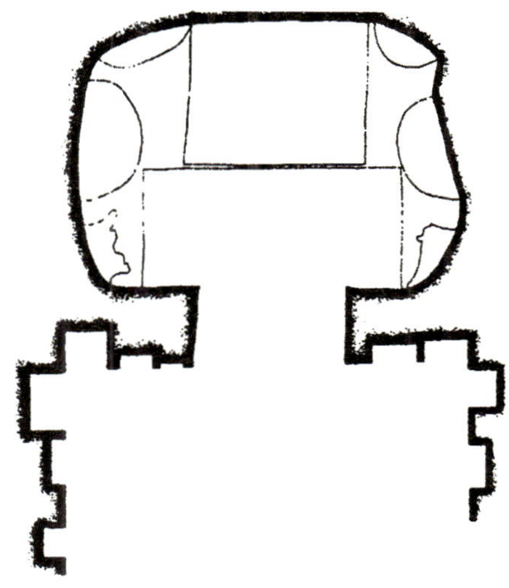

(도 85) 龍門石窟 潛溪寺洞(唐) 평면도(龍門石窟保管所·北
京大學考古系, 『中國石窟·龍門石窟』2(文物出版社, 1992),
278쪽 도면)

면의 동굴은 궁륭형의 천정을 이룬다.[110] 천룡산석굴 제5, 7, 14, 15, 17
굴 등 당대 석굴 또한 凸자형 평면구조를 이룬다(도 86). 하지만 제5굴
은 평평한 천정이며 나머지 당대 석굴은 천정이 복두형, 궁륭형이
다.[111]

결국 하남, 산서지역의 당대 凸자형 평면구조 석굴의 천정은 궁륭형
혹은 복두형이 보편적이다. 산동지역은 모두 평평한 천정을 이루고 있
어 동시대 하남, 산서지역의 凸자형 석굴과 차이가 있다.

---

110. 顧彦芳·李文生,「龍門石窟主要唐窟總敍」,『龍門石窟(二)』(文物出版社, 1992),
254~274쪽.

111. 李裕群·李鋼,『天龍山石窟』(科學出版社, 2003), 30~123쪽.

2) 마애조상감 구조

제남시 동불욕사 마애조상감의 정면구조는 방형, 원공형, 첨형이다
(도 36). 신통사 천불애는 원공형 감이 대다수를 차지하며 영취산 구탑
사 마애조상에서는 원공형, 방형의 불감이 현존한다. 동평현 이명와 마
애조상은 첨공형, 방형으로 새겨져 있으나 첨공형이 대부분을 차지한
다(도 65). 임구현 석문방 마애조상감에서는 첨공형이 대다수이다(도
69). 이처럼 당대 마애조상감의 정면 구조로는 첨공형이 가장 일반적이
며 많은 수를 차지하고 있다.

일반적으로 남북조~수대 첨공형 감 구조는 중앙 위쪽에서 양측 옆으로 비스듬히 경사를 이루며 내려오는데 운문산 제2굴이 대표적인 예이다(도 17). 이러한 전통을 계승하여 당대 동불욕사 제5감, 영취산 마애조상에도 이어지는 것이 확인된다.

석문방 마애조상감, 이명와 마애조상의 첨공형의 모양은 이전시기와 비교하여 차이점이 현저하다. 석문방의 첨공형은 중앙 끝이 뾰족하며 양측 아래로는 수직을 이룬 삼각형의 형상이다(도 69). 이명와 제

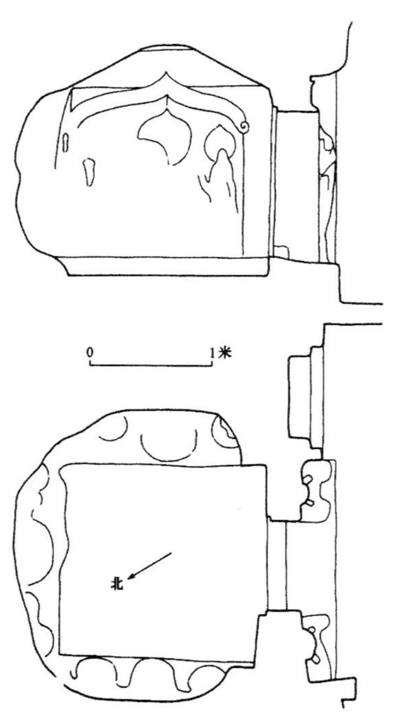

(도 86) 天龍山石窟 제15굴(唐) 평면도와 단면도(李
裕群·李鋼, 앞의 책, 94쪽 도 65)

1-5~1-7, 6, 7감(도 65), 백불산 제3굴의 첨공형은 위쪽 중앙이 뾰족한 삼각형을 이룬 후 다시 양측으로 곡선을 이루고 있다(도 62). 이명와의 경우 중앙 위쪽 뾰족한 부분의 위쪽에 다시 첨공형의 장식물이 덧붙여져 있다.

이처럼 당대에 새로이 나타난 첨공형, 특히 이명와의 예는 산서성 천룡산 제15(도 86), 21굴 등 당대 석굴, 하남성 남향당산 당대 소감에서도 확인된다.[112] 당대 690~750년간에는 위와 같은 첨공형의 감이 유행하고 감 위쪽에 장식물이 첨가되기도 하였다.

3) 조각상의 배치방식

석굴과 마애조상의 조각상 배치방식에 차이점이 나타난다. 타산 제1굴은 구존상, 제5굴은 삼존상, 운문산 제3~5굴은 칠존상의 배치방식이다. 당대 산동지역의 삼존상, 오존상의 배치방식은 수대 요소를 계승한 것이다. 운문산석굴의 칠존상은 불상 1구, 보살상 2구, 제자상 2구, 역사상 2구로 구성되어 있다.

당대 하남, 산서지역의 석굴, 마애조상감의 배치방식은 삼존상, 오존상이 가장 보편적이다. 이 경우 흔히 역사상은 석굴 외부에 배치된 예가 많다. 당대 용문석굴의 배치방식에서는 역사상이 석굴 내부에 안치되어 칠존상, 구존상을 이룬다. 이처럼 당대 산동지역 석굴의 조각상 배치방식은 동시기 동부지역 조각상 배치방식과 유사하다.

마애조상감의 조각상 배치방식으로는 단독상, 병좌상, 삼존상이 있

---

112. 李裕群・李鋼, 앞의 책, 179쪽; 篠原典生,『南響堂山石窟隋唐小龕分期研究』(北京大學碩士研究生學位論文, 2003), 27~30쪽.

다. 이중 병좌상, 병의좌상의 예는 소수이며 단독상, 삼존상이 주류를 차지한다. 신통사 천불애, 이명와 등 이 지역 당대 마애조상감에서 중요한 위치를 차지하는 예들은 대부분 단독상을 배치하였다. 동시기 산서, 하남지역의 마애조상감은 삼존상이 주류를 이루었으며 지장, 관음보살의 보살상 2구의 배치방식도 증가하였다.

4) 조각상의 특징

당대 조각상의 변천과 특징은 크게 세 시기로 구분할 수 있다.

우선 제1기는 618~649년(高祖~太宗 貞觀年間)이다. 새로운 조각양식도 출현하지만 수대 풍격을 계승한 요소가 강하다. 신통사 천불애 불상 착의법인 구뉴식 표현법은 수대 조각 양식의 대표적인 특징에 속한다. 그러나 육계가 높고 가슴이 돌출되는 등 양감표현은 수대와는 다소 다르다. 불상의 대좌는 팔각형 연화좌, 앙련좌, 방형 대좌가 있다.

제2기는 650~712년(高宗~武周)이다. 불상의 머리카락은 나발(螺髮)이 많으며, 입술은 두껍고 크다. 불상의 두 소매 사이의 옷주름선은 빽빽이 밀집되어 있으며 두 다리 사이에는 가로선이 새겨져 있다. 옷자락이 대좌 위를 덮고 있으며, 양측 외연부는 구름문, 물결문으로 처리되었다.

불상의 옷자락은 오른쪽 어깨에서 수직으로 아래로 드리워지며 왼쪽 어깨에서는 비스듬하게 아래로 내려져 있다. 승기지인 내의가 약간 노출되어 있다. 흔히 불상의 두광에 화불, 연화문, 당초문 등이 화려하고 복잡하게 장식되어 있다.

타산 제1굴 불좌상은 목걸이, 팔찌 등으로 미루어 밀교존상으로 해석되고 있다(도 87).[113] 그러나 최근에는 보리서상(菩提瑞像)이라는 주장도 제기되어 두 학설이 대립되고 있다.

제3기는 현종 집정시기 이후로 특히 천보연간(742~755년)의 조각양식이 가장 큰 특징을 형성한다. 불상의 육계는 높으며 둥근 바퀴모양의 물결문이 새겨져 있다. 얼굴은 둥글며 이마에 백호가 새겨져 있다. 통견의 가사를 착용하고 있으며 내의 앞쪽에 띠매듭 표현이 있다. 옷주름선은 간략화된 예와 빽빽하게 표현된 예가 모두 존재한다.

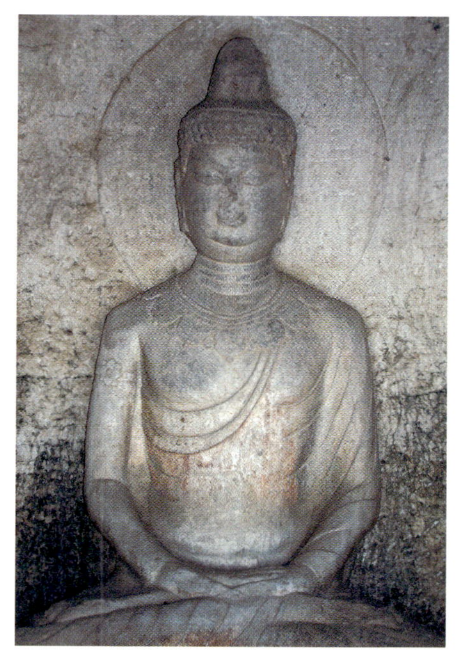

(도 87) 駝山石窟 제1굴 주존불좌상(唐)

광배는 두광으로 표현되며 화려하고 복잡한 예와 아무런 장식이 없는 간단한 형식이 있다. 대좌는 방형, 연화좌 등이 있으며 불좌상은 흔히 옷자락이 대좌 위를 덮고 있는 예가 많다.

보살상은 두 어깨에서 수직으로 내려온 천의자락이 가슴, 무릎 부분에서 U자형을 이루며 양쪽 팔을 지나 아래로 내려져 있다.

113. 廣元市文物管理所·中國社會科學宗敎所佛敎室,「廣元千佛崖石窟調査記」,『文物』6(1990).

⑷ 송(宋), 원대(元代)

산동지역 내의 송, 금, 원대 석굴과 마애조상은 제남시, 동평현, 신태시에서 많이 발견되고 있다. 제남지역의 예로는 불혜산 대불두 송대 조각상(1036년), 황화산(黃花山) 금대 석굴, 용동 원대 조각상이 있으며 신태시의 각로정 송대 관음보살상이 있다. 그리고 동평현에는 사리산 송대 조각상과 청봉산(靑峰山) 금대 불상, 백불산 제4굴이 대표적이다.

이 시기에는 마애조각상이 많이 조성된다. 불혜산 대불두 조각상을 제외한 나머지 예들은 규모가 작은 편이다. 용동 제3호감은 1318년에 조각되었으며, 산동지역에서는 그 예가 희소한 원대 작품이다.

송대 조성된 조상감의 조각상 소재는 나한상이 많다. 백불산 제4굴, 사리산 북송 조상감(도 88), 형산 마애조상감이 대표적이다. 또한 사리

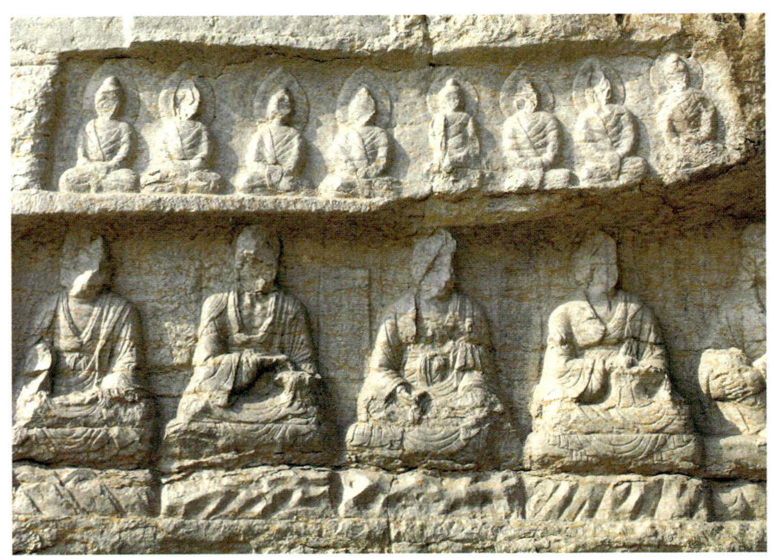

(도 88) 司里山 마애조상 중 북송대 불감

산 마애조상감 중에는 불상, 공자상, 노자상을 함께 배치한 삼교합일
(三敎合一)의 예도 존재한다. 신태시 각로정 관음보살상은 유희좌를 한
전형적인 송대 보살양식을 보여주고 있다.

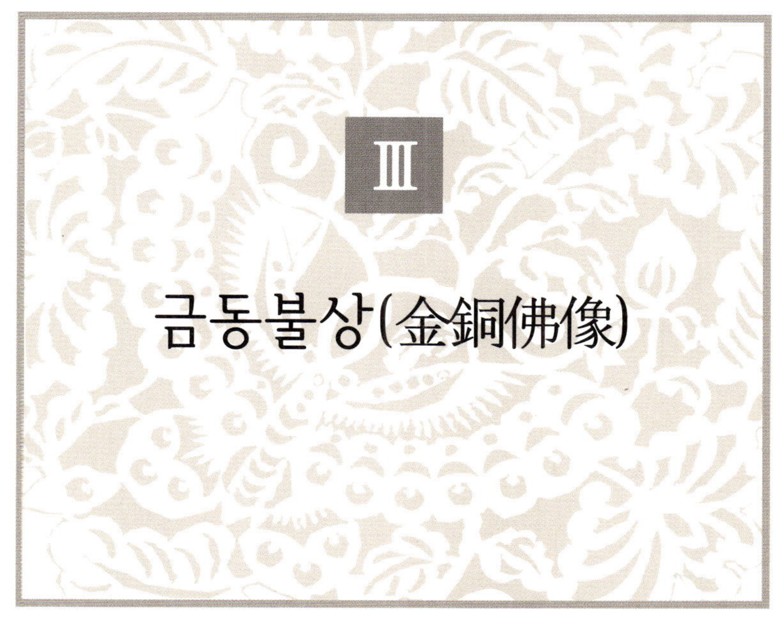

금동불상(金銅佛像)

    단독불상은 재료에 근거하여 크게 금동불, 석불, 소조불로 나눌 수 있다. 산동지역에서 출토된 단독상에 대해서는 지금까지 많은 논문들이 발표되었다. 출토지에 근거한 조사보고서 형태의 논고 이외에 산동 전체의 금동불, 석불 등 단독상에 대해 종합 정리한 학자로는 유봉군(劉鳳君)이 대표적이다. 그는 두 편의 저서인 『山東佛像藝術』,[114] 『黃河三角洲佛敎造像研究』[115] 중 전자에서는 산동지역의 석굴과 단독상에 대해 시기별로 나누어 설명하고 있으나 각 예를 소개하는 정도에 머물고 있다. 후자에서는 유봉군을 중심으로 몇 명의 학자들이 제남, 박

---

114. 劉鳳君,『山東佛像藝術』(臺北 藝術家, 2001), 8~201쪽.
115. 劉鳳君,『黃河三角洲佛敎造像研究』(山東人民出版社, 2003), 3~382쪽.

흥, 광요, 혜민 등지의 단독상을 조사연구하였다. 그러나 이들의 연구 내용은 산동성 서부지역에 집중되어 있으며 동부지역 단독상에 대해서는 자세한 내용이 없어 아쉽다.

이에 필자는 다년간 산동지역의 불교 유적과 유물을 직접 현장 조사한 내용을 기초로 하여 기존의 연구업적을 정리하였다. 편의상 불상의 재질에 근거하여 금동불과 석불로 나누어 살펴 볼 예정이다. 이중 금동 불상에 대해서는 출토지를 중심으로 출토상황과 출토품의 내용, 불상의 양식 변천 등에 대해 서술하도록 하겠다.

1. 출토지와 내용

지금까지 산동지역의 금동불상은 곡부시(曲阜市), 추성시(鄒城市), 고청현(高靑縣), 제성시(諸城市), 박흥현(博興縣), 태안시(泰安市), 청주시(靑州市), 내주시(萊州市), 임치구(臨淄區), 유방시(濰坊市) 등에서 발견되거나 발굴되었다(도 89). 곡부시, 추성시, 고청현, 박흥현, 태안시

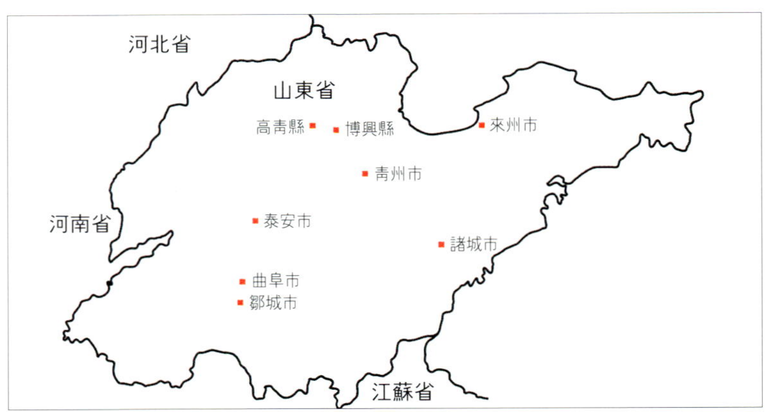

(도 89) 山東省 출토 金銅佛像의 출토지 분포도

등지에서 출토된 금동불상은 모두 사원 유적지에서 발견되었다.

(1) 곡부시(曲阜市)

1958년 10월 곡부시 노고성(魯故城) 안쪽의 영광전(靈光殿) 부근의 승과사(勝果寺) 유적지에서 6구의 금동불상이 출토되었다. 단독보살상 2구, 삼존불상 4구이며, 현재 대부분 산동성박물관에 소장되어 있다. 삼존불상은 불입상 1구, 보살입상 2구를 배치하고 있으며 관음상이 불상형으로 표현된 예도 있다.[116] 본존의 자세는 좌상과 입상이 모두 있으며 일주식(一鑄式), 본존별주결합식(本尊別鑄結合式)의 기법으로 주조되었다.[117]

1) 천보7년명(天保七年銘: 556년) 금동삼존상

전체 높이는 12.2cm이며 불입상의 높이는 8cm, 보살상은 5.5cm이다(도 90). 폭은 8.2cm이고 광배 높이는 11cm이다. 이 불상은 우리나라 금동불상과의 비교에서 아주 중요한 위치를 차지한다. 이 불상의 명문은 지금까지 정확하게 조사된 적이 없었으나 필자는 중국 지인의 도움으로 이를 직접 조사할 기회를 가지게 되었다.

명문은 광배 뒷면에 새겨져 있으며 다음과 같다.

---

116. 王思禮·楊子范,「山東省曲阜勝果寺出土銅造像」,『文物』6(1959), 75~76쪽.
117. 일주식, 본존별주결합식, 삼존별주결합식 등의 금동불 주조기법과 관련된 용어는 곽동석(郭東錫)의 논문을 참고로 분류함(郭東錫,「金銅製一光三尊佛의 系譜-韓國과 中國 山東地方을 中心으로-」,『美術資料』51(國立中央博物館, 1993), 1~22쪽).

• 天保七年十一月一日」供造釋迦柳氏尼□」上□保三人衆眷屬」世道仏聞」法□願□戊大仏三文□」第二仏一主□法顯」□□□□僧[118]

[천보7년(556) 11월1일 석가상을 공양조성함에 유씨 비구니, □상, □보 세 사람은 권속들이 항상 불법을 듣기를 바란다……]

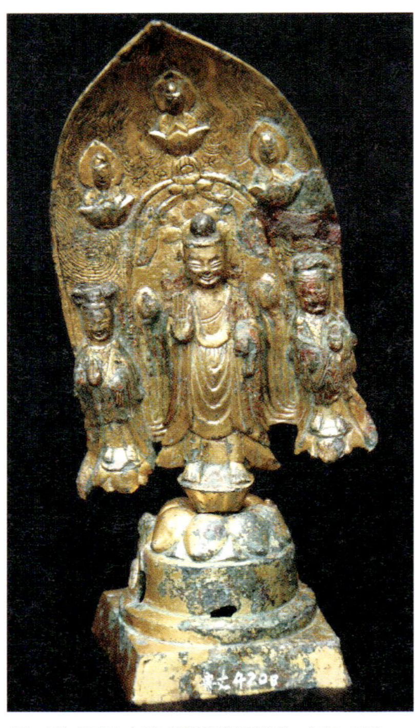

(도 90) 天保七年銘 釋迦佛像(556년), 金銅, 12.2cm, 山東省 曲阜市 勝果寺 유적지 출토, 山東省博物館 소장 (산동성박물관 사진 제공)

명문을 통해 이 불상은 556년 조성된 석가불상임을 알 수 있다.

거신광배에는 화염문과 화불 3구, 인동당초문, 연화 봉우리와 줄기가 표현되었다. 불상은 포의박대식 가사를 걸치고 있으나 옷깃이 목에서 U자형을 이루고 있다. 이러한 착의법은 동위대 성행했던 것으로 북제 금동불상에서도 이전시기 전통이 계속 유지되고 있음을 알 수 있다. 연화대좌 아래에는 향로와 사자가 배치되었다.

118. 명문속의 "」"은 광배에 새겨진 바에 의해 찍은 것임.

2) 무평3년명(武平三年銘: 572년) 금동삼존상

본존상 1구, 협시상 2구를 배치한 삼존상이다(도 91). 전체 높이는 16.4cm이다. 거신광의 중앙 위쪽은 뽀족하며 화염문이 음각되어 있다. 원형 두광에는 연화문이 간략하게 새겨져 있다. 불상의 육계는 높으며 얼굴과 손발이 크게 처리되었다. 통견의 가사를 걸치고 있으며 방형 대좌가 2층을 이룬 것이 특징적이다.

명문은 방형 대좌의 아래층에 새겨져 있다.

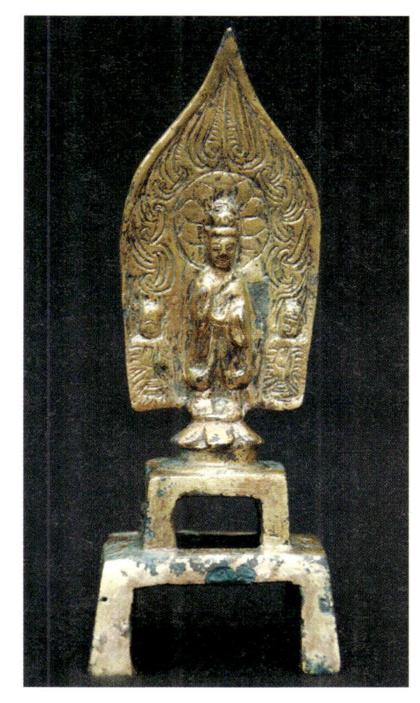

(도 91) 武平三年銘 삼존상(572년), 金銅, 16.4cm, 山東省 曲阜市 勝果寺 유적지 출토, 山東省博物館 소장(산동성박물관 사진 제공)

- 大齊武平三□□□□」利爲息共父一生, 造觀世音像一軀[119]

[대제 무평3년(572) □□리가, 자식과 아버지 일생을 위해 관세음상 1구를 조성한다].

"무평삼□"이라는 명문으로 인해 이 금동상은 북제 572년에 주조되었고 관세음상임을 알 수 있다. 그러나 실제 본존상은 보살상이 아닌 불입상이다.

---

119. 명문은 필자가 조사한 내용이며 "," 은 내용에 근거하여 찍은 것임.

(2) 추성시(鄒城市)

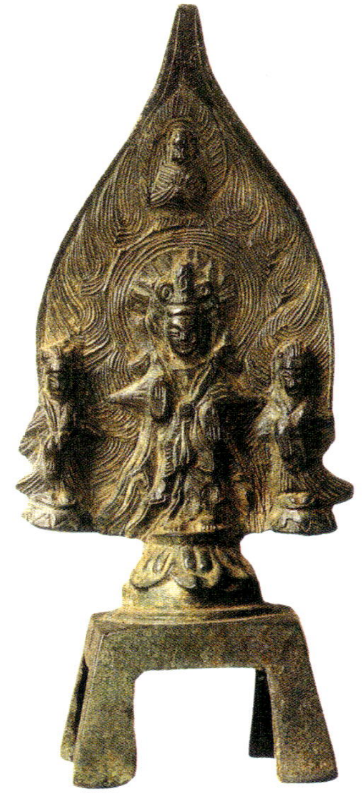

(도 92) 永興二年銘 菩薩三尊像(533년), 金銅, 18.7cm, 山東省 鄒城市 출토, 山東省博物館 소장(胡新立,「山東鄒縣發現的北朝銅造像」,『考古』6(1994), 圖版 肆)

1975년 추현(현 추성시) 평양사진(平陽寺鎭) 평양촌(平陽村)에서 4구의 금동상이 발견되었다. 지하의 매장지로 추정되는 이 곳에서 출토된 금동상들은 모두 관음보살상이며 단독입상 2구, 단독좌상 1구, 협시보살상을 동반한 삼존상 1구이다(도 92). 높이는 20cm가 되지 않으며, 모두 명문이 있다. 명문의 내용은 다음과 같다.[120]

• 永興二年三月一日佛弟子馬祿, 爲身造一軀聖□軀供之

[영흥2년(533) 3월 1일 불제자 마록은 자신을 위해 조각상 1구, 성스러움을 위해 □구를 조성하여 이를 공양한다]

• 武定三年二月八日佛弟子馬□爲息□□造像一區軀之從心

[무정3년(545) 2월 8일 불제자 마□는 자손 □□을 위해 조각상 1구를 조성한다]

---

120. 명문은 胡新立,「山東鄒縣發現的北朝銅造像」,『考古』6(1994), 569~570쪽 참고.

• 天保八年四月廿二日佛弟子·馬忘愁□造像一區

[천보8년(557) 4월 22일 불제자 마망수는 조각상 1구를 조성한다]

• 太寧二年三月一日佛弟子馬□造像一區

[태령2년(562) 3월 1일 불제자 마□는 조각상 1구를 만든다]

명문 속의 영흥2년(永興二年)은 533년, 무정3년(武定三年)은 545년, 천보8년(天保八年)은 557년, 태령2년(太寧二年)은 562년으로 북위부터 북제까지 마(馬)씨 가족에 의해 조성되었다.

이 금동불상이 출토된 평양촌은 불교사원이 소재했던 곳으로 추정되며 사원은 관음사라고 불리웠다. 이 사원은 명대 말~청대 초기까지 존재하였으나 청대 말기 훼손되었다.[121]

(3) 고청현(高靑縣)

1976년 고청현 서가촌(胥家村) 동남쪽의 배수구 청서구(靑胥溝)를 공사할 당시 지표면으로부터 5m 아래에서 불교 조각상 8구가 출토되었다. 금동광배 1구 이외에는 모두 청석질의 석조각상이다. 이 곳에서는 지속적으로 파손된 석조각상들이 노출되어 고대 사원 유적지로 추정되고 있다.[122]

금동광배의 전체 높이는 13cm이며 주존불상은 이미 소실되었다. 광배 뒷면에 새겨진 명문은 다음과 같다.

121. 胡新立,「山東鄒縣發現的北朝銅造像」,『考古』6(1994), 569~570, 564쪽.
122. 常敍政·于豊華,「山東省高靑縣出土佛敎造像」,『文物』4(1987), 31~35쪽.

• 大魏太和十九年, 勃海郡歐陽解愁爲亡兒造彌勒尊像. 愿令亡□値
遇彌勒初會說法, 修無生之心[123]

[대위 태화19년(495) 발해군 구양해추는 죽은 자식을 위해 미륵존상
을 조성한다. 바라건대 죽은 □가 미륵을 만나 설법을 듣고 마음속에
□가 없기를 원한다].

금동광배의 명문을 통해 495년 구양해무가 죽은 자식을 위해 조성한
불상은 미륵상임을 알 수 있으나 현재는 광배만이 현존한다. 광배 아래
측의 양쪽에는 협시보살상이 있으며 본존 위치인 광배 중앙 부분에는
네모난 홈이 위, 아래에 2개 있다는 것으로 판단하면 원래 삼존상이었
다고 판단된다. 광배 문양으로 연화문과 동심원, 화염문, 화불 3구가 표
현되었다.

(4) 제성시(諸城市)

1978년 제성시 임가촌진(林家村鎮) 청운촌(青雲村)에서 땅을 갈던
농민이 지표면으로부터 1m 아래에서 도관(陶罐)을 발견하였는데, 그
안쪽에 금동불상 6구와 금동사자 1구가 있었다. 명문과 조각상 양식에
근거하여 북위, 동위, 북제임이 밝혀졌다.[124] 현재 제성시박물관에 소
장되어 있다.

---

123. 명문은 常敍政 · 于豊華, 앞의 논문, 31쪽 참고.
124. 韓崗, 「山東諸城出土北朝銅造像」, 『文物』11(1986), 95~96쪽. 그러나 한강은
     2005년 논문집에서는 1975년 발견된 것으로 서술하고 있다(韓崗 · 張健, 「諸城
     北朝佛教造像綜述」, 『中國北朝佛教造像及其傳播國際學術研討會論文集』
     (2005), 3~4쪽).

1) 태화14년명(太和十四年銘: 490년) 금동불입상

단독불입상이며 전체 높이는 11cm, 불상 높이는 5.3cm이다(도 93). 광배 높이는 7cm이고 대좌는 3.1cm이다. 얼굴이 길쭉하며 통견의를 걸쳤다. 대좌는 방형이고 명문은 광배 뒷면에 새겨져 있다.

- 太和十四年比丘折」□扶□□□」像一軀[125]

  [태화14년(490) 비구 절□가 불상을 1구 조성한다]

2) 태화20년명(太和廿年銘: 496년) 금동불좌상

단독상이며 전체 높이는 8.3cm이다. 불상의 높이는 4.2cm이고 대좌 높이는 4.2cm이다. 얼굴이 크고 옷깃이 둥근 통견의를 착용하였다. 대좌는 방형이고 광배에는 화염문이 새겨져 있다. 일주식으로 주조되었다. 광배 뒷면(A)과 대좌(B)에는 각각 명문이 새겨져 있다.[126]

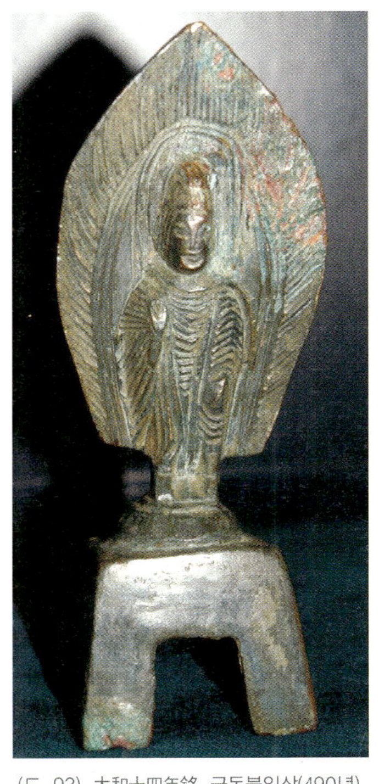

(도 93) 太和十四年銘 금동불입상(490년), 金銅, 11cm, 山東省 諸城市 출토, 諸城市博物館 소장

---

125. 명문내용은 필자가 직접 조사한 것이며 "」"은 광배에 새겨진 바에 의해 찍은 것임.
126. 명문내용은 필자가 직접 조사한 것이며 "」"은 광배에 새겨진 바에 의해 찍은 것임.

- A: 安平縣人世伯」定王女明」造像」太和廿年七月十五

[안평현 사람 세백정, 왕녀명이 태화20년(496) 7월 15일 조각상을 조성하였다]

- B: 息寄生」息永生」息迷次」息法文度」息僧化」息阿緒

[자식(자손) 기생, 영생, 미차, 법문도, 승화, 아서]

3) 동위대 금동삼존상

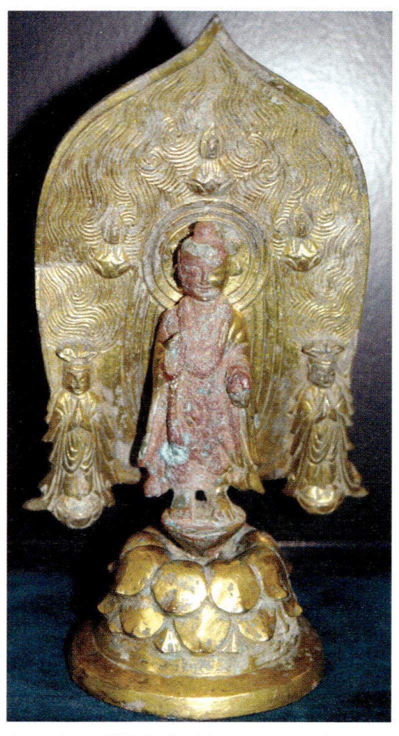

(도 94) 三尊佛像(東魏), 金銅, 16cm, 山東省 諸城市 林家村鎭 靑雲村 출토, 諸城市博物館 소장

전체 높이는 16cm이며 본존불상의 높이는 7.5cm이다 (도 94). 광배 높이는 13cm이며 대좌는 3.2cm이다. 본존 별주결합식으로 주조되었다. 광배에는 U자형의 화염문, 3구의 화불, 동심원과 연화문이 있다.

불상은 부식이 심하며 옷깃이 목에서 U자형을 이룬 통견식 가사를 착용하였다. 보살상은 다리부분에서 천의가 X자형으로 교차되었으며 발 양측에서 길게 아래로 드리워져 있다.

4) 북제대 금동삼존상

전체 높이는 17.5cm이며 주존상의 높이는 9.9cm이다(도 95). 광배 높이는 13.2이고 폭은 9.2cm이다. 본존은 보살상이며 얼굴이 방형이다. 천의는 두 다리의 중앙부분에서 교차되었으며 X자형의 영락을 걸고 있다. 협시보살상의 양식은 본존 보살상과 유사하지만 천의는 U자형으로 배와 다리부분에 걸쳐져 있다.

광배는 주형 거신광, 원형 두광, 타원형 신광으로 나뉘어진다. 두광에는 동심원, 당초문 줄기, 연꽃봉우리가 표현되었으며 거신광에는 화염문과 화불 5구가 새겨져 있다.

거신광, 본존상, 보살상을 각각 따로 주조하여 결합시켰다. 본존보살상은 거신광의 네모난 구멍에 끼워 삽입하였고 협시보살상 2구는 거신광에 붙여 완성하였다.

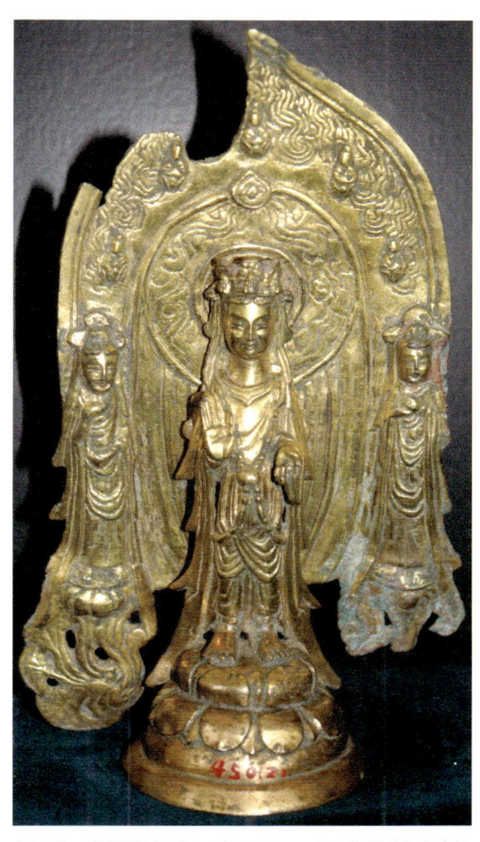

(도 95) 三尊菩薩像(北齊), 金銅, 17.5cm, 山東省 諸城市 林家村鎭 靑雲村 출토, 諸城市博物館 소장

5) 북제대 금동보살입상 2구

대좌를 포함한 전체 높이는 각각 32.0cm, 33.5cm이며 보살상의 높이
는 모두 18cm이다. 원형 두광, 보살입상, 연화대좌를 각각 따로이 주조
하여 하나로 결합시켰다. 원형 두광에는 연화문, 동심원, 방사선문 등
이 조각되었다. 특히 방사선문은 빛줄기의 표현으로 인해 투각으로 처
리되었다.

보살입상은 보관을 쓰고 있으며 목걸이, 영락 등의 장신구를 걸치고
있다. 천의는 두 어깨에서 내려져 배 부분에서 환을 중심으로 X자형을
이룬다. 이 두 보살상은 원래 불상의 협시상으로 제작되었다고 여겨지
나 현재 세트를 이루었던 본존불상은 소실되었다.

(5) 박흥현(博興縣)

1981년 가을 호빈진(湖濱鎭) 하동촌(河東村)의 고창사(高昌寺) 유적
지에서 밭을 갈던 농부가 지표면으로부터 약 50m 아래에서 금동불상 5
구를 발견하였다. 당시 발견된 불상은 단독불입상 2구, 단독보살입상 1
구, 삼존불상 2구이며 동위에서 수대로 편년된다. 현재 박흥현박물관
에 소장되어 있다.

1983년 9월 진호진(陳戶鎭) 숭덕촌(崇德村) 용화사(龍華寺) 유적지에
서는 94구의 금동불이 발견되었다.[127] 발견 당시 금동상은 붉은색 항

----

127. 李少南, 「山東博興出土百餘件北魏至隋代銅造像」, 『文物』5(1984), 21~31쪽: 丁明夷,
　　　「談山東省博興出土的銅佛造像」, 『文物』5(1984), 32~43쪽: 山東省博興縣文物管理
　　　所, 「山東省博興龍華寺遺址調査簡報」, 『考古』9(1986), 813~821쪽: 張淑敏, 「博興縣
　　　出土の金銅仏について」, 『シリーズ山東文物5-小さな御仏たち』(山口縣立萩美術館
　　　・浦上記念館, 2004), 10~13쪽.

아리 속에 담겨 있었다. 출토 당시 금동불상의 수량은 101구였으나 몇몇은 불상에 부속된 것으로서 결합시킨 이후 최종 수량은 94구로 집계되었다. 명문을 지닌 45구의 불상 중 명확한 기년을 가진 금동불상은 33구이다.[128] 오호십육국시대에서 수대까지 조성되었으며 북위대는 32구, 동위 14구, 북제 20구, 수대는 28구이다. 불상 1구, 협시보살상 2구를 배치한 삼존상이 가장 많다.

1984년 4월 박물관 연구원이 용화사 유적지 주위의 장관촌(張官村), 풍오촌(馮吳村) 등지에서 5구의 금동불을 수집하였다. 용화사, 고창사에서 지금까지 발견된 소금동불상은 모두 104구이며 현재 박흥현박물관에 소장되어 있다.

박흥현에서 출토된 금동불상은 명문을 통해 발원주는 낙릉시(樂陵市), 양신현(陽信縣)을 중심으로 한 산동에 호적을 둔 사람들, 다시 말해 현 박흥현의 북쪽 일대 지역의 사람들이 대부분이다. 이들의 사회적 신분은 재가신도, 평민, 승려들이며 승속단체인 법의(法儀), 읍인(邑人), 사정(社正) 등도 보인다. 발원대상은 죽은 부모, 형제자매가 대부분으로 황제와 일체중생의 복을 발원한 예도 소수 보인다. 조상제기를 통해 볼 때 조각상의 소재로는 관세음상이 가장 많은 수를 차지한다. 다음으로는 노사나상, 미륵상, 태자상과 다보상이다. 관세음상이 많이 신봉된 이유로는 소금동불상의 발원자가 대부분 평민, 승려들이기 때문으로 추정된다.[129]

박흥현 출토의 금동불상들은 양식에 근거하여 크게 다섯 시기로 구분된다.[130]

---

128. 張淑敏等, 『山東博興銅佛像藝術』(臺北 藝術家, 2005), 10~17쪽.

129. 許憑彬, 『山東博興龍華寺遺址出土佛敎遺物分期研究-以鎏金銅造像爲中心』(北京大學碩士學位論文, 2005), 1~47쪽.

① 제1기

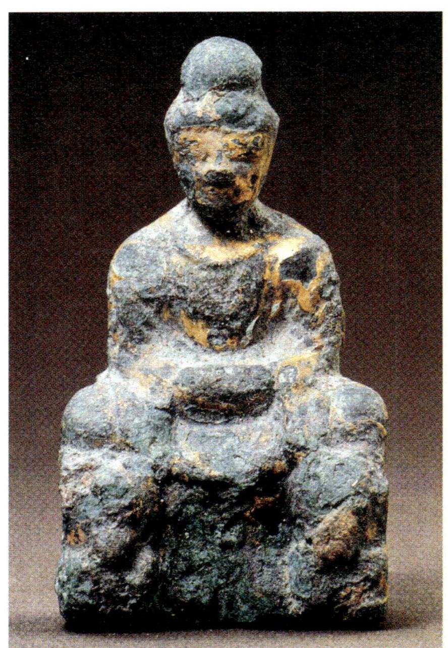

(도 96) 張文造像銘 불좌상(五胡十六國), 金銅, 8.8cm, 山東省 博興縣 龍華寺 유적지 출토, 博興縣博物館 소장(張淑敏等, 『山東博興銅佛像藝術』(臺北 藝術家, 2005), 50쪽 도 30)

제1기는 위, 진, 오호십육국시대이다. "張文造像"[장문이 상을 조성한다]의 금동불좌상이 이 시기에 해당되는 대표적인 예로 전체 높이는 8.8cm, 넓이는 4.7cm이다(도 96). 장숙민(張淑敏)은 이 금동불상의 편년을 북위 388년에서부터 477년으로 비정하고 있지만,[131] 조각양식으로 판단하면 북위대보다 이른 시기인 오호십육국시대에 해당된다고 생각된다. 방형의 대좌 양측에는 사자상이 부조되었다. 불상의 육계는 높고 선정인을 짓고 있으며 둥근 옷깃의 통견의를 걸치고 있다.

이러한 조각양식은 하북, 요령, 감숙, 내몽고 등 오호십육국시대 북방지역의 소금동불좌상과 동일하다. 금동불좌상의 머리 뒷쪽에는 불

---

130. 장숙민(張淑敏)은 『山東博興銅佛像藝術』에서 박흥현 출토 금동불상의 편년을 크게 북위, 동위, 북제, 수대인 네 시기로 구분하고 있으나(張淑敏等, 앞의 책, 10~17쪽), 張淑敏·田茂亭,「淺談山東博興出土的北朝銅佛像」(『中原文物』2(2005), 75~84쪽)에서는 여섯 시기로 구분하고 있다.

131. 張淑敏,「博興發現的兩件北魏早期銅佛像」, 『四門塔阿閦佛與山東佛像藝術研究』(中國文史出版社, 2005), 253~268쪽.

쑥 튀어나온 방형 구멍이 있으며 안쪽으로 짧은 연결 꼬다리가 잔존한다. 감숙성 옥도향(玉都鄉), 하북성 석가장시에서 출토된 오호십육국시대 금동불좌상(도 107)과 동일한 형식으로 화개, 광배, 방형 대좌와 한 세트를 이루었을 것으로 추정된다.

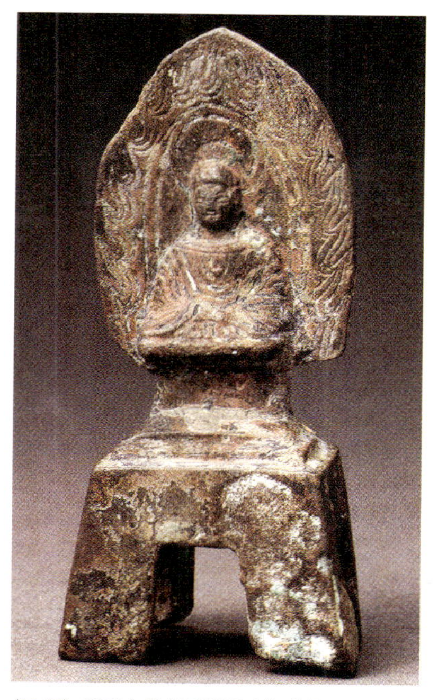

(도 97) 太和九年銘 불좌상(485년), 金銅, 8.5cm, 山東省 博興縣 龍華寺 유적지 출토, 博興縣博物館 소장 (張淑敏等, 앞의 책, 29쪽 도 14)

② 제2기

제2기는 북위 태화 초기~494년까지이다. 육계는 비교적 높고 얼굴은 네모나다(도 97). 좌상은 선정인, 입상은 시무외 · 여원인을 결하고 있다. 통견식(通肩式) 가사를 착용하였으며 옷주름선이 평행으로 조밀하게 조각되었다. 보살상은 왼손에 정병, 오른손에 연꽃봉우리를 쥐고 있다. 머리에는 보관을 착용하였으며 상체는 나체이다. 천의는 두 팔을 지나 아래로 늘어뜨려져 있다.

③ 제3기

제3기는 북위 낙양천도 이후의 시기로 494~534년에 해당된다. 육계와 수인은 제2기와 비교하여 차이가 없으나 대좌는 제2기에서는 방형이 성행한 반면 제3기에는 원형, 연화대좌도 보인다. 불상과 보살상의

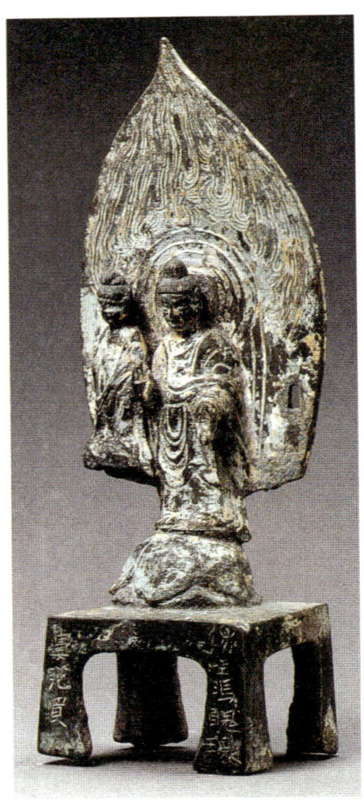

(도 98) 太昌元年銘 觀世音像(532년), 金銅, 24cm, 山東省 博興縣 龍華寺 유적지 출토, 博興縣博物館 소장(張叔敏等, 앞의 책, 49쪽 도 29)

복식에서는 차이점이 크게 나타난다. 불상은 포의박대식 가사와 더불어 내의로 승기지(僧祇支)를 착용하였다(도 98). 보살상은 더욱 화려해져 보관 양쪽에 보증(寶繒)을 드리우고 목걸이를 착용하였다. 천의는 배부분에서 X자형으로 교차하고 두 팔을 휘감은 후 아래로 늘어뜨려져 있다.

④ 제4기

제4기는 동위시기로 535년~549년이다. 불보살상의 양식은 기본적으로 제3기와 유사하나 육계가 낮아지고 신체가 풍만해지기 시작한다(도 99). 광배는 크고 넓어지며 길어진 예도 있다.

⑤ 제5기

제5기는 북제(도 100)와 수대로, 550년~618년에 해당된다. 육계는 아주 낮으며 불의(佛衣)에서도 띠매듭 표현과 북제식 대의(大衣)표현[132]

---

132. 청주시를 중심으로 출토된 북제대 석불상에서 보편적으로 보이는 복식은 옷이 얇고 몸에 밀착되어 있다. 또한 왼쪽 어깨에서 오른쪽 가슴쪽으로 내려진 옷자락과 오른쪽 어깨에서 수직으로 늘어뜨려 옷자락, 가슴에 띠매듭이 표현된 복장 역시 북제대 불상의 대표적인 복식 표현법 중 하나였다.

이 등장한다. 광배는 정상부가 뾰
족하고 길어지며 방형 대좌가 이층
으로 주조된 예도 유행한다. 보살
상의 장신구는 더욱 화려해져서 심
지어 영락을 여러 겹으로 겹쳐 걸
친 경우도 있다. 화려한 연주문으
로 장식된 예도 성행한다. 주조기
법에서는 일주식 이외에 두광, 신
광, 대좌, 불상의 본체를 따로 주조
한 별주식이 보편화된다.

이 시기에는 본존불의 대좌 아랫
부분에서 양측으로 연꽃줄기가 뻗
어 나와 협시보살상의 대좌 아래로
이어지는 예가 많아지고 있다. 또
한 광배의 위쪽 끝부분이 뾰족해지
며 광배 외연을 따라 배치된 결구
공에 비천, 탑 등을 결부시킨 예도
증가한다. 예를 들어 용화사출토
564년 공소제조미륵상(孔昭俤造彌
勒像)과 북제대 광배가 대표적이
다. 광배 문양으로는 단순하게 표
현된 화염문, 연화문, 인동당초문,
연주문이 있으며 화불, 비천, 탑도
표현되었다. 북제대부터는 광배를
투조한 예도 많아지고 있다.

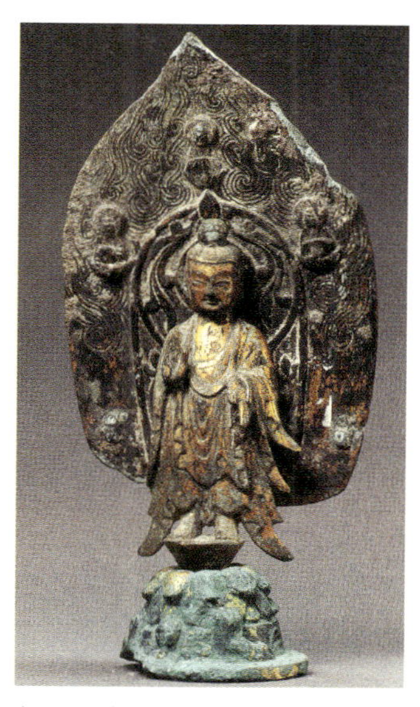

(도 99) 眛妙造佛立像(東魏), 金銅, 21cm, 山
東省 博興縣 龍華寺 유적지 출토, 博興縣博物
館 소장(山口縣立萩美術館 · 浦上記念館, 『シ
リーズ山東文物5-小さな御仏たち』(山口縣立
萩美術館 · 浦上記念館, 2004), 38쪽 도 25)

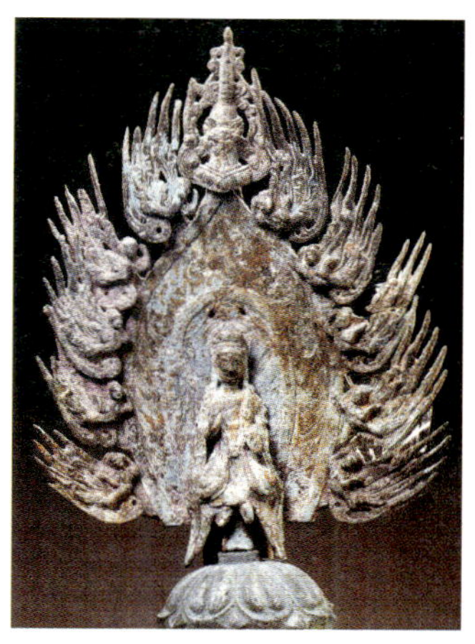

(도 100) 河淸三年銘 彌勒交脚像(564년),
金銅, 28cm, 山東省 博興縣 龍華寺 유적지
출토, 博興縣博物館 소장

⑹ 태안시(泰安市)

1982년 태안시 대문구(大汶口) 위가장(衛駕莊)에서는 금동연화좌 1구, 1984년 대문구 흥화촌(興華村)에서 금동광배 1구, 1987년 서요촌(西窯村)에서는 금동보살상 1구가 출토되었다. 현재 산동성박물관, 태안시박물관에 각각 소장되어 있다.

① 태화18년명(太和十八年銘: 494년) 금동광배

1984년 출토된 금동광배의 높이는 47cm이다(도 101).[133] 광배 중앙부분에 2개의 방형 투공, 좌우측에 각각 2개의 투공이 있는 것으로 보아 불입상 1구, 보살입상 2구의 삼존상이 배치된 것으로 추정된다.

광배 뒷면에는 명문이 새겨져 있다.

• 太和十八年十一月八日, 太山郡奉高縣法林寺尼妙音, 爲弟子法達敬造釋迦像 愿眷

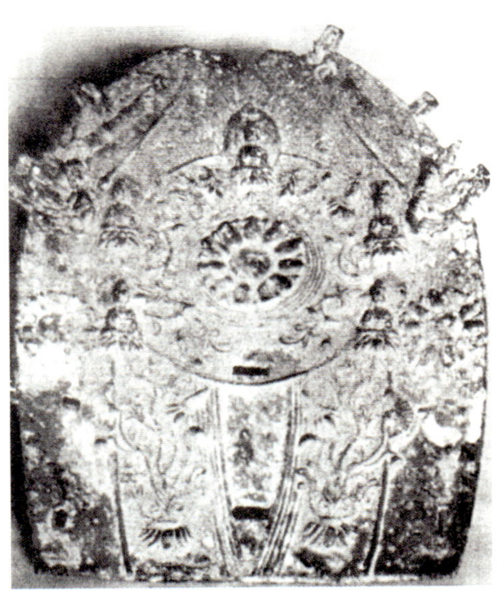

(도 101) 太和十八年銘 釋迦佛 光背(494년), 金銅, 47cm, 山東省 泰安市 興華村 출토, 泰安市博物館 소장(古愛琴, 「泰安大汶口出土北朝銅鎏金蓮花座等文物」, 『考古』6(1989), 568쪽 도 2)

133. 吉愛琴, 「泰安大汶口出土北朝銅鎏金蓮花座等文物」, 『考古』6(1989), 568~569쪽.

屬 師僧父母及一切衆生, 在所生處, 因莊嚴淨, 面奉聖容, 仰諸道敎, 一
聞法言, 位登無生. 脫落行□, 墮於非□者, 夜遇觀音大聖, 速令解脫, 所
願如此. 此像之□建雖是妙音, 成犹衆助, 名多難列, 一豪之福, 功彌於
上, 所願如是[134)

[태화18년(494) 11월 8일 태산군 봉고현 법림사 비구니 묘음이 제자
법달을 위해 석가상을 조성한다. 원하건대 집안식구들, 사승부모, 일체
중생이 살아가는 곳이 장엄하고 깨끗하며 법을 듣고 무생법인의 경지
에 이르기를 바라며 그 가르침을 우러르기를 바란다. 만약 행실을 나쁘
게 해서 좋지 않은 곳에 떨어진 사람도 밤에는 관음대성을 만나 해탈을
이루기를 원한다. 이 상을 조성하는 사람은 묘음이지만 여러 사람들의
도움으로 제작이 가능하였다. 이들의 이름은 많은 관계로 일일이 열거
할 수 없지만 털 하나만큼의 복이라도 그 공덕이 대단히 높기를 바람이
이와 같다.]

명문 속의 태산군 봉고현은 오늘날의 태안시 동쪽 지점으로 이 광
배의 발원장소와 출토지가 서로 일치하고 있다. 뒤에서 언급할 산동
성박물관에 소장된 592년명 미륵불 광배와 더불어 이 광배는 현존하
는 산동지역 금동광배 중 가장 화려하게 주조된 예 중의 하나라고 말
할 수 있다.

광배에는 연화문, 동심원, 인동당초문, 화불 5구, 화염문, 연꽃 2기, 비
천 2구가 배치되었다. 또한 광배의 외연을 따라 12개의 결구공이 확인
되지만 현재는 7개만 남아 있다. 이 결구공에는 비천, 탑 등을 결부시켰
을 것으로 추정된다.

---

134. 명문은 李靜杰, 「靑州風格佛像的形成與發展」, 『中國北朝佛敎造像及其傳播國際
　　 學術硏討會論文』(2005), 2쪽 참고.

② 금동보살입상

1987년 태안시 대문구 서요촌에서 발견된 금동보살상은 입상이며 전체 높이는 21.2cm, 넓이는 9.5cm이다. 현재 태안시박물관에 소장되어 있다.

보관을 쓰고 있으며 보관 양측으로 보증이 드리워져 있다. 두 어깨에서 수직으로 내려진 천의는 배 부분에서 둥근 환을 중심으로 X자형으로 교차되었다. 양쪽 어깨와 두 팔을 지나 아래로 내려진 천의는 뾰족한 각을 이루고 있다. 두 발은 앙련 연화좌 위쪽에 두었다.

이 보살입상은 조각 양식으로 보아 북위대로 편년된다.

(7) 청주시(靑州市)

일본 후지이유린칸(藤井有鄰館)에는 북위 정광3년명(正光三年銘: 522년) 금동불이 소장되어 있다(도 102). 이 금동불상에는 다음과 같은 명문이 현존한다.

• 大魏正光三年歲次壬寅三月癸丑朔八日, 弟子高陽縣人魏□玉, 造釋迦佛□像一軀. 上爲皇帝, 有爲亡父母, □□□眷屬, 有爲一切□生, 普同斯福, 懷□願未來世…三寶應愿… 135)

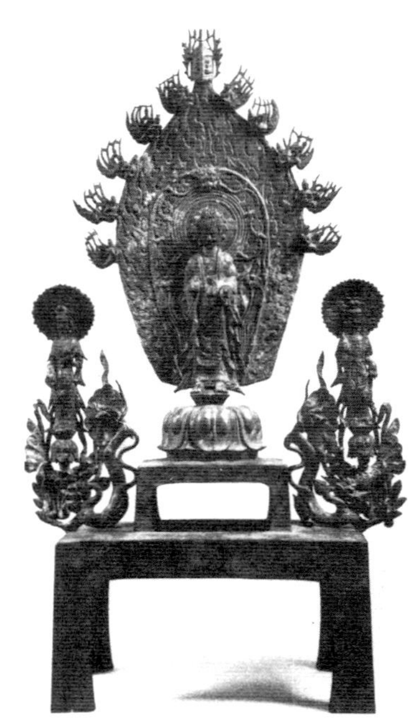

(도 102) 正光三年 釋迦佛像(522년), 金銅, 26cm, 山東省 高陽縣(현 臨淄市 서북 12km), 日本 京都 藤井有鄰館 소장(金申, 『中國歷代紀年佛像圖典』(文物出版社, 1995), 161쪽 사진 114)

[대위 정광3년(522년) 세차 임인 3월 계축삭 8일 제자 고양현의 위□옥이 석가불□상 1구를 조성한다. 위로는 황제를 비롯하여 죽은 부모, □□□권속, 일체중생의 복을 기원하며 미래의 세상에서는…삼보의 소원…]

여기서 주목해야 할 단어는 고양현이라는 지명이다. 북위대 고양현은 두 곳이 있었다. 한 곳은 현재의 하북성 고양현에서 동쪽으로 10km 떨어진 지점이며 다른 한 곳은 현재 산동 임치구에서 서북쪽으로 12km 떨어진 지역이다.[136) 보살상의 양식, 대좌 양측에 표현된 용과 연꽃 등은 소위 말하는 산동지역 "청주풍격(靑州風格)"[137)과 아주 흡사하다. 그러므로 이 불상의 제작지는 청주일대 지역으로 판단해도 무리가 없을 것 같다.

삼존별주결합식으로 조성되었으며 주형 광배의 가장자리에는 비천상 10구, 광배 위쪽의 중앙에는 탑 1개가 배치되어 있다. 광배의 문양으로는 동심원, 연화문, 인동당초문, 고사리형 화염문이 있다.

일본 네즈(根津)미술관에는 북위 보태2년명(普泰二年銘: 532년) 금동광배가 소장되어 있다. 이 광배에도 명문이 현존하는데, 내용은 다음과 같다.

• 大魏普泰二年歲次壬子二月乙未朔一日乙未, 昌國縣新興寺尼曇顏, 爲亡妹曇利敬造彌勒金像一軀. 願師僧眷屬, 弟子父母, 宗親一切衆生, 直生西方無量佛國, 普同斯富, 所愿從心[138)

135. 명문은 金申,『中國歷代紀年佛像圖典』(文物出版社, 1995), 472~473쪽 참고.
136. 李玉珉,「山東早期佛敎造像考-劉宋至北魏時期」,『臺灣學者中國史研究論叢-美術與考古』上册(中國大白科全書出版社, 2005), 續表 번호 49 備註 내용.
137. 歐陽啓名,『佛敎造像』(文物出版社, 2004), 172~177쪽.

[대위 보태2년(532) 세차 임자 2월 을미삭 1일 을미에 창국현 신흥사
의 비구니 담안이 죽은 여동생 담리를 위해 미륵금상 1구를 주조한다.
원하건대 사승권속, 제자부모, 종친과 일체중생이 서방 무량불국에 태
어나고 이 복을 함께 하기를 바란다]

명문 속의 북위대 창국현은 지금의 청주시와 임구현 사이 지역,[139]
좀더 구체적으로 말하자면 청주시 구부진(口埠鎭) 평창사촌(平昌寺村)
일대 지역[140]이므로 청주권내의 불상이라고 말할 수 있다.

(8) 내주시(萊州市)

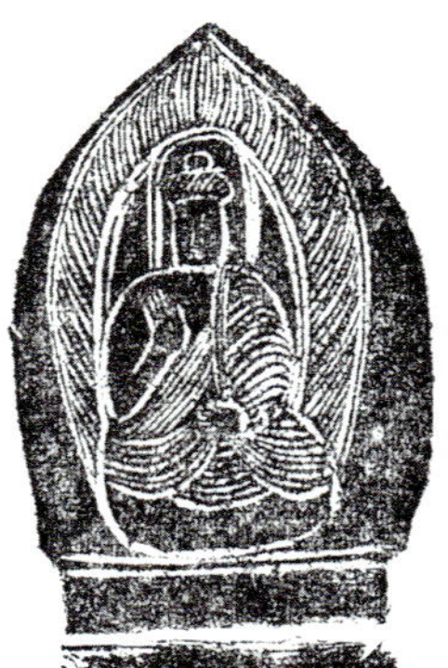
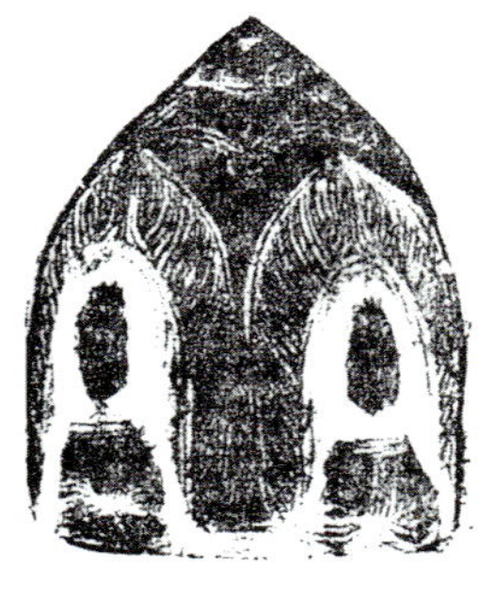

(도 103) 景明三年銘 多寶佛像(502년), 金銅, 12cm, 山東省 萊
州市, 萊州市博物館 소장(崔天勇, 1994, 「山東萊州市出土北魏造
像」, 『考古』10, 957쪽 도 1)

1994년 즈음 내주시
박물관에 경명3년명
(景明三年銘: 502년)
금동불상이 수집되었
다(도 103).[141] 불상의
높이는 12cm이며 정
면에는 다보불, 뒷면
에는 이불병좌상이
배치되어 있다. 일주
식으로 주조되었으며

138. 명문은 金申, 앞의 책, 482~483쪽 참고.
139. 譚其驤主編, 『中國歷史地圖集』第四册, 東晋十六國·南北朝時期(中國地圖出版
    社, 1996), 北朝 魏 48-49의 지도 참고.
140. 夏名采·莊明軍, 「山東靑州興國寺故址出土石造像」, 『文物』5(1996), 63쪽.
141. 崔天勇, 「山東萊州市出土北魏銅造像」, 『考古』10(1994), 957쪽.

수직으로 뻗어 올라간 화염문이 광배로 처리되어 있다. 명문은 방형 대좌에 새겨져 있다.

• 景明三年, 八月廿八日盧香(鄕)縣人紀天助造多保(寶)佛一區(軀)[142]

[경명3년(502) 8월 28일 노향현의 기천조가 다보불 1구를 조성한다]

정면의 불좌상은 우견편단식 대의를 입고 있으며 시무외인을 하고 있다. 화염문은 수직으로 위로 뻗어 올라간 형상이며 전체적으로 조잡하다. 뒷면의 이불병좌상 역시 정면과 유사하나 통견식을 하고 있다.

(9) 산동성박물관(山東省博物館) 소장 금동불상

현재 산동성박물관 수장고에는 몇 점의 금동상이 소장되어 있다. 필자가 조사한 금동불상의 수량은 모두 4구로 금동연화대좌 1구, 금동불좌상 2구, 금동보살입상 1구이다.

① 오호십육국시대 금동불좌상

전체 높이는 8.1cm이며 불좌상의 높이는 6cm이다(도 151). 방형 대좌의 양측에는 사자상이 표현되었다. 불상의 육계는 높고 얼굴도 큰 편이다. 옷깃은 원형을 이루고 통견의를 걸치고 있으며 선정인의 수인을 결하였다. 오호십육국시대 하북(도 107), 감숙, 내몽고 등 지역에서 출토된 금동불좌상과 동일한 양식이다.

---

142. 명문은 崔天勇, 앞의 논문, 957쪽 참고.

② 영안2년명(永安二年銘: 529년) 미륵금동상 광배

금동 광배의 주존상과 협시상은 소실되었으며(도 104), 현존 높이는 23.8cm이다. 광배 뒷면에는 명문이 새겨져 있는데, 북위 529년 평수현 (平壽縣) 불제자 당박앙(唐薄仰)이 죽은 아버지를 위하여 미륵상 1구를 조성함에 죽은 사람이 서방묘락국토에 태어나기를 기원하는 내용이다(도 105).

본존별주결합식이며, 광배 정면 아래쪽에는 방형 투공이 6개 있으므로 이 곳에 불입상과 보살입상을 배치하였을 것으로 여겨진다. 주형 광배의 외연을 따라 결구공이 9개 있는데 이 곳에는 비천이나 탑 혹은 연꽃 등이 결구되었을 것으로 추정된다. 광배 문양으로는 동심원과 연화문, 화염문이 있다.

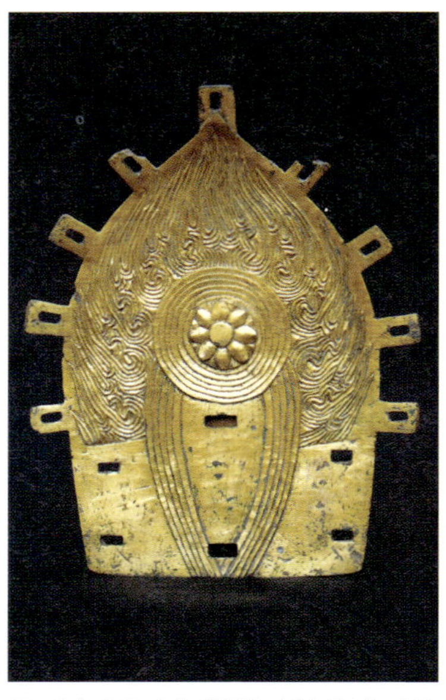

(도 104) 永安二年銘 彌勒佛 光背(529년), 金銅, 23.8cm, 山東省博物館 소장(산동성박물관 사진 제공)

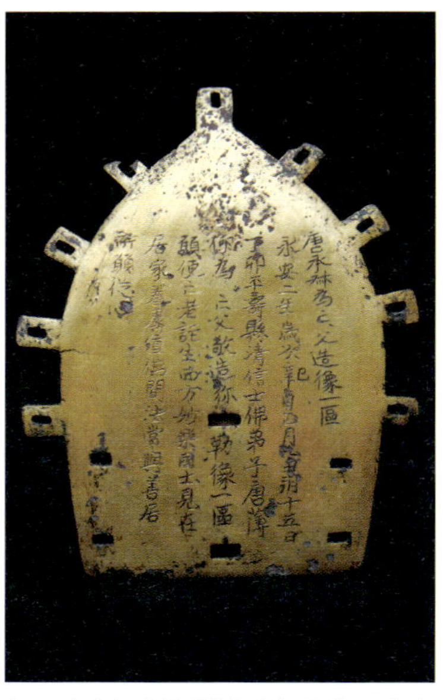

(도 105) 永安二年銘 彌勒佛 光背 뒷면(529년), 金銅, 山東省博物館 소장(산동성박물관 사진 제공)

③ 개황12년명(開皇十二年銘: 592년) 금동삼존상

본존불의 높이는 16.1cm이며 광배 높이는 14.6cm이다(도 106). 이 금동상은 광배를 따로이 주조하여 결합시켰으며 본존은 의좌상이다. 대좌는 2층으로 되어 있는데 아래쪽은 방형이며 위는 육각형과 원형으로 이루어져 있다. 방형 대좌에는 명문이 새겨져 있다.

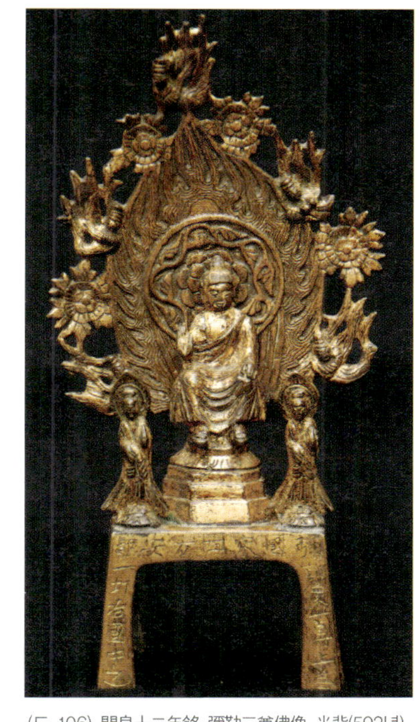

(도 106) 開皇十二年銘 彌勒三尊佛像 光背(592년), 金銅, 14.6cm, 山東省博物館 소장

- 開皇十二年八月六日, 北林村宣景追收造彌勒像一尊, 上爲國家四方安靜, 一切治國卄之□□同領一區[143]

[개황12년(592) 8월 6일 북림촌에 살고 있는 선경추수가 미륵상 1점을 조성한다. 위로는 국가의 사방 안정과 나라 다스림을 위해 1구를 만든다]

광배에는 동심원, 인동당초문, 화염문 이외에 광배 외연을 따라 연화문, 비천상이 배치되었다. 의좌불은 우견편단식 가사를 착의하고 있으

---

143. 명문은 필자가 현지 조사한 내용이고 구두점은 한글 내용에 근거하여 임의로 찍은 것임.

며 가사 옷자락이 대좌를 덮고 있다.[144]

④ 인수원년명(仁壽元年銘: 601년) 금동보살입상

신체는 수려하며 머리에 보관을 쓰고 있다. 천의의 주름은 복잡하며 장신구를 화려하게 착용하고 있다. 광배, 대좌, 몸체를 따로이 주조하여 결합시켰다. 명문이 다음과 같다.

- 大隋仁壽元年歲次□□三月甲申朔八日, 辛丑□爲子 高容爲父母造觀世音銅像一軀[145]

[대수 인수원년(601) 세차 辛酉 3월 갑신 삭8일 신축□은 아들을 위해, 고용은 부모를 위해 관세음동상 1구를 조성한다]

명문내용에 근거하면 이 보살상은 관세음보살상임을 명확하게 알 수 있다.

지금까지 산동지역에서 발견, 출토된 금동불상의 출토지와 그 현상에 대해 간략하게 표로 정리하면 아래의【표 16】과 같다.

---

144. 양은경,「고구려 금동불 광배와 중국 산동지역 불상 광배와의 관계」,『고구려 불상과 중국 산동 불상』(동북아역사재단, 2007), 89~90쪽.
145. 명문은 필자가 직접 조사한 내용이며 구두점은 명문 내용에 근거하여 임의로 찍은 것임.

【표 16】 산동지역 출토 금동불상의 현황

출토지		관련 유적지	발견 시기(년)	출토유물	출토 수량(구)	연대	출처
曲阜市	魯故城 안쪽	勝果寺	1958	금동불상	6	北魏~隋	筆者의 現地調査: 王思禮·楊子范,「山東省曲阜勝果寺出土銅造像」,『文物』6(1959), 75~76쪽
鄒城市	平陽村	觀音寺	1975	금동보살상	4	北魏~北齊	筆者의 現地調査: 胡新立,「山東鄒縣發現的北朝銅造像」,『考古』6(1994), 569~570
高青縣	胥家村	고대 사원 유적지	1976	금동광배	1	北魏(495년)	常敍政·于豊華,「山東省高青縣出土佛敎造像」,『文物』4(1987), 31~35쪽
諸城市	靑雲村	고대 사원 유적지	1978	금동불, 금동사자상	7	北魏~北齊	筆者의 現地調査: 韓崗,「山東諸城出土北朝銅造像」,『文物』11(1986), 95~96쪽
博興縣	河東村	高昌寺	1981	금동불상	5	東魏~隋	筆者의 現地調査: 李少南,「山東博興出土百餘件北魏至隋代銅造像」,『文物』5(1984), 21~31쪽: 丁明夷,「談山東省博興出土的銅佛造像」,『文物』5(1984), 32~43쪽: 山東省博興縣文物管理所,「山東省博興龍華寺遺址調査簡報」,『考古』9(1986), 813~821쪽
	崇德村	龍華寺	1983	금동불상	94	五胡十六國~隋	
	張官村, 馮吳村	龍華寺 주위	1984	금동불상	5	北魏~隋	

泰安市	衛家莊	•	1982	금동연화좌	1	北魏	吉愛琴,「泰安大汶口出土北朝銅鎏金蓮花座等文物」,『考古』6(1989) 568~569쪽
	興華村	•	1984	금동광배	1	北魏 (494년)	
	西窯村	•	1987	금동보살	1	北魏	
青州市 일대	臨淄區 (일본 藤井有鄰館 소장)	•	•	금동불상	1	北魏 (522년)	金申,『中國歷代紀年佛像圖典』(文物出版社, 1995), 161쪽 도 114
	청주시 남쪽 (일본 根津 미술관 소장)	•	•	금동광배	1	北魏 (532년)	金申, 앞의 책, 193쪽 도 139
萊州市	불명확	•	1994	금동불상	1	北魏 (502년)	崔天勇,「山東萊州市出土北魏銅造像」,『考古』10(1994), 957쪽

2. 시기별 특징

지금까지 금동불상과 금동광배는 산동의 전 지역에서 산발적으로 출토되었는데 특히 박흥현에서 집중적으로 출토되었다.[146] 수집된 몇 몇의 예를 제외하고는 대부분 고대 사원 유적지에서 출토되었으며 불상 이외에 기타 불교 유물을 동반하는 경우도 있다.

금동불상의 전체 높이는 30cm가 넘지 않는 소형이 대부분이다. 보통 주형(舟形) 광배를 가지며 독존상과 삼존상의 배치가 가장 많다. 금동불상의 주조시기는 크게 오호십육국시대, 북위 평성시대, 북위 낙양시대, 동위대, 북제대, 수대, 당대로 나뉜다. 그러나 현존하는 대다수의 금

---

146. 劉鳳君,「山東地區北朝佛教造像藝術」,『考古學報』3(1993), 281~284쪽: 劉鳳君·王志芳·張健,「山東地區古代佛教藝術的主要成就」,『四門塔阿閦佛與山東佛像藝術研究』(中國文史出版社, 2005), 89~92쪽: 張淑敏等,『山東博興銅佛像藝術』(臺北 藝術家, 2005), 1~187쪽.

동불상은 북위~북제대의 남북조시대로 편년되는 작품이 절대다수를
차지하고 있다.

(1) 오호십육국시대(五胡十六國時代)

박흥현 출토 불좌상(도 96)과 산동성박물관 소장 불좌상이 대표적이
다(도 151). 방형 대좌의 위쪽에 단독 불좌상이 안치된 것이 특징적이
다. 대좌 양측에는 사자상이 표현되었다. 불상의 얼굴은 크고 육계가
높다. 선정인의 수인을 결하고 있으며 원형의 옷깃을 한 통견식 가사를
걸치고 있다.

이러한 불좌상 양식은 하
북(도 107), 감숙, 내몽고, 요
령 등 오호십육국시대 금동
불좌상에서 공통적으로 보이
는 양식을 그대로 보여준다.

(2) 북위(北魏) 평성시
대(平城時代)

평성, 즉 현재의 산서성 대
동시(大同市)가 북위 수도였
던 시기를 중심으로 한 태화
연간(477~499년)에 제작된 금
동불상이 이 시기에 해당된
다. 박흥현 용화사에서 출토

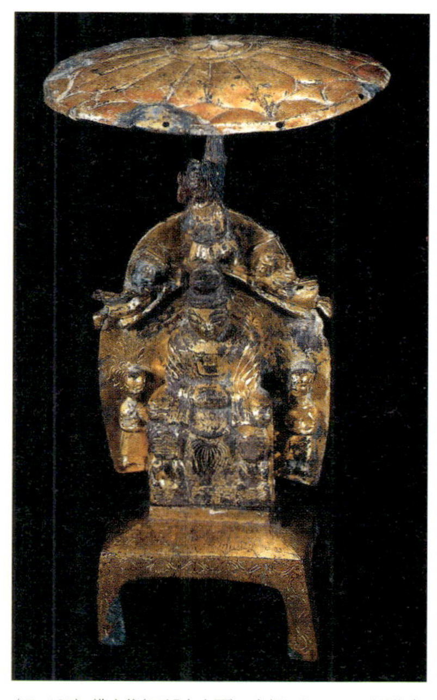

(도 107) 佛坐像(五胡十六國), 金銅, 21.4cm, 河北省
石家莊市 北宋村 출토, 河北省博物館 소장(河北省博
物館編, 『河北省博物館文物精品集』(文物出版社,
1999), 사진 106)

된 90여 점의 금동불상 중 태화연간의 명문제기가 있는 작품은 5점이 있다(도 97). 이외에 고청현, 제성시, 태안시 등지에서 이 시기에 해당되는 금동불상이 발견되었다. 고청현의 495년명 금동광배, 제성시 490년명 불입상(도 93)과 496년명 불좌상, 태안시의 494년명 금동광배가 이에 속한다(도 101).

이러한 금동불상들은 단독상의 좌상과 입상이 많은 편이나 태화 말기에는 삼존상도 등장한다. 미륵불상과 관세음보살상이 가장 많이 주조되었으며 석가상, 석가다보상도 조성되었다. 대좌는 방형이며 광배는 넓고 두껍다. 이 시기에는 거신광을 가진 예가 많으며 거신광의 가장 위쪽부분은 뾰족하지 않은 편이다. 두광은 원형 혹은 타원형을 이루며 화염문이 새겨져 있다. 몇몇 작품에서는 비천상, 화불이 표현되기도 하였다.[147)

불상은 육계가 높고

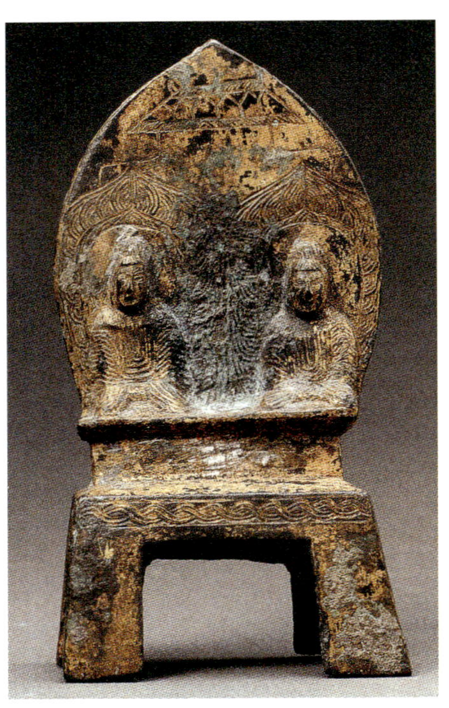

(도 108) 太和二年銘 多寶佛坐像(478년), 金銅, 8.5cm, 山東省 博興縣 龍華寺 유적지 출토, 博興縣博物館 소장(張淑敏 等, 앞의 책, 25쪽 도 11)

147. 劉鳳君, 『黃河三角洲佛敎造像硏究』(山東人民出版社, 2003), 108쪽.

얼굴은 방형에 가깝다. 좌상의 수인은 선정인, 입상은 시무외·여원인을 짓고 있다. 통견식 가사를 착용하고 있으며 옷주름선은 신체 중심선에서 좌우 대칭을 이루며 음각되었다. 보살상의 상체는 나체이며 하체에는 치마를 걸치고 있다. 오른손은 연꽃 봉우리, 왼손은 정병을 쥐고 있다.

현재까지 산동지역에서 발견된 금동불상 중 가장 이른 연대를 가진 계는 태화2년(太和二年: 478, 도 108)이며 박흥현 용화사에서 출토된 석가다보병좌상과 낙릉위조(洛陵委造) 관세음보살입상, 혜민현 구반하(溝盤河)에서 출토된 미륵불좌상이 이에 속한다.

(3) 북위(北魏) 낙양시대(洛陽時代)

선무제가 집정한 500년부터 북위가 멸망한 534년까지의 시기이다. 박흥현 용화사 출토 금동상(도 98), 추성시 출토 533년명 보살상(도 92), 청주시 인근에서 발견한 522년명 석가삼존상(도 102), 532년명 미륵삼존상, 내주시에서 수집된 이불병좌상이 대표적이다. 단독상으로 조성된 예가 여전히 많다. 조각상 소재로는 미륵불, 관세음보살상이 많으며 석가다보병좌상이 그 다음을 이룬다. 거신광 속에 주존상을 배치하였으며 거신광의 정상부는 뾰족하고 각 존상은 두광을 가진다. 방형의 대좌는 얇고 비교적 높다. 이외에 원형, 연화대좌도 있다.

불상은 육계가 높으나 수골청상(秀骨淸像)의 풍격이다. 복식은 포의박대식 가사를 착용하고 있으며 상체에 승기지를 입고 있다. 띠매듭의 표현이 있으며 옷주름선은 세밀하고 깊게 처리되었다. 치마는 넓고 크며 바깥쪽으로 펼쳐졌다. 보살상은 보관을 쓰고 있으며 보증(寶繒)이 어깨까지 늘어뜨려져 있다. 상체는 나체이며 하체에는 치마를 입고 있다. 천의는 넓고 길며 두 어깨에서 내려져 배부분에서 X자형으로 교차한다. 목걸이, 영락 등 장신구를 걸치고 있다.[148]

이 시기 산동지역 금동불상의 양식은 수골청상의 특징을 강하게 드러내고 있다. 이러한 양식연원은 운강 제3기와 용문석굴 북위 불상양식과 연관성이 있다.

(4) 동위대(東魏代)

이 시기는 534~550년이며 박흥현 용화사(도 99)와 고창사 출토 금동상, 추성시에서 출토된 545년명 조상, 제성시 청운촌에서 출토된 삼존상이 대표적이다(도 94). 이 시기에도 거신광을 가진 금동불상이 여전히 많이 확인되는데 이러한 특징은 북위대 전통을 계승한 것이다. 불상의 육계는 높고 얼굴은 여위었다. 통견식 가사를 착용하고 있으며 대좌는 방형의 예가 많다. 보살상은 얼굴이 둥글고 목걸이를 하고 있다.

박흥현 하동촌에서 출토된 금동불상들은 신체가 풍만해지고 표정이 온화해졌다. 이 시기에는 육계가 낮아지고 광배는 길어진 예도 출현한다.

전체적으로 북위 양식을 계승한 가운데 새로운 양식이 출현하는 단계이다.[149]

---

148. 류펑쥔, 「산동지역 북조, 수, 당의 불상」, 『고구려 불상과 중국 산동 불상』(동북아역사재단, 2007), 160쪽.
149. 丁明夷, 「談山東省博興出土的銅佛造像」, 『文物』5(1984), 32~43쪽,

(5) 북제대(北齊代)

이 시기는 550~577년에 해당되며 박흥현 용화사(도 100)와 고창사 출토 금동상, 곡부시 승과사 출토 556년명 석가삼존상과 572년명 관세음 삼존상(도 90, 91), 제성시 청운촌에서 출토된 삼존상(도 95), 추성시 출토 557년명 보살상과 562년명 보살상이 대표적이다. 불상의 거신광은 복잡해지고 다양해진다. 연주문, 인동문, 연화문을 비롯하여 광배 가장자리에 구멍들이 있어 이 곳에 탑과 비천을 결부시키기도 하였다. 또한 투조기법이 활용되기도 하였다. 삼존상에서는 광배, 본존상, 협시상, 대좌 등을 따로 주조하여 결부시키는 주조방법이 애용되었다.

그러나 석불상과는 달리 금동불상은 상대적으로 주조의 번거로움과 기술수준의 문제 등으로 문양장식은 단순하고 번잡하지 않다. 다시 말해 비천 등의 장식물이 금동 광배에 많이 표현되지 않은 원인은 금동불 주조상의 기술적인 제한으로 생각된다. 석불상의 경우 자유로이 조각할 수 있는 불상 제작의 우수성과는 달리 금동불상은 광물질의 합금과 제련, 주조 등의 문제로 인해 표현상의 제약을 받았으리라 추정된다.[150] 또한 북위, 동위대 성행한 거신광은 점점 쇠락하기 시작하며 보주형의 두광이 단독으로 만들어지고 있다.

이 시기에는 단독상과 더불어 삼존상이 많이 주조된다. 대좌는 방형 혹은 복련좌가 많으며 2층의 대좌도 있다. 불상은 우견편단식 혹은 통견식 가사를 입고 있다. 어깨가 넓고 가슴은 돌출되어 전체적인 신체의 양감은 풍만한 편이다. 보살상의 얼굴은 사각형에 가까우며 보관을 쓰

---

150. 양은경, 「고구려 금동 광배와 중국 산동지역 불상 광배」, 『고구려 불상과 중국 산동 불상』(동북아역사재단, 2007), 138~144쪽.

고 있다. 천의는 배 부분에서 X자로 교차되었다.

⑹ 수대(隋代)

박흥현에서 출토된 예와 산동성박물관 소장 592년명 미륵삼존상(도 106), 601년명 관세음보살상이 대표적이다. 조각상은 단독상, 삼존상의 배치가 일반적이다. 불보살상의 전체적인 양식은 남북조시대 불상 양식을 계승하고 있다.

광배는 높고 정상부가 뾰족하다. 대좌는 방형으로 단층 혹은 2층을 이루고 있다. 불상은 통견식 가사를 착용하고 시무외, 여원인을 짓고 있다. 보살상은 보관을 쓰고 영락, 목걸이 등의 장신구를 걸치고 있다. 전체적으로 신체비례가 적합하며 보살상은 하체가 긴 편이다. 북제대 부터 유행하기 시작한 본존, 협시, 대좌 등을 따로이 주조하여 결합한 주조방식이 수대에도 계속해서 성행한다. 광배에 투조가 활용되어 문양들은 더욱 복잡하고 화려해졌다.

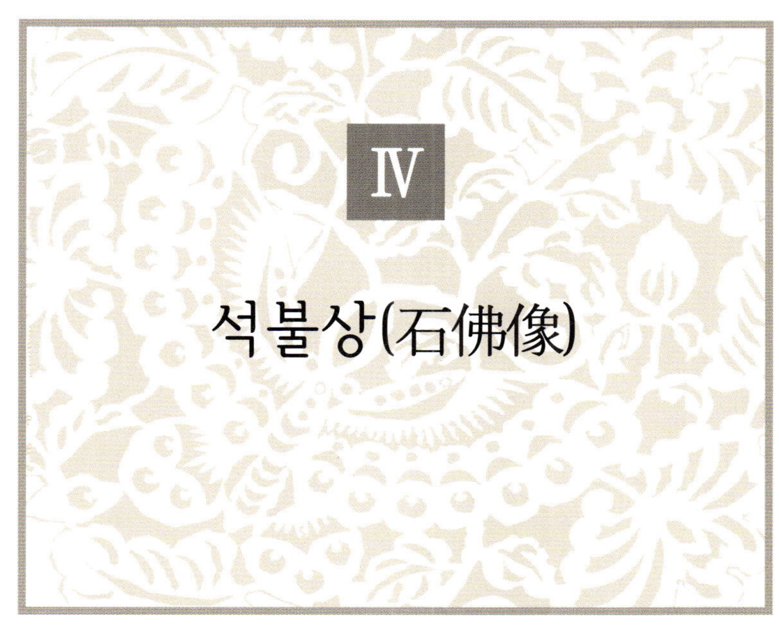

석불상(石佛像)

산동성에서 출토된 석불상들은 출토지를 중심으로 하여 분류하고 이들의 내용과 양식 변천, 특징에 대해 알아보도록 하겠다.

1. 출토지와 내용

청주시[151]를 중심으로 박흥현,[152] 무체현(無棣縣), 혜민현(惠民縣),[153] 임구현(臨朐縣),[154] 제성시(諸城市),[155] 광요현(廣饒縣),[156] 창읍시(昌邑市)[157] 등에서 출토된 석불상은 출토 수량이 많을 뿐 아니라 조각 수준도 우수하여 산동지역의 불교조각상을 대표한다고 해도 과언이 아니다(도 109).

1976년 고청현(高靑縣)의 사원 유적지와 박흥현 용화사 유적지에서 석불상들이 발견된 이래 1979년 청주시 흥국사(興國寺) 유적지에서 22 구의 석불상이 발견되었다. 이후 1987년 청주시 남로(南路)에서 불상 1

151. 夏名采·莊明軍,「山東靑州興國寺故址出土石造像」,『文物』5(1996), 59~67쪽: 黃春和,「靑州龍興寺石佛造像背光上的佛塔」,『文物天地』5(1999), 30~32쪽: 夏名采·劉華國·楊華勝,「山東靑州出土兩件北朝彩繪石造像」,『文物』2(1997), 80~81쪽: 山東省靑州市博物館,「山東龍興寺佛敎造像窖藏淸理簡報」,『文物』2(1998), 4~15쪽: 中國歷史博物館·山東靑州市博物館,『山東靑州龍興寺出土佛敎石刻造像精品』(中國歷史博物館, 1999): 靑州市博物館編,『靑州龍興寺佛敎造像藝術』(山東美術出版社, 1999): 王衛明,「靑州龍興寺址出土窖藏佛敎造像初論-魏晉南北朝時期における山東佛敎美術史的成立背景を中心に」,『京都槗女子大學硏究紀要』25(1991.1): 夏名采·王瑞霞,「靑州龍興寺出土背屛式佛敎石造像分期初探」,『文物』5(2000), 50~61쪽: 大西修也,「山東省靑州出土石造半跏像の意味するもの」,『佛敎藝術』248(2000.1), 53~67쪽: 金維諾,「靑州龍興寺造像的藝術成就-兼論靑州背屛式造像及北齊"曹家樣"」,『漢唐之間的宗敎藝術與考古』(文物出版社, 2000), 377~391쪽: 郭長建主編,『中國靑州石雕』(五洲傳播出版社, 2001): 劉鳳君·村松哲文譯,「山東省靑州地域における北朝後期の佛像樣式について」,『會津八一記念博物館硏究紀要』3(2002.3), 9~20쪽: Katherine R. Tsiang, "Embodiments of Buddahist Texts in Early Medieval Chinese Visual Culture", *Body and Fall in Chinese Visual Culture*, Harvard University Asia Center, 2005, 60~78쪽: 劉建華,「北齊時期靑州與定州地區靑白石佛敎造像藝術」,『四門塔阿閦佛與山東佛像藝術硏究』(中國文史出版社, 2005), 73~85쪽: 杜斗城·崔峰,「山東龍興寺等佛敎造像"窖藏"皆爲"葬舍利"說」,『四門塔阿閦佛與山東佛像藝術硏究』(中國文史出版社, 2005), 144~153쪽.

152. 常敍政·李少南,「山東省博興縣出土一批北朝造像」,『文物』7(1983), 38~44쪽: 博興縣文物管理所,「山東博興縣出土北朝造像等佛敎遺物」,『考古』7(1997), 27~34쪽.

153. 惠民地區文物管理組,「山東無棣出土北齊造像」,『文物』7(1983), 45~47쪽: 惠民縣文物事業管理處,「山東惠民出土一批北朝佛敎造像」,『文物』6(1999), 70~81쪽.

154. 臨朐縣博物館,「山東臨朐明道寺舍利塔地宮佛敎造像淸理簡報」,『文物』9(2002), 64~83쪽.

155. 諸城市博物館,「山東諸城發現北朝造像」,『考古』8(1990), 717~726쪽: 杜在忠·韓崗, 康培仁譯,「山東諸城出の土石佛像について」(1), (2), (3), (4),『古美術』99, 101, 102, 103(1991.7, 1992.1, 1992, 1992.8), 78~85, 75~89, 78~88, 231~261쪽: 杜在忠·韓崗,「山東諸城佛敎石造像」,『考古學報』2(1994), 231~261쪽: 松原三郎,「諸城派石彫考」,『古美術』103(1992.8), 69~76쪽.

156. 趙正强,「山東廣饒出土佛敎石造像」,『文物』12(1996), 75~83쪽: 尹秀民主編,『廣饒文物槪覽』(內蒙古人民出版社, 2001), 70~83쪽.

157. 王君衛,「山東昌邑保堠寺故址出土石造像」,『文物』6(1999), 82~85쪽.

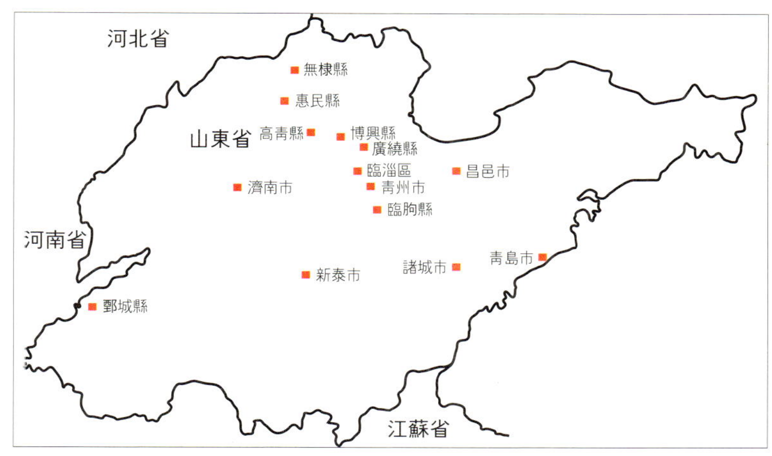

(도 109) 山東省 출토 石佛像의 출토지 분포도

구, 보살상 1구가 출토되기도 하였다. 산동지역에서 출토된 석불상 중 가장 중요한 예는 1988~1990년 제성시(諸城市)의 사원 유적지에서 출토된 300여구의 석조상과 1996년 청주시 용흥사 유적지에서 발굴된 200여구의 석불상이다.

1990년 박흥현 향의사(鄕義寺) 유적지에서도 53구의 조각상이 출토되었다. 이외에 무체현(無棣縣), 청도시 노산구(嶗山區) 법해사(法海寺) 부근, 청주시 칠급사(七級寺) 유적지, 광요현(廣饒縣) 남쪽의 사원 유적지, 임구현(臨朐縣)의 사원 유적지 등에서도 석불상이 발견되었다.[158]

(1) 청주시(靑州市)

청주시에서 출토된 석불상은 크게 흥국사(興國寺) 유적지의 출토품

---

158. 劉鳳君, 「靑州地區北朝晩期石佛像與 "靑州風格"」, 『考古學報』1(2002), 40~41쪽.

과 용흥사(龍興寺) 유적지에서 출토된 예가 대표적이며 이외에도 곳곳
에서 산발적으로 발견되었다.

① 흥국사(興國寺) 유적지 출토 석불상

흥국사 유적지는 청주시의 중심에서 동남쪽으로 12.5km 떨어진 황
루진(黃樓鎭) 지가장촌(遲家莊村)의 북쪽에 위치한다. 1979년 겨울, 농
경지를 정돈할 당시 석불상 잔편들이 출토되었다. 이후 1981년 이 곳에
서 역시 석불상 잔편들이 수집되었다.

흥국사 유적지는 동, 북쪽이 평원이며 남쪽은 구릉, 서쪽은 미하(彌
河)에 인접해 있다. 넓이와 폭은 150m이며 총면적은 2만㎡에 달한다.
이 곳의 지표면에서는 토기편, 자기편들이 지속적으로 노출되곤 하였
는데 서한대 분(盆), 서한~당대 기와가 발견되었다. 따라서 이 곳은 한
대~당대 걸쳐 유적지가 있었을 것으로 여겨지며 특히 흥국사의 절터로
비정되고 있다.[159)]

수집된 석불상은 40여구로 양(羊)과 연화대좌 등의 유물도 동반되
었다. 석양(石羊)의 가슴부분에는 "正始五年造千佛塔[정시5년(508) 천
불탑을 만든다]"이라는 명문이 새겨져 있다. 북위 선무제(宣武帝) 508
년의 명문을 가진 이 석양은 원래 한대 무덤 앞에 놓여진 석수였으나
북위대 명문이 후각(後刻)되었던 것이다. 석불상들은 북위, 동위, 북제
로 편년된다.

㉠ 북위

단독불입상과 주형 광배를 가진 삼존상 등이 있다. 불상은 질감이 두

---

159. 夏名采 · 莊明軍, 「山東靑州興國寺故址出土石造像」, 『文物』5(1996), 59쪽.

터운 포의박대식 가사를 착용
하고 있다. 수인은 시무외인,
여원인을 결하고 있으며 몇몇
예는 채색을 하였다. 광배에
는 연화문, 동심원, 화불 3구
등이 표현되어 있다. 전체적
으로 청주지역 북위 조각상
양식과 동일하다.

ⓒ 동위

보살입상의 잔편, 광배 잔
편 등이 대표적이며 명문제
기가 명확한 예도 2구 있다.
보살상은 보관을 쓰고 있고
얼굴은 풍만하다. 배부분에서 영락이 옥벽(玉璧)을 중심으로 교차되
어 있다. 명문은 다음과 같다(도 110).[160]

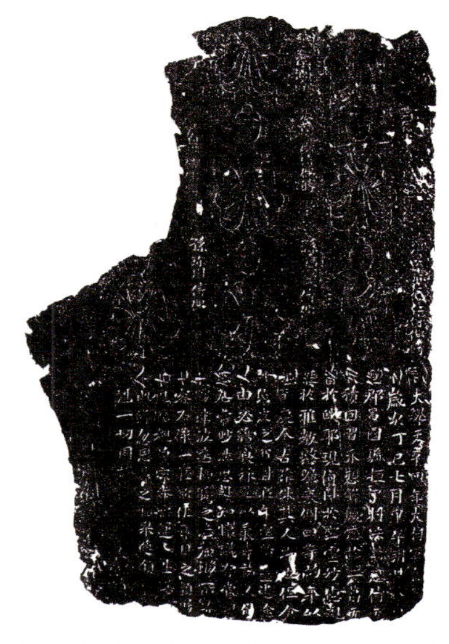

(도 110) 天平四年銘 조상비의 명문과 천불 탁본도
(537년), 山東省 靑州市 興國寺 유적지 출토, 靑州
市博物館 소장(夏名采 · 莊明軍, 「山東靑州興國寺故
址出土石造像」, 『文物』5(1996), 63쪽 도 9)

• 今古七十余人等造福, 略功德之誦. 大魏天平四年…歲次丁巳七月
甲午朔二十六日…□郡昌國縣桓尹村…

[70여 사람이 복을 짓고 그 공덕의 내용을 간략히 기록한다. 대위 천
평4년(537)…세차 정사 7월 갑오삭 26일…□군 창국현 환윤촌]

• 武定二年四…淸信士佛弟…知財非救會…本, 遂割資…軀切

160. 명문은 夏名采 · 莊明軍, 앞의 논문, 63쪽 참고.

[무정2년(544) 4…청신사 불제……재물이 구한다고 모이는 것이 아님을 알고…마침내 재산을 내어서…]

명문은 537년 창국현 환윤촌 70여명의 사람들이 돈을 모아 조각상을 조성한다는 내용과 544년 청신사 불제자가 조각상을 만든다는 내용이다. 창국현은 동위대 제군(齊郡)에 속하였고 오늘날의 청주시 구부진(口埠鎮) 평창사촌(平昌寺村) 일대 지역이다.

ⓒ 북제

불입상, 불좌상, 광배 잔편 등이 있으며 단독상은 파손이 심각하여 머리, 손, 발이 남아 있지 않다. 대의는 아주 얇고 옷주름이 간략화 되었다. 신체는 풍만하며 북제대 조각 양식을 잘 드러내고 있다. 불좌상의 대좌에 명문이 남아 있는데 아래와 같다.

• 大□□□□年□次丙申正月庚辰朔十…王長爲亡父見存母, 敬造釋迦像…佛…果王…父母趙…[161]

[대□□□□년 □차 병신 정월 경진삭 십…왕장이 죽은 아버지와 현존 어머니를 위하여 석가상을 조성한다…불…과왕…부모조…]

명문 속의 병신의 간지에 해당되는 연대로는 북위 태안2년(太安二年: 456), 북위 희평원년(熙平元年: 516), 북제 융화원년(隆化元年: 576)이 있다. 조각 양식으로 판단하면 576년으로 여겨진다.

광배 파편은 모두 정상부만 현존한다. 탑이 중앙에 위치하며 탑 아

---

161. 명문은 夏名采·莊明軍, 앞의 논문, 63쪽 참고. 구두점은 필자가 임의로 찍은 것임.

래에는 비천이 탑을 들고 있다. 그 아래에는 용 한 마리가 위치하며 용의 다리는 4개이다. 탑은 단층 복발형이며 탑 안쪽에 불좌상이 안치되어 있다.

② 타산로(駝山路) 출토 석불상

1987년 11월 청주시에서 청주시박물관 동쪽 100m 되는 지점인 타산로 확장공사를 할 당시 석불상 2구를 발견하였다. 당시 출토품은 불입상 1구, 보살입상 1구이며 석회암질의 작품이다(도 111). 북제대 조각된 것으로 추정된다.[162] 불입상의 높이는 97cm, 보살상은 95cm이다.

불입상의 육계는 높고 나발이다. 시구외, 여원인의 수인을 결하고 있으며 둥근 옷깃의 대의를 착용하고 있다. 옷주름선은 없으며 신체에 할절의(割截衣)가 채색으로 표현되었다. 얼굴, 손, 발에는 도금을 한 흔적이 남아 있다.

보살상은 머리에 보관을 쓰고 있으며 상체는 나체이다(도111). 목걸이, 팔찌를 하고 있으며 천의는 두 어깨에서 자연스럽게 늘어뜨려

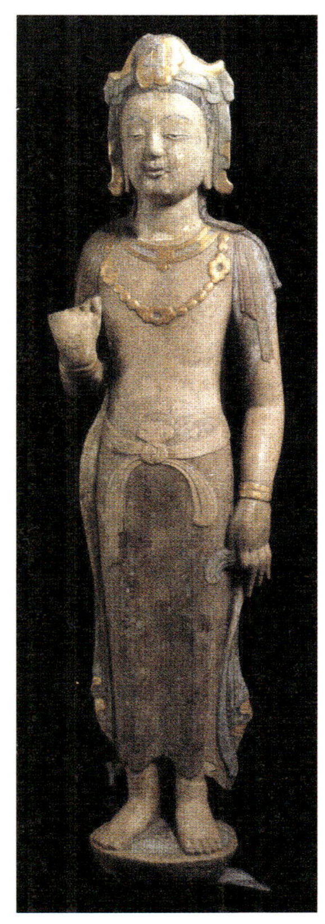

(도 111) 菩薩立像(北齊), 石, 95cm, 산동성 靑州市 駝山路 출토, 靑州市博物館 소장(中國歷史博物館 · 山東靑州市博物館, 앞의 책, 88쪽 사진)

---

162. 夏名采 · 劉華國 · 楊華勝, 「山東靑州出土兩件北朝彩繪石造像」, 『文物』2(1997), 80~81쪽.

져 있다. 왼손에는 천의자락이 쥐어져 있다. 채색이 되어 있으며 부분적으로 금칠이 남아 있다.

③ 용흥사(龍興寺) 유적지 출토 석불상

용흥사는 고대 청주지역에서 아주 유명한 사찰이었을 뿐만 아니라 산동성 전체 불교에서도 아주 중요한 곳이었다. 산동성 내에는 용흥사라는 이름의 불교사원이 많이 존재하였지만 청주의 용흥사가 규모와 역사면에서 가장 중요한 곳이었다.

청주시박물관에 소장된 '司空公靑州刺史臨淮王像碑'와 『益都金石記』, 『益都縣圖志』의 기록에 근거하면 남조 유송 425년 용흥사 유적지에는 단호불당(但呼佛堂)이라는 공불(供佛) 장소가 있었으며, 이후 북제대에는 이 곳이 남양사(南陽寺)로 불리웠다고 한다. 또한 수 581년에는 장락(長樂) 혹은 도장사(道藏寺)로 개명되었으며 당 무측천 691년에는 대운사(大雲寺)로 개칭되었다. 이후 당 730년에 용흥사로 불리기 시작하였으며 명대 폐사될 때 까지 용흥사로 계속해서 불렸다고 한다.[163]

1986년 3월 청주시박물관의 동쪽 전시회장의 외부 흙담을 축조할 당시 석불상편들이 출토되었다. 하지만 이 불상들은 당시에는 크게 주목되게 중요시 되지 못했다.

1996년 10월 5일 아침, 왕화경(王華慶) 관장이 청주시박물관의 본관과 인접한 공사현장을 산책할 당시 흙의 색깔이 차이가 난 지점을 발견하였다. 이 지점은 옛날 폐기된 우물이 있던 곳이었다. 긴급발굴이 진행되면서 이 구덩이의 깊이 3.5m 지점에서 불상을 발견하였다. 이 구덩이가 역사적으로 유명한 용흥사(龍興寺) 유적지의 대형 불교조각

---

163. 夏名采, 『靑州龍興寺佛敎造像窖藏』(三聯書店, 2004), 7~9쪽.

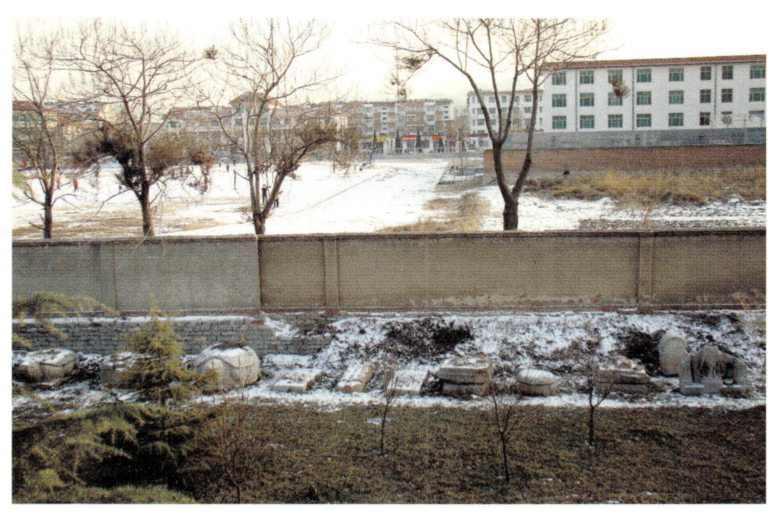

(도 112) 龍興寺 유적지의 현재 모습

상을 교장(窖藏)했
던 흔적으로 추정
되는 곳이다. 구덩
이는 동서 8.7m,
남북 6.8m, 깊이
3.5m로 용흥사 유
적지의 북쪽에 위
치한다. 용흥사 유
적지의 중축선의
북쪽 금당의 뒷편

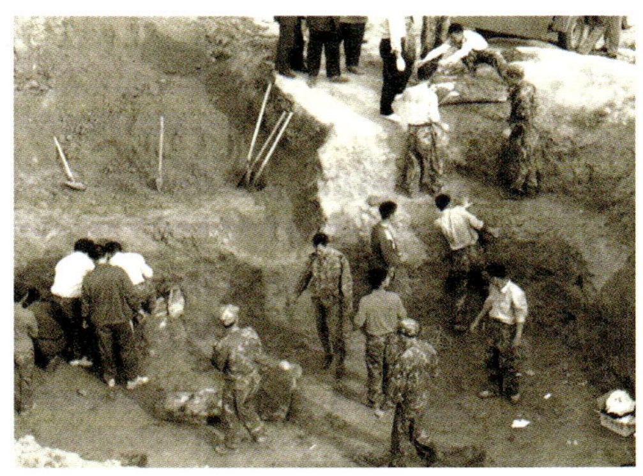

(도 113) 龍興寺 유적지 석불상 발굴 당시 모습(夏名采, 『青州龍
興寺佛敎造像窯藏』(三聯書店, 2004), 25쪽 사진)

약 7m에 소재하며 현재 청주시박물관의 옆쪽에 위치한다(도 112).

구덩이 안쪽에는 불교 조각상이 가득 채워져 있었는데 순서대로 질
서정련하게 배열되어 있었다(도 113). 상, 중, 하의 3층으로 배열되어 놓

여져 있었다. 가장 아래층에는 도질, 철, 소조, 목질의 조각상을 놓아두었으며 중간층에는 비교적 완전한 신체부위가 놓여 있었다. 조각상의 머리는 구덩이의 가장자리에 있었으며 가장 위층에는 광배를 가진 조각상이 놓여져 있었다. 구덩이의 가장 위쪽에서 돗자리 문양이 발견되었기 때문에 조각상을 매장한 후 구덩이를 메우기 전 돗자리를 덮은 것으로 추정된다. 구덩이 안쪽에서는 동전들도 출토되었기에 불교 조각상들은 의도적으로 매장되었다고 여겨진다.[164]

발굴된 불교 조각상의 종류는 재질에 따라 크게 7가지로 나눌 수 있는데 석회암, 백대리석, 화강암, 도질(陶質), 철, 소조, 나무이다. 우선 석회암 석조각상은 이번 발굴의 주체로 전체 조각상 수량의 95%를 차지한다. 청주지역에서 채취된 이 석회암은 불상을 조각하기에 아주 좋은 재료이다. 백대리석, 화강암, 도질 조각상의 수량은 아주 적다. 철 역시 수량이 아주 적고 부식이 심각하다. 소조상 또한 수량이 아주 적은데, 모두 채색이 가해져 있으며 대부분 불상과 나한상이다. 목질 조각상 역시 수량이 아주 적다. 이는 목질 자체가 부

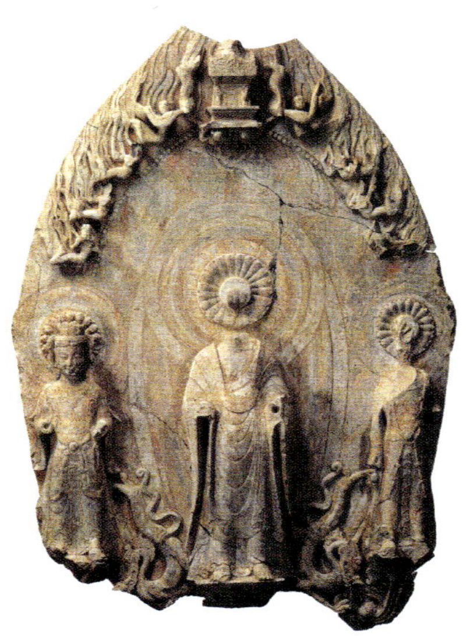

(도 114) 天平三年銘 釋迦三尊像(536년), 石, 137.7cm, 산동성 靑州市 龍興寺 유적지 출토, 靑州市博物館 소장(中國歷史博物館·山東靑州市博物館, 앞의 책, 71쪽 사진)

164. 夏名采, 앞의 책, 15~26쪽.

식이 심하여 보존 자체가 어렵기 때문인 것으로 생각된다.[165]

출토품 중 가장 많은 수를 차지하는 것은 불두(佛頭)로 모두 144구이다. 다음으로 보살두 46구, 기타 두상 46구, 신체의 잔편 200여 구, 경당(經幢) 3구이다. 조각상의 형태로 분류해 보면 조상비(造像碑), 단독불상, 단독보살상, 단독나한상, 단독공양자상으로 나눌 수 있다. 조상비는 크기면에서 가장 큰 예가 높이 320cm이며 작은 예는 50cm 정도이다. 조각상 배치방식은 오존상(불상 1구, 보살상 2구, 제자상 2구), 삼존상, 단독상이 있다. 조상비의 위쪽은 비천, 보탑, 화염문 등이 조각되었으며 아래쪽에는 연꽃 줄기와 용, 연꽃, 연잎 등이 조각되었다(도 114).

단독상의 자세는 입상, 좌상, 의좌상 등 다양하며 조각상의 종류로는 불상, 보살상, 나한상, 공양자상이 있다. 단독상이 차지하는 비율이 가장 크며 단독상의 높이는 20~200cm이다. 석조각상의 조성 시기는 북위, 동위, 북제, 수, 당, 북송대로 편년되며 이중 북위, 북제대 조각상의 수량이 가장 많다(도 115). 북제대는 풍만한

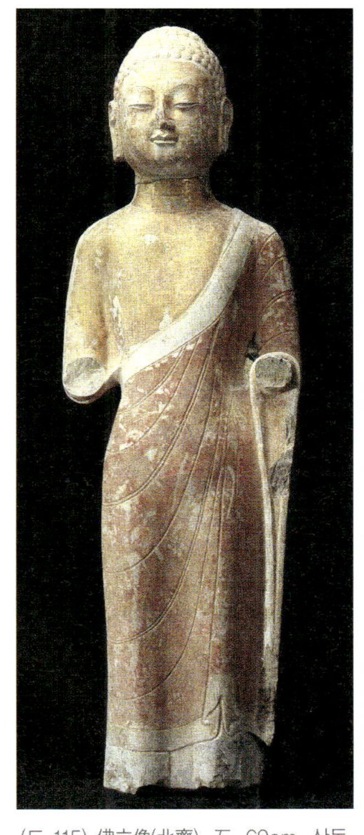

(도 115) 佛立像(北齊), 石, 69cm, 산동성 靑州市 龍興寺 유적지 출토, 靑州市博物館 소장(靑州市博物館編, 『靑州龍興寺佛敎造像藝術』(山東美術出版社, 1999), 도 66)

---

165. 山東省靑州市博物館, 「山東龍興寺佛敎造像窖藏淸理簡報」, 『文物』2(1998), 5~6쪽.

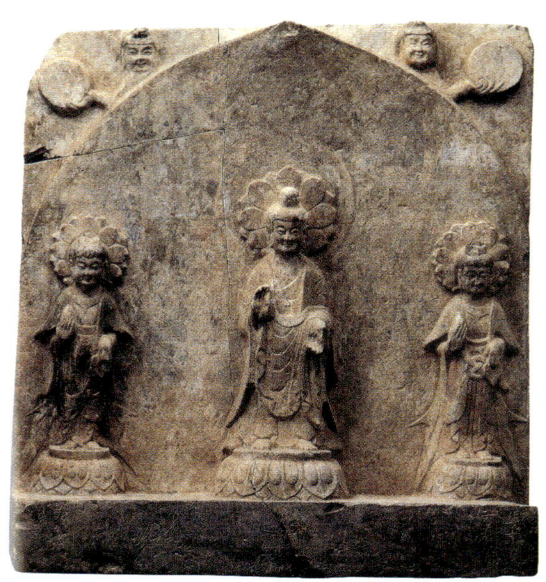

(도 116) 永安二年銘 미륵상(529년), 石, 55cm, 산동성 靑州市 龍興寺
유적지 출토, 靑州市博物館 소장(靑州市博物館編, 앞의 책, 도 1)

신체에 얇은 옷을 입고 있는 예, 간단한 옷주름선이 표현된 작품이 있다.

　단독상의 경우, 대부분 채색과 도금이 남아 있으며 채색은 주사(朱砂), 보람(寶藍), 자석(赭石), 공작록(孔雀綠), 흑(黑), 백(白)색의 천연 광물질 안료를 사용하였다. 몇몇 조각상에는 금을 칠하기도 하였다. 도금은 불상 표면에 부분적으로 가해졌거나 보살상, 공양자상, 비천, 화염문, 용, 연꽃 등에도 장식적인 의미로 부분적으로 칠해져 있다. 몇몇 소형 조상비의 불보살상의 얼굴, 가슴에 도금이 남아 있다.[166)

　출토된 불교조각상의 90%는 북위 효명제(孝明帝)~북제대 작품이며, 이중 북제대의 예가 가장 많다. 명문이 있는 작품 중 조성연대가 가

---

166. 山東省靑州市博物館, 앞의 논문, 6~7쪽.

장 이른 예는 북위 영안2년
(永安二年: 529)의 미륵상이
다(도 116). 나머지 20여구의
작품은 수, 당대 불상, 보살
상과 북송의 나한상이다. 나
한상 중에는 "天聖四年"[천
성4년: 1026]의 조상제기가
있는 것도 있다(도 117).

이로써 용흥사 출토 석불
상의 연대는 대략 529~1026년
으로 상정되는데 500년의 긴
시간동안 조각된 작품들이
함께 출토되었다. 이 불교조
각상들은 북송대에 인공적
으로 파손된 이후 구덩이에
개장된 것으로 추정된다.[167]

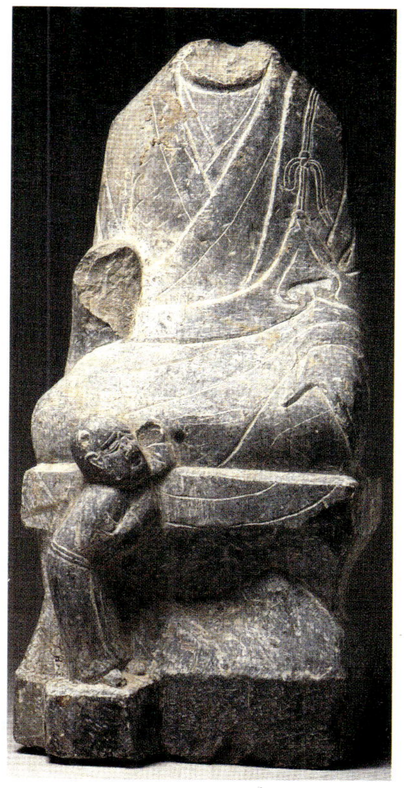

(도 117) 天聖四年銘 나한상(1026년), 石, 36.5cm, 산동성 靑州市 龍興寺 유적지 출토, 靑州市博物館 소장(靑州市博物館編, 앞의 책, 도 225)

(2) 제성시(諸城市)

청대부터 현재까지 제성시에서는 석불상이 계속해서 출토되고 있다. 제성시는 산동반도의 중남부에 위치하며 북쪽은 평원, 남쪽은 황해와 인접해 있다. 제성시는 예로부터 강소성 북부, 산동성 남부지역을 연결하는 교통상의 요충지였다.

---

167. 劉鳳君,「靑州地區北朝晩期石佛像藝與 "靑州風格"」,『考古學報』1(2002), 41쪽.

서한대에는 동무(東武), 동한대에는 서주자사부(徐州刺史部)에 속하였으며 삼국~남북조시대 전기에는 청주(靑州) 혹은 서주(徐州)에 속했다. 북위 529년 청주는 청주와 교주(膠州)로 나뉘었는데 교주가 현재의 제성시(당시 東武)를 다스렸다. 수대 585년 교주는 밀주(密州)로 개칭되었으며 제성시를 관할하에 두었다. 제성시의 남쪽은 황해와 인접하였기 때문에 해안에는 항구가 많이 있었다.

제성시에서도 불교가 발전하여 많은 불교문화 유적과 유물이 발견되고 있다. 석불상을 중심으로 한 석조각상이 출토된 상황에 대해 간략하게 서술하겠다.

① 백룡사(白龍寺) 출토 사리탑, 팔면비

1965년 백룡산(白龍山)에서 석사리탑과 팔면비 2기가 출토되었다. 이들이 출토된 곳은 수성사(壽聖寺)가 소재하였던 절터이며 이 사원은 동한대 창건되었다. 이후 당대에 중건되었으며 송대에 백룡사로 개칭되었다.[168]

② 용흥사(龍興寺) 출토 석불상, 조상비

1979년 제성시 오금공사(五金公司)가 건설현장을 시공할 당시 대형 석불두 1점, 석비 1기가 발견되었다. 불두는 현존 높이 132cm로, 현재까지 제성시에서 발견된 불상 중 가장 큰 불두이다(도 118). 석비는 전체 높이 285cm, 넓이 103cm이다. 비액(碑額)에는 "노사나방광비(盧舍那放光碑)"라 새겨져 있다. 비석은 732년 조성되었으며 비문에는 용흥사의

<hr>

168. 韓崗·張健,「諸城北朝佛敎造像綜述」,『中國北朝佛敎造像及其傳播國際學術研討會論文集』(2005), 2~3쪽.

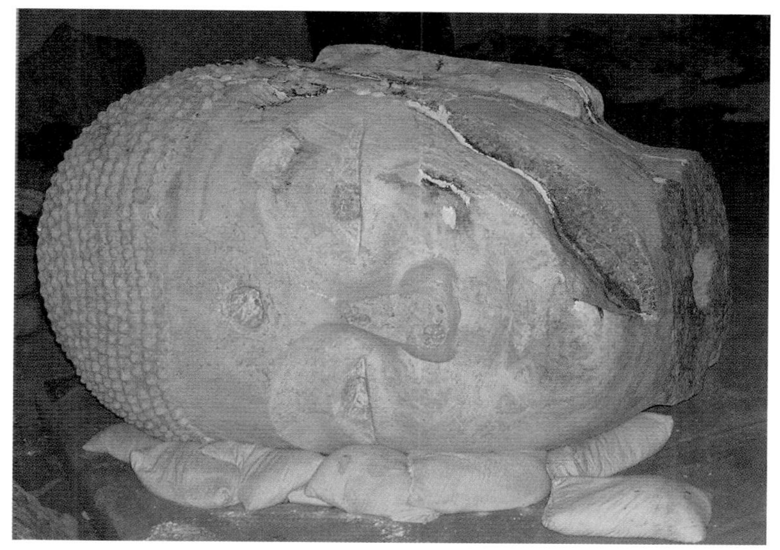

(도 118) 佛頭, 石, 132cm, 山東省 諸城市 龍興寺 유적지 출토, 諸城市博物館 소장

내력, 노사나불상을 중수한 내용이 서술되어 있다.

불두와 비석이 한 구덩이에서 출토되었기 때문에 이 석불두는 비문에서 서술한 노사나장륙석상으로 추정되고 있다. 출토 지점은 원래 용흥사의 절터였던 것으로 밝혀졌다. 『諸城縣志 · 建置考』에는 용흥사는 북위대 대각사란 이름으로 창건되어 당대 중수되면서 용흥사로 개칭되었다고 기록되어 있다. 북송대 소식(蘇軾)은 밀주(현 제성시)에 머물 당시 용흥사 방장과 불법을 토론한 일을 그의 작품 중에 언급하기도 하였다.

③ 스포츠센터 출토 석불상

1988년 제성시에서 스포츠센터를 건립할 당시 석불상이 발견된 이래 1990년까지 석불상, 와당, 배수관 등의 건축 부재들도 함께 출토되

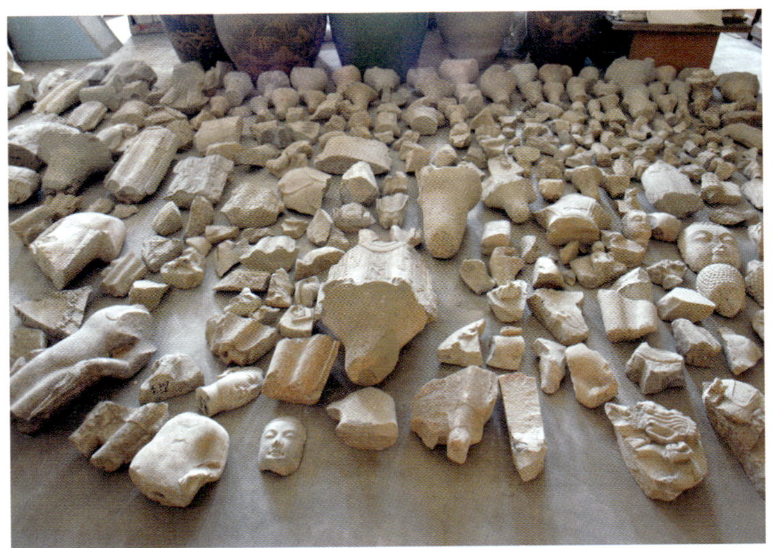

(도 119) 佛像片, 石, 山東省 諸城市 스포츠센터지 출토, 諸城市博物館 소장

었다. 당시 출토된 불교 조각상은 300여 점이며 건축 구조물은 50여 점이다(도 119). 불상이 출토된 지점은 동서 약 80m, 남북 100m의 범위로 원래 한대 유적지가 있었던 것으로 추정되는 곳이며 이곳에서는 토기편과 기와편이 많이 발견되기도 하였다.

불교 조각상은 동서 2.2m, 남북 4m, 깊이 1m의 장방형 구덩이에서 출토되었다. 발굴 당시 불두, 다리, 몸체 부분이 인공적으로 파손된 채 부위별로 매납되어 있었다. 대좌의 발견수량이 비교적 적은 것 역시 특징적이다.[169]

대다수의 석불상은 석회암, 사암을 주재료로 하였고 대리석(漢白玉石), 활석을 이용한 예도 있다. 명문을 가진 조각상은 24구이며 이중 武

169. 杜在忠 · 韓崗, 「山東諸城佛敎石造像」, 『考古學報』2(1994), 231~232쪽.

定三年士繼叔造像(545), 武定四年夏候豊珞造像(546), 天保三年僧濟
本造像(552), 天保六年立表造像(555) 등 4구는 기념명이 현존한
다.[170]

　단독상, 삼존상, 다존상의 배치방식을 보이며 입상이 좌상보다 많은
편이다. 불교 조각상들은 불상 양식에 의거하여 북위, 동위, 북제대로
나뉜다.

ㄱ 북위

　얼굴은 긴 편이며 미소를 머금고 있다. 포의박대식 대의를 걸치고 있
으며 하체의 옷주름선은 조밀하다(도 120). 주형 광배에는 화염문, 두광
에는 흔히 동심원이 보편
적으로 채용되었다. 조각
상 양식의 전체적인 특징
은 북위 후기 낙양의 조각
상과 유사하다.

ㄴ 동위

　주형 광배의 정상부가
꽤족해졌으며 문양이 복
잡하고 다양하게 변화한
다. 불상 1구, 보살상 2구
를 배치한 삼존상이 많다.
육계는 비교적 높으며 옷

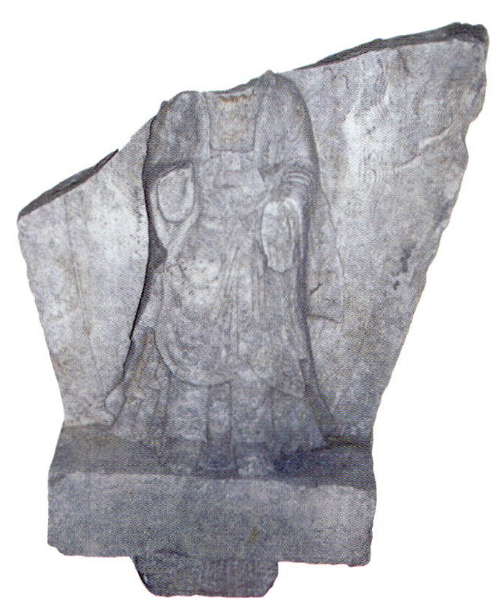

(도 120) 佛立像(北魏), 石, 山東省 諸城市 스포츠센
터지 출토, 諸城市博物館 소장

---

170. 명문은 韓崗 · 張健, 앞의 논문, 5쪽을 참고함.

깃이 둥근 통견식의 대의를 걸치고 있다. 옷주름선은 빽빽하지 않으며 조각되거나 채색으로 처리된 경우가 있다. 보살상은 신체가 길쭉하며 보관을 쓰고 있다. 천의는 배 아래에서 교차되거나 환식을 한 형식이 있으며 복식은 점점 얇아지고 있다.

ⓒ 북제

북제대는 다시 조기와 만기 두 시기로 나눌 수 있다. 조기는 문선제(文宣帝) 천보연간(天保年間)에 해당하는 시기이며 조각상의 어깨는 둥글어진다. 체형은 풍만하며 육계는 낮다. 둥근 옷깃의 대의를 착용하거나 오른쪽 어깨에서 옷깃이 왼쪽 팔로 늘어뜨려진 예가 많아진다.

보살상은 높은 보관을 쓰고 있으며 치마는 몸에 밀착되어 있다. 천의의 폭이 좁아졌으며 몸 양측에서 아래로 늘어뜨려져 있다(도 121). 목에는 화려하고 복잡한 목걸이를 하고 있다. 불상의 옷주름은 더욱 간략화 되었으며 옷주름선을 생략하거나 채색으로 처리한 예가 많아졌다.

만기 조각상은 572년

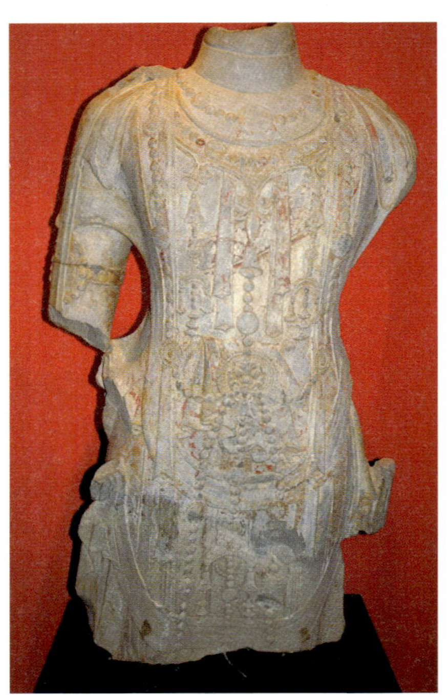

(도 121) 菩薩立像(北齊), 石, 山東省 諸城市 스포츠센터지 출토, 諸城市博物館 소장

을 전후한 작품들이다.
불상은 크기가 커지고 보
살상의 복식은 화려해졌
다. 불상은 가슴이 풍만
해졌으며 어깨는 넓다(도
122). 불상은 여러 겹의 불
의를 걸치고 있으며 영락
을 걸친 예도 있다. 보살
상은 보관을 쓰고 있으며
복식과 장신구가 아주 화
려해졌다. 천의는 아주

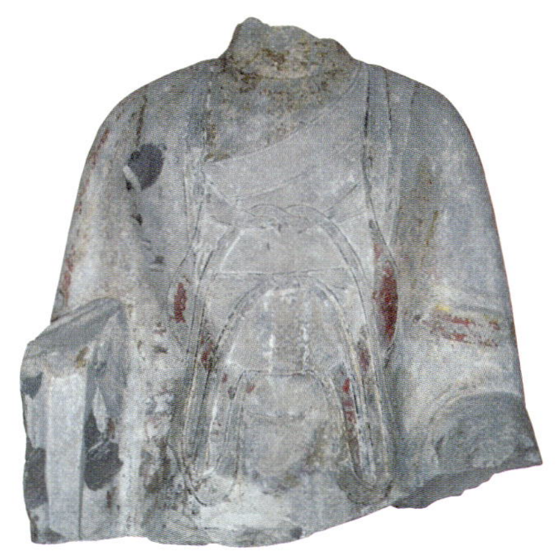

(도 122) 佛立像(北齊), 石, 山東省 諸城市 스포츠센터
지 출토, 諸城市博物館 소장

좁아졌으며 몸 양측으로 늘어뜨려져 있거나 배 아랫부분에서 가로로 1
줄 혹은 2줄을 이룬다. 불상의 옷주름선은 조각되지 않고 채색되어지
는 예가 많아졌다.[171]

④ 정가화원촌(丁家花園村) 발견 석연화대좌

1994년 제성시 성관진(城關鎭) 정가화원촌에서 지표면 아래 1m 되는
곳에서 석연화대좌 1기를 발견하였다.[172] 연화대좌는 석회암으로 조
성되었으며 높이는 16.4cm이다. 상, 하 2층으로 구분되는데 상층은 고
부조의 복련좌, 하층은 장방형의 기좌로 되어 있다. 복련좌의 정상부에
는 직경 15.5cm, 깊이 4cm의 원형 구멍이 있다. 장방형 기좌에는 명문이
조각되어 있는데 다음과 같다.

---

171. 韓崗・張健, 앞의 논문, 5~7쪽.

172. 諸城市博物館,「山東諸城市丁家花園發現北周石蓮座」,『考古』7(1998), 95쪽.

• 建德六年」歲次乙亥」二月乙巳」廿三日淸」信士佛弟」子孫惠藏」爲
見存息」阿唱身患」得損夫□」發願敬造」盧舍石像」一區寶上」爲國王帝」
主有爲七」世師僧父」母居家□」屬一切□」刑咸同斯」福[173]

　[건덕6년(577) 세차 을해 2월 을사 23일 청신사 불제자 손혜장은 아들
아창이 몸이 아파 손해를 얻었는바 □이 노사석상 1구를 발원하여 조
성한다. 위로는 국왕을 위하여 그리고 칠세 사승과 부모, 집안사람, 일
체중생을 위해 이와 같은 복을 구한다]

　명문 속의 건덕(建德)은 북주 무제(武帝)의 연호이며 577년은 폐불이
진행된 시기이다. 이 자료는 폐불시기에도 산동지역의 몇몇 곳에서는
여전히 불사활동이 있었음을 보여준다.

(3) 임구현(臨朐縣)

　명도사(明道寺) 사리탑의 지궁(地宮)에서 출토된 석불상과 소시가
장(小時家莊) 불교유적지에서 출토된 석불상이 대표적이다.

① 명도사 사리탑의 지궁 출토 석불상

　1982년 문물 조사 당시 임구현의 남쪽 45km의 대관진(大關鎭) 상사
원촌(上寺院村)에서 명도사 유적지를 발견하였다(도 123). 이후 1984년
가을 마을사람이 집을 건축할 때 유적지 안쪽, 즉 명도사 사리탑의 지
궁에서 석불상 잔편을 대량 발견하였다. 당시 문화관(文化館)에서 급

---

173. 명문은 諸城市博物館, 앞의 논문, 95쪽 참고. 명문 속의 '」'(띄워쓰기)는 명문 자
　　체의 띄어쓰기에 의거함

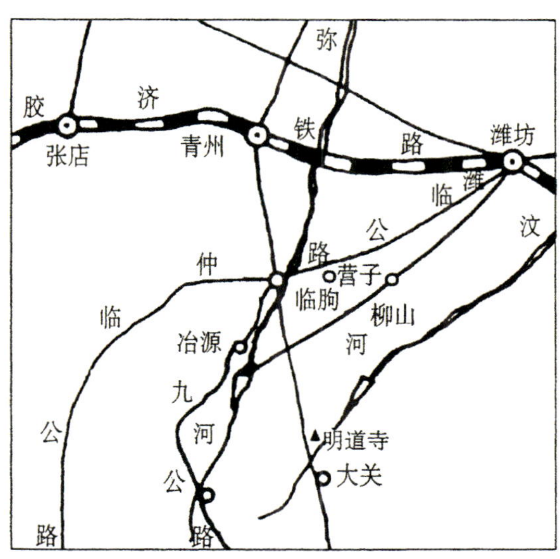

(도 123) 明道寺 유적지 위치도(臨朐縣博物館, 「山東臨朐明道寺舍利塔
地宮佛敎造像淸理簡報」, 『文物』9(2002), 64쪽 도 1)

히 사람을 파견하여 구제발굴을 실시하였다.

명도사 유적지에서는 십여 년 동안 석불상편과 기와, 건축 부재물들
이 계속해서 출토되었다. 명도사 사리탑은 1930년대까지 1층이 현존하
였는데, 평면은 육각형이고 서쪽벽에는 "기산명도사신창사리탑벽기
(沂山明道寺新創舍利塔壁記)"라는 명문제기가 있었다. 그러나 1940년
대 탑은 소실되었다. 이 탑의 지궁은 1965년 열렸는데, 시민들이 지궁
내에서 불상편을 꺼낸 후 다시 봉쇄하였다. 1984년의 발굴로 인해 2번
째 지궁이 열린 것이었다. 발굴 전 사리탑의 기단은 높이 2m, 폭 1.4m로
현존하였으며 벽돌에 석회를 발라 축조하였다. 지궁의 바닥은 직경
2.1m, 깊이 2.98m였다.

지궁에서 출토된 유물은 모두 불교 조각상의 잔편들이었다. 지궁 속
에 불상을 안치한 방식은 다음과 같다. 가장 위층에 중소형 조각상의

하체, 흉부, 두부 등을 두었으며 중간층과 아래층에는 비교적 큰 조각상의 신체부위, 불두, 주형 광배를 가진 조각상의 잔편을 놓아 두었다.

출토된 조각상 잔편들은 모두 1200여 구로 주형 광배를 지닌 조각상은 전체 수량의 50%를 차지하며 삼존상이 대부분이었다. 나머지 49%는 불상이며 조상비가 소수 출토되었다. 재질은 석회암이 주류를 차지하였으며 다음으로 활석, 사암, 백대리석이었다. 명문을 가진 예는 18구이다. 북위, 동위, 북제, 수대 작품들로 이 석불상의 발원자의 신분은 일반백성들이었다.

명도사에서 출토된 조각상은 수량도 많을 뿐 아니라 소재 역시 다양하다. 소재로는 석가불, 정광불, 미륵불과 일월등명불(日月燈明佛), 유마, 미륵보살, 관세음보살이 있다. 조각수준 역시 우수하여 청주시 용흥사, 제성시 출토 석불상과 더불어 석불상에서 중요한 위치를 차지한다. '기산명도사신창사리탑벽기(沂山明道寺新創舍利塔壁記)'에 의하면 명도사 지궁의 불상들은 북송 경덕원년(景德元年: 1004) 매장되었다고 기술되어 있다.[174]

석불상들의 조성시기는 북위, 동위, 북제, 수대로 나뉘어지기 때문에 이에 기초하여 각 시기별 특징에 대해 간략하게 살펴보겠다.

㉠ 북위

명문이 현존하는 예 중 가장 오래된 조각상은 북위 정광연간(正光年間: 520~525년)의 삼존상이다. 전체 높이는 51cm, 넓이 31cm이며 주형 광배를 가진다. 불입상은 얼굴과 손이 파손되었으며 두터운 포의박대

---

174. 臨朐縣博物館,「山東臨朐明道寺舍利塔地宮佛敎造像淸理簡報」,『文物』9(2002), 64~83쪽.

식 가사를 걸치고 있다. 조각상의 뒷면에는 명문제기가 새겨져 있는데
내용은 다음과 같다.

• 大魏正光年十一月辛未朔□, 八日戊□, 淸□亥□宋□敬造像, 一
區爲亡□父…母, □劫師僧, 俱家□□願生西方, □樂國□, 値□□…願
□從心無□□□□□并同斯愿 ¹⁷⁵⁾

[대위 정광년(520~525) 11월 신미삭 □8일 무□ 청□해 송□은 조각상
1구를 만든다. 죽은 아버지…어머니, 사승, 모든 집안사람이 서방□락
국에 태어나…이를 원하며 □ 소원은 이와 같다]

북위 520~525년 송□은
죽은 부모와 사승, 집안사
람들이 서방□락국에 태
어나길 바라며 조각상 1구
를 조성한다는 내용이다.

이외에 527년, 529년, 531
년명 불교 조각상이 있다.
고두 주형 광배를 가진 불
상으로 단독 불입상, 삼존
상이다. 이중 "普[泰]年
(531)"의 명문을 지닌 석불
상의 광배 정상부에는 비
천상 2구와 용 한 마리가

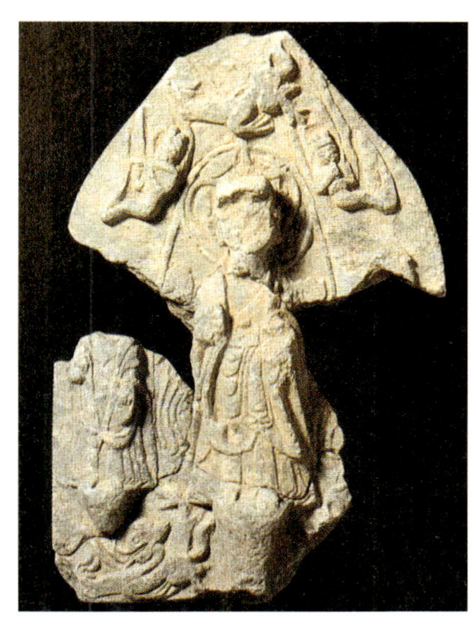

(도 124) 普[泰]年銘 삼존상(531년), 石, 28cm, 山東
省 臨朐縣 明道寺 유적지 출토, 臨朐縣博物館 소장
(臨朐縣博物館, 앞의 논문, 70쪽 도 13)

175. 명문은 臨朐縣博物館, 앞의 논문, 68쪽 참고.

조각되어 있다(도 124). 보살상 대좌 아래쪽에도 용이 각각 표현되어 있다.

이 시기의 불상은 주존상이 크고 협시보살상은 상대적으로 작게 표현되어 있다. 얼굴은 길쭉하며 어깨도 좁다. 의복은 두터우며 옷주름선이 돌출되게 조각되었다.

ⓒ 동위

명문이 있는 예로는 543년명 삼존상이 있다. 현재 높이는 32cm, 넓이 32cm이다. 주형 광배 앞쪽에 불입상 1구, 보살입상 2구를 배치하였으며, 불상과 보살상 사이에는 용이 표현되었다. 광배 뒷면에는 명문이 있다.

• 武定元年四月十五, 佛弟子劉天恩, 敬造世(石)家(迦)□尼像一軀, 願使居家□□, 願天恩父劉舍奴, 母□□田□□□□□, 容□□貴□□□, □金□ [176)

[무정원년(543) 4월 15일 불제자 유천은이 세가(석가)□니상 1구를 조성한다. 원하건대 집안사람 □□, 천은의 아버지 유사노, 어머니 □□전□ 용□□귀□□금□]

불상은 포의박대식 대의를 걸치고 있지만 옷주름선이 부드러워졌다. 이외에도 동위대 불상들은 신체가 풍만해지고 의복이 얇아지기 시작한다. 보살상 역시 장신구가 화려하고 복잡해진다.

---

176. 명문은 臨朐縣博物館, 앞의 논문, 77쪽 참고.

ⓒ 북제

연대를 가진 조각상은 2구인
데 552년, 563년이다. 552년명 불
상은 주형 광배를 가진 삼존상으
로 전체 높이는 40cm이다(도
125). 활석이 주재료이며 불두는
파손되었다. 포의박대식 대의이
며 오른쪽 어깨에서 수직으로 내
려온 옷자락이 왼손 위를 지나
아래로 늘어뜨려져 있다. 광배
뒷면에는 명문이 새겨져 있다.

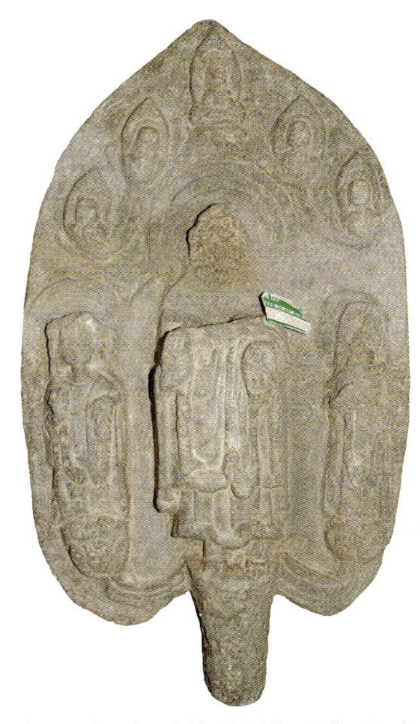
(도 125) 天保三年銘 삼존상(552년), 石, 山
東省 臨朐縣 明道寺 유적지 출토, 臨朐縣博
物館 소장

- 天保三年三月歲次□□, □
  山□僧□惠□, □□等□爲, 敬
  造石□□□, □¹⁷⁷⁾

[천보3년(552) 3월 세차 □□산□승□혜□□등이 … 석□을 조성
한다]

552년 승려 □혜가 석상을 조성한다는 내용이다.

563년명 불상은 단독 불입상으로 현존 높이는 17cm이다. 신체는 길
쭉하며 우견편단식 대의가 몸에 밀착되어 있다. 광배 뒷면에 명문이
있다.

<hr>

177. 명문은 宮德杰, 「明道寺背屏式造像分期初探」, 『中國北朝佛敎造像及其傳播國際
    學術研討會論文』(2005), 8쪽 참고.

• …淸二年四月」…六日趙繼伯」…亡妹文香敬」…像一軀[178)

[하청2년(563) 4월…6일 조계백…죽은 여동생 문향을 위해 …상 1구를 조성한다]

이외에도 북제대 불상의 의복은 아주 얇고 몸에 밀착되게 조각되어 있다. 옷주름선은 생략되거나 간략화 되었다. 불상의 육계는 낮고 나발이 조각되었다. 사유상의 치마에도 당시 성행한 두 줄의 음각선이 반복적으로 표현되었다.

ㄹ) 수

596년명의 삼존불상이 대표적이다. 주형 광배를 가지며 위쪽은 파손되었다. 현존 높이는 31cm, 넓이 35cm이다. 불상은 포의박대식 가사를 착용하고 있으며 안쪽에 승기지를 입고 있다. 본존상과 협시보살상 사이에는 용이 표현되었다. 조각상에는 채색의 흔적이 남아 있다. 뒷면에는 명문이 새겨져 있다.

• □皇十六年歲次□」□□□朔王昕希爲」□母孟容敬造石□」一區上爲國王□主□」□□王天祚□□」…光□□遠弟□」[179)

[개황16년(596) 세차□□ 삭 왕오희가 □어머니 맹용을 위해 석□ 1구를 조성한다. 위로는 국왕□주를 위하고 □□왕 천조□□…광□□원 남동생 □…]

178. 명문은 宮德杰, 앞의 논문, 10쪽 참고.
179. 명문은 臨朐縣博物館, 앞의 논문, 79쪽 참고.

596년 왕오희가 어머니 맹용을 위해 석상 1구를 조성하였다.

수대에는 주형 광배를 가진 조각상의 수량이 아주 적으며 조각 수준 역시 낮다. 조각상 양식은 전체적으로 북제대 전통을 여전히 계승하였지만 북제대 이 지역에서 극성했던 용은 수대들어 성행하지 않는다.

② 소시가장(小時家莊) 불교 유적지 출토 석불상

소시가장 유적지는 임구현으로부터 남쪽으로 30km의 석가하향(石家河鄕) 소시가장촌(小時家莊村) 서산(西山)에 소재한다. 1999년 5월 현지인이 배수구를 팔 당시 불교 유적지와 더불어 불상을 발견하였다. 당시 출토된 유물 중 일부는 이미 도굴되었지만 대부분의 유물은 박물관으로 옮겨졌다. 불두, 보살상, 불상, 연화좌, 기와 등 40여 점이 발견되었다. 조각상 양식으로 판단하면 북위 말~수대로 편년된다. 당시 건축물의 기단도 노출되었다.

2003년 가을부터 2004년 가을까지 산동성문물고고연구소, 임구현박물관, 스위스의 모대학이 연합하여 발굴을 진행하였다. 토기, 도자기편과 불상이 출토되었으며, 불교 건축물의 기단이 노출되었다.[180] 현존하는 명문과 조각양식으로 판단하면 이 석불상들은 북위 말~수대로 편년된다. 명문은 불상 광배 뒷면 혹은 대좌에 새겨져 있는데 다음과 같다.[181]

- 比丘寶□…大魏孝昌…五日壬…法社…三老孫…

---

180. 宮德杰,「小時家莊出土的佛敎造像與寺院建築基址」,『中國北朝佛敎造像及其傳播國際學術硏討會論文』(2005), 1쪽.

181. 명문은 宮德杰, 앞의 논문(주 183), 2~9쪽 참고.

[비구 보□…대위 효창(525~527년)…5일 임…법사…삼노 손…]

* 普泰二年…趙鴦女…敬造供養

[보태2년(531)…조앙의 딸…공양하여 조성한다]

* 興和二年…丁丑朔…

[흥화2년(540)…정축삭…]

* □平七年(576)四月」八日孫文敬造」□潘爲亡息阿」□造像一軀□」□□生天□□」□福

[□평7년(576) 4월 8일 손문이 조성한다. □반이 죽은 아들 아□을 위하여 1구를 조성한다. □생 천□□복]

* 故人王□符」妻石南□」故人王寶林」故人惠明」妻焦男」林妻李緋」□息女孝□」□妻□錦」息男苟生」息女要美」息女摩耶息」女貳□」息女□□

[부인 이비□, 딸 효□, □부인 □금, 아들 구생, 딸 요미, 딸 마야, 딸 이□, 딸 □□]

* 大齊天統」四年三月」丙申朔八」日癸卯淸」信士」佛弟」子張機張」昌兄弟二」人知富□」崇□身兄」常□奢家」珍上爲亡」父母敬造」觀世」音像」一軀愿」生生世世」常與佛會

[대제 천통4년(568) 3월 병신삭 8일 계묘 청신사 불제자 장기, 장창 형제 두 사람은 부는 …하고, 몸은 …을 알아서, 마침내 집안의 재산을 내어서 죽은 부모를 위해 관세음상 1구를 조성함에 생생세세 불법과 함께 하기를 바란다]

이 명문들 중 조성시기가 가장 빠른 석불상은 북위 말 525~527년이며 조성시기가 가장 늦은 예는 576년이다. 대부분 죽은 사람의 명복을 빌기 위해 조성하였다.

525~527년에 조성된 불상은 주형 광배를 가진 불상의 잔편으로 전체적인 양식은 명도사(明道寺)에서 출토된 불상과 유사하다. 또다른 불상 잔편에는 용이 표현되어 있어 청주시 용흥사에서 출토된 조각상 양식과 흡사하다. 결론적으로 말하자면 소시가장 유적지에서 출토된 불상 양식은 명도사, 제성시, 청주시, 박흥현 등지에서 출토된 석불상과 아주 유사하다.

다시 말해 이 불상들 역시 청주지역을 중심으로 한 불상양식의 영향을 받아서 제작되었던 것으로 판단된다. 북위 말로 편년되는 석불상은 포의박대식 가사를 걸치고 있으며 가사의 질감이 두텁다. 동위 조각상은 육계가 낮고 신체가 풍만해지고 있다. 북제 조각상은 얇은 불의를 입고 있으며 특히 광배에 연꽃, 인물상 이야기, 불전 등이 새겨져 있고 투조된 경우도 있다.

(4) 광요현(廣饒縣)

광요현박물관에는 광요현에서 출토되거나 수집된 석불상이 전시되어 있다. 광요현은 1991년에 동영시(東營市)의 행정 관할하에 있었기 때문에 광요현에서 출토된 석불상은 동영시박물관에 소장되었다가 지금은 광요현박물관으로 옮겨져 소장되어 있다.

광요현 이작향(李鵲鄕) 대장장촌(大張莊村)의 영녕사(永寧寺) 유적지, 소장향(小張鄕) 남조촌(南趙村)의 개공사(皆公寺) 유적지, 단가촌(段家村), 서영향(西營鄕) 장담촌(張談村), 대왕진(大王鎭) 이사촌(李四村)에서 석불상이 수집되었으며 이작촌 영녕사(永寧寺) 유적지, 남조촌의 동쪽 우물 내에서도 석불상이 출토되었다. 광요현에서 수집되거나 출토된 석불상은 모두 7점이며 거대한 주형 광배를 가진 불상이 대부분을 차지한다.

조각양식으로 판단하면 이 석불상들은 북위, 동위, 북제, 수, 당대로 편년된다. 개공사에서 출토된 당대 불상의 높이는 20cm이고 이외의 석불상들은 200cm 이상이다. 동위 537년에 조성된 석불상은 영녕사의 비구가 석가모니석상을 조성한다는 내용으로 인해 동위 작품임이 확실하다.[182]

남북조시대에 해당되는 석불상 양식, 즉 광배 정수리에 표현된 용을 비롯하여 불상의 대의표현, 보살상의 양식 등에서 청주 석불상 양식과 유사하다. 주형 광배의 좌우 양쪽에 위치한 일월을 든 인물상의 표현 역시 청주시, 임치구, 박흥현 등 이 지역의 남북조시대 석불상에서 보편적으로 보이는 특징이다. 인물상은 좌우로 2명 혹은 6명을 배치하였으며 일월로 상징되는 원형의 물건을 한 손에 들고 있으며,[183] 긴 수염과 삼각형의 머리는 뾰족하게 처리되었다.[184]

광요현의 영녕사, 개공사 출토 석불상에 대해 간략하게 살펴보도록 하겠다.

① 영녕사(永寧寺) 출토 석불상

이작향 이작촌에는 영녕사라는 불교 사원지가 있는데 이 곳에서 삼

---

182. 趙正强, 「山東廣饒出土佛敎石造像」, 『文物』 12(1996), 75~83쪽.

183. 八木 春生은 인물상이 손에 들고 있는 것이 태양과 달을 상징하는 것으로, 한대 동왕공, 서왕모의 지물에서부터 이러한 도상이 등장하며 도교상, 용문석굴 북위 조각상의 영향이라고 주장하고 있다(八木 春生, 「北魏時代後期の佛(道)敎造像に見られる漢民族の傳統圖像について」, 『中國佛敎美術と漢民族化』(法藏館, 2004), 99~109쪽).

184. 각각 靑州市博物館, 臨淄石刻藝術館에 소장되어 있으며 박흥현 興國寺에 소장되어 있었던 사면석불의 현 소재지는 알 수 없다.

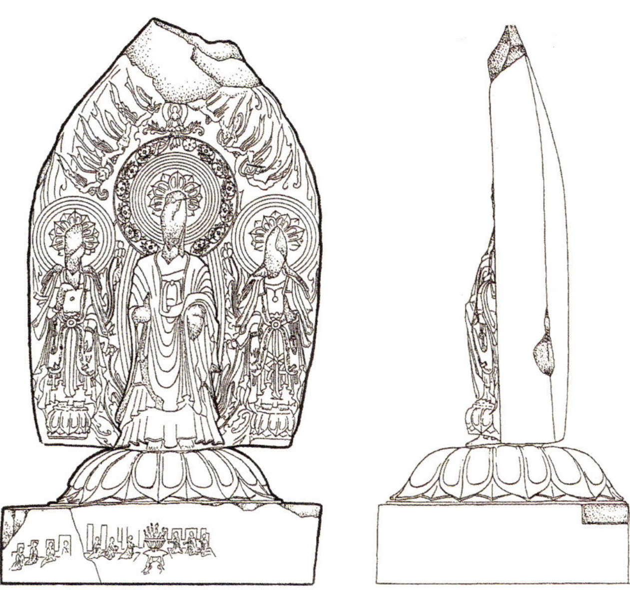

(도 126) 丁巳銘 삼존상(537년), 石, 200cm, 山東省 廣饒縣 李鵲村 출토, 廣饒縣縣博
物館 소장(趙正强,「山東廣饒出土佛敎石造像」,『文物』12(1996), 80쪽 도 10)

존상이 출토되었다. 현존 높이는 200cm이며 불입상 1구, 보살입상 2구
가 배치되었다(도 126). 원형 두광과 주형 거신광을 지닌다. 불상은 포
의박대식 가사착의법을 하고 있지만 치마 양측의 옷자락이 부드럽게
늘어뜨려져 있다. 보살상은 배부분에서 천의와 영락이 X자형으로 교
차되어 있다. 방형 대좌의 정면에는 향로와 공양자상이 조각되어 있으
며 그 좌우측에는 명문이 새겨져 있다.

• …歲次丁巳正月丙申朔卅日□」□□□□非凡匠所圖□趣道深豈
下」□□□以如來假形於生死□經象以」□□暉范古今始終共軌靑州永
寧寺比丘」□□諸法義等造釋迦牟尼石像一軀上」□帝父母師僧無過衆
生無過現存咸同斯[185)]

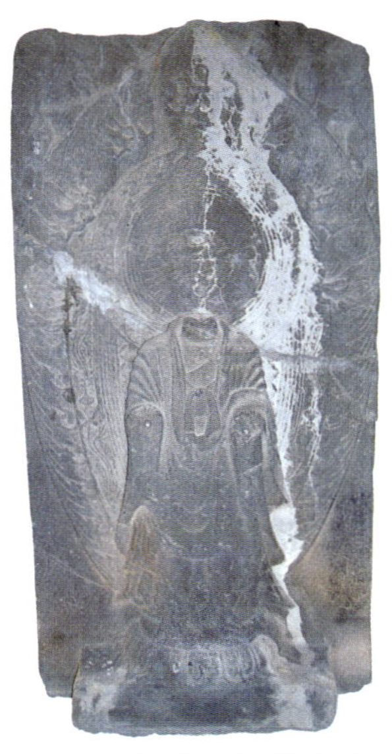

(도 127) 佛立像(北魏～東魏), 石,
254cm, 山東省 廣饒縣 南趙村 출토,
廣饒縣博物館 소장

[…세차 정사 정월 병신삭 30일□□ 범상한 장인이 만들 수 있는 바가 아니고……청주 영녕사 비구와 여러 법의 등이 석가모니석상 1구를 조성한다. 위로는 황제와 부모, 사승들이 탈이 없고 중생들이 탈이 없고, 모두 이 복을 누리기를 바란다]

명문에서의 "丁巳"는 동위 537년이므로, 이 불상은 537년 청주 영녕사의 비구와 법의 등이 석가모니석상 1구를 조성한다는 내용이다.

② 개공사(皆公寺) 출토 석불상

광요현 이작진 남조촌에 소재하는 개공사란 절에서 단독불입상 1구가 출토되었다. 높이는 254cm, 넓이 160cm이며 단독불입상이다(도 127). 머리와 두 손은 파손되었으며 포의박대식 가사는 양옆으로 뾰족하게 처리되었다.

원형 두광과 주형 거신광, 그 외연부에 6명의 인물상이 표현되었다. 원형 두광에는 방사선문, 동심원, 인동당초문, 연화문이 표현되어 있고, 주형 광배에는 비천상 6구, 화염문, 한 마리의 용이 입에서 인동당초문를 뿜어내고 있다. 광배의 장식은 복잡하고 화려하며 광배 아랫부분에는 공양자상 5구가 새겨져 있다.

---

185. 명문은 尹秀民主編, 『廣饒文物槪覽』(內蒙古人民出版社, 2001), 79쪽 참고.

(5) 혜민현(惠民縣)

1997년 혜민현 혜민진(惠民鎭) 사하양촌(沙河楊村)에서 한 농민이 집을 재건축할 당시 석불상을 발견하였다. 문물국에서 현장에 즉시 전문가를 파견하였고 지상에서 90cm 아래의 구덩이에서 석불상 17구를 발굴하였지만 현장이 이미 훼손되어 구덩이 속의 층위관계, 기타 유물과의 공반관계, 석불상의 폐기 원인 등에 관한 정확한 연구는 진행하기 힘들었다.[186]

혜민현에서 출토된 이 석불상들은 현존하는 명문을 통해 남북조시대 조성된 작품들로 추정되며 청주를 중심으로 출토된 석불상들의 소재, 조각수법과 흡사하다. 석질은 석회암, 대리석이며 단독보살입상, 이불병좌상, 반가사유상, 삼존상, 불두, 몸체, 광배 등이 파손된 채 출토되었다.

혜민현에서 출토된 석불상들은 명문을 통해 동위, 북제대 작품으로 여겨지며 조각양식은 청주 양식과 유사하다. 석불상이 출토된 지점은 원래 옥림사(玉林寺)가 소재하였던 곳으로 추정되는데, 이 사찰은 남북조시대 이 일대에서 규모가 비교적 큰 곳이었다.

혜민현 출토의 석불상 중 대표적인 조각상에 대해 간략하게 살펴보도록 하겠다.

① 동위 537년명 석불상

전체 높이는 126cm, 넓이 86cm이다. 주형 거신광을 가지며 불입상 1구, 보살입상 2구인 삼존상이다. 머리는 훼손되었고 광배에는 한 마리

---

186. 惠民縣文物事業管理處,「山東惠民出土一批北朝佛敎造像」,『文物』6(1999), 70쪽.

용과 비천상 6구를 조각하였다. 광배 뒷면에 발원문이 새겨져 있다.[187]

• 石像主比丘道玉」石像主嚴懷安」允」大魏天平四年六月」甲子朔一日滄州樂陵郡濕沃縣」上方同寺道玉陽平郡淸淵縣」人嚴懷安二人率邑儀三百」人等敬造彌勒石□三區衆」雜經三百」上上爲皇帝陛下左右□□令」長群僚百官使□弼淸高率」心崇正」復愿七世師僧父母亡過見存」眷屬大小邑儀知識一切有」形之類愿使邑儀三百人等値」佛聞法咸同斯福□王世□」浮陽太守王零和」息安德縣令□□□」□善俱値遇諸佛…(이하 공양자 300人의 이름 생략)

[석상의 주인 비구 도옥, 석상 주인 엄회안은 대위 천평4년(537) 갑자삭 1일 창주 낙릉군 습옥현 상방동사 도옥, 양평군 청연현 사람인 엄회안 두 사람이 읍의 300인과 함께 미륵석□ 3구와 여러 경전 300권을 조성한다. 위로는 황제폐하와 아래로는 좌우 □□령과 관료백관은 마음을 다해서 불교를 숭상하기를 바란다. 다시 바란건대 칠세사승, 부모와 죽었거나 살아있는 가족들과 여러 읍의 지식과 일체사람들을 위하여 읍의 300여 명의 사람들은 부처를 만나 불법을 듣기를 바라며 모두 이러한 복을 누리기를 기원한다. □왕세□, 부양태수 왕령화, 아들 안덕현령 □□□, □ 모두 좋은 곳에 태어나고 여러 부처를 만나기를…]

537년 창주 낙릉군 습옥현 상방동사의 승려 도옥과 양평군의 엄회안 2명은 읍의 300인과 더불어 미륵석상을 조성한다는 내용이다. 이 명문을 통해 이 지역 사람들은 이 미륵삼존상을 조성하여 국가안정과 칠세사승, 일

<hr>

187. 혜민현에서 출토된 불상의 명문은 惠民縣文物事業管理處,「山東惠民出土一批北朝佛敎造像」,『文物』6(1999), 70~78쪽을 참고로 함.

체권속들의 불법 경청과 부처와의 상봉을 기원하였음을 알 수 있다.

② 동위 548년명 보살입상

전체 높이는 38.5cm, 넓이 16.5cm이다. 백옥석을 재질로 하였으며 채색을 가하였다. 단독보살입상으로 주형 광배를 가졌다. 머리에는 보관을 쓰고 손에는 연꽃봉우리, 향자루(香袋)를 쥐고 있다. 조각상에는 흑색·황색, 주홍색 등의 색채로 각종 문양이 그려져 있다. 보살상 아래의 방형 대좌에 명문이 새겨져 있다.

• 武定六年三」月十四日濕沃人」唯那像」主王叔義邑義」人定州」中山郡魏昌」縣人劉瓮貴」趙景仲」邑子李」慶邑義等」上愿皇帝」陛下哈生之」類生生世世値」佛聞法」李祥伯妻」玉□貴般縣人王景」□正定國」張陵侍佛⋯(이하 공양자 이름 생략)

[무정6년(548) 3월 14일 습옥에 사는 유나이며 상주인인 왕숙의, 읍의 정주 중산군 위창현의 유옹귀, 조경중과 읍자 이경, 읍의 등이 위로는 황제, 아래로는 생명을 가진 존재가 항상 부처를 만나 불법을 듣기를 바란다. 이상백의 부인 옥□, 귀반현의 왕경□, 정정국의 장릉이 부처를 시위함에⋯]

이 보살상은 548년 유나, 읍의 등에 의해 조성되었다.

③ 동위 550년명 이불병좌상

현존 높이는 28.5cm, 높이는 24cm이다. 백옥석의 재질에 석가다보 이불병좌상을 조각하였다. 시무외, 여원인을 하고 있으며 가사는 방형 대좌를 덮고 있다. 대좌의 뒷면에 명문이 새겨져 있다.

- 大魏武定八年歲在」庚午二月八日辛」巳□比丘尼曇□」曇朗造多寶石」像一區上爲皇帝」陛下州郡令長」社境萬民儒□」衆生普同斯愿」愿□□父母兄弟姊」妹見存居家眷」屬普同斯愿値佛」聞法…

[대위 무정8년(550) 세재 경오 2월 8일 신사□ 비구니 담□와 담랑이 다보석상 1구를 조성한다. 위로는 황제폐하, 아래로는 주군령장과 지역의 백성들과 모든 중생들을 위하여 이 바람을 함께 하고자 한다. 바라는 것은 죽은 부모 형제 자매와 살아있는 가족들이 이 바람을 함께 해서 부처를 만나고 법을 듣기를 바란다]

이 상은 550년 비구니 담□, 담랑에 의해 조성된 다보석상이다.

④ 북제 570년명 반가사유상

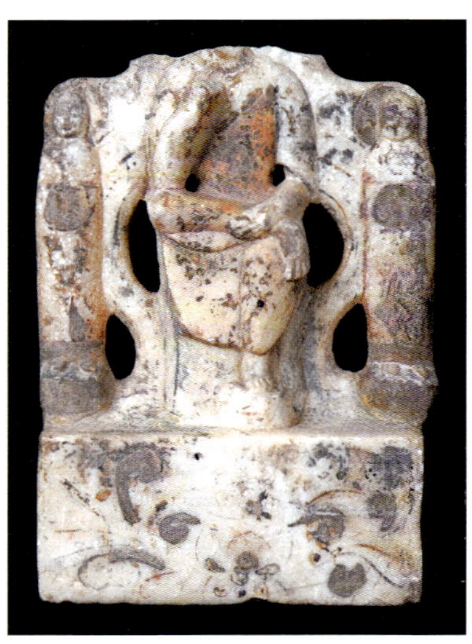

(도 128) 武平元年銘 思惟像(570년), 白玉, 25cm, 山東省 惠民縣 출토, 惠民縣文物事業管理處 소장(惠民縣文物事業管理處, 「山東惠民出土一批北朝佛敎造像」, 『文物』6(1999), 76쪽 도 14)

현존 높이는 25cm, 넓이는 18cm이며 재질은 백옥석이다. 반가상 1구, 제자상 2구를 배치한 삼존상이며 부분적으로 투조로 조각되었다(도 128). 상체의 천의는 어깨에서 내려와 팔목을 휘감은 후 다시 아래로 늘어뜨려져 있다. 조각상은 전체적으로 채색이 되어 있으며, 대좌 뒷면에는 다음과 같은 명문이 있다.

- 武平元年」二月十三日」

比丘僧馥爲亡父」母敬白玉」思惟像一」區使亡」者托生」西方妙」樂國土」
生生世世」值佛聞」法有爲」居家眷」屬普同」思願

[무평원년(570) 2월 13일 비구 승복이 죽은 부모를 위해 백옥사유상
1구를 조성한다. 죽은 사람이 서방묘락국토에 태어나서 항상 불법을
듣기를 바라며 현재 가족들도 생각하는 바를 이루기를 소원한다]

이 반가사유상은 백옥의 재질로 570년 비구 승복이 죽은 부모를 위
해 조성하였음을 알 수 있다.

(6) 무체현(無棣縣)

1970년대 무체현 수만공사(水灣公社)가 촌 동남쪽에서 땅을 착굴할
당시 지하 60cm에서 석불상 7구를 발견하였다. 이 중 4구는 "大齊天保
五年"(554), "天保八
年"(557), "大齊天保
九年"(558, 도 129),
"大齊天統三年"(567)
이란 기년을 가지고
있다. 모두 백옥석을
재질로 하였으며 정
교하게 조각되었다.
불상의 전체 높이는
100cm 이상인 예와
30cm 정도인 작품으
로 나뉜다. 조각상의

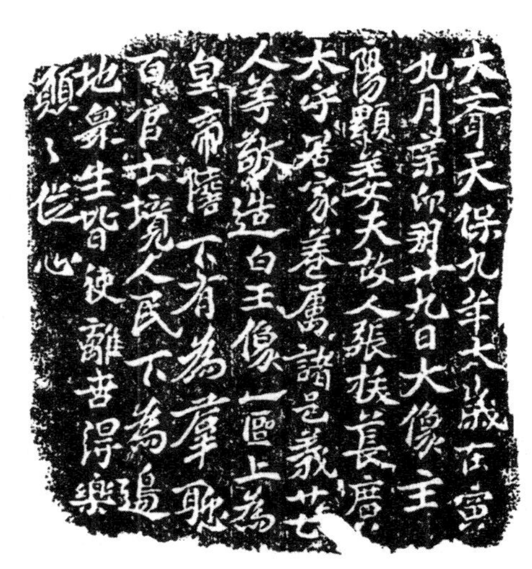

(도 129) 天保九年銘 조각상의 명문 탁본(558년)(惠民地區文物
管理組, 「山東無棣出土北齊造像」, 『文物』7(1983), 46쪽 도 9)

배치방식은 단독보살상, 불상 1구 · 보살상 2구의 삼존상, 보살상 1구 · 제자상 2구의 삼존상이다.[188]

신체는 풍만하며 둥근 옷깃의 가사 등은 북제대 성행한 양식을 잘 보여준다. 광배의 정수리 부분에는 탑 1기 혹은 용이 조각되었다. 대좌 정면에는 향로와 사자가 있는데 이들은 북제대 성행한 요소이다.

(7) 창읍시(昌邑市)

1996년 창읍시 탑이보진(塔爾堡鎭) 고양촌(高陽村) 보해사(保垓寺) 유적지의 오래된 우물 속에서 석불상이 발견되었다. 이 유적지에서는 일찍이 도자기편, 기와, 토기편들이 발견되어 창읍현지(昌邑縣志)에 기록되어 있는 보해사 유적지로 여겨지고 있었다. 1개월간의 발굴을 통해 우물에서부터 아래쪽으로 4m 되는 곳에서 청색 벽돌이 쌓여 있는 흔적이 확인되었으며 그 아래쪽에는 암석을 판 흔적이 역력함을 발견하였다.

이곳에서 출토된 석불상들은 현지에서 채취되는 석회암을 재료로 하였다. 모두 30여 구의 석불상이 출토되었으며 불두 8구, 동물상 2구, 연화대좌 15구, 비천상 4구, 손 · 발 파편 22구, 소조 보살상 1구이다. 이 중 명문이 있는 예는 20구이며 정확한 제작연대를 가진 불상은 3구이다.[189]

불상의 가사는 옷주름선이 없으며 얇은 질감의 대의가 몸에 밀착되게 표현된 예가 많다. 몇몇은 채색이 되어 있으며 광배에는 용, 연꽃줄

---

188. 惠民地區文物管理組,「山東無棣出土北齊造像」,『文物』7(1983), 45쪽.
189. 王君衛,「山東昌邑保垓寺故址出土石造像」,『文物』6(1999), 82쪽.

기가 조각되었다. 연화대좌의 높이는 20cm 정도이고 복판의 연꽃잎에 중판으로 이루어져 있다. 조각상 양식은 전체적으로 청주지역 북제대 양식과 흡사하다. 명문의 내용은 아래와 같다.[190]

- …魏興和二…合寅朔八日…
[…위 흥화2년(540)…합인삭 8일…]
- 大齊天保六年二月十五日佛弟
[대제 천보6년(555) 2월 15일 불제]
- 太寧元年歲□辛巳十二月壬申…
[태령원년(561) 세□ 신사 12월 임신…]

앞의 명문을 통해 이 불상들은 동위, 북제대에 조성되었음을 알 수 있다. 발굴당시의 상황으로 보아 조각상은 인위적으로 파손된 이후 구 덩이 안쪽에 매장된 것으로 여겨지며 북주 폐불 당시 묻혔을 가능성이 높다.

(8) 고청현(高靑縣)

1976년 고청현 서가촌(胥家村)의 동남쪽에서 배수구 공사 당시 지표 견에서 5m 아래에서 불교 조각상 8구가 출토되었다. 7구는 청석질의 석불상, 대좌, 불두 등이며 고대 사원 유적지에서 출토된 것으로 추정 되고 있다. 이중 기년을 가진 석불상은 3구이며 배치방식은 단독불상, 불상 1구·보살상 2구의 삼존상, 단독보살상이다.[191] 단독 불입상의

---

190. 명문은 王君衛, 앞의 논문, 83~84쪽의 내용을 참고함.

명문은 광배 좌우측과 뒷면에 새겨져 있다.[192]

    • 武定四年三月
[무정4년(546) 3월]
    • 齊州平元郡臨濟
[제주 평원군 임제]

대좌만 현존한 예에서는 정면, 좌우측에 명문이 새겨져 있다.

    • 天統四年二月廿三日, 謝思祖夫妻爲亡息元邕, 敬造盧舍那像一區, 願托生西方妙洛國土, 苓花樹下恒與佛會, 又願居家眷屬咸同斯福, 願願如是

[천통4년(568) 2월 23일 사사조 부부는 죽은 아들 원옹을 위해 노사나상을 1구 조성하는데, 죽은 아들이 서방묘락국토에 태어나 영화수(용화수) 아래에서 불법을 듣기를 바라며 현재의 가족들도 이러한 복을 누리기를 바란다. 원하는 바는 이와 같다]

삼존상의 광배 뒷쪽에 새겨진 명문은 아래와 같다.

    • 大齊武平五年歲次甲午十一月丁巳朔廿三日己卯, 高次爲父母敬造石像一區, 上爲國王帝主下及邊地衆生居家眷屬咸斯福…(도 130)
[대제 무평5년(574) 세차 갑오 11월 정사삭 23일 기묘 고차는 부모를 위

---

191. 常敍政·于豊華, 「山東省高靑縣出土佛敎造像」, 『文物』4(1987), 31~35쪽.

192. 명문은 常敍政·于豊華, 앞의 논문, 31~34쪽 참고. 명문속의 구두점은 필자가 명문 내용에 의거하여 임의로 찍은 것임.

해 석상 1구를 조성함에 위로
는 국왕제주, 아래로는 변방의
중생, 가족들이 복을 누리길
바란다…]

위의 명문들을 통해 고청
현 서가촌에서 출토된 석불
상들은 동위, 북제대 조성된
것으로 이는 불상 양식을 통
해서도 확인된다. 이 석불상
들은 파손된 이후 매납되었
는데 불상의 조성시기가 남북조시대에 집중되어 있다는 사실이 특징
적이다. 결국 북제대 혹은 이 시기를 거친 이후 인위적으로 불상이 파
괴되어 땅 속에 묻혔던 것으로 추정된다. 또한 노사나불상과 용화수
아래의 미륵불상이 함께 신봉되었다는 사실은 북제대 산동지역에서
성행한 불교신앙의 한 단면을 확인할 수 있다는 점에서 흥미롭다.

(9) 박흥현(博興縣)

1976년 박흥현 장관촌(張官村)에서 석불상이 발견되었으며 1984년 4
월 박흥현문물관리소의 연구원들이 용화사 유적지를 조사하였을 당
시 기와, 금동불, 석불상 등 22점이 수습되었다. 1990년 장관촌에서 어
장을 팔 당시 석불상, 건축 부재물, 기와, 토기 등이 발견되기도 하였
다. 이들 유물들은 모두 용화사 유적지에서 출토되었다. 용화사 유적
지의 규모는 비교적 큰 편이어서 현재 숭덕촌(崇德村), 조루촌(趙樓

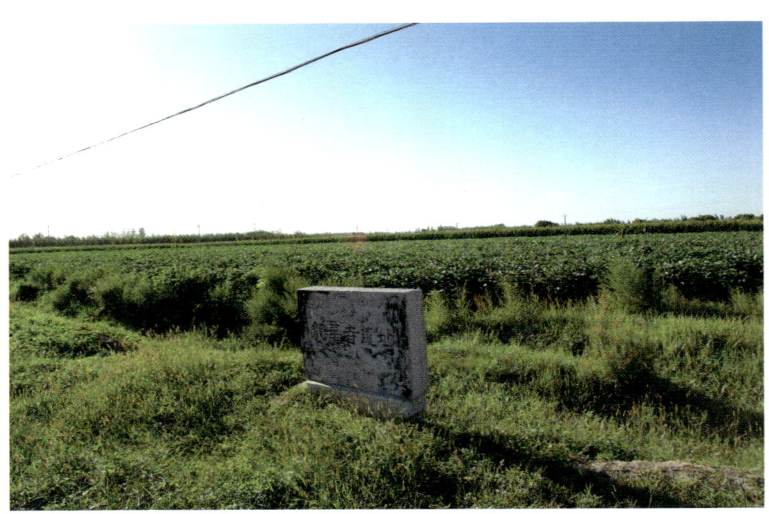

(도 131) 博興縣 龍華寺 유적지

村), 장관촌(張官村), 고가촌(高家村), 풍오촌(馮吳村)에 걸쳐 분포되어
있다(도 131).

1976년 발견된 석불상들은 구덩이 안쪽에 질서정련하게 매납되어
있었으며, 당시 70여구의 석불상이 출토되었다. 석불상의 재질은 청석,
백석, 자기 등이며 단독상, 삼존상이 대부분이다. 조상비(造像碑) 1구,
석불상 24구, 백자조각상 4구, 불두 9구, 보살두 9구, 백자보살두 1구, 대
좌 12구이다.

정확한 조성연대를 가진 예는 9구이며 무정5년(武定五年: 547), 무정
8년(武定八年: 550)의 동위대 작품 2구와 천보원년(天保元年: 550), 건명
원년(乾明元年: 560), 태령2년(太寧二年: 562: 도 132), 천통2년(天統二年:
566: 도 133), 천통4년(天統四年: 568), 무평원년(武平元年: 570)의 북제대
조각상 7구이다.193) 조각양식은 크게 청주지역의 불상양식과 궤도를
같이하고 있다.

이 석불상들은 발견 당시 이미 인위적으로 파손된 이후 땅속에 묻혀 있었으며 미완성 작품도 섞여 있었다. 북주 574년 실시된 폐불정책과 관련되어 당시 땅 속에 묻힌 것으로 추정되고 있다.[194]

1984년 이소남(李少南), 장치충(張治忠) 등 5명의 연구원들이 용화사 유적지를 조사할 당시 숭덕촌의 북쪽 300m에서 벽돌을 쌓은 기단과 구덩이를 발견하였다. 또한 숭덕촌, 장관촌 일대에서 기와, 건축 부재물을 수집하였으며 숭덕촌, 풍오촌에서는 금동불상을 발견했다. 이들은 숭덕촌, 조루촌, 장관촌 일대에서도 석불상 22구를 채집하였다.

당시 수집된 조각상은 보살상, 보살두, 불두, 손, 조상비편 등이다. 수집된 조각상의 대좌는 4구이고 "천보9년(天保九年: 558) 태자상(太子像)을 조성한다", "개황9년(開皇九年: 589) 노사나불상을 조성한다"는

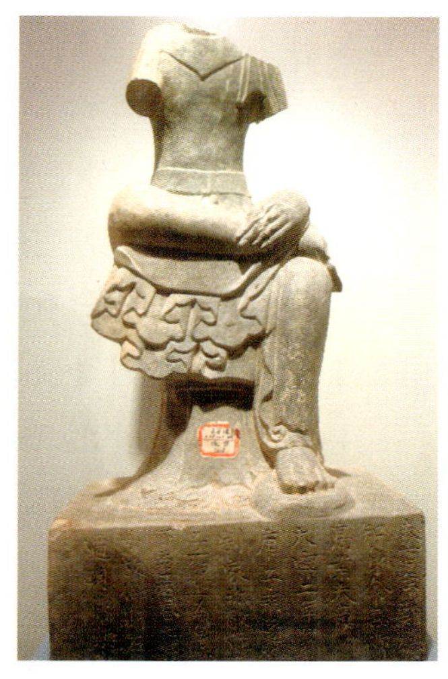

(도 132) 太寧二年銘 太子像(562년), 石, 56cm, 山東省 博興縣 출토, 博興縣博物館 소장

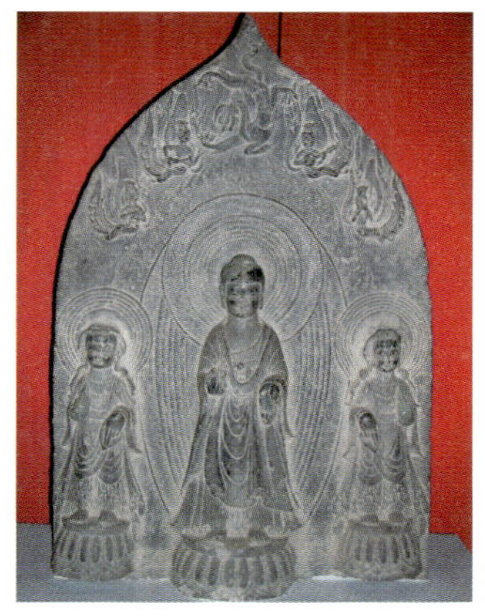

(도 133) 天統二年銘 삼존상(566년), 石, 120cm, 山東省 博興縣 출토, 博興縣博物館 소장

193. 常叙政 · 李少南, 「山東省博興縣出土一批北朝造像」, 『文物』7(1983), 38~44쪽.

194. 常叙政 · 李少南, 앞의 논문, 42쪽.

내용이 새겨져 있다. 조상비 파편에는 "대업4년(大業四年)"이란 연호가 보인다.[195]

1990년 봄 장관촌에서 연못공사를 할 당시 불교조각상과 불교 관련 유물을 발견하였다. 당시 발견된 문물은 문물관리소로 옮겨졌으며 대좌를 포함한 조각상 56구를 운반하였다. 명문이 있는 예는 15구이며 이중 명확한 기년을 가진 것은 6구로 대부분 북제대 작품이다. 조각상의 종류로는 단독보살상, 조상비, 대좌가 있으며 대좌의 출토 수량이 많다.[196]

이 유적지는 불교유물의 출토와 함께 '무정5년건찰비(武定五年建刹碑)'가 수집됨으로써 당시 불교사원이었던 것으로 추정된다. 무정5년(武定五年)은 북위 547년이므로 사찰의 창건은 547년보다 이르다고 추론된다. 이 사찰은 향의사(鄕義寺)이며 규모는 그다지 크지 않지만 용화사와 더불어 박흥지역의 불교발전 상황을 연구하는데 좋은 자료를 제공한다.

2001년 겨울 용화사 유적지의 서북쪽에서 벽돌을 쌓아 만든 기단이 노출되었다. 현존하는 층수는 3층이며 기단 동쪽의 충적토층에서 백자보살두 1구, 석불상의 손 2구, 석보살두 1구, 석연화좌 1구, 석불상 1구, 기와가 출토되었다. 이중 보살두의 뒷면에는 "大齊河淸二年…靑州樂安郡千乘…爲亡父敬造"[대제 하청2년(563)…청주 낙안군 천승…죽은 아버지를 위해 조성한다]란 명문이 현존한다. 이 명문 속의 청주 낙안군은 오늘날의 청주시 일대 지역이므로 북제대 이 지역 사람의 발원에 의해 조성되었음을 알 수 있다.[197]

---

195. 山東省博興縣文物管理所, 「山東博興龍華寺遺址調査簡報」, 『文物』9(1986), 813~821쪽.

196. 博興縣文物管理所, 「山東博興出土北朝造像等佛敎遺物」, 『考古』7(1997), 27~33쪽.

박흥현에서 출토된 석불
상은 용화사 유적지 이외에
도 1993년 점자진(店子鎭)
이성촌(利城村)에서 발견된
523년명 석불상, 점자진 반
야촌(般若村) 반야사에서
출토된 525년명 왕세화(王
世和) 석불상, 동로촌(東魯
村)에서 출토된 546년명 혜
민(惠愍) 석불상(도 134), 흥
복진(興福鎭) 흥화익촌(興
和益村) 서사묘(西寺廟)에
서 발견된 석불상 등이 있
다. 이들은 현재 박흥현박물

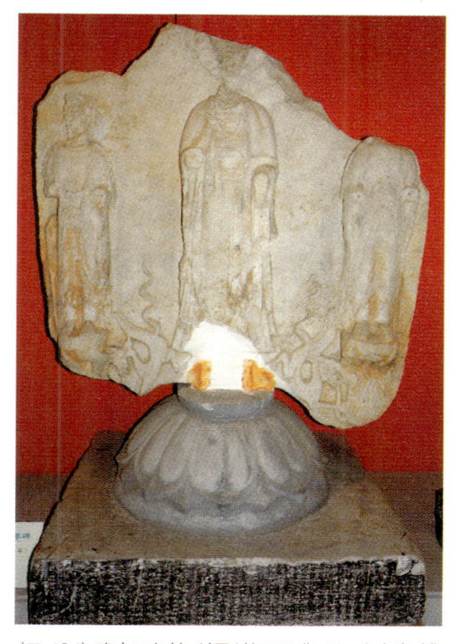

(도 134) 武定四年銘 삼존상(546년), 石, 山東省 博興縣 출토, 博興縣綜博物館 소장

관에 소장되어 있고 명문을 지니고 있어 용화사 출토 불상과 양식을 서
로 비교할 수 있는 좋은 자료들이다.

호빈진(湖濱鎭) 장팔불촌(丈八佛村)에 위치한 흥국사(興國寺)에는
석불입상 1구가 안치되어 있다. 불입상의 전체 높이는 7.1m이고 불상
높이는 5.6m이다(도 135). 불상은 나발이며 육계가 높다. 포의박대식 가
사를 착용하였고 가슴 앞쪽에 띠매듭이 표현되었다. 얼굴은 사각형에
가까우며 목은 길다. 수인은 시무외, 여원인을 결하고 있다.

대좌는 방형 대좌 위에 연화대좌로 이루어져 있다. 방형 대좌의 정면

<hr>

197. 張淑敏,「龍華寺遺址」,『シリーズ山東文物5-小さな御佛たち』(山口縣立萩美術館
　　・浦上記念館, 2004), 6쪽.

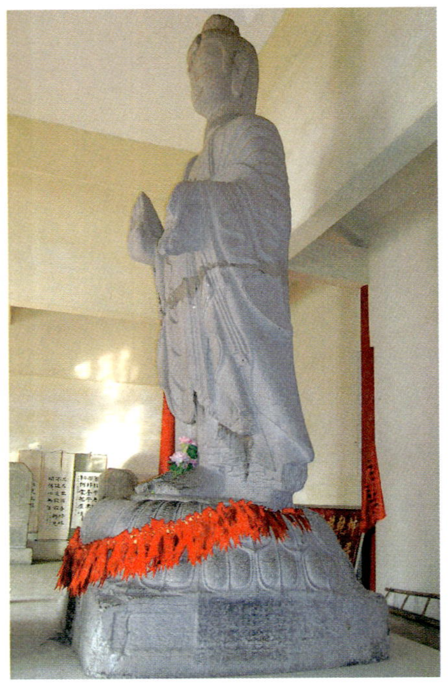

(도 135) 博興縣 興國寺 佛立像(534년), 石, 710cm, 山東省 博興縣 興國寺 내

에는 향로, 역사상, 공양자상이 새겨져 있다. 대좌 좌우에는 공양자상과 명문이 있는데 북제대흥국사를 중수한 내용을 새겨 놓았다. 도광6년비(道光六年碑)의 기록에 의하면 "천평원년(天平元年: 534) 장건령(張建領)이 정전(正殿)과 삼불전(三佛殿) 등을 건립하였다"고 한다. 이에 이 석불상은 534년 혹은 이후에 조성되었다고 추정된다.[198]

(10) 임치구(臨淄區)

치박시 임치구 출토 불상은 서천사에서 출토된 예와 용천사 출토 작품이 대표적이다.

① 서천사(西天寺) 출토 석불상

치박시 임치구 제도진(齊都鎭) 서관촌(西關村)의 북측에는 임치석

---

198. 李廣英, 「"丈八佛"石造像」, 『鐫刻的歷史』(中國文史出版社, 2004), 72~73쪽.

각예술관(臨淄石刻藝術館)이 소재한다. 예술관 내부에는 서천사에서 출토된 거대 석불상 2구(도 136)와 광배를 가진 불입상 2구(도 137), 아육왕탑 석경당 1기, 대리석 사자상 세트 등이 소장되어 있다.

『臨淄縣志』의 기록에 의하면 서천사의 무량수불상은 후조(後趙)의 석호(石虎)가 건립한 흥국사(興國寺)에 안치되어 있었다고 한다. 이 사찰은 송대 초기 광화사(廣化寺)로 그 이름이 바뀐 뒤 원대에 폐사되었다. 명대에는 서사(西寺)로 중수되었으며 서천사라고도 명명되었다. 이후 사찰은 소실되었는데 사찰의 훼손에도 불구하고 석불상은 여전히 존재하였다.[199]

2구의 거대 불상은 일명 "장륙불"로도 불리는데 두 불상의 양식은 서로 유사하다. 높이는 5m 이상이며 입상이다. 남측 대불상의 대좌에

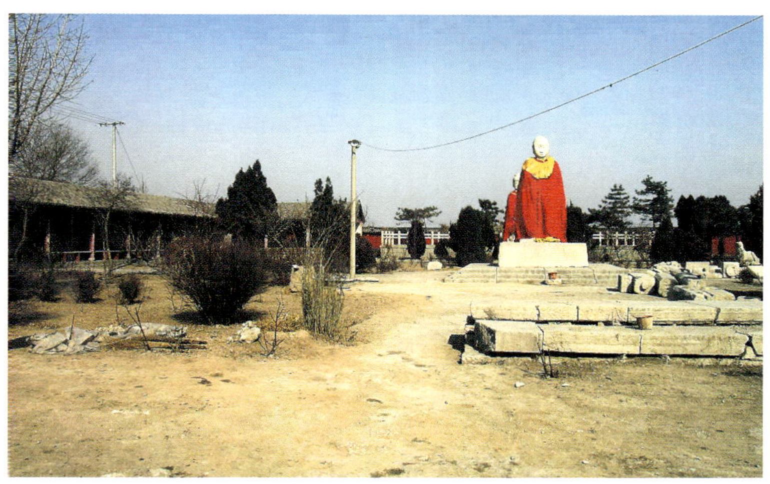

(도 136) 佛立像(北魏～東魏), 石, 山東省 臨淄區 西天寺 출토, 臨淄石刻藝術館 소장

---

199. 張志義, 「西天寺與北魏石佛」, 『四門塔阿閦佛與山東佛像藝術研究』(中國文史出版社, 2005), 274쪽.

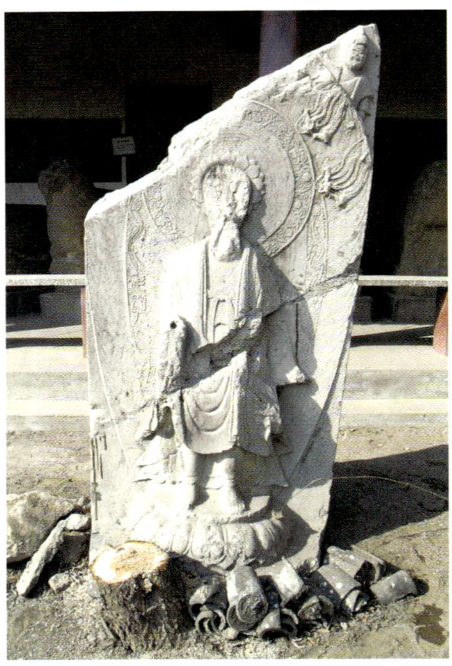

는 공양자상이 새겨져 있다. 포의박대식 대의 착용 등 두 불상의 양식은 북위 만기의 특징을 보인다.

이 불상의 부근에서 석불상편들이 발견되기도 하였다. 1964년 불두가 1구 출토되었으며 이후 광배를 지닌 불입상이 발견되었다. 1997년 서천사 대불상의 서남측에서 광배를 가진 불입상 1구가 발견되기도 했다.

(도 137) 佛立像(北魏~東魏), 石, 山東省 臨淄區 西天寺 출토, 臨淄石刻藝術館 소장

② 용천사(龍泉寺)의 석불상

청도시박물관(靑島市博物館)에는 장륙불로 불리우는 석불입상 2구(도 138)와 관세음보살, 대세지보살상이 소장되어 있다. 불입상의 높이는 5.8m이며 보살상은 3m이다. 장륙불상은 조각양식으로 판단하여 북위 만기, 즉 낙양으로 천도한 이후의 불상으로 판단된다.

이 거대 석불입상과 보살상은 이전시기 치박시 임치구와 박흥현 지역에서 산발적으로 발견되었는데 후대인들이 임하(臨河)의 용천사에 옮겨 놓았다. 용천사 유적지에서는 '소공지송쌍장팔비(蘇公之頌雙丈八碑)'와 '용천사비기(龍泉寺碑記)'라는 명문이 새겨진 비석의 비수

(碑首)가 발견되기도 하였다. 이 두 비석의 내용으로 판단하면 이곳에 용천사라 불리는 사원이 소재하였으며 장륙불상이 2구 조성되었다는 사실을 알 수 있다.

1928년 일본인이 당시 3만원의 은화를 들여 용천사에 소장된 불상 2구와 보살상 2구, 비석을 구입하여 일본으로 반출하려고 하였다. 그러나 중국인들에 의해 저지당하여 청도에 남겨지게 되었다.[200] 1979년 이 불상들은 청도시박물관으로 이전되어 현재 전시실에 전시되게 되었다.

4구의 불상, 보살상들은 모두 입상으로 방형의 대좌 위에 연화좌를 갖추었다. 육계는 높고 얼굴과 신체는 풍만하다. 포의박대식 가사를 착용하고 있으며 무게는 약 20톤 정도이다.[201]

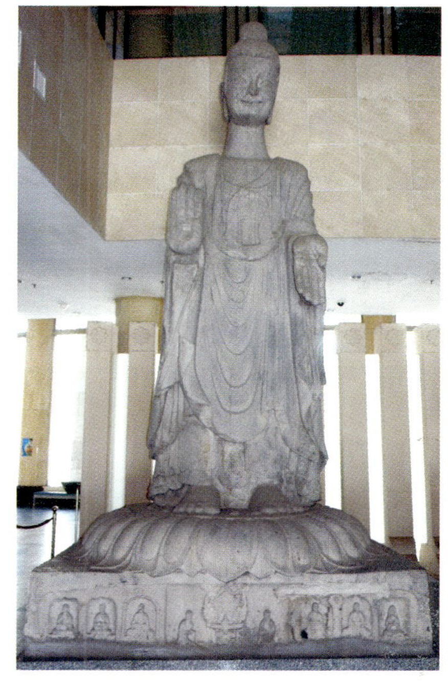

(도 138) 佛立像(北魏), 石, 580cm, 山東省 臨淄區 龍泉寺 출토, 靑島市博物館 소장

---

200. 王集欽,「北魏石造像遷徙記」,『靑島文物與名勝保護紀實』(靑島出版社, 2000), 306~308쪽.

201. 時桂山,「靑島的四尊北魏造像」,『文物』1(1963), 65쪽.

(11) 제남시(濟南市)

2003년 제남시 현서항(縣西巷)에서 도로공사를 하던 도중 불상이 발견되어 제남시고고연구소에서 긴급발굴을 진행하였다. 북송대 지궁(地宮) 1곳과 정방형의 구덩이 2곳이 발굴되었는데, 80여 점의 석불상이 수습되었다.[202] 조각상은 구덩이의 가장자리에 규칙적으로 배열되어 있었는데 불상(도 139), 보살상, 관음상, 공양자상 등이 있었다. 이 중에는 조각상의 표면에 채색을 가하거나 도금한 예도 있었다. 명문과 조각양식을 통해 조성연대를 판단하면 동위, 북제, 당대, 북송대로 비정된다. 동위, 북제대 양식은 전체적으로 청주 용흥사 출토 조각상과 유사하다(도 140).[203]

1986년 3월 순정(舜井) 상업도로를 공사할 당시

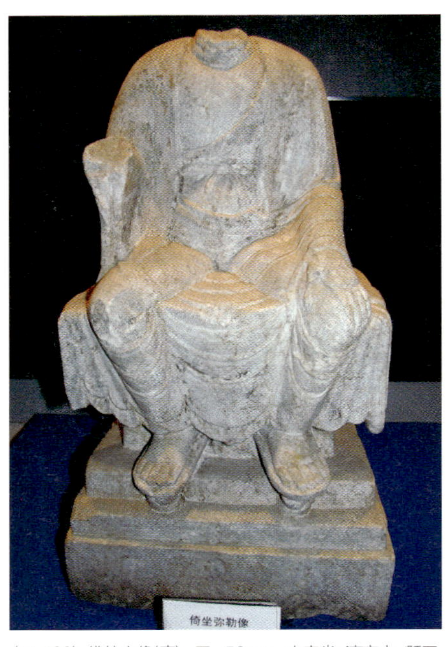

(도 139) 佛倚坐像(唐), 石, 50cm, 山東省 濟南市 縣西巷 출토, 濟南市博物館 소장

---

202. 房道國·劉會先,「濟南地區的北朝佛教造像遺存及相關問題研究」,『中國北朝佛教造像及其傳播國際學術研討會論文』(2005), 2쪽.

203. 房道國,「濟南地區佛教造像遺存及相關問題初探」,『四門塔阿閦佛與山東佛像藝術研究』(中國文史出版社, 2005), 299~300쪽.

11호 건물터에서 네 면에 불상을 조각한 석불상 1구가 출토되었다. 이 석불상의 위, 아래에는 뾰족하게 튀어나온 결구부분이 있기 때문에 석탑 혹은 경당(經幢)의 한 부분이었을 것으로 여겨진다. 각 면의 넓이는 43cm이며 높이는 56cm이다. 네 면에 불감을 파고 불감 안쪽에는 불상 1구 · 보살상 2구 혹은 불상 1구 · 제자상 2구가 배치되어 있다.[204]

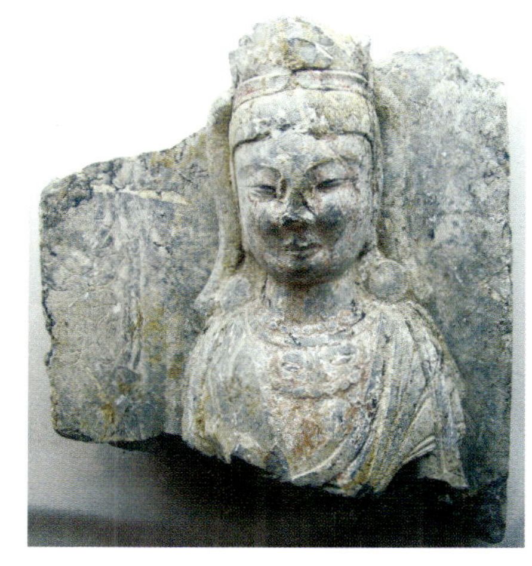

(도 140) 菩薩像(東魏~北齊), 石, 山東省 濟南市 縣西巷 출토, 濟南市博物館 소장

불감은 원공형 감미(龕楣), 감미 좌우측에 용머리가 새겨져 있다. 좌불상의 높이는 25cm 정도이며 육계는 높은 편이다. 얼굴과 신체가 여위었으며 통견식 가사를 착용하고 있다. 보살상 역시 얼굴과 신체가 여위었으며 보관을 쓰고 있다. 전체적인 조각양식은 북위 말~동위대 양식과 유사하다.

(12) 수광시(壽光市)

용흥사(龍興寺) 유적지에서 출토된 석불상과 마점촌(馬店村)에서 발견된 석불상 4구가 대표적이다.

---

204. 房道國, 「濟南市出土北朝石造像」, 『考古』6(1994), 568, 571쪽.

① 용흥사(龍興寺) 유적지 출토 불상

이 유적지는 수광시의 동남쪽 15km에 위치한 동방촌(東方村)에 소재한다. 1970년대 초, 1990년대 초에 석불상들이 출토되었다. 1992년 가을 이 마을 사람이 채소밭 울타리를 만들 때 불교조각상을 발견하였다. 문물에 무지했던 그는 이 조각상들을 부근의 부서진 초가집으로 옮겼다. 이후 많은 불상들이 유실되었으며 박물관 관계자들이 소식을 접한 후 현장에서 100여 구를 수집하였다.

석질은 석회암이 대다수이고 화강암도 소수 있다. 불교조각상의 조각수준은 뛰어나고 아주 정교하다. 훼손상태가 심각한데 신체부분은 잔편으로 현존한다. 불두, 보살두의 보존상태는 양호하나 코부분은 파손되었다. 이러한 파손상황은 청주, 임구, 제성, 박흥 등지에서 출토된 불상과 유사하다. 이는 불상들이 매장될 당시 이미 파손된 채 묻혔음을 시사한다. 조각상의 연대는 북위~당대로 편년된다. 주형 광배를 지닌 불상의 광배에는 용과 연꽃줄기가 조각되어 있다. 이는 청주를 중심으로 한 산동지역 북위 말~북제 불상 양식과 일치하는 점이다.

"용흥사(龍興寺)"라는 사찰명은 청주지역에서 거의 모든 시(市)와 현(縣)에 하나씩 존재하였다. 옛 청주지역 중 용흥사란 사명을 가진 유적지로는 수광시의 용흥사 유적지, 청주시 용흥사 유적지, 제성시 스포츠센터의 용흥사 유적지가 대표적이다. 당대 중종(中宗)과 측천무후는 각 주(州)에 통일된 이름의 사원을 설치하였다. 예를 들어 "중흥(中興)"이라는 사찰이름이 대표적인데, 측천무후시기 중흥은 "용흥(龍興)"으로 개명되었다. 이처럼 황제의 사명(賜名)을 받은 사찰은 규모가 큰 사원이었을 것이다. 수광시의 용흥사 역시 당시 큰 규모의 사원이었을 것이며 현재 이곳에서 출토된 불상들은 이를 잘 반영한 듯 정교하고 조각수준도 우수하다.[205]

② 마점촌(馬店村) 출토 불상

마점촌은 수광시의 서쪽 약 7km에 위치하며 조각상이 출토된 시기는 1970년대 초이다. 발견될 당시 문물관계자가 보존상태가 비교적 양호한 석불상 4구를 박물관으로 옮겼다. 석질은 화강암이며 조각수준은 우수하다.

불상 4구 중 3구에 명문이 현존하며 대좌, 광배 뒷면에 새겨져 있다.[206)

• 開元□年十月十一日田慶, 爲身敬造彌勒像一軀, 合家供養

[개원□년(713~741년) 10월 11일 전경이 자기를 위해 미륵상 1구를 조성하며 온 가족이 공양한다]

• 維大曆元年歲次□□□□月□庚戌[207)朔四日壬子□□□, 爲□父造彌□…上爲國王帝主, 下及師僧父母法界蒼生, 咸同斯福合家普□

[대력원년(766) 세차 □월 □경술삭 4일 임자□, □ 아버지를 위해 미륵상을 조성한다. 위로는 국왕제주, 아래로는 사승과 부모, 법계중생이 이 복을 다 같이 누리기를 바란다]

• 潘楚寶爲三女明宮, 造菩薩一軀, 合家供養

[반초보가 셋째 딸 명궁을 위해 보살상 1구를 조성하며 온 가족이 공양한다]

---

205. 曹元啓·宮德杰,「簡析壽光寺出土的兩批佛敎造像」,『中國北朝佛敎造像及其傳播國際學術研討會論文』(2005), 1~10쪽.

206. 명문은 曹元啓·宮德杰, 앞의 논문, 11~12쪽 참고. 명문 속의 구두점은 필자가 임의로 찍은 것임.

207. 庚戌년이면 대력 2년이 되어야 함(역자 주)

현존 명문과 조각양식으로 판단하면 4구의 불상은 모두 당대로 비정된다. 청주지역에서 출토된 불상 중 당대 작품의 수량은 아주 희소하다. 그러므로 마점촌에서 발견된 4구의 당대 불상은 이 시기 청주지역의 불상 양식을 파악하는데 중요한 위치를 차지한다.[208]

(13) 신태시(新泰市)

1983년 11월 신태시 천보진(天寶鎭) 조래산(徂徠山) 동남록에 위치한 광화사(光化寺)에서 석불상 10여 구가 출토되었다. 신태시박물관에서는 이 소식을 접한 후 즉시 불상들을 수거하였다. 당시 삼존불상, 불두(佛頭), 보살두(菩薩頭), 불신(佛身)편 등이 출토되었으며 석회암, 활석 등이 주요 암석질을 이룬다(도 141).[209]

현재 보존상태가 가장 양호한 예는 주형 거신광을 가진 삼존불상이다(도 142). 재질은 활석이며, 불입상 1구·보살입상 2구가 배치되었다. 전체 높이는 60cm이고 넓이는 37cm이다. 불입상의 높이는 37cm이며 두부는 결실되었다. 중판 연화문의 두광을 지니고 있다. 불상은 포의박대식 가사 안쪽에 승기지를 착용하고 있으며 질감은 아주 두텁다. 보살상의 높이는 27cm로 중판의 연화문 두광을 지니고 있다. 상체는 나체이며 천의는 어깨에서 내려져 두 무릎에서 교차되었다. 광배 뒷면에는 4행의 명문이 새겨져 있다.[210]

---

208. 曹元啓·宮德杰, 앞의 논문, 13~14쪽.

209. 穆紅梅·馬培林,「光化寺出土東魏佛教造像研究」,『四門塔阿閦佛與山東佛像藝術研究』(中國文史出版社, 2005), 285쪽.

210. 명문은 필자가 현지 조사한 것임.

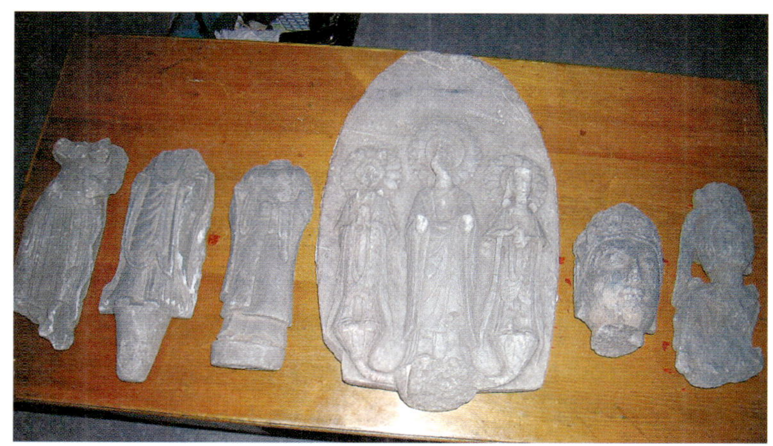

(도 141) 佛敎雕刻像(北魏～北齊), 石, 山東省 新泰市 光化寺 유적지 출토, 新泰市博物館 소장

• 「□□□和三年四月」
壬寅朔八日己酉淸信」女
佛弟子羊銀光」造像一軀
所願從心

　[□화3년 4월 임인삭 8
일 기유에 청신녀 불제자
인 양은광이 조각상 1구
조성함에 소원이 이루어
지길 바란다]

　연호에서 "□和"와 관
련된 연대로는 북위 太和
와 동위 興和가 있다. 태화
3년은 479년, 흥화3년은

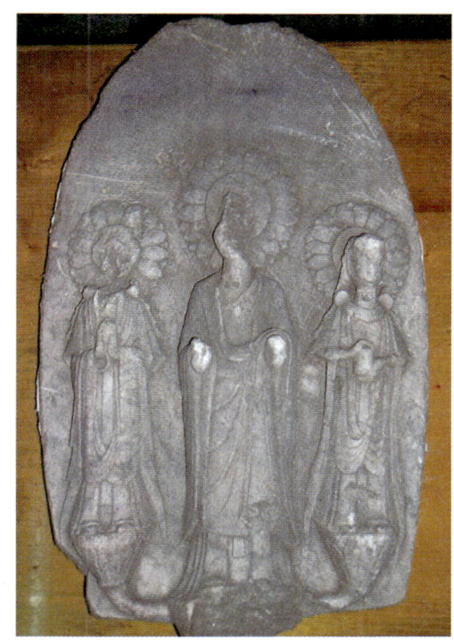

(도 142) 興和三年銘 삼존상(541년), 石, 60cm, 山東省 新泰市 光化寺 유적지 출토, 新泰市博物館 소장

541년이다. 불상양식으로 판단한다면 541년에 가깝다고 여겨진다.

발원자인 양은광은 태산(泰山) 양씨(羊氏) 사람으로 간주되고 있다. 태산 양씨는 한대~남북조시대 저명한 사족(士族)으로 태산(현재의 신태시)에 거주하였다. 문헌기록과 출토된 묘지(墓誌)를 통해 보면 양씨 일족은 불교를 독신하였다.

광화사는 북위대에 창건되어 수대에 광화사로 그 이름이 바뀐다. 이후 북송 1014년에는 숭경사(崇慶寺)로 바뀌었으며 원대에 다시 광화사로 불렸다. 광화사 동쪽편에는 북제 570년 양부현령(梁父縣令) 왕자춘(王子椿)이 조각한 《大般若經》, 《般若波羅蜜經》이 현존한다.[211]

(14) 용구시(龍口市)

1933년 황현(黃縣)[212]에서 기와, 도장, 토기, 불교조각상이 출토되었지만 현재 소장처는 알 수 없다. 2001년 용구시 북해의원(北海醫院)이 진료소를 건립할 당시 석불상 파편들이 출토되었다. 팔, 다리, 손, 발 등 신체의 부분들로 머리는 출토되지 않았다.

또한 2003년 8월 용구시 박상광장(博商廣場)의 건축현장에서 한 노동자가 전선구를 팔 당시 지표면으로부터 3.5m 아래에서 석불두상 1구를 발견하였다. 재질은 대리석이며 높이는 45cm, 넓이는 30cm이다. 불두의 정상부와 아랫부분에 구멍이 나 있는데 각각 육계, 신체를 연결한 흔적으로 여겨지고 있다. 이 불두는 조각양식을 통해 북제대로 편년되며 과거 굉문사(宏門寺)에 안치되었던 것으로 추정된다.[213]

---

211. 명문은 穆紅梅 · 馬培林, 앞의 논문, 285~288쪽 참고.
212. 현 용구시의 이전 이름.

(15) 청도시(靑島市)

청도시 성양구(城陽區) 하장진(夏莊鎭) 원두촌(源頭村)의 동쪽에 법해사(法海寺)가 소재하고 있다. 사원 내에 현존하는 '중수법해사비(重修法海寺碑)'의 기록에 의하면 법해사는 북위 태무제(太武帝)시기 창건되어 송, 금, 원대에 각각 중수를 거쳤다고 한다. 청대 1713, 1934, 1956 년에도 부분적인 중수가 계속 되었다.[214]

1980년 5~6월 하장진 원두쌀집에서 문 앞쪽의 작은 다리를 수리할 당시 지표면 1.5m 지하에서 석불상편들이 발견되었다(도 143). 출토지점에 대해 좀더 정확하게 말하자면 법해사의 산문(山門) 앞쪽의 50여m 에 해당되는 곳이다. 신체의 각 부분, 대좌 등 모두 120여 구가 출토되었다. 발견될 당시 석불상들은 순서를 지어 차례로 매장되어 있었으며 목은 동쪽, 가슴은 남쪽, 등 부분은 북쪽에 위치하였다. 파손이 심각

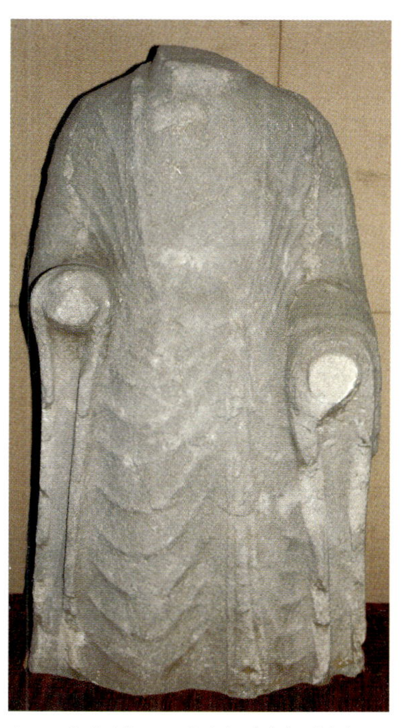

(도 143) 佛立像, 石, 山東省 靑島市 法海寺 부근 출토, 靑島市博物館 소장

213. 蔣惠民, 「龍口北朝佛像小考」, 『四門塔阿閦佛與山東佛像藝術研究』(中國文史出版社, 2005), 269~273쪽.

214. 欒學智, 「法海寺」, 『靑島文物與名勝保護紀實』(靑島出版社, 2000), 100~101쪽.

하여 각 부분을 맞추는 작업은 힘들었다.

조각상의 얼굴형은 둥글거나 네모난 형태이다. 육계는 높은 편이며 나발이 많다. 불상은 통견식 가사 혹은 네모진 옷깃에 포의박대식으로 표현된 예가 대부분이다. 수인은 시무외, 여원인이 가장 보편적이다. 보살은 머리에 보관을 쓰고 있으며 목걸이, 영락을 걸치고 있다. 조각상들은 북위~당대로 판별된다.[215]

(16) 견성현(鄄城縣)

1980년 견성현 길산향(吉山鄕) 호동촌(胡同村)의 억성사(億城寺) 유적지에서 4구의 석불상이 출토되어 견성현문물관리소에 소장되어 있다. 이 석불상은 큰 주형 광배를 가지고 있으며 전체 높이는 51~150cm이고 넓이는 34~75cm이다. 4구의 석불상은 명문과 조각양식에 근거하여 북위~북제대로 편년된다.[216]

위에서 서술한 산동지역 출토 석불상의 출토지점과 현황에 대해 간략하게 표로 정리하면 아래와 같다.

---

215. 欒學智, 앞의 논문, 103~104쪽.

216. 路維民, 「鄄城縣文物管理所所藏四块北齊造像殘碑」, 『四門塔阿閦佛與山東佛像藝術研究』(中國文史出版社, 2005), 289~295쪽

【표 17】 산동지역에서 출토된 석불상의 현황

출토지점		관련 유적지	발견 시기(年)	출토유물	조각상 수량(구)	연대	석질	출처
靑州市	黃樓鎭 遲家莊村	興國寺	1979, 1981	佛敎彫刻像	40여	北魏~ 北齊	石灰巖	筆者의 現地調査: 夏名采·莊明軍,「山東靑州興國寺故址出土石造像」,『文物』5(1996), 59~67쪽
	駝山路	·	1987	佛敎彫刻像	2	北齊	石灰巖	筆者의 現地調査: 夏名采·劉華國·楊華勝,「山東靑州出土兩件北朝彩繪石造像」,『文物』2(1997), 80~81쪽
	靑州市 博物館 옆	龍興寺	1986 1996	佛敎彫刻像	200여	北魏~ 北宋	石灰巖, 白玉石, 花崗巖	筆者의 現地調査: 山東省靑州市博物館,「山東龍興寺佛敎造像窖藏淸理簡報」,『文物』2(1998), 4~15쪽
諸城市	白龍山	白龍寺	1965	石舍利塔 1기, 八面碑 2기		南北朝 ~唐	石	筆者의 現地調査: 韓崗·張健,「諸城北朝佛敎造像綜述」,『中國北朝佛敎造像及其傳播國際學術硏討會論文集』(2005), 2~3쪽
	五金公司 건설현장	龍興寺	1979	石佛頭 1구, 石碑 1기	1	唐	石	筆者의 現地調査: 韓崗·張健,「諸城北朝佛敎造像綜述」,『中國北朝佛敎造像及其傳播國際學術硏討會論文集』(2005), 2~3쪽
	스포츠 센터 지점	·	1988 ~ 1990	佛敎彫刻像, 건축 부재물, 기와	300여	北魏, 東魏, 北齊	石灰巖, 砂巖, 漢白玉石, 滑石	筆者의 現地調査: 杜在忠·韓崗,「山東諸城佛敎石造像」,『考古學報』2(1994), 231~261쪽
	丁家花 園村	·	1994	蓮花臺座 1기		577年	石灰巖	筆者의 現地調査: 諸城市博物館,「山東諸城市丁家花圓發現北周石蓮座」,『考古』7(1998), 95쪽

臨朐縣	大關鎭 上寺院村	明道寺	1982 ~ 1984	佛教彫刻像, 기와, 건축 부재물	1200 여	北魏~ 隋	石灰巖, 滑石, 砂巖, 白玉石	筆者의 現地調査: 臨朐縣博 物館,「山東臨朐明道寺舍利 塔地宮佛教造像清理簡報」, 『文物』9(2002), 64~83쪽
	石家河鄉 小時家莊 村	•	1999, 2003 ~ 2004	佛教彫刻像, 기와, 토기, 도자기	40여	北魏~ 隋	石	筆者의 現地調査: 宮德杰, 「小時家莊出土的佛教造像 與寺院建築基址」,『中國北 朝佛教造像及其傳播國際學 術硏討會論文』(2005), 1~9쪽
廣饒縣	大張莊村, 南趙村, 段家村, 張談村, 李四村	皆公寺, 永寧寺	•	佛教彫刻像	7	北魏~ 唐	石灰巖	筆者의 現地調査: 趙正强, 「山東廣饒出土佛教石造 像」,『文物』12(1996), 75~83 쪽
惠民縣	惠民鎭 沙河楊村	玉林寺	1997	佛教彫刻像	17	南北朝	石灰巖, 白玉石	筆者의 現地調査: 惠民縣文 物事業管理處,「山東惠民出 土一批北朝佛教造像」,『文 物』6(1999), 70~81쪽
無棣縣			1970 년대	佛教彫刻像	7	南北朝	白玉石	惠民地區文物管理組,「山東 無棣出土北齊造像」,『文物』 7(1983), 45~47쪽
昌邑市	高陽村	保垵寺	1996	佛教彫刻像, 기와, 토기 도자기	30여	南北朝	石灰巖	王君衛,「山東昌邑保垵寺故 址出土石造像」,『文物』 6(1999), 82~85쪽
高靑縣	胥家村	•	1976	佛教彫刻像	7	東魏, 北齊	青石	常敍政·于豊華,「山東省 高青縣出土佛教造像」,『文 物』4(1987), 31~35쪽
博興縣	張官村	鄉義寺	1976	佛教彫刻像	70여	北魏~ 隋	青石, 白石	筆者의 現地調査: 常叙政 ·李少南,「山東省博興縣出 土一批北朝造像」,『文物』 7(1983), 38~44
	張官村, 崇德村, 趙樓村, 高家村, 馮吳村	鄉義寺, 龍華寺	1984	佛教彫刻像, 건축, 부재물, 기와	22 대좌: 4	北魏~ 隋	石	筆者의 現地調査: 山東省博 興縣文物管理所,「山東博興 龍華寺遺址調查簡報」,『文 物』9(1986), 813~821쪽

	張官村	龍華寺, 鄕義寺	1990	佛敎彫刻像, 건축 부재물, 토기, 기와	56	北魏~ 北齊	石	筆者의 現地調査: 博興縣 文物管理所,「山東博興出土 北朝造像等佛敎遺物」,『考 古』7(1997), 27~34쪽
	張官村	龍華寺	2001	佛敎彫刻像, 기와	6	北魏~ 北齊	石	筆者의 現地調査: 張淑敏, 「龍華寺遺址」,『シリーズ山 東文物5-小さな御佛たち』 (山口縣立萩美術館・浦上 記念館, 2004), 6쪽
臨淄區	·	西天寺		佛敎彫刻像	4	南北朝	石	筆者의 現地調査
	·	龍泉寺		佛敎彫刻像	4	南北朝	石	筆者의 現地調査: 時桂山, 「青島的四尊北魏造像」,『文 物』1(1963), 65쪽
濟南市	舜井상업 도로	·	1986	四面石造像	1	北魏末 ~ 東魏	石	筆者의 現地調査: 房道國, 「濟南市出土北朝石造像」, 『考古』6(1994), 568, 571쪽
	縣西巷	·	2003	佛敎彫刻像	80여	東魏~ 北宋	石	筆者의 現地調査: 房道國, 「濟南地區佛敎造像遺存及 相關問題初探」,『四門塔阿 閦佛與山東佛像藝術研究』 (中國文史出版社, 2005), 299~300쪽
壽光市	東方村	龍興寺	1970 년대, 1992	佛敎彫刻像	100 여	北魏~ 唐	石灰巖, 花崗巖	曹元啓・宮德杰,「簡析壽光 寺出土的兩批佛敎造像」, 『中國北朝佛敎造像及其傳 播國際學術研討會論文』 (2005), 1~10쪽
	馬店村	·	1970 년대	佛敎彫刻像	4	唐	花崗巖	曹元啓・宮德杰,「簡析壽光 寺出土的兩批佛敎造像」, 『中國北朝佛敎造像及其傳 播國際學術研討會論文』 (2005), 11~14쪽

新泰市	天寶鎭 祖徠山	光化寺	1983	佛教彫刻像	10여	北魏~唐	石灰巖, 滑石	筆者의 現地調査: 穆紅梅·馬培林,「光化寺出土東魏佛教造像研究」,『四門塔阿閦佛與山東佛像藝術研究』(中國文史出版社, 2005), 285~288쪽
龍口市	黃縣	·	1933	佛教彫刻像, 토기, 기와	·	·	石	蔣惠民,「龍口北朝佛像小考」,『四門塔阿閦佛與山東佛像藝術研究』(中國文史出版社, 2005), 269~273쪽.
	北海醫院 건립소	·	2001	佛教彫刻像	·	·	石	
	博商廣場 건축현장	宏門寺	2003	불두	1	北齊	石	
青島市	城陽區 夏莊鎭 源頭村	法海寺	1980	佛教彫刻像	120여	北魏~唐	石	筆者의 現地調査: 欒學智,「法海寺」,『青島文物與名勝保護紀實』(青島出版社, 2000), 100~101쪽
鄄城縣	吉山鄉 胡同村	億城寺	1980	佛教彫刻像	4	北魏~北齊	石	路維民,「鄄城縣文物管理所所藏四块北齊造像殘碑」,『四門塔阿閦佛與山東佛像藝術研究』(中國文史出版社, 2005), 289~295쪽

2. 시기별 특징

산동에서 출토된 석불상 중 1984년 임구현 명도사 유적지, 1988~1990년 제성시 스포츠센터 지점, 1996년 청주시 용흥사 유적지에서 출토된 불상의 수량이 가장 많으며, 조각 양식 또한 중요하다. 이외 기타 산동 지역에서 출토된 석불상들은 비록 출토 수량은 많지 않으나 사원 유적 지에서 발견된 사례가 많기 때문에 석불상의 봉안 장소, 폐기 원인 등을 추정하는데 좋은 참고자료가 된다.

【표 17】을 통해 수광시·신태시·청도시·광요현의 개공사와 영녕사 유적지에서 출토된 석불상의 조성연대는 북위~당대, 임구현 명도사·박흥현 용화사와 향의사에서 출토된 예는 북위~수대, 청주시 용흥사·제남시 현서항의 출토품은 북위 혹은 동위~송대, 제성시 스포츠센터 지점, 혜민현 옥림사, 무체현, 창읍시, 고청현, 치박시 임치구 서천사와 용천사에서 출토된 석불상은 북위~북제대로 편년된다. 이중 남북조시대에 조성된 석불상이 절대다수를 차지하며 당, 송대의 예는 많지 않다. 이처럼 석불상의 조성연대가 남북조시대에 집중되어 있는 현상은 금동불상과도 궤도를 같이 하고 있다.

지금까지 발견된 단독불상 중 금동불상은 박흥현에서 출토된 예가 가장 많은 반면 석불상은 청주시, 임구현, 제성시에서 출토된 수량이 가장 많은 수를 차지한다. 이는 당시 산동지역의 중심도시가 청주였기 때문에 청주를 중심으로 인접한 곳에 위치한 임구, 제성에서도 조상 활동이 활발하게 이루어졌던 것으로 추정된다. 또한 석불상의 조각양식 역시 청주를 중심으로 인접한 임구, 제성은 물론 멀리 광요, 청도지역까지 파급되어 영향력을 끼친 원인이 되었을 것이다.

산동지역의 석불상은 남북조시대 수도였던 평성, 낙양, 업도, 장안 등지의 조각양식과의 영향관계 속에서 조성되지만 산동지역의 고유한 특징도 형성하였다. 또한 석불상은 동시기 금동불상, 석굴, 마애조상과도 비슷한 양식변화를 보이고 있지만 차이점도 존재하였다.

지금까지 출토된 석불상의 조성연대, 즉 양식변천은 크게 일곱 시기로 나눌 수 있다. 북위 평성시대, 북위 낙양시대, 동위대, 북제대, 수대, 당대, 송·원·명대이다.

(1) 북위(北魏) 평성시대(平城時代)

현존하는 석불상은 대부분 크고 넓고 무거운 거신광을 가지고 있다. 불상 1구, 보살상 2구를 배치한 삼존상이 많으며 대좌는 흔히 방형 대좌이다. 산동성박물관 소장의 황현(黃縣: 현재는 용구시) 출토 469년명 미륵보살상, 임기(臨沂) 출토 477년명 보살삼존상이 이 시기에 해당된다. 이 시기에 해당되는 불상은 태안, 임기, 황현, 제성, 혜민, 고청현 등에서도 발견되었다.

이 시기의 불상은 광배가 넓고 두꺼우며 방형 대좌가 일반적으로 많다. 불좌상은 선정인을 불입상은 시무외, 여원인을 결하였다. 대의는 통견의가 유행하였으며 가슴 앞쪽에서 좌우 대칭을 이룬 U자형 주름이 반복되게 새겨졌다. 보살상은 머리에 보관을 쓰거나 묶고 있으며 천의는 배 혹은 무릎부분에서 X자형으로 교차되었다.[217]

(2) 북위(北魏) 낙양시대(洛陽時代)

500~534년에 해당되는 시기이다. 현존하는 북위대 석불상은 모두 이 시기에 해당될 정도로 출토 수량이 많다. 이 시기 석불상은 대부분 큰 거신광을 가진 소위 배병식(背屛式) 석상이다. 즉 주존상과 협시상이 한 광배 속에 배치된 것을 뜻한다. 청주, 박흥, 임구, 광요, 제성, 임치, 유방시를 중심으로 이 시기에 해당되는 석불상이 많이 출토되었다.

거신광의 정상부에는 한 마리의 용 혹은 탑을 부조했으며 그 아래쪽

---

217. 류펑쥔, 「산동지역 북조, 수, 당의 불상」, 『고구려 불상과 중국 산동 불상』(동북아 역사재단, 2007), 164~175쪽.

에는 좌불상이 조각되어 있는 예가 많다. 광배 위쪽의 외연부에는 흔히 비천이 조각되어 있는데 대부분 악기를 연주하고 천의를 위쪽으로 휘날리고 있다(도 124). 광요현 개공사(도 127), 청주시 용흥사(도 116) 등지에서 출토된 북위대 석불상에는 주형 거신광의 위쪽 양측에 해와 달을 조각한 예도 있다. 비천, 용, 탑 등이 광배에 배치되어 화려하고 복잡한 장식물을 형성한 것은 동시기 금동불상의 거신광과는 차이가 나는 특징이다. 거신광에는 화염문이 조각되어 있는 예도 많다. 불상에는 흔히 두광, 신광이 덧붙여져 있고 이 곳에는 동심원, 연화문이 새겨져 있다.

불상은 상체에 내의(內衣)로서 승기지를 입고 가슴 앞쪽에서 띠매듭을 하고 있다(도 116). 포의박대식 가사를 착용하고 있으며 오른쪽 어깨에서 수직으로 아래로 내려진 옷자락은 왼팔을 지나 아래로 늘어뜨려져 있다. 옷주름선은 두껍고 무거우며 빽빽하고 밀집되었다. 가사 옷자락의 양끝은 뾰족한 각을 이루며 바깥쪽으로 펼쳐져 있다.

보살상의 상체는 나체이며 하체에는 치마를 입고 있다. 두 어깨에서 아래로 드리워진 천의는 두 무릎에서 X자형으로 교차되어 있다. 천의와 치마의 바깥쪽 옷자락은 뾰족하게 처리되었다.

대좌는 방형 대좌가 많으며 조각상의 전체적인 모습은 여윈 형상으로 표현되었다. 목은 가늘며 신체는 길고 마른 편이다. 청주 용흥사에서 출토된 이 시기에 해당되는 불상에는 도금이 되어 있거나 채색이 가해진 예도 있다. 기타 산동지역에서 출토된 석불상에서는 도금의 예는 적지만 채색이 가해져 있는 예는 많다.

(3) 동위대(東魏代)

큰 거신광을 가진 조각상이 여전히 유행하여 조성되고 있다. 이 시기에 해당되는 석불상은 청주시(도 114), 광요현, 고청현, 임구현, 제성시, 박흥현, 혜민현, 치박시 임치구, 창읍시, 제남시 등지에서 출토되었다. 출토 수량과 조각양식을 기준으로 판단하면 청주시, 제성시에서 출토된 석불상이 이 시기를 대표한다고 말할 수 있다.

거신광의 정상부는 뾰족하게 변하는데 전체적인 거신광의 형태는 금동불상의 거신광과 유사하다(도 126). 불상 1구, 보살상 2구 혹은 불상 1구, 제자상 2구를 배치한 삼존상의 배치방식이 유행한다. 불보살상의 신체는 풍만하며 길이는 비교적 짧은 편이다.

불상의 신체는 길고 어깨는 좁은 편이다. 포의박대식 가사를 착용하고 상체에는 승기지를 입고 있는데 가슴 앞쪽에서 고름을 매었다. 수인은 흔히 시무외, 여원인을 결하였다.

보살상은 머리에 보관을 쓰고 있으며 얼굴은 길쭉한 편이다(도 114). 미소를 머금고 있으며 목이 길고 어깨는 좁다. 신체는 길며 가슴이 평평하고 배가 앞으로 나와 있다. 상체는 나체이며 두 어깨에서 아래로 내려진 천의는 배 부분에서 교차되었다. 치마의 옆쪽은 각도를 이루며 바깥쪽으로 뻗쳐 있다. 얇은 옷주름선은 간략하게 처리되었다. 이 시기 보살상은 흔히 두 마리의 용이 입에서 내뱉은 연화대좌 위쪽에 직립해 있다.

동위대에는 이전시기 북위 석불상과 비교하여 차이점이 있다. 우선 채색을 가하고 금을 입히는 일이 더욱 보편화 되었다. 다음으로 형체가 점점 커져 높이가 3m 이상인 예도 존재한다. 셋째, 부조와 선조의 조각 장식물이 점점 더 화려해지고 있다. 이러한 특징은 불상과 보살상의 다

리 아래에 연화대좌를 조각하였을 뿐만 아니라 불상과 보살상 사이에
도 용을 배치하였다. 불보살상 아래에 조각된 용은 산동지역 불교조각
상의 특징으로 간주되고 있다.

현존하는 산동지역 동위 석불상에서는 "장팔불(丈八佛)"의 수량이
많다는 점도 이 시기 석불상의 특징 중 하나이다.[218] 현재 박흥현 흥
국사에 안치된 1구의 석불입상(도 135), 임치구 서천사 유적지에서 발
견된 후 현재 임치석각예술관에 소장된 2구의 석불입상(도 136), 치박
시 임치구 용천사 유적지에서 발견되었으며 현재 청도시박물관에 소
장된 2구의 석불입상(도 138) 등은 모두 5m 이상의 대불이다.

모두 포의박대식 가사를 착용하고 있으며 옷주름선은 조밀하다. 시
무외, 여원인을 짓고 있으며 방형의 대좌 위쪽에 서 있다. 신체는 무거
우며 신체비례면에서 약간 짧은 편이다. 전체적인 조각양식은 동위대
단독석불상, 제남시 용동의 동위 불상, 황석애 동위 불상과 유사하다.

(4) 북제대(北齊代)

이 시기에는 큰 거신광을 가진 석불상과 거신광을 가지지 않은 단독
상이 모두 조성되었으나 이전시기와는 달리 큰 거신광을 가지지 않은
단독석불상의 출토 수량이 더욱 많아진다. 큰 거신광을 가지지 않은 단
독석불상은 청주시, 박흥현, 고청현, 청도시, 제성시, 창읍시 등지를 중
심으로 산동 전 지역에서 출토되었다. 특히 청주시(도 115), 제성시(도
122), 박흥현, 임구현에서 출토된 석불상은 조각양식면에서 북제대를

---

218. 류펑쥔, 「산동지역 북조, 수, 당의 불상」, 『고구려 불상과 중국 산동 불상』(동북아
　　　역사재단, 2007), 168쪽.

대표하는 중요한 예들이다.

불상의 육계는 높은 경우와 낮은 예가 모두 존재하며 나발로 처리되었다(도 115). 입술은 작고 얇으며 눈썹 역시 얇다. 우견편단식 가사를 착용하고 있고 옷이 얇고 신체에 밀착되어 있다. 옷주름선은 몇 가닥으로 조각되어 간략하게 처리되었다. 불상의 신체에는 채색이 되어 있거나 도금이 되어 있다. 청주시, 제성시에서 출토된 석불상은 채색된 색채와 금박의 아름다움이 절정을 이룬다.

보살상은 머리에 보관을 쓰고 있으며 보증이 보관 양측에서 아래로 내려져 어깨까지 닿아 있다. 상체는 나체이며 긴 천의는 두 어깨에서 내려져 배 부분에서 교차되어 둥근 환을 끼웠다. 둥근 목걸이의 중앙 부위에는 현령(懸鈴)이 장식되었으며, 영락은 배 부분에서 천의와 환이 같이 교차되었다. 치마는 얇으며 허리에는 화려한 장식물을 드리우고 있다. 얼굴, 가슴, 손발에는 채

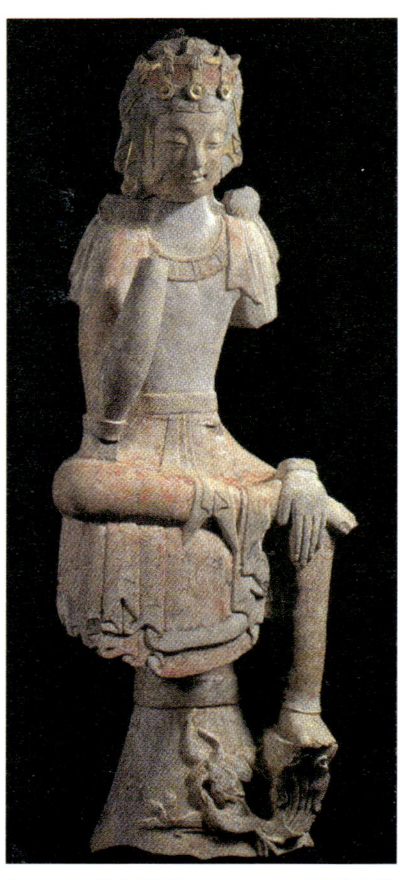

(도 144) 思惟像(北齊), 石, 80cm, 산동성 靑州市 龍興寺 유적지 출토, 靑州市博物館 소장(中國歷史博物館·山東靑州市博物館, 앞의 책, 135쪽 사진)

색과 도금이 입혀져 있다(도 121).

큰 거신광배를 가진 석불상은 청주시, 박흥현, 고청현, 제성시, 무체현을 중심으로 출토된 수량이 많다. 이 시기 거신광배를 가진 석불상의 광배는 비교적 규범화 되어 있다. 예를 들어 거신광배의 정상부 중간 부분에는 흔히 탑, 용을 배치하였으며 그 아래의 양측에 비천상이 위치하였다. 불, 보살상 아래쪽에 배치된 용과 연꽃 봉우리 등은 이 시기에 접어들면 점차 감소되기 시작할 뿐만 아니라 이전시기와 비교하여 조각 수준도 정교하지 않은 편이다.

조각상의 배치방식은 앞 시기의 전통을 이어 삼존상이 계속해서 성행한다. 불상은 높은 육계, 풍만한 얼굴, 얇은 입술, 시무외 · 여원인의 수인을 하고 있다. 어깨는 넓으며 가슴은 돌출되었다. 통견식 가사를 입고 있으며 옷은 아주 얇고 가볍기 때문에 풍만한 신체의 굴곡이 잘 드러난다.

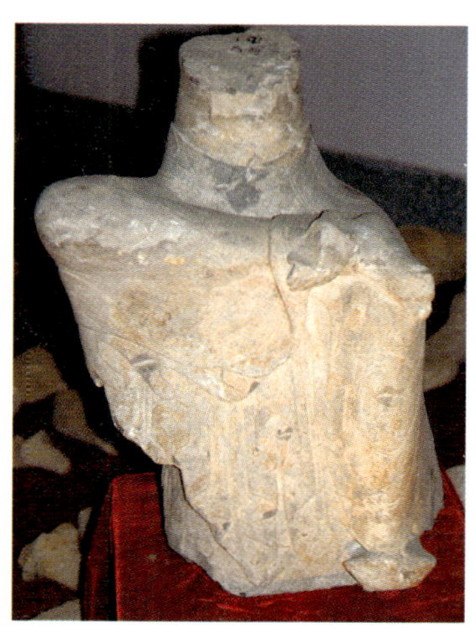

(도 145) 半跏像(東魏~北齊), 石, 山東省 臨朐縣 출토, 臨朐縣博物館 소장

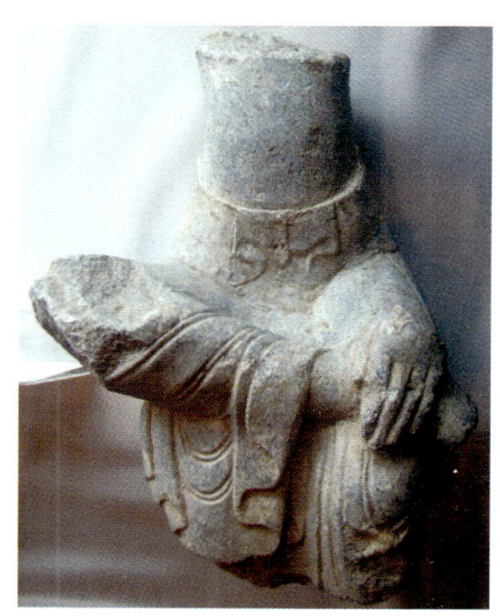

(도 146) 半跏像(東魏~北齊), 石, 山東省 濟南市 출토, 濟南市博物館 소장

보살상은 머리에 높은 관을 쓰고 있으며 관 양측에는 보증이 아래로 내려져 있다.

북제대 산동지역에서 유행한 조각소재 중 반가사유상은 지금까지 청주시(도 144), 무체현, 혜민현(도 128), 박흥현(도 132), 임구현(도 145), 제성시, 제남시(도 146) 등지에서 출토되었다. 반가상은 반가상만을 배치한 단독상과 제자상 2구를 협시상으로 한 삼존상이 있다. 석회암, 백옥석을 재료로 하여 조각하였고 투조의 조각기법이 적절히 활용되기도 하였다. 왼쪽 다리는 자연스럽게 아래로 두어 대좌를 밟고 있으며 오른쪽 다리는 왼쪽 무릎 위에 두었다. 왼손은 오른쪽 발을 감싸고 있으며 오른손은 위로 들어 턱을 괴고 있다.

명문 속의 반가상 명칭으로는 "백옥석상(白玉石像)", "태자상(太子像)", "사유상(思惟像)" 등이 새겨져 있다(다음 장에서 서술).

(5) 수대(隋代)

이 시기에 해당되는 석불상은 청주시, 제성시, 임구현, 광요현에서 출토된 예가 대표적이다. 수대로 편년되는 석불상의 출토 수량은 남북조시대의 석불상에 비해 현저하게 줄어들어 아주 적은 편이다.

수대 석불상은 거신광배를 가지며 불상 1구, 보살상 2구를 배치한 삼존상이 여전히 많은 편이다(도 147). 불상은 포의박대식 가사를 착용하고 있으며 승기지의 내의를 걸치고 있다. 광배의 정상부 혹은 불보살상 아래쪽에는 용을 조각하였으나 이전시기인 북제대에 비해 조각수준이 뛰어나지 못하다.

청주시, 임구현에서 출토된 수대 석불상은 대부분 명문이 없는 관계로 조각양식으로 편년작업을 실시하였다. 이 시기 석불상의 양식은 기본적으로 북제대 양식을 여전히 계승하면서도 불상의 복식표현에서는 다소 차이점이 존재한다.

불상은 이전시기 극성한 우견편단식 혹은 둥근 옷깃의 통견식 가사 착용이 아닌 승기지를 입고 띠매듭이 표현된 복식의 예가 많아진다. 또한 북제대 성행하던 얇은 옷이 신체에 밀착되어 있거나 간략화된 몇 줄의 음각선으로 옷주름선을 표현한

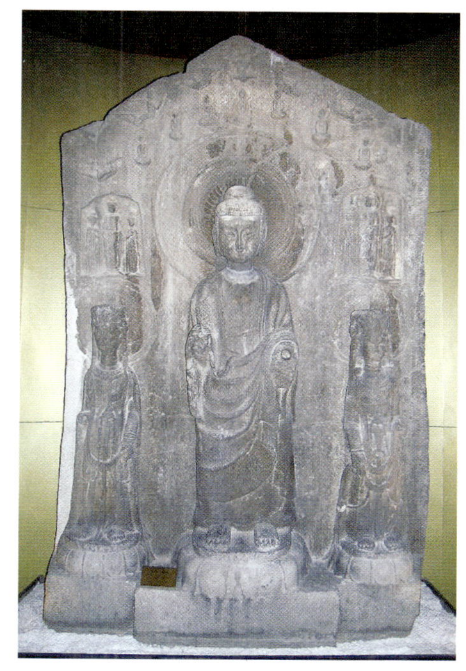

(도 147) 三尊像(隋), 石, 264cm, 山東省 廣饒縣 張郭村 출토, 廣饒縣博物館 소장

양식은 수대 접어들어 그다지 유행하지 않는다. 또한 북제대 극성한 용의 표현 역시 수에 들어오면 그 예가 점점 줄어들고 있다.

(6) 당대(唐代)

광요현, 제남시 출토 석불상이 대표적이다. 광요현에서 출토된 예는 큰 거신광배를 가지고 있으나(도 148), 제남시 출토품은 거신광배가 없는 단독불상이다(도 139). 개공사와 제남시 출토 석불상은 당대 불상의 조각양식을 대표한다고 말할 수 있다.

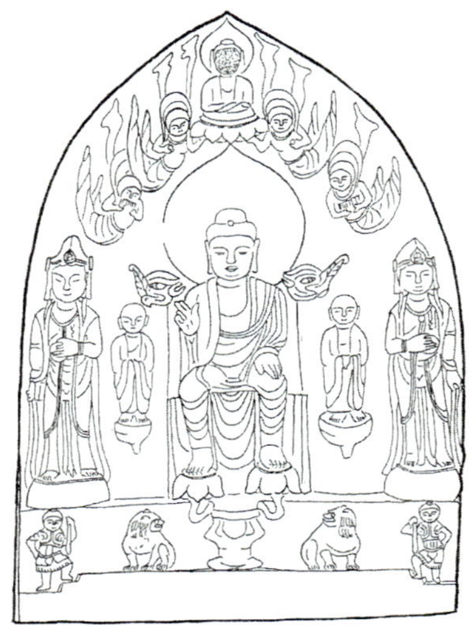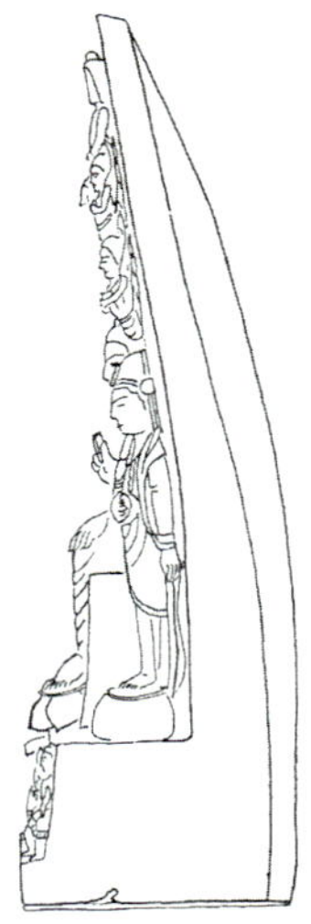

(도 148) 三尊像(唐), 石, 20cm, 山東省 廣饒縣 南趙村 출토, 廣饒縣博物館 소장(趙正强, 앞의 논문, 81쪽 도 12)

개공사 출토 조각상은 불의좌상 1구, 보살상 2구, 제자상 2구를 배치한 오존상이다(도 148). 불상은 의좌불이며 육계는 높고 보주가 상감되어 있다. 얼굴과 신체는 풍만하다. 승기지를 입고 있으며 가사를 통견식으로 걸치고 있다.

의좌의 양측에는 마카라 두상이 부조되어 있으며,[219] 대좌 아래에는 역사상이 연꽃을 받쳐 들고 있다. 이러한 의좌와 대좌 표현은 당대 용문석굴에서 유행한 양식이다. 불의좌상, 의좌 양측에 표현된 마카라, 보살상 양식, 역사상, 천왕상의 양식은 당대 용문석굴에서 보편적으로 확인되는 양식이다. 또한 산동지역 운문산석굴 제3, 4, 5굴과 백불산 제

219. 마카라(Makara, 摩竭魚)는 고대 인도에서 악어, 코끼리, 물고기가 합성되어 표현된 상상의 동물이다(장석오, 「佛敎美術에 표현된 마카라(Makara) 裝飾文樣의 成立과 展開」『홍익대학교 대학원 석사학위 논문』(2007), 1쪽.

3호감, 사리산 마애불 등 당대 이 지역의 불상에서도 이와 유사한 양식
이 확인된다.

(7) 송(宋), 원(元), 명대(明代)

청주시 용흥사에서 송대 나한상이 출토되었으며(도 117), 1967년 양
신현(陽信縣)에서 명대 미륵상이 수집되었다. 이 시기 산동지역에서
출토된 석불상의 수량은 많지않다. 명대 미륵상은 그 재질이 백옥석으
로 높이는 41cm이다. 얼굴은 풍만하며 신체는 비대하며 땅딸하다. 어
깨에 염주를 걸고 있으며 왼손에는 포대를 쥐고 있다. 일명 포대화상으
로 배를 나체로 드러내었다.

【표 18】 산동지역에서 출토된 단독불상의 현황

출토지점		관련 사원	내용	수량 (구)	발견 시기	조성 연대	소장처	출처
青州市	臨淄區	·	金銅佛像	1	·	522	日本 藤井有鄰館	金申,『中國歷代紀年佛像圖典』(文物出版社, 1995), 161쪽 도 114
	남쪽	·	金銅光背	1	·	532	日本 根津美術館	金申, 앞의 책, 193쪽 도 139
	黃樓鎭遲家莊村	興國寺	石佛像	40여	1979, 1981	北魏~北齊	青州市博物館	夏名采·莊明軍,「山東青州興國寺故址出土石造像」,『文物』5(1996), 59~67쪽
	駝山路	·	石佛像	2	1987	北齊	青州市博物館	夏名采·劉華國·楊華勝,「山東青州出土兩件北朝彩繪石造像」,『文物』2(1997), 80~81쪽
	青州市博物館 옆	龍興寺	石佛像	200여	1986, 1996	北魏~北宋	青州市博物館	山東省青州市博物館,「山東龍興寺佛教造像窖藏清理簡報」,『文物』2(1998), 4~15쪽
諸城市	青雲村	·	金銅佛像, 金銅獅子像	7	1978	北魏~北齊	諸城市博物館	韓崗,「山東諸城出土北朝銅造像」,『文物』11(1986), 95~96쪽
	·	龍興寺	石佛頭	1	1979	唐	諸城市博物館	韓崗·張健,「諸城北朝佛教造像綜述」,『中國北朝佛教造像及其傳播國際學術研討會論文集』(2005), 2~3쪽
	스포츠센터지점	·	石佛像	300여	1988~1990	北魏~北齊	諸城市博物館	杜在忠·韓崗,「山東諸城佛教石造像」,『考古學報』2(1994), 231~261쪽
	丁家花園村	·	蓮花臺座	1	1994	577	諸城市博物館	諸城市博物館,「山東諸城市丁家花園發現北周石蓮座」,『考古』7(1998), 95쪽

臨朐縣	大關鎭 上寺 院村	明道寺	石佛像	1200 여	1982 ~ 1984	北魏~ 隋	臨朐縣博物館	臨朐縣博物館,「山東臨朐明道寺舍利塔地宮佛教造像淸理簡報」,『文物』9(2002), 64~83쪽
	石家河 鄕 小時 家莊村	・	石佛像	40여	1999, 2003~ 2004	北魏~ 隋	臨朐縣博物館	宮德杰,「小時家莊出土的佛教造像與寺院建築基址」,『中國北朝佛教造像及其傳播國際學術硏討會論文』(2005), 1~9쪽
博興縣	張官村	鄕義寺	石佛像	70여	1976	北魏~ 隋	博興縣博物館	常叙政・李少南,「山東省博興縣出土一批北朝造像」,『文物』7(1983), 38~44
	河東村	高昌寺	金銅佛像	5	1981	東魏~ 隋	博興縣博物館	李少南,「山東博興出土百餘件北魏至隋代銅造像」,『文物』5(1984), 21~31쪽
	崇德村	龍華寺	金銅佛像	94	1983	五胡 十六國~ 隋	博興縣博物館	丁明夷,「談山東省博興出土的銅佛造像」,『文物』5(1984), 32~43쪽
	張官村, 馮吳村		金銅佛像	5	1984	北魏~ 隋	博興縣博物館	山東省博興縣文物管理所,「山東省博興龍華寺遺址調査簡報」,『考古』9(1986), 813~821쪽
	張官村, 崇德村, 趙樓村, 高家村, 馮吳村	鄕義寺, 龍華寺	石佛像	26			博興縣博物館	山東省博興縣文物管理所,「山東博興龍華寺遺址調査簡報」,『文物』9(1986), 813~821쪽
	張官村	鄕義寺, 龍華寺	石佛像	56	1990	北魏~ 北齊	博興縣博物館	博興縣文物管理所,「山東博興出土北朝造像等佛教遺物」,『考古』7(1997), 27~34쪽
	張官村	龍華寺	石佛像	6	2001	北魏~ 北齊	博興縣博物館	張淑敏,「龍華寺遺址」,『シリーズ山東文物5-小さな御佛たち』(山口縣立萩美術館・浦上記念館, 2004), 6쪽
高靑縣	胥家村	・	金銅光背	1	1976	495	소재불명	常叙政・于豊華,「山東省高靑縣出土佛教造像」,『文物』4(1987), 31~35쪽
			石佛像	7		東魏, 北齊	高靑縣博物館	

曲阜市	魯故城 안쪽	勝果寺	金銅佛像	6	1958	北魏~隋	山東省博物館	王思禮·楊子范,「山東省曲阜勝果寺出土銅造像」,『文物』6(1959), 75~76쪽
泰安市	衛家莊	·	金銅蓮花臺座	1	1982	北魏	山東省博物館	吉愛琴,「泰安大汶口出土北朝銅鎏金蓮花座等文物」,『考古』6(1989)568~569쪽
	興華寺	·	金銅光背	1	1984	494	泰安市博物館	
	西窯村	·	金銅菩薩像	1	1987	北魏	泰安市博物館	
鄒城市	平陽村	觀音寺	金銅菩薩像	4	1975	北魏~北齊	鄒城市博物館	胡新立,「山東鄒縣發現的北朝銅造像」,『考古』6(1994), 569~570
無棣縣	·	·	石佛像	7	1970년대	南北朝	·	惠民地區文物管理組,「山東無棣出土北齊造像」,『文物』7(1983), 45~47쪽
廣饒縣	大張莊村, 南趙村, 段家村, 張談村, 李四村	皆公寺, 永寧寺	石佛像	7	1991년 수집	北魏~唐	廣饒縣博物館	趙正强,「山東廣饒出土佛敎石造像」,『文物』12(1996), 75~83쪽
昌邑市	高陽村	保垵寺	石佛像	30여	1996	南北朝	·	王君衛,「山東昌邑保垵寺故址出土石造像」,『文物』6(1999), 82~85쪽
惠民縣	惠民鎭沙河楊村	玉林寺	石佛像	17	1997	南北朝	惠民縣文物管理處	惠民縣文物事業管理處,「山東惠民出土一批北朝佛敎造像」,『文物』6(1999), 70~81쪽
濟南市	舜井상업도로	·	四面石造像	1	1986	北魏末~東魏	山東省博物館	房道國,「濟南市出土北朝石造像」,『考古』6(1994), 568, 571쪽
	縣西巷	·	石佛像	80여	2003	東魏~宋	濟南市博物館	房道國,「濟南地區佛敎造像遺存及相關問題初探」,『四門塔阿閦佛與山東佛像藝術研究』(中國文史出版社, 2005), 299~300쪽

臨淄區	·	西天寺	石佛像	4	·	南北朝	臨淄區石刻藝術館	筆者의 現地調査
	·	龍泉寺	石佛像	4	·	南北朝	靑島市博物館	時桂山,「靑島的四尊北魏造像」,『文物』1(1963), 65쪽
壽光市	東方村	龍興寺	石佛像	100여	1970년대, 1992	北魏~唐	壽光市博物館	曹元啓·宮德杰,「簡析壽光寺出土的兩批佛敎造像」,『中國北朝佛敎造像及其傳播國際學術硏討會論文』(2005), 1~10쪽
	馬店村	·	石佛像	4	1970년대	唐	壽光市博物館	曹元啓·宮德杰, 앞의 논문, 11~14쪽
新泰市	天寶鎭祖徠山	光化寺	石佛像	10여	1983	北魏~唐	新泰市文物管理所	穆紅梅·馬培林,「光化寺出土東魏佛敎造像硏究」,『四門塔阿閦佛與山東佛像藝術硏究』(中國文史出版社, 2005), 285~288쪽
靑島市	城陽區夏莊鎭源頭村	法海寺	石佛像	120여	1980	北魏~唐	靑島市博物館	欒學智,「法海寺」,『靑島文物與名勝保護紀實』(靑島出版社, 2000), 100~101쪽
鄄城縣	吉山鄕胡同村	億城寺	石佛像	4	1980	北魏~北齊	鄄城縣文物管理所	路維民,「鄄城縣文物管理所所藏四块北齊造像殘碑」,『四門塔阿閦佛與山東佛像藝術硏究』(中國文史出版社, 2005), 289~295쪽
龍口市	黃縣, 北海醫院, 博商廣場	·	石佛像	·	1933, 2001, 2003	南北朝	·	蔣惠民,「龍口北朝佛像小考」『四門塔阿閦佛與山東佛像藝術硏究』(中國文史出版社, 2005), 269~273쪽.

V

불교신앙(佛敎信仰)과 조각사(彫刻史)

　다음에서는 산동지역으로의 불교전래와 불상조성, 불교신앙의 변화와 불상양식의 변천 등 이 지역의 불교신앙의 양상과 불상 양식의 변천에 대해 간략하게 살펴보도록 하겠다.

1. 한대(漢代)

　한대에 접어들면 중국에 불교가 전래되며 승려의 동전(東傳)과 더불어 불상도 이 시기에 조성되기 시작한다. 동한대 황제의 무덤에 표현된 불상, 사천지역 애묘(崖墓)의 내부에 조각된 불상, 무덤에서 출토된 요전수(搖錢樹)의 기좌(基座)에 표현된 불상, 동경(銅鏡)에 표현된 불상 등은 당시 사람들의 불교에 대한 인식을 시사한다. 그러나 이 시기 불상은 무덤 내부의 장식, 부장품의 부수적인 장식문양으로 활용되고 있을 뿐이고 단독의 예배대상으로서 제작된 것은 아니었다.[220]

산동지역의 동한대 화성석묘(畵像石墓)의 화상석에는 불교적인 요소가 표현되고 있다. 1953년 산동 기남(沂南) 화상석묘, 해방전 등주시(滕州市)에서 출토된 한대 화상석 1매, 1990년 추성시(鄒城市) 곽리향(郭里鄕) 고리촌(高李村)에서 발견된 동한대 화상석묘가 그 대표적인 예이다.[221]

등주시에서 출토된 화상석 1매의 뒷면에는 코끼리 두 마리가 표현되어 있다. 두 마리의 코끼리는 6개의 백색 상아를 가지고 있는데 이러한 코끼리의 표현은《修行本紀經》卷上〈現變品〉第一 속의 내용과 부합되기도 한다.

기남 화상석묘의 묘실 남쪽, 북쪽의 팔각형 석주 정상부에 각각 1구의 불입상이 조각되어 있다(도 149). 둥근 모양의 두광이 분명하게 표현되어 있으며 둥근 옷깃의 호복을 입고 있다. 허리에는 장식물을

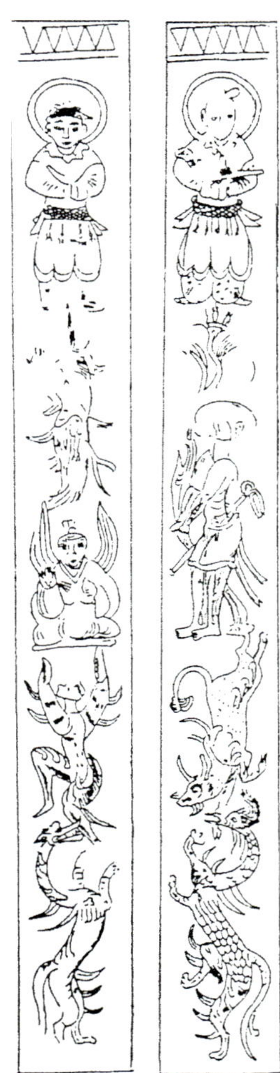

(도 149) 畵像石墓에 표현된 불교도상, 山東省 沂南縣 동한대 화상석묘(劉鳳君, 『山東佛像藝術』(藝術家, 2001), 9쪽 도 3, 4)

220. 구노미키 지음 · 최성은 옮김, 『중국의 불교미술-후한시대에서 원시대까지』(시공사, 2001), 10~13쪽.

221. 劉鳳君, 『山東佛像藝術』(藝術家, 2001), 8~10쪽.

드리웠으며 소매가 좁고 폭이 넓은 바지를 입고 있다. 남쪽 석주의 불입상 아래쪽에는 날개가 달린 인물상이 있다. 동쪽과 서쪽 기둥의 정상부에는 각각 동왕공, 서왕모가 조각되었다.

추성시 곽리향의 동한묘의 전실의 후벽에 있는 화상석에는 7명의 인물상이 부조되어 있다. 모두 두광을 가지고 있으며 두광은 둥근 형태이다.

산동지역의 동한대 화상석묘 혹은 화상석에 조각된 불교 관련 표현은 모두 무덤 속에 표현된 것이다. 다시 말해 동한대 산동지역에서의 불교표현은 아직 독립적인 종교예술품의 성격을 지니지는 못하였다. 이러한 현상은 동한대 사천성, 강소성 일대 지역의 화상석묘에 표현된 불교조각상과 동일한 성격을 드러낸다. 인물상은 코가 높고 눈이 깊은 호인(胡人)의 형상으로 이들이 입고 있는 호복은 이러한 사실을 입증시킨다. 수인은 시무외인 혹은 선정인을 짓고 있으며 육계는 높고 두광의 표현도 첨가되었다.

동한대 산동지역의 화상석에 표현된 불교조각상은 동시기 무덤, 도자기, 동경, 금속기 등에 첨가된 불교조각상과 동일한 모습이다. 모두 독립적인 형상의 종교예술로는 형성되지 못한 수준이다.

이처럼 동한대의 불교는 중국 고유의 도교, 신선사상 등의 내용과 결부되어 해석되는 격의불교의 형태를 이룬다. 산동지역의 경우 동해와 인접해 있는 지리적인 여건으로 인해 고래로부터 형성된 봉래신화가 전국시대 감숙지역의 곤륜신화 사상과 결합되어 이 지역의 신선사상을 형성하게 되었다. 이러한 산동지역의 신선사상이 한대에 접어들어 불교와 다시 결합되어 무덤, 부장품에 표현되었던 것이다.[222]

---

222. Wu, Hung, "Buddhist Element in Early Chinese Art-2nd and 3rd centuries A.D", Artibus Asiae, Vol. XLVII, 3/4, 1986, 263~316쪽.

2. 위(魏), 진(晉), 오호십육국(五胡十六國), 동진대(東晉代)

이 시기 산동지역에는 위, 진, 후조(後趙), 전연(前燕), 전진(前秦), 후연(後燕), 남연(南燕), 동진 등의 왕조가 할거하였다. 이 왕조의 왕들은 모두 불교를 숭상하여 고승을 예우하고 사찰, 불상을 활발히 조성하였다. 산동지역과 가까운 하북성 업도에 수도를 정한 후조는 불교를 크게 부흥시켰는데, 당시 유명한 고승 불도징(佛圖澄)은 통치자들의 예우로 국정에 참여하기도 하였다. 전연, 후연 역시 업도를 수도로 하면서 후조의 발달된 불교를 그대로 계승해 발전시켰다.

이 왕조들은 이후 산동지역도 통치하게 되는데, 이 당시 하북지역의 불교사상과 불상조성 활동은 산동지역에 일정한 영향력을 미쳤을 것으로 생각된다. 이후 산동지역을 지배한 남연은 광고(廣固: 현재의 청주시)에 수도를 정하였으며 남연의 통치자들 역시 불교를 숭상하였다.

위, 진, 오호십육국시대 산동지역의 불교 전파는 태산일대를 중심으로 하여 제남, 청주, 노산 등지로 뻗어 나갔다. 이 시기 산동지역의 불교 발전에 크게 이바지한 가장 중요한 인물로 승랑(僧朗)을 꼽을 수 있다. 승랑은 불도징의 제자로 351년 태산에 입거하였다. 또한 태산 곤륜산(昆侖山)에 산동지역 최초의 사원인 낭공사(朗公寺)를 창건했다. 이 사찰은 제남시 근교 유부진에 소재하며 수대에 신통사로 개명되었다 (도 150).

전진의 부견(符堅), 후진의 요흥(姚興), 동진 효무제(孝武帝)는 승랑에게 친서를 보냄과 동시에 오색주상, 비단, 금제 발(鉢), 금제 부도, 공도형상(供鍍形象)을 보내기도 했다. 남연의 통치자 모용덕(慕容德)은 비단 백필을 수여함과 동시에 "동제왕(東齊王)"이라는 가호(假號)를

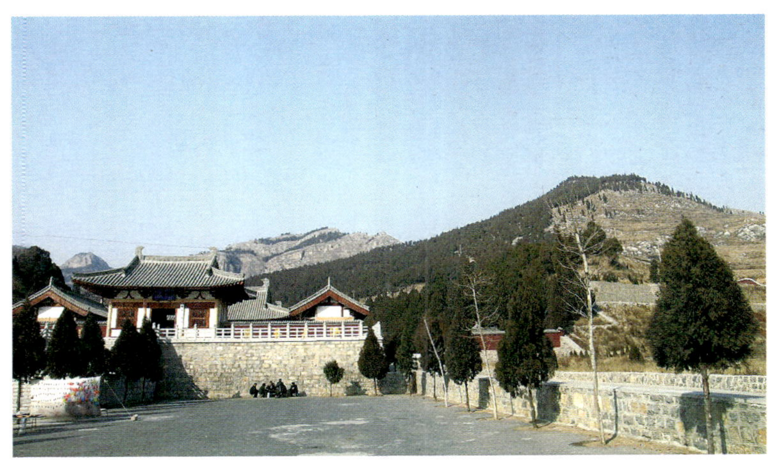

(도 150) 神通寺 전경

주었다. 그리고 봉고(奉高: 현재의 태안), 산장(山莊: 長淸縣 張夏) 두 현의 조세를 모두 그에게 귀납시켰다.[223]

해외의 각 나라에서는 불상을 승랑에게 보내왔는데 고려(高麗), 상국(相國), 호국(胡國), 여국(女國), 오국(吳國), 곤륜(崑崙), 대경(岱京)의 일곱 나라에서 증여한 금동불상이 낭공사에 모셔져 있었다. 이 금동불상들은 당대 초기에도 여전히 사원 안에 모셔져 있었다고 한다. 이처럼 승랑의 태산 입거로 인해 산동지역의 불교는 크게 흥성하게 되었다.

승랑 이외에 태산 일대에서 활약한 도안(道安)과 412년 인도 구법을 마친 후 산동성 장광군(長廣郡: 현재의 墨境)에 도착한 법현(法顯) 등도 산동지역 불교 발전에 크게 이바지한 고승으로 평가된다.[224]

223. 류펑쥔, 「산동지역 북조, 수, 당의 불상」, 『고구려 불상과 중국 산동 불상』(동북아역사재단, 2007), 153쪽.

224. 江心力, 『齊魯歷史文化叢書-齊魯佛教史話』(山東文藝出版社, 2004), 15~17쪽.

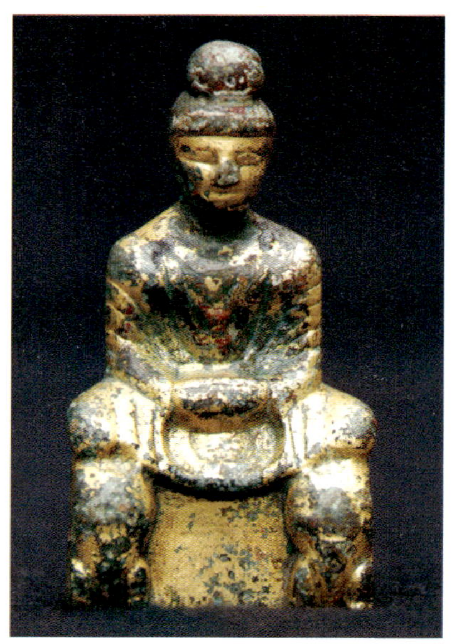

(도 151) 佛坐像(五胡十六國), 金銅, 8.1cm, 山東省博物
館 소장

지금까지 산동지역에서 발견된 불교조각상 중 이 시기에 해당되는 작품으로는 박흥현 출토 금동불좌상(도 96)과 산동성박물관 소장 금동불좌상이 대표적이다(도 151). 앞장에서 서술했듯이 이 불상들은 오호십육국시대 중국에서 매우 성행하여 제작되었던 금동불좌상의 양식과 동일하다.

산동불교 전파에 큰 공헌을 한 승랑은 불도징의 제자였다. 주지하다시피 불도징은 오호십육국시대 북방 불교, 특히 석륵(石勒), 석호(石虎)의 계보를 잇는 사람으로 후조의 불교발전에 엄청난 영향력을 행사하였다. 후조는 하북성에 소재한 왕조로 당시 중국 불교 중심지 중 한 곳이었던 하북성 정주와 업도 일대 등을 차지하였다.

1950~70년대 하북성 석가장(石家莊)에서 출토된 금동불좌상(도 107), 하북성문물연구소에서 하북 보정(保定)의 한 폐광에서 수집한 금동불좌상(도 152) 등은 모두 오호십육국시대 불좌상 특징을 잘 반영하고 있다.[225] 이 불좌상들은 하북성 북송촌(北宋村)에서 출토된 금동불좌상

---

225. 裵淑蘭・冀艷坤, 「河北省征集的部分十六國北朝佛教銅造像」, 『文物』7(1998), 67~69쪽: 李玉珉, 『中國佛教美術史』(東大圖書公司, 2007), 13~14쪽.

과 더불어 방형 대좌, 높은 육
계, 둥근 옷깃의 통견식 가사착
용, 선정인 등 조각양식이 유사
하다. 이러한 조각양식은 더 나
아가 서진 병령사석굴 제169굴
의 불좌상, 북량석탑에 조각된
불좌상, 요령성 철령시에서 수
집된 금동불좌상 등과도 동일
하다.

　오호십육국시대 하북지역
의 선정인 금동불좌상의 조각
양식은 이 시기 산동지역 금동
불좌상에도 영향을 미쳤을 것
으로 생각된다. 또한 불도징의

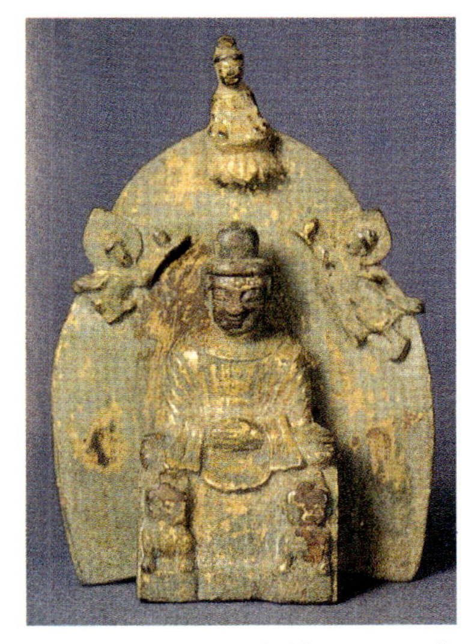

(도 152) 佛坐像(五胡十六國), 金銅, 13.4cm, 河北省 保定地區 출토, 河北省文物硏究所 소장(裵淑蘭·冀艶坤, 「河北省征集的部分十六國北朝佛敎銅造像」, 『文物』7(1998), 채색 도판 1)

제자 승랑이 산동 태산일대에서 활약한 사실은 하북지역의 후조 불상
양식이 산동지역에 영향을 미쳤을 가능성을 높여 주고 있다.

3. 남북조시대(南北朝時代)

　409년 동진의 유유(劉裕)는 남연을 공격하여 이듬해 410년 남연을 멸
망시킨다. 이때부터 469년까지 산동지역은 남조 유송(劉宋)의 통치영
역에 속한다. 반세기 정도의 시간동안 청주를 중심으로 한 산동지역 사
람들은 남조 문화의 영향 아래 생활하게 된 것이다. 이후 469년 북위의
장군 모용백요(慕容白曜)가 청주를 공격하여 북위의 영토로 귀속시킨
다. 469년부터 청주를 중심으로 한 산동지역은 북위의 통치를 받기 시

작하여 이후 동위, 북제 등 북방의 왕조 변천사를 거치게 된다.

469년 산동지역이 북위로 귀속되기 이전시기인 4~5세기대 산동지역의 불교는 의학(義學)을 중요시 하여 강송(講誦)을 실시하였는데, 이러한 내용은 『高僧傳』의 기록을 통해 확인할 수 있다. 당시 도명(道明)은 의학을 중요시 하였고 그의 제자인 보창(寶昌)은 강송, 승밀(僧密)은 성실학(成實學)에 밝았다. 이에 청주지역의 고승들은 강남지역을 유람할 때 남쪽 사람들의 환대를 받아 그곳에 머문 예가 많았다.

또한 남조의 영역에 있을 당시 산동지역에서는 강남지역의 관음응험(觀音應驗)이 성행하였다. 이러한 사실은 『光世音應驗記』(남송, 傅亮) 속의 서영(徐英), 『系觀世音應驗記』(남제, 陸杲) 기록 중의 혜연(惠緣)에서 확인할 수 있다. 결국 469년 이전 산동지역 불교, 더 정확하게 말하면 청주와 제남을 중심으로 한 산동지역의 불교는 강남 불교와 밀접한 관련을 보인다고 할 수 있다.[226]

남조 송시대 청주지역에서 불교가 크게 발전하게 되는 계기는 다음 두 가지로 설명할 수 있다. 첫째, 399년 서행구법을 떠난 법현(法顯)이 412년 인도에서 해로를 이용하여 산동 청주 장광군(長廣郡) 뇌산(牢山)에 도착한 사실을 꼽을 수 있다. 그는 불경, 태자사유서응상 등을 가지고 왔으며 청주에서 1년 이상을 머물렀다. 당시 그가 가지고 온 불경과 불상이 청주지역을 비롯하여 남조에 어떠한 영향을 끼쳤는지에 대해서는 구체적으로 알 수 없으나 법현이 남조의 서주(徐州) 팽성군(彭城郡)에 도착한 이후 용화도(龍華圖)에 근거하여 용화사를 건립하였다는 내용으로 보아 산동 청주지역 불교에도 일정부분 영향력을 행사하였

---

226. 宿白, 「靑州龍興寺窖藏所出佛像的幾個問題」, 『山東靑州龍興寺出土佛像石刻造像精品』(中國歷史博物館, 1999), 15쪽.

으리라 생각된다.

둘째, 416년 동진이 북쪽 관중지역(장안)을 공격하는 과정에서 관중지역의 승려들은 전쟁을 피해 산동지역 남쪽의 서주 팽성으로 대거 이주한 내용을 들 수 있다.[227] 당시 이 사건을 계기로 관중지역의 우수한 불교사상이 서주를 비롯한 산동지역에 영향을 끼쳤을 가능성이 높다.

남조 송시대 청주에는 단호불당이라는 공불 장소가 있었다는 기록을 통해 당시 청주지역의 불교와 불상은 남조의 불교, 불상과 일정한 관련을 가지고 있었으리라 짐작할 수 있다. 따라서 청주를 중심으로 한 산동지역에서는 남조를 비롯한 장안, 인도, 동남아시아 불교 혹은 불상과 일정한 관련을 가지고 있었을 것으로 생각되지만, 현존하는 작품이 거의 없기 때문에 구체적으로 설명하기는 어려운 상황이다.

469년 산동지역의 영토가 북위로 귀속되었지만 문화적인 면에서는 일부 남조 문화가 계속해서 유지되고 있는 것으로 보인다. 예를 들어 황석애 마애조상감 제20호감의 명문은 북위 528년 미륵상을 조성함에 용화삼회(龍華三會)를 원한다는 내용이다. 이 불상은 미륵신앙 중 미륵하생(彌勒下生) 신앙을 잘 드러내고 있으며 실제 조각된 불상 역시 입상으로 표현되었다. 황석애에는 이외에도 명문에서 미륵상을 조성한다는 내용의 작품 대부분이 불입상으로 조각되어 있다. 용동 제2호감의 불입상 역시 청대에 집필된 『山左訪碑錄』에 근거하여 미륵상임을 알 수 있다(도 32).

이처럼 북위, 동위대 산동지역의 미륵상은 대부분 불입상으로 조성

---

227. 黃志成, 『四至六世紀山東地區佛敎之硏究-以寺院·僧侶與義邑爲中心』(臺北 中正大學 歷史硏究所 碩士論文, 1995.6), 17쪽.

되고 있는데 이러한 사실은 마애불 이외에 금동불상에서도 동일하게 확인된다. 불상으로 조성된 미륵상은 흔히 미륵하생신앙을 반영한 것으로 추정되고 있다. 산동지역의 이러한 미륵상 표현의 특징은 당시 평성, 낙양을 중심으로 한 수도지역의 미륵상이 대부분 미륵상생(彌勒上生) 신앙을 반영하여 교각보살상으로 많이 조성된 상황과는 다른 점이다.[228)]

남북조시대 산동지역에서 미륵하생신앙이 성행하게 된 원인은 청주지역을 중심으로 활약한 승려들의 활동에 주목할 필요가 있다. 보량(寶亮)은 청주에서 의학(義學)을 공부하다 남조로 이주하여 미륵하생경을 강연하였다. 승호(僧護)는 석불을 주조하여 미륵삼회를 원하였으며, 승민(僧旻)은 미륵불을 조성하여 꿈에서 미륵불을 만났다고 한다.[229)] 남북조시대 산동지역에서 미륵하생경에 의거한 불입상이 성행하여 제작된 원인에 대해서 대만 학자 이옥민(李玉珉)은 하북지역 미륵상의 영향으로 간주하기도 하였다.[230)]

469년 북위로 편입된 이후 산동의 귀족들과 평민들은 평성으로 강제 이주되어 그곳에서 거주하면서 북위에 남조의 문화를 소개하는 데에 큰 역할을 하였다. 이들은 476년 이후 다시 산동지역으로 돌아와 거주하였는데, 이들 산동 구 귀족들의 복귀는 이후 산동지역의 불사활동이 더욱 활발하게 이루어지는 계기가 되었다.

남북조시대 산동지역 불교의 중심지는 청주와 제남지역이었으며

---

228. 劉鳳君, 「山東省北朝觀世音和彌勒造像考」, 『文史哲』2(1994), 48~53쪽.

229. 王瑞霞, 「北朝晚期古青州地區的佛敎信仰」, 『中國北朝佛敎造像及其傳播國際學術硏討會論文集』(2005), 2쪽.

230. 李玉珉, 「山東早期佛敎造像考-劉宋至北魏時期」, 『美術與考古』上冊(中國大百科全書出版社, 2005), 247~251쪽.

이 두 지역을 중심으로 사원건립, 각경(刻經), 조상(造像)활동이 활발히 이루어졌다. 이 시기에 건립된 사원의 분포지는 현재 45곳 정도로 추정되며 이 숫자는 이전시기에 해당되는 사원 분포지의 3배 정도에 해당한다. 이전시기 산동지역의 불교 중심지 중 한 곳 이었던 태산 낭공사는 남북조시대에 이르면 더욱 흥성하게 되어 사원 내에는 외국에서 보내온 금동불상이 7구 안치되어 있었다. 태산지역에는 낭공사 이외에 단령사(丹嶺寺), 현초사(衒草寺) 등이 새로이 건립되었다.[231]

이 시기에 건립된 사원으로는 청주지역의 칠급사(七級寺)·건안사(建安寺)·길상사(吉祥寺)·연상사(延祥寺)·시복사(施福寺)·손진사(孫秦寺)·대업사(大業寺)·도장사(道獎寺)·유덕사(游德寺)·예천사(禮泉寺)와 광요현의 개공사(皆公寺)·광녕사(廣寧寺)·마명사(馬鳴寺), 박흥현의 용화사(龍華寺)·반야사(般若寺)·흥국사(興國寺), 무체현의 보조사(普照寺), 혜민현의 옥림사(玉林寺) 등이 문헌기록이나 불상 명문 등에서 확인된다.

현존하는 남북조시대 산동지역 불교조각상의 조성 연대는 절대다수가 북위 후기, 즉 낙양으로 천도한 이후의 시기에 해당된다. 이 시기에 해당되는 석굴과 마애조각상으로는 제남의 황석애(도 28), 용동 마애조상감(도 29)과 청주시의 타산 제4굴이 있으며(도 12), 이중 황석애의 조성시기가 가장 이르다.

황석애 마애조상의 공양자로는 북위 황실귀족인 원씨(元氏)와 지방관리 제주장사(齊州長史) 걸복예(乞伏銳), 위군승(魏郡丞) 요경도(姚敬道)가 확인된다. 황석애의 시주자 중 한 명 이었던 걸복예는 용동 제2호감을 조성하기도 한다. 이처럼 석굴이나 마애조상감은 지방관리 등 현

---

231. 江心力,『齊魯佛敎史話』(山東文藝出版社, 2004), 23쪽.

지에서 재력과 인력을 동원할 수 있었던 높은 신분계층에 해당되는 사람이 공양자로서 참여하고 있는 예가 많음을 확인할 수 있다.

남북조시대로 편년되는 금동불상은 박흥현 용화사와 고창사, 고청현 사원유적지, 제성시 청운촌, 곡부시 승과사, 추성시 관음사, 고청현 서가촌, 태안시 흥화사와 서요촌, 청주시, 내주시 등지에서 출토된 예가 있다. 이중 박흥현 용화사에서 94구라는 많은 수량이 출토된 것 이외에는 대부분 몇구의 불상이 산발적으로 발견될 뿐이다.

지금까지 발굴된 산동지역의 금동불상은 주형 광배를 가지며 전체 높이는 30cm가 되지 않는다(도 98, 99, 100). 독존상, 삼존상 배치가 일반적이며 광배의 문양으로는 화염문, 동심원, 인동당초문, 연화문 등 간단하고 도식화된 경향이 짙다. 명문을 통해 확인된 금동불상의 공양자는 일반 평민, 승려들이 절대다수를 차지하고 있다.

석불상은 박흥현 향의사와 용화사, 고청현, 창읍시 보해사, 혜민현 옥림사, 광요현 사원유적지, 제남시 현서항, 제성시 스포츠센터 지점, 청주시 흥국사와 용흥사, 임구현 명도사, 신태시 광화사, 청도시 법해사 유적지 등에서 출토되었다(도 116, 121). 이중 청주시 용흥사, 제성시 스포츠센터 지점, 임구현 명도사 유적지에서는 200여구~1200여구 등 석불상이 대량으로 출토되었고 기타 지역에서는 몇 구~수십여구가 출토되었다.

청주 용흥사 출토 석불상의 조각양식은 거리상 가까운 임구, 제성, 임치는 물론이고 제남, 광요, 고청, 청도 등 먼 곳의 석불상에까지 영향을 미치고 있었다. 즉 남북조시대 산동지역의 석불상은 당시 정치, 경제의 중심지였던 청주지역 조각양식을 강하게 받고 있었다.

금동불상과 석불상은 대부분 사원 유적지에서 출토된 예가 많다. 청주, 제성, 임구, 제남 등 대량으로 출토된 석불상의 경우 인위적인 파손을 거친 후 일정한 장소에 매납되었다. 현존하는 금동불상은 30cm가 되지 않는 예가 많으나 석불상은 5cm 정도에서 600cm에 이르는 큰 불상도 존재한다. 다시 말해 당시 지상 사원에 봉안되었을 큰 규모의 금동불상은 사원의 소실과 더불어 현존하지 않는다. 그러나 석불상은 화재에 비교적 강하기 때문에 오늘날까지 남게 된 것으로 추정된다. 이러한 이유로 인해 석불상과 금동불상의 양식과 구조는 공통점도 있으나 차이점도 분명하게 존재한다.

또한 금동불의 경우 청동, 금이라는 금속 재료의 구입과 더불어 제련과 주조라는 과정을 거쳐야 완성되는 것이기 때문에 복잡하고 화려한 장식은 주조로 인해 어느 정도 제약을 받았으리라 추정된다.[232] 특히 크기가 작은 소금동불은 공양자의 신분이 대부분 평민들이었기 때문에 간단한 주조기술로 단기간에 완성될 수 있는 불상을 주조하였을 가능성을 완전히 배제할 수 없다.

즉 소금동불은 대부분 죽은 사람의 명복을 빌기 위해 제작되었기 때문에 화려하고 아름다우며, 많은 시간과 노력이 필요한 금동불상보다는 간단하지만 그들의 염원이 표현된 불상이면 만족하였으리라 생각된다. 또한 이러한 금동불상에 비해 석불상은 도구를 이용하여 조각하였기 때문에 복잡하고 화려한 조각도 비교적 손쉽게 구사할 수 있었다.

현존하는 산동지역의 금동불상은 동시기 석불상에 비해 양식면에서 보수적인 경향이 두드러진다. 우선 석불상의 광배와 대좌 양측에서 한 마리의 용 혹은 두 마리의 용(雙龍)이 일반적으로 표현된 것과는 달

---

232. 양은경, 「고구려 금동 광배와 중국 산동지역 불상 광배」, 『고구려 불상과 중국 산동 불상』(동북아역사재단, 2007), 139~144쪽.

리 소금동불상에서는 이러한 용이 그다지 많이 발견되지 않는다. 또한 석불상에서는 주형 광배의 가장자리에 비천상(도 133), 일월(日月) 혹은 일월을 들고 있는 인물상이 배치된 예가 많은 것(도 137)과 비교하여 금동불상에서는 박흥 용화사 출토 금동광배와 교각보살상(도 100), 태안시 출토 494년명 금동광배(도 101) 등의 몇몇 작품을 제외하고는 광배 가장자리에 부수 장식물이 많이 부착되지 않는다.[233] 이 역시 소금동 불상의 주조기술과 관련이 있다고 생각된다.

남북조시대 산동지역의 석불, 금동불, 석굴과 마애조상감에서 확인되는 불교신앙은 미륵, 관세음, 석가, 석가다보, 노사나불을 숭배한 미륵, 법화, 화엄사상이 있다. 이중 석가, 석가다보를 숭배한 법화신앙은 북위와 동위대에 극성하였고 노사나불을 숭상한 화엄신앙은 북제대 성행한다. 미륵과 관세음에 대한 숭배는 남북조시대 전 기간 성행하였고 금동불, 석불, 마애조상감 등 모든 재료의 불상에서 확인된다. 미륵은 앞에서도 서술했듯이 흔히 미륵하생신앙을 반영하였다.

관세음신앙은 석상에서 보다는 금동상에서 더욱 많이 발견되며 일반적으로 죽은 부모 혹은 자신, 권속을 위해 조성한 경우가 대부분이다. 남북조시대 관세음과 관련있는 불교경전은 아주 많지만《法華經》의〈觀世音菩薩普門品〉이 가장 밀접하다. 이 품은 단독의《觀世音經》으로도 성행하였는데 고난을 만났을 때 관세음의 이름만 부르면 어려움에서 벗어날 수 있다는 내용으로 백성들에게 쉽게 다가갈 수 있었다. 관세음은 단독의 형태로 조성되는 예도 있으며 심지어 불상 형태의 관세음상도 출현하였다(도 91).[234]

233. 梁銀景,「중국 山東지역 불상과 한국 삼국시대 불상의 교류 관계」,『강좌 미술사』 26(2006), 247~250쪽.

234. 劉鳳君,「山東省北朝觀世音和彌勒造像考」,『文史哲』2(1994), 48~53쪽.

박흥현 용화사 유적지에서 출토된 532년명 관세음상(도 98), 570년명 관세음상, 곡부시 출토 572년명 관세음상(도 91)이 대표적이다. 육계는 높고 포의박대식 가사를 걸치고 있다. 불격화된 관음상의 출처에 대해서는 《悲華經·諸菩薩本授記品》,《佛說佛名經》,《觀世音成佛經》,《千手經》,《千光明祕密法經》,《法華經·觀世音菩薩普門品》등 다양한 경전이 언급되고 있지만,[235] 당시 서민들이 관세음보살을 부처의 위치로 승격시켜 숭배했음을 반영한다.

동평현 홍정산(洪頂山)의 북제 河靑년간(562~565년)에 새겨진 "彌勒佛, 釋迦佛, 觀世音佛, 大勢至佛"이라는 명문, 태안시 조래산(徂徠山) 광화사(光化寺) 유적지의 거석에 북제 570년 새겨진 "彌勒佛, 阿彌陀佛, 觀世音佛, 大空王佛, 中正胡賓"[236]의 내용 역시 남북조시대 산동지역에서 극성한 관세음불 신앙을 보여준다.

법화경의 광범위한 전파로 인해 관세음사상 이외에 석가, 석가다보불에 대한 신앙도 성행하게 되었다. 남북조시대 법화경은 서진시대 축법호(竺法護)가 번역한 《正法華經》과 요진시대 구마라집(鳩摩羅什) 번역의 《妙法蓮華經》이 주로 유통되었으며, 이중 구마라집본이 가장 성행하였다. 산동지역의 승려들도 법화사상을 홍양하였는데 혜휘(惠暉), 보명(普明), 혜량(慧亮)이 대표적이다.[237]

북제대에는 불교사상이 다양화되기 시작하였고 특히 노사나불, 무량수불, 정광불, 태자상, 사유상에 대한 숭배가 성행하였다. 이중 노

---

235. 許憑彬,『山東博興龍華寺遺址出土佛敎遺物分期硏究-以鎏金銅造像爲中心』(北京大學碩士學位論文, 2005), 37~40쪽: 張淑敏等,『山東博興銅佛像藝術』(臺北 藝術家, 2005), 161~162쪽.

236. 賴非,『齊魯碑刻墓志硏究』(齊魯書社, 2004), 108, 116쪽.

237. 李玉珉,「山東早期佛敎造像考-劉宋至北魏時期」,『美術與考古』上冊(中國大百科全書出版社, 2005), 246~247쪽.

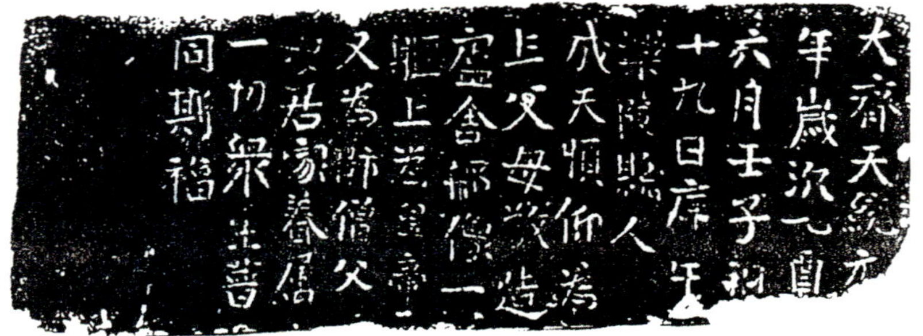

(도 153) 天統元年銘(565년) 盧舍那像 명문 탁본(劉鳳君, 『黃河三角洲佛敎造像硏究』(山東人民出版社, 2003), 141쪽 도 74)

사나불을 신봉하는 신앙이 가장 유행하였으며 금동불이나 석굴에서 보다는 석불상에서 더욱 많이 확인된다. 청주시, 임구현, 제성시, 박흥현에서 출토된 북제대 석불상과 대좌에 새겨진 명문내용을 통해 노사나신앙을 쉽게 확인할 수 있다. 특히 박흥현에서는 대좌만 출토된 예가 많은데, 이 석대좌에 새겨진 북제대 명문 중 노사나불상인 경우 일반적으로 "노사나상(盧舍那像)"을 조성한다는 내용으로 새겨져 있다(도 153).

노사나불을 숭배한 사실은 북제대《華嚴經》의 유포와 밀접한 관련을 가진다. 60권본의《華嚴經》은 동진시대 불타발타라(佛馱跋陀羅)가 역출한 것으로 남제 경릉왕 소자량(蕭子良)의 추종을 받기도 하였다. 북방에서의 유전은 60권본《華嚴經》보다는 북위대 보리유지(菩提流支)가 번역한《十地經論》과 더욱 연관관계를 가진다. 주지하다시피 《十地經論》은《華嚴經・十地經論》을 해석한 것으로 대승불교 보살계 수행의 십 단계를 찬술하고 있다.[238]

---

238. 마쓰창 외 저・양은경 역,『중국 불교석굴』(다홀미디어, 2006), 344~347쪽.

이 경전이 역출된 후 북방에서는 지론학파가 형성되었으며 북제의 수도 업도를 중심으로 하북, 하남 지역에서 이 사상은 크게 추종되었다. 산동의 승려 혜순(惠順)을 대표로 한 많은 승려들이 당시 하북지역 승려와의 왕래를 통해 이 사상을 청주를 중심으로 한 산동지역에 유포시켰을 가능성은 아주 높다.

화엄교주인 노사나불은 산동지역 북제대 석불상에서는 흔히 신체의 가사에 붉은색으로 방형의 선을 그린 이후 그 속에 수미산, 용, 비천, 보주, 인물상 등을 채회하거나 고부조로 조각한 것으로 표현되었다(도 154). 이처럼 특수한 복식으로 화엄교주인 노사나불을 표현한 것은 《華嚴經》의 "於我身中現色身", "現佛境界" 내용을 그대로

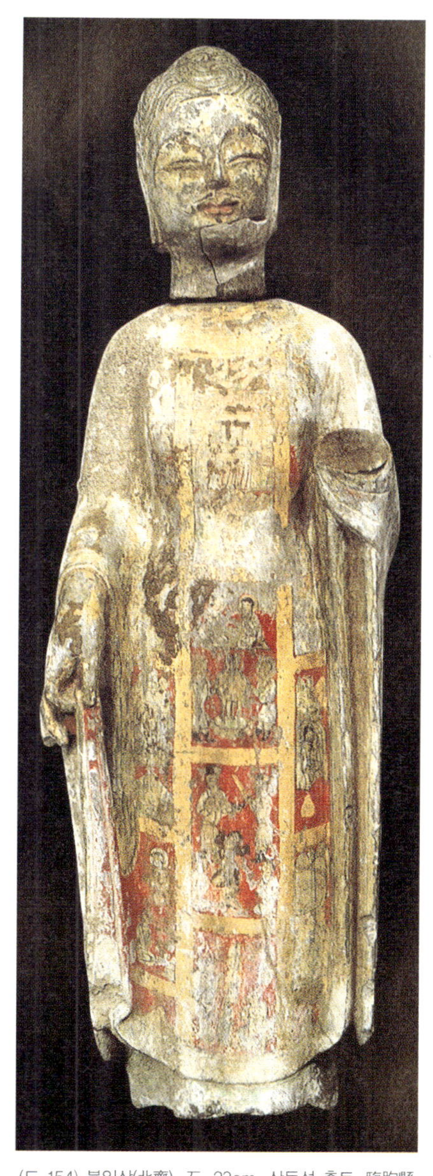

(도 154) 불입상(北齊), 石, 23cm, 산동성 출토, 臨朐縣博物館 소장(宮德杰, 「臨朐縣博物館收藏的一批北朝造像」, 『文物』9(2002), 85쪽 도 2)

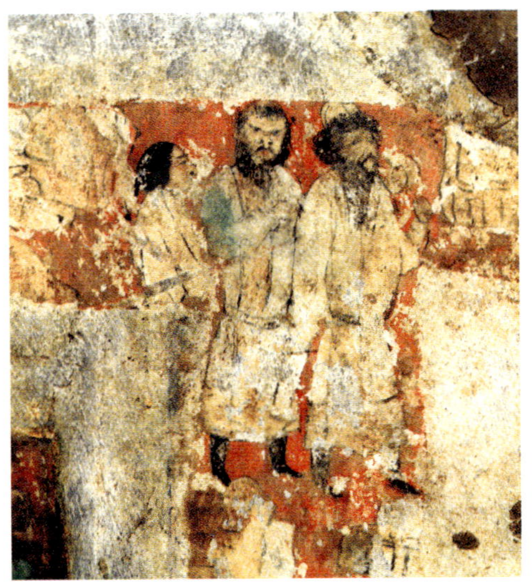

반영한 것으로 추정된다.[239] 사각형 경계선의 안쪽에 도회된 수미산, 용, 비천 등은 노사나법계인중상(盧舍那法界人中像)의 도상을 표현한 것이다. 그러나 호복을 입고 장화를 신고 콧수염이 표현된 호인상(胡人像)의 모습은 북제 사회에 만연한 서역문화를

(도 155) 龍興寺 출토 불입상(도 154)에 표현된 胡人(靑州市博物館 編, 앞의 책, 도 131)

그대로 보여주고 있다(도 155).

한편 북제대 산동지역에서는 태자상, 사유상에 대한 신앙이 매우 성행하여 출토 수량도 많은 편이다. 반가좌의 자세로 한 팔을 위로 들어 생각하는 모습의 반가사유상이 출토된 지역은 무체현, 혜민현, 박흥현, 임구현, 청주시 등이 대표적이다. 출토품은 모두 20여 구로 연대와 존명을 정확하게 확인할 수 있는 예는 6구 정도인데, 모두 북제대 작품이다.

무체현, 혜민현에서 출토된 556년, 567년명 사유상은 옥석상(玉石像)

---

239. 張健・韓崗・張總, 「諸城出土窖"法界圖像"佛像」, 『中國北朝佛教造像及其傳播國際學術研討會論文集』(2005), 2쪽. 하정민은 석가모니불상으로 성립된 법계상 도상은 6세기 후반 중국에서 노사나불상에도 적용되어 나타나고 있다고 하였다(河定旼, 「中國 法界像에 관한 研究」, 『美術史學研究』238・239(2003.9), 24~27쪽).

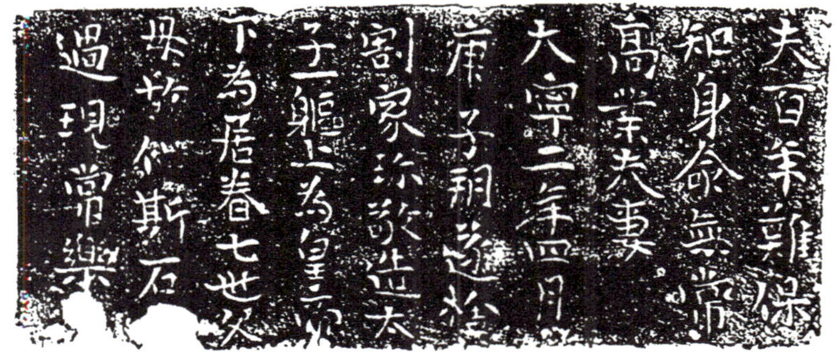

(도 156) 太寧二年銘 태자상(562년) 명문 탁본(劉鳳君, 『黃河三角洲佛敎造像硏究』(山東人民出版社, 2003), 141쪽 도 73)

혹은 백옥석상(白玉石像)으로 명기되어 있다. 박홍현에서 출토된 556, 562년명 사유상은 "태자상(太子像)"(도 156), 혜민현에서 출토된 556년명 상은 "태자□유상(太子□維像)", 혜민현에서 출토된 570년명 상은 "사유상(思惟像)"이라 새겨져 있다.[240] 결국 현재까지 산동지역에서 출토된 북제대 사유상의 존명은 태자상, 사유상, 태자사유상임을 알 수 있다.

태자상, 사유상의 조각상 배치방식은 단독보살상 혹은 삼존상(보살상 1구, 협시제자상 2구)이 일반적이다. 사유보살상은 등좌(藤座)에 앉아 있으며, 머리에 보관을 쓰고 있다. 상체는 나체이며 하체에는 치마를 입고 있다. 천의는 두 어깨에서 늘어뜨려져 양 팔을 지나 아래로 드리워져 있다. 목에는 흔히 목걸이를 하고 있으며, 치마의 주름이 복잡하게 접혀져 있다.

1995년 제남시 장청구 영암사 반주전(般舟殿) 유적지에서 출토된 북

---

240. 王瑞霞, 앞의 논문, 15~16쪽 표 내용: 劉鳳君, 『黃河三角洲佛敎造像硏究』(山東人民出版社, 2003), 76~83쪽.

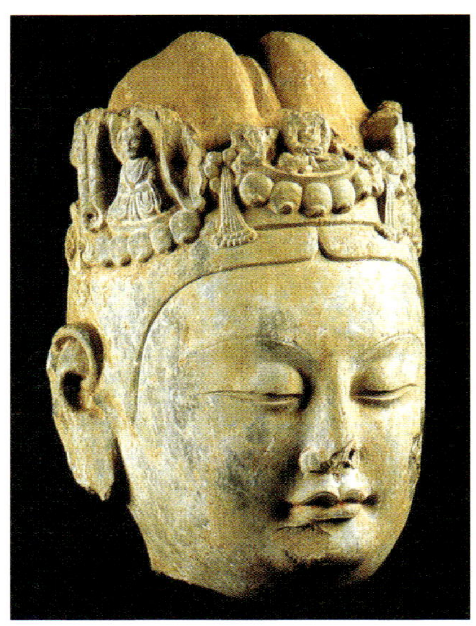

(도 157) 菩薩頭(北齊), 石, 27cm, 山東省 靈岩寺 般舟殿 유적지 출토, 靈岩寺 소장(劉鳳君, 『山東佛像藝術』(藝術 家, 2001), 162쪽 사진)

제대 불상과 보살상은 청주양식을 잘 반영하고 있다.[241] 특히 보살의 보관의 세 면은 불좌상을 안치한 특이한 도상으로 조각되었다(도 157).

4. 수대(隋代)

유년기에 불교사원에서 성장했던 수 문제(文帝)는 북주의 폐불을 종결시키고 불교를 중흥시켰다. 당시 전국적으로 많은 사원이 건립되었고 불경과 불상이 조성되었다. 문제를 이은 양제(煬帝) 역시 독실한 불교신자였다. 특히 그는 강남지역의 승려들을 장안과 낙양으로 불러들여 남북방 문화교류를 강화시켰다.[242]

수대에 접어들어 전반적으로 불교가 크게 흥성하게 됨에 따라 산동지역 역시 많은 불교사원이 건립되고 승려들이 배출되었다. 문제(文帝)는 산동지역에 대해 호의적인 태도를 취하였다.

『隋書』卷七十九「高祖外家呂氏」條에는 다음과 같은 기록이 있다. "高祖外家呂氏, 其族蓋微, 平齊之後, 求訪不知所在. 至開皇初, 濟南郡

241. 李裕群,「靈巖寺石刻造像考」,『文物』8(2005), 79~86쪽.

242. 梁銀景,「隋代 長安, 洛陽지역 불교조각 연구」,『강좌 미술사』18(2002.6), 157~160쪽.

上言, 有男子呂永吉, 自稱有姑字苦桃, 爲楊忠妻. 勘驗知是舅子…[고조의 외가는 여씨인데 가계가 한미하다. 북제를 평정한 이후 외가를 찾았으나 그 소재를 알 수 없었다. 개황초기 제남군에서 상언하기를 남자 여영길이 자칭 고모의 자는 고도인데 양충의 부인이라고 하였다. 이에 그 외삼촌의 자식을 찾게 되었다…]". 위 문헌기록에 근거하면, 문제의 어머니는 산동 제남인(濟南人)이며, 문제는 북제를 평정한 이후 그의 외가 친척인 외삼촌 등을 찾았다고 한다.

이러한 연유로 인해 문제는 583년 태산의 낭공사를 신통사(神通寺)로 개칭하였다. 또한 595년에는 문제가 직접 제남을 방문하고 태산에 이르러 하늘에 제사지내기도 하였다. 문제가 산동 제남을 방문할 당시 산동지역의 왕공귀족 이하 많은 사람들은 그를 위해 관음상을 제작하기도 하였다. 문제는 이후 이 지역의 고승들과 함께 장안으로 돌아갔다.[243)

수 건국과 동시에 장안에 건립된 대흥선사(大興禪寺)에는 승세(僧世), 담관(曇觀) 등 산동 출신 승려들이 머물면서 불학을 공부하였고 사리탑 건립 당시 고향인 산동지역으로 파견되었다. 청주, 제남, 태산지역으로 파견된 고승으로는 회주인(懷州人) 지능(智能), 제남 출신 법찬(法瓚), 섬서 출신 혜중(慧重)이 있다. 지능은 601년 청주 승복사(勝福寺), 법찬은 602년 제남 신통사, 혜중은 태산 대악사(坮岳寺)에 파견되어 사리탑을 건립하였다. 이외에도 제도(齊都: 오늘날의 치박시 임치구) 출신의 보적(寶積)은 태산 영암사에 거주하면서 불교를 흥성시켰다.

수 양제 역시 산동지역의 불교발전에 큰 기여를 하였다. 『續高僧傳』

---

243. 梁銀景,「中國 山東지역 隋代 佛敎石窟과 摩崖造像」,『강좌 미술사』20(2003), 221~223쪽.

卷二十五「東都寶場道場釋法安傳」의 기록을 통해 595년 문제가 산동의 태산에 행차할 당시 양제도 함께 동행하였으며, 그때 신통사 승려가 마중 나와 단월(檀越)이 되기를 요청하여 이들이 신통사를 방문하기도 하였다.

『續高僧傳』卷十八「隋西京禪定道場釋曇遷傳」의 기록을 통하면 양제의 맏아들 하남왕(河南王)은 신통사, 양제의 둘째 아들인 제왕(齊王)은 신보사(神寶寺: 현재의 靜墨寺), 화양왕(華陽王)은 보산사(寶山寺: 오늘날의 靈巖寺)의 단월이 되었음을 알 수 있다. 단월이란 사원을 위해 재물과 음식을 제공하는 세속신도를 의미한다. 결국 수 양제와 그의 아들들은 모두 산동 신통사를 비롯한 신보사, 보산사의 시주자가 되어 이곳에서 많은 불사활동을 하였을 것으로 여겨진다.[244] 이처럼 수대 신통사는 그야말로 황실의 적극적인 후원 속에 있었다.

수대 산동지역에서 활약한 승려로는 신통사의 주지로 머물렀던 법안(法安), 인수연간(仁壽年間) 사리를 가지고 태산 신통사에 파견 온 법찬(法瓚), 영암사에 거주했던 도변(道辯)과 법간(法侃), 장안에서 활약한 보적(寶積), 인수연간 사리를 가지고 태산 대악사(垈岳寺)에 온 혜중(慧重) 등이 대표적이다.[245]

수대 불교의 극성과 두 황제의 산동지역에 대한 애착으로 인해 이 지역에서는 사원과 탑 건립, 불상 조성 등 활발한 불사활동이 이루어졌다. 신통사에 현존하는 사문탑(四門塔)은 1973년 탑 천정의 한 석판에서 "수대업7년조(隋大業七年造)"라는 명문과 함께 탑심주에서 사리기 등이 발견되어 수 문제 602년 건립되기 시작하여 611년에 완공되었다

---

244. 梁銀景,「山東 神通寺 千佛崖의 銘文分析과 造像의 特徵-太宗, 高宗初期 佛龕을 중심으로」,『中國史研究』34(2005), 59~60쪽.

245. 江心力, 앞의 책, 49쪽.

고 추정된다(도 158).[246]
이외에 연주 동북쪽에 602
년 건립된 흥륭사(興隆寺:
본명은 普樂寺), 하택(菏澤)
경내에 건립된 법원사(法
源寺) 역시 이 시기를 대표
하는 사찰이다.

이 시기 산동지역에서는
제남, 청주지역을 중심으
로 마애조상감이 집중적으
로 조성되어 현존하는 예
가 많다. 대표적인 예로는
청주시 타산석굴(도 10)·

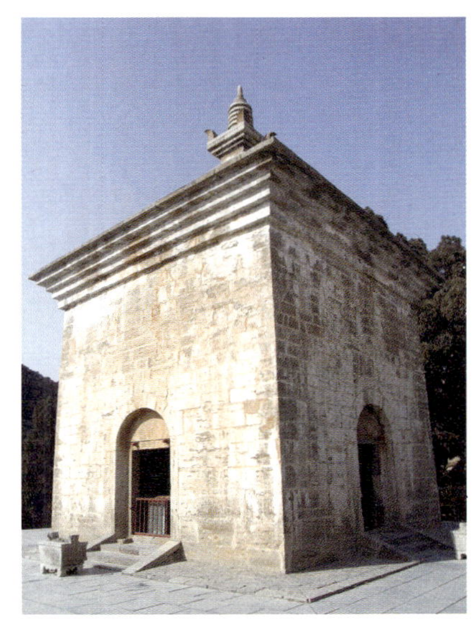

(도 158) 神通寺 四門塔(隋)

운문산석굴(도 16), 제남시와 근교에 소재한 용동(도 34)·동불욕사(도
36)·천불산(도 39)·옥함산(도 40)·영암사 증명감(도 43), 동평현의
백불산석굴이 있다(도 59).

마애조상감을 개착한 공양자의 신분은 당시 이 지방 최고장관이었
던 청주총관을 비롯하여 하급관리, 승려, 평민, 불교신도단체 등 다양
하다. 수대 마애조각상은 규모와 크기가 큰 예가 많고 대불도 많이 조
성되었다. 단순한 모양의 방형 감의 안쪽 혹은 암벽면에 직접 불상을
새기기도 하였다. 조각양식은 전반적으로 북제대 전통을 계승하면서
수대 장안지역 조각상의 영향도 동시에 반영하고 있다.[247]

---

246. 陳冬梅, 「四門塔與隋文帝」, 『四門塔阿閦佛與山東佛像藝術研究』(中國文史出版
社, 2005), 44~49쪽.

247. 梁銀景, 『隋代佛敎窟龕硏究』(文物出版社, 2004), 60~75쪽.

청주지역은 산동성 경내에서 현존하는 석굴 중 그 수량이 가장 많다. 청주는 고대 산동지역의 정치, 경제, 문화면에서 중심지였으며 이는 송대말까지 지속되었다.[248] 이러한 이유로 인해 다른 지역에 비해 청주지역에 현존 석굴의 수량이 많았던 것으로 생각한다. 타산석굴 제3굴의 주존불상은 수대 당시 청주에서 가장 높은 관직을 역임한 청주총관이 조성하였다(도 3). 이 예에서처럼 큰 석굴이나 대불의 조성은 그 지역의 정치적 권력자가 조성하였을 가능성이 높다. 석굴은 마애조상에 비해 상대적으로 재력, 노동인원 등을 많이 필요하기 때문이다.

수대로 편년되는 석불상은 박흥현, 제남시, 청도시, 광요현(도 147), 임구현에서 출토되었으며, 금동불상은 곡부시, 박흥현 등지에서 출토된 예가 대표적이다. 출토 수량은 남북조시대로 편년되는 불상 수량과 비교하면 현저하게 줄어들었다. 조각양식은 마애조상과 마찬가지로 남북조시대의 전통을 강하게 계승한 가운데 신체비례, 불상 복식, 보살상 장신구에서 변화가 보인다.

수대 산동지역의 불교신앙은 명문을 통해 쉽게 확인할 수 있다. 금동불상은 미륵불·관세음보살,[249] 석불상은 노사나불·무량수불, 마애조상의 경우는 무량수불·미륵불·석가불이 숭배되었다. 마애조상의 경우 무량수 혹은 미타사상이 압도적으로 많이 확인된다. 이처럼 고식의 양식을 유지한 소금동불상을 주조했던 평민들은 이전시기 성행한 미륵신앙, 관세음보살신앙을 여전히 믿고 있었으며, 석불상과 마애조각상에서는 무량수불사상과 같은 새로운 불교신앙이 유행되기 시작하였다.

248. 黨明德·林吉玲主編, 『濟南百年城市發展史-開埠以來的濟南』(濟南書社, 2004), 1~7쪽.

249. 張淑敏等, 『山東博興銅佛像藝術』(臺北 藝術家, 2005), 114~150쪽.

명문을 통해 타산석굴 제3굴, 백불산석굴 제2굴에서는 무량수불사상이 확인된다. 그리고 명문과 현존 실물과의 비교를 통해 볼 때 옥함산 제5-1호감, 천불산 제7굴이 아미타불상을 주존으로 한 삼존상임을 알 수 있다. 도상을 통해서는 타산석굴 제2굴의 삼존상은 아마타불, 관세음보살, 대세지보살임이 확인된다(도 8).[250]

동시기 하북, 하남, 산서지역의 대표적인 석굴인 천룡산 제8굴, 대주성굴(大住聖窟), 천불동(千佛洞), 봉룡산(封龍山) 제3굴에서는 삼불(三佛)이 여전히 성행하였다. 특히 대주성굴에는 각 벽면에 노사나, 아미타, 미륵불이라는 삼불의 이름이 정확하게 새겨져 있다(도 74).

수대 하북성과 하남성에서는 북제대 이 지역에서 크게 성행한 지론학파의 화엄사상이 여전히 유행하였는데, 이는 영유(靈裕)를 중심으로 하여 영찬(靈璨), 도앙(道昻), 혜원(慧遠) 등의 지론학파 고승들이 이 지역에서 계속해서 활약하였기 때문이다. 이들의 활약으로 인해 지론학파에서 숭배한 노사나불상도 여전히 조각되어 그 예가 현존하고 있다. 그러나 수대 산동지역에서는 노사나불상이 거의 보이지 않는다.

수대에는 아미타정토(阿彌陀淨土)와 관련된 경전의 번역이 많고 아울러 당시 영유(靈裕), 혜원(慧遠), 길장(吉藏) 등이 모두 정토경전(淨土經典)에 대해 소석(疏釋)을 지었다. 특히 특별한 수행이나 학식을 요구하지 않고 입으로 "무량수불(혹은 아미타불)"만을 외우면 누구라도 서방극락세계에 다시 태어날 수 있다고 한 당시의 정토교 수행법은 일반 백성들에게 쉽게 받아들여졌다. 이처럼 수대 민간인들이 쉽게 접할 수 있었던 정토교 수행법과 무량수불을 신봉했던 그들의 적극적인 불사 참여로 인해 무량수불상이 많이 제작되었다.

---

250. 梁銀景,「中國駝山石窟에 대한 一考察」,『佛敎美術硏究』2(1995), 129~131쪽.

5. 당대(唐代)

당왕조의 건립 이후 통치자들은 불교, 유교, 도교의 통합을 꿈꾸기도 하였으나, 불교는 여전히 신봉되었다. 고조(高祖: 618~626년)는 불교를 무력적인 방법으로 부정하지는 않았지만 제도적으로 불교를 통제하는 방법을 취하기도 하였다. 태종(太宗)은 불교보다 도교를 우선시 하였으나 전쟁 중 죽은 이들과 부모를 위해 불교사원을 건립하기도 하였다. 특히 그는 645년 인도에서 돌아온 현장(玄裝)을 위해 대규모 역경장소를 조직해 주기도 하였다.

고종(高宗)과 측천무후, 현종(玄宗: 712~756년), 숙종(肅宗: 756~762년), 대종(代宗: 762~780년) 시기에는 불교가 크게 발전하였다. 당왕조의 영토가 서역을 포함하고 있었기 때문에 인도와의 교류는 빈번하게 이루어지고 있었다. 현장, 의정(義淨) 등의 중국 승려들의 구법활동과 더불어 인도, 서역 출신 승려들의 유입도 활발하였다. 이에 당왕조에서는 밀교를 비롯하여 율종, 정토종, 화엄종, 선종 등이 크게 융성하였다.

당대 산동지역의 불교 역시 크게 흥성하였고 승려와 신도들의 활동이 활발하였다. 또한 산동의 각 지역에서 사원과 탑이 건립되고 조각상이 조성되었다. 이 시기 건립된 주요한 사찰로는 청주시의 관법사(觀法寺)와 용흥사, 제남시의 화림사(華林寺), 장구시(章丘市)의 대운사(大雲寺), 추평현(鄒平縣)의 나한사(羅漢寺), 박흥현(博興縣)의 보정사(普靜寺), 신태시(新泰市) 명광사(明光寺), 고청현(高靑縣) 소경사(昭慶寺), 추성시(鄒城市) 개원선사(開元禪寺), 봉래시(蓬萊市) 개원사(開元寺)와 법화원(法華院), 용구시(龍口市) 보당사(寶堂寺) 등이 대표적이다. 이 사찰들은 대부분 개원연간(713~741년)에 건립되었다.

당대 산동 불교의 특징은 몇 가지로 요약될 수 있다. 첫째, 산동 출신으로서 정토종의 제2대 조사(祖師)인 선도(善導)와 서행구법의 대표 승려인 의정(義淨)·혜일(慧日)의 활약, 영암사를 중심으로 한 태산 불교의 발전, 한국과 일본의 승려와 신도들의 활약 등으로 요약될 수 있다.[251]

선도(613~681년)는 치박시 임치 출신으로 섬서성 종남산과 장안, 산서성 태원 등지에서 수련과 활약을 하였다. 그는 장안 일대에서 정토사상을 크게 홍양하였을 뿐만 아니라 용문석굴을 비롯한 조상활동에도 참여하였다. 의정(635~713년)과 혜일(680~748년)은 각각 오늘날의 제남, 내주시 출신으로 구법활동을 위해 해로를 이용하여 인도로 들어간 후 많은 불경을 가지고 중국으로 귀국하였다. 이후 장안, 낙양 등지에 거주하면서 불경을 한역하며 활동하였다.

위진남북조시대부터 산동 불교의 중심지 중 한 곳 이었던 태산일대의 불교는 당대에도 여전히 불교문화의 찬란한 꽃을 피웠다. 당대 태산지역에서 활약한 승려로는 도인(道因), 변형(邊迴), 영윤(靈潤), 혜숭(慧崇), 항마선사(降魔禪師) 등이 대표적이며 이들은 대부분 영암사와 관련을 맺고 있었다. 당대 태산지역 불교에서 영암사가 차지하는 위치는 아주 중요하다. 665년 고종과 측천무후가 태산에 봉선(封禪)하러 왔을 당시 영암사에 먼저 들러 예불을 한 후 태산에서 제사를 지낸 일은 산동지역에서 영암사가 차지하는 중요성을 잘 보여준다.

당대 산동지역에는 신라인들의 거주, 신라인 승려와 신라인들의 불교 참여활동이 두드러졌다.[252] 엔닌의 『입당구법순례행기』에 수록된 이 지역에서의 신라인과 관련이 있는 사찰로는 적산(赤山) 법화원(法

---

251. 江心力, 앞의 책, 40~70쪽.

252. 金文經, 『唐代의 社會와 宗敎』(崇田大學校 出版部, 1984), 63~205쪽.

華院), 청주 용흥사가 대표적이다. 법화원은 장보고와 신라인의 불교신앙 활동의 중심 사원이었으며, 용흥사와 예천사에는 신라원이 설치되어 유숙과 독자적인 재를 행하였다.[253]

산동지역에 현존하는 석굴과 마애조상감 중 대다수는 수당대에 개착되었다. 당대 산동지역에서 석굴과 마애조상감의 개착활동은 청주시, 제남시를 중심으로 임구현, 곡부시, 동평현, 교남시 등 산동 전역에서 이루어졌다. 예를 들면 청주시 타산 제1·5굴(도 15), 운문산 제3·4(도 21)·5굴, 제남시 근교의 신통사 천불애(도 44), 오봉산 연화동(도 50), 청동산 대불사 마애조상(도 52), 영취산 구탑사 마애조상, 불혜산 개원사 마애조상(도 55), 임구현 석문방 마애조상(도 69), 곡부시 구룡산 석굴, 동평현 백불산 제3굴(도 62), 이명와 마애조상(도 64), 사리산 마애조상, 교남시 대주산석굴, 추평현 대왕와 마애조상 등이 있다.

이처럼 활발한 개굴활동과는 달리 당대 금동불상의 현존 예는 극히 드물다. 또한 단독 석불상 역시 산발적으로 몇몇 예가 발견되고 있을 뿐인데 광요현(도 148), 제남시, 청주시 흥국사·용흥사, 청도시, 수광시에서 출토된 예가 대표적이다. 청주 흥국사에서는 불두상, 청주 용흥사에서는 불의좌상과 역사상, 광요현 개공사에서는 주형 광배를 가진 오존상, 수광시에서는 단독불좌상과 보살상, 장평현에서는 주형 광배를 가진 삼존상이 출토되었다. 조각상은 초당~중당시기로 편년된다.[254]

그러나 산동지역에서 발견된 당대 단독금동불상, 석불상의 수량은 남북조시대 이 지역에서 대량으로 출토되던 상황과는 대조적이다.

---

253. 한국불교연구원, 『한국 승려들의 중국 내 활동에 관한 연구』중간보고서(2006), 29~33쪽.

254. 劉鳳君, 『山東佛像藝術』(藝術家, 2001), 160~166쪽.

당대 석굴과 마애조상의 공양자로는 현지 지방관을 역임한 사람들이 주요한 발원자로서 참여한 경우가 있다. 예를 들어 타산 제1굴, 운문산 제4굴, 신통사 천불애, 백불산석굴 등 당대 이 지역의 석굴 개착에는 청주자사, 현령, 황제의 아들, 제주사마 등이 참여하였다. 남북조시대부터 이 지역의 석굴 혹은 마애조상감의 공양자 중 신분이 높은 사람들이 포함되어 있었던 것과 동일한 양상이다.

현존하는 당대 석불상과 금동불상에는 불상명 혹은 불교사상의 배경이 되는 명문이 거의 없는 것에 반해 석굴과 마애조상감에는 현존하는 명문을 통해 불교신앙의 측면을 쉽게 이해할 수 있다. 타산 제1굴은 당대에도 관음신앙이 계속해서 신봉되었음을 알 수 있다.

타산, 운문산, 신통사 천불애, 이명와 등에서는 여전히 무량수불과 미타상을 조성한 미타사상이 많이 확인된다. 이는 수대 이 지역에서 극성한 무량수 사상이 당대에도 계속해서 성행하였음을 보여준다. 이는 앞서 서술한 것처럼 중국 정토종의 발전을 가져 온 선도스님이 이 지역 출신이라는 점에서 당대 산동지역에서 정토사상이 성행했을 토대는 충분하다.

당대 이 지역에서 미타사상 이외에 미륵신앙도 여전히 유행하였다. 이는 백불산 제3굴에서의 명문과 더불어 운문산, 이명와, 동불욕사 마애조상, 청주 용흥사, 수광시 출토 의좌불상에서 확인된다. 주지하다시피 의좌상의 미륵은 《彌勒下生經》에서 설하는 용화수 아래에서 설법을 세 번 행하는 미래불이다. 의좌상의 미래불인 미륵에 대한 신앙과 더불어 미륵상은 당대 7세기 후반~8세기 중국 전지역에서 매우 성행되게 조성되었다.

여기서 주목해야 할 사실은 타산 제1굴의 주존불상이 목걸이, 팔찌 등 장신구를 걸치고 있다는 것이다(도 87). 이 불좌상은 우견편단식 불

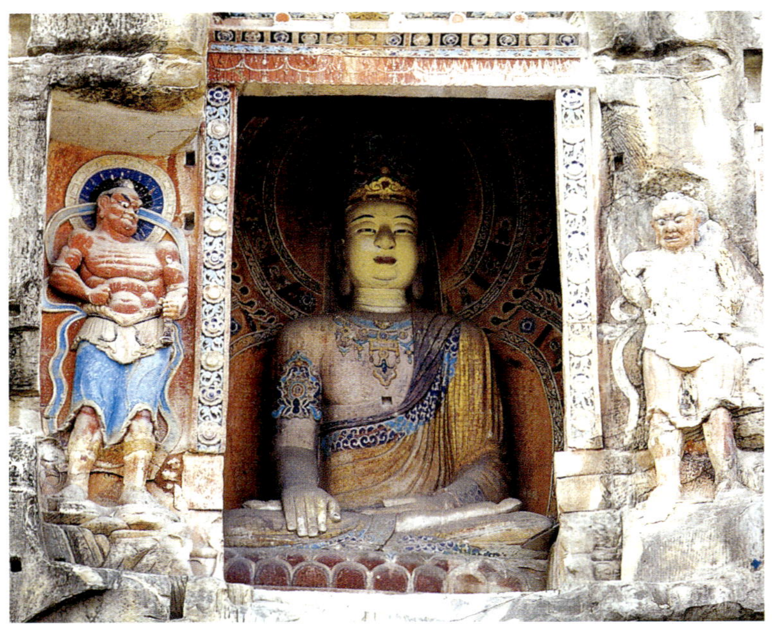

의를 걸치고, 선정인을 짓고 있다. 이처럼 장신구로 장식된 불상은 용문석굴, 사천지역의 당대 석굴의 불좌상에서도 확인된다. 사천지역에서는 지금까지 광원(廣元), 파중(巴中), 공래(邛崍), 포강(蒲江), 안악(安岳), 대족(大足) 등에서 16구의 예가 발견되었다(도 159).[255] 용문석굴은 뇌고대(擂鼓臺) 남동・북동, 제2093호감, 고평군왕동(高平郡王洞) 등에서 이러한 불상이 확인된다.

위의 사천지역과 용문석굴의 당대 장신구를 한 불좌상은 흔히 머리에 보관을 쓰고 있으며 목걸이, 팔찌를 걸치고 있다. 불의는 우견편단

---

255. 巴中市文管所・成都市文物考古研究所, 『巴中石窟』(巴蜀書社, 2003), 156~163쪽.

식의 얇은 옷의 질감으로 조각되어 있으며, 왼손은 무릎 위·오른손은
항마인(降魔印)을 결하고 있다.

앞에서 서술하였듯이 타산 제1굴은 현존 명문을 통해 702년 이전에
개착되었음을 알 수 있다. 타산 제1굴의 주존 불좌상과 비슷한 시기에
해당되는 불상으로는 사천 포강 비선각(飛仙閣) 제60호감(689년),[256]
광원 천불애 연화동(蓮花洞: 690~697년),[257] 위에서 언급한 용문석굴
의 동굴들이 있다.

여기서 문제가 되는 것은 이처럼 장신구를 한 불상의 존상명이다. 이
전시기에는 흔히 보관불(寶冠佛), 장식불(裝飾佛), 보살장불(菩薩裝佛)
등으로 명명되었다.[258] 현재 불상의 존명에 대해서는 여전히 논쟁중
이며 통일된 의견은 없는 실정이다. 밀교의 교주인 대일여래(大日如
來)를 의미한다고 생각하는 견해와[259] 보리서상(菩提瑞像)을 의미하
는 석가모니 항마성도를 표현한 것으로 간주하는 의견도 있다.[260] 또
한《陀羅尼集經》속의 불정불(佛頂佛)으로 여기는 견해도 있어 다양한
주장들이 펼쳐지고 있다.

256. 羅世平,「巴中石窟三題」,『文物』3(1996), 64쪽.

257. 廣元皇澤寺博物館·成都市文物考古研究所,『廣元石窟』(巴蜀書社, 2002),
     31~35쪽.

258. 雷玉華·王劍平,「四川菩提瑞像研究」,『2004年龍門石窟國際學術研討會文集』
     (河南人民出版社, 2006), 492쪽.

259. 邢軍,「廣元千佛崖初唐密教造像析」,『文物』6(1990), 37~40쪽: 常靑,「試論龍門初
     唐密教雕刻」,『考古學報』3(2001), 335~356쪽.

260. 羅世平, 앞의 논문, 58~64쪽: 雷玉華·王劍平, 앞의 논문, 492~501쪽.

6. 송(宋), 금(金), 원대(元代)

송대에도 지배층의 불교 제창으로 인해 승려들의 서행구법과 서역 승려들의 중국 이주가 빈번하였다. 그러나 송대에는 유교적인 덕목을 강조하기 시작하면서 불교는 점점 세속화가 가속화되었다. 또한 도시 문화의 번영과 상업, 공업의 발전으로 인해 사원경제 역시 점차 세속화가 이루어졌다. 금대에는 통치자들이 삼교합일(三敎合一), 즉 유교·불교·도교의 융합 정책을 채택하여 불교발전에 한계점을 나타내기 시작하였다. 원대에는 불교가 크게 흥성하였는데 사원이 넓은 면적의 토지를 점유하였을 뿐만 아니라 상업, 수공업, 여관업, 술판매 등의 활동도 겸하였다. 원대에는 특히 백련교(白蓮敎)와 민간신앙이 융합되면서 정부를 불안하게 하였다.

현재까지 송~원대 산동지역에서 불교 유적지가 확인된 곳은 20여 곳이며, 이중 태산의 영암사가 여전히 산동 불교에서 중요한 위치를 점하였다. 북송대 8명의 황제 중 4명은 이 사원에 어서(御書)와 상사(相賜)를 보내었으며 당시 황제가 영암사의 주지스님을 직접 파견하기도 하였다. 영암사에 현존하는 채색의 소조 나한상 40구는 이러한 상황을 잘 반영하고 있다.261)

송~원대 산동지역에서 활약한 대표적인 승려로는 중정(重淨), 정여(淨如), 도순(道詢), 복등(福燈), 사천(思泉), 법해(法海), 지혜(智慧), 행전(行全) 등이 있다. 이중 중정은 북송, 복등은 금, 사천·법해·지혜·행전은 원대 승려이다. 또한 중정, 정여, 도순, 사천, 지혜는 모두 영암사의 주지이거나 혹은 기거하면서 산동 불교의 선전에 크게 이바지하

---

261. 江心力, 앞의 책, 71~81쪽.

였다.262)

　이 시기 개착된 마애조상감은 제남시 불혜산 개원사 대불두 불상
(1036년), 용동 제3호감(1318년: 도 33), 동평현 백불산 제4굴(오대, 송: 도
63), 사리산 마애조상(송: 도 67), 신태시 각로정 관음보살상(송), 임구현
석문방, 형산 마애조상감 등이 있다. 나한상을 조각한 예가 많으며 개
원사 대불두 불상에서처럼 반신상이 조성되기도 하였다. 전체적으로
제남과 동평지역을 중심으로 마애조상감 개굴활동이 이루어지고 있었
던 사실은 이 시기 영암사를 중심으로 태산 일대에 불교가 크게 흥성한
사실과 관련이 있다. 그
러나 전체적으로 개굴
규모도 크지 않고 조각
수준 역시 퇴화되었다.

　이 시기로 편년되는
단독 출토품으로는 청
주시 용흥사 출토 석조
나한상(북송: 117), 제남
근교 장청구 진상원(眞
相院) 송대 탑 지궁에서
출토된 9구의 은제 나
한상(북송), 유방시박물
관소장 철불상(철불사
출토, 송대: 도 160), 신
통사 대전(大殿) 유적지

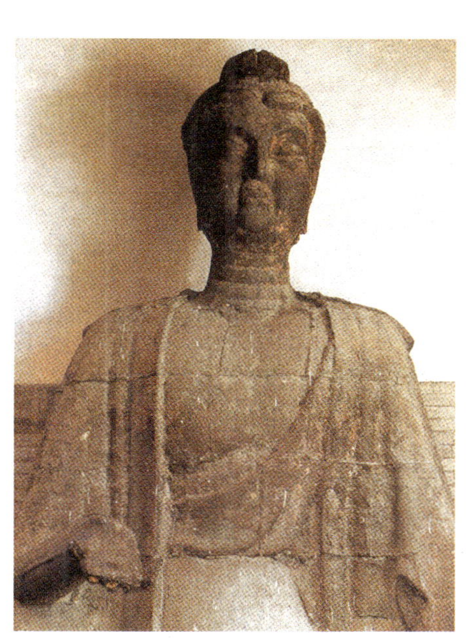

(도 160) 鐵佛像(宋), 鐵, 잔고 260cm, 鐵塔寺 출토, 濰
坊市博物館 소장(劉鳳君, 『山東佛像藝術』(藝術家, 2001),
187쪽 사진)

262. 江心力, 앞의 책, 84~86쪽.

출토 나한상(송대) 등이 대표적이다. 석조, 소조, 은, 철 등 다양한 재료를 이용하여 불교 조각상을 조성하였다. 단독상에서는 나한상의 현존 수량이 월등히 많다. 철불사에서 출토된 철불상은 상반신만 현존하며 높이는 260cm이다. 불상의 크기가 크기 때문에 주조 당시 얼굴, 목, 4등분된 상반신, 손을 각각 따로 주조해 연결하였다.

이처럼 나한상 제작의 유행은 당시 선종의 성행과 밀접한 관련이 있다. 선종의 핵심은 내 마음 속에 부처가 있고 이 부처야말로 진짜 부처라는 내용이다. 다시 말해 마음 바깥의 부처는 그다지 중요하지 않다는 것이다. 부처의 제자인 나한은 해탈과 법문을 터득한 존재이므로 흔히 나한은 도덕과 학문이 높은 승려를 부르는 미식어로도 이해되고 있다. 그러므로 나한에 대한 숭배는 조사, 즉 고승에 대한 숭배이며, 동시에 부처를 숭배하는 것이라는 사실이다.[263]

---

263. 劉鳳君, 『山東佛像藝術』(藝術家, 2001), 200~201쪽.

VI

한국(韓國) 불교조각(佛教彫刻)과의 관계

　우리나라 삼국시대 대중 불교교섭에서 지리적으로 가장 중요한 지역이 바로 산동지역이었다. 당시 고구려를 제외한 백제, 신라는 중국과의 대외관계시에 해로를 적극적으로 활용하였다. 삼국은 모두 산동지역을 경유하여 북방 혹은 남방지역으로 나아갔기 때문에 중국과의 해상교통에서 산동지역이 차지하는 비중은 지대하였다.

　신석기시대의 용산문화, 춘추전국시대 공자의 출현, 한대 유학과 도교의 발전 등은 산동지역의 유구하고 독창적인 역사문화를 대변하고 있다.264) 이러한 환경 속에서 남북조~수대 불교와 불상 역시 산동지역만의 지역성이 강한 특징을 반영하였다. 최근 산동 청주시, 제성시를

---

264. 劉振清主編, 『齊魯文化-東方思想的搖籃』(香港 商務印書館, 1996), 18~216쪽.

중심으로 대량으로 출토된 석불상과 박흥현을 중심으로 출토된 금동불상들은 정확한 출토지와 양식의 선진성, 독자적인 풍격으로 인해 학계의 관심을 집중시키고 있다.[265] 특히 1981년 박흥현 고창사 유적지, 1983년 · 1984년 박흥현 용화사 유적지에서 출토된 금동불상은 제성시 청운사 유적지에서 출토된 7구의 금동불상과 더불어 한국 삼국시대 금동불상을 연구하는데 아주 중요한 위치를 차지하고 있다. 두 지역의 금동불상은 불상 자체에 새겨진 연호를 제외한다면 구조, 제작기법, 양식 면에서 아주 흡사하다.

　　금동불 이외에 마애조상(磨崖造像)에서도 일찌기 두 지역간의 밀접한 영향관계가 언급되었다.[266] 하지만 최근에는 두 지역 마애조상이 그다지 영향관계가 없다는 새로운 의견도 피력되어 향후 보다 구체적인 비교연구가 요망된다.[267]

　　산동지역과 우리나라 삼국시대 금동불의 구조, 양식비교, 석불상과의 비교를 통해 삼국시대 불상의 특징을 찾아내는 작업은 아주 중요하다. 마애조상 역시 영향관계의 여부, 구체적인 구조와 양식 비교는 시급히 이루어져야 할 작업이다.

1. 마애조상(磨崖造像)

　　고구려를 제외한 백제, 신라에서 감을 판 후 감 안쪽에 불상 혹은 보

---

265. 劉鳳君, 「靑州地區北朝晚期石佛像與"靑州風格"」, 『考古學報』1(2002), 39~58쪽: 劉鳳君主編, 『黃河三角洲佛敎造像硏究』(山東人民出版社, 2003), 229~252쪽.

266. 黃壽永, 「泰安磨崖三尊佛像(補)」, 『韓國의 佛像』(文藝出版社, 1990), 227~232쪽.

267. 金春實, 「中國 山東省 佛像과 三國時代 佛像」, 『미술사논단』19, (한국미술연구소, 2004), 30~31쪽.

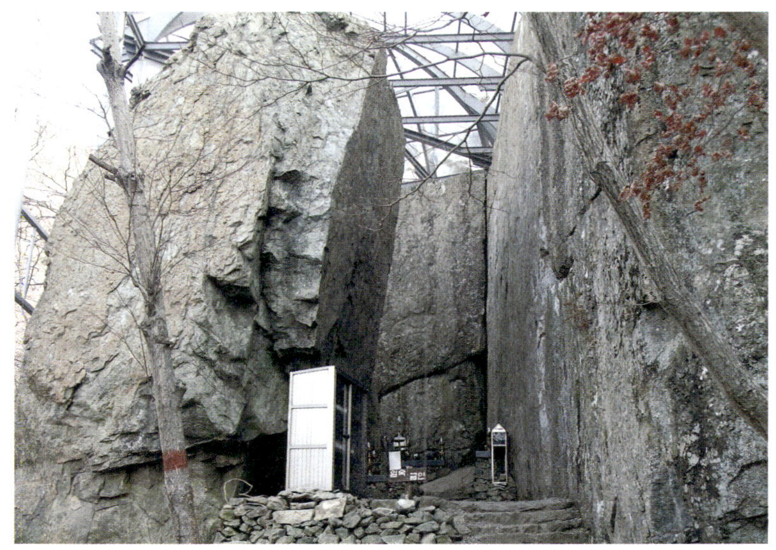

〈도 161〉 斷石山 마애불 전경(新羅)

살상을 안치한 예로는 태안 마애조상이 대표적이고, 바위면에 불감을 판 흔적 없이 암벽에 직접 불·보살상을 새긴 예로는 서산 마애조상과 단석산 마애조상이 있다.

단석산 마애조상은 3면의 천연 암벽면을 이용하여 불, 보살상을 조각하였는데 전체적인 평면구조는 ㄷ자형을 이루며 천정은 열려 있다(도 161). 세 암벽면의 상부에는 목조가구를 설치한 구멍들이 남아 있다.[268] 이처럼 천연 석회동굴을 이용하여 불교조각상을 새긴 특징은 중국의 경우 북위대부터 성행한다. 용문석굴 고양동(古陽洞: 도

---

268. 黃壽永, 「斷石山神仙寺石窟磨崖像」, 『韓國의 佛像』(文藝出版社, 1990), 274~275쪽: 辛鐘遠, 「斷石山神仙寺 造像銘記에 보이는 彌勒信仰集團에 대하여-신라 中古期의 王妃族 岑喙部」, 『歷史學報』143(역사학회, 1994), 1~3쪽: 최성은 글·안장헌 사진, 『석불-돌에 새긴 정토의 꿈』(한길아트, 1998), 75~80쪽: 양은경, 「신라 단석산 마애불-공양주와 조성시기를 중심으로」, 『역사와 경계』62(2007), 73~74쪽.

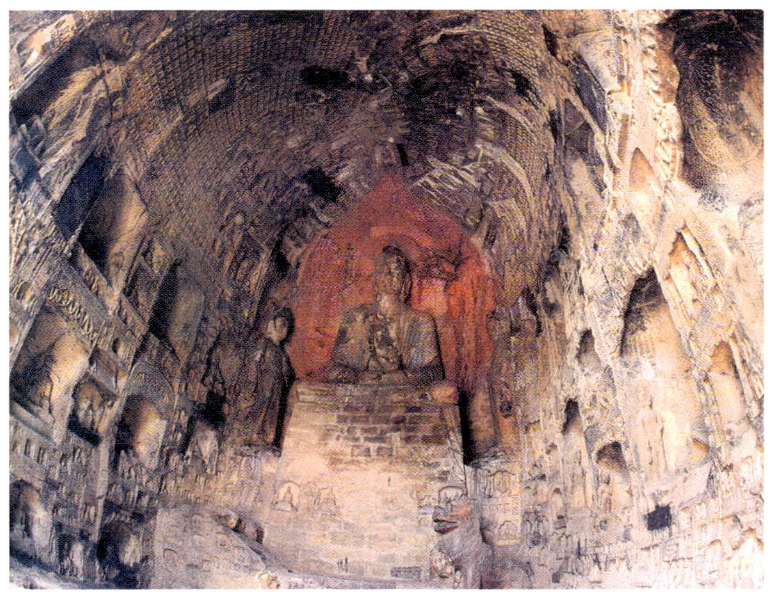

(도 162) 龍門石窟 古陽洞 전경(北魏)

162),[269] 하남성 언사(偃師)의 수천석굴(水泉石窟)[270] 이 대표적이다. 그러나 중국에서 천연동굴을 이용하여 불교조각을 조성한 예는 인공적으로 석굴을 개착한 수량보다 상대적으로 적은 편이다. 산동지역은

269. 고양동의 석굴구조에 대해서는 많은 논저가 있는 관계로 대표적인 저서만 참고로 수록하겠다. 宿白,「洛陽地區北朝石窟的初步考察」,『中國石窟寺研究』(文物出版社,1996), 153~155쪽: 溫玉成,「古陽洞研究」,『龍門石窟研究論文選』(上海人民美術出版社,1993), 143~212쪽: 中華人民共和國國家文物局,『龍門石窟』(人民美術出版社,2002), 164~202쪽: 宮大中,「龍門造像第一窟-古陽洞」,『龍門石窟藝術』(人民美術出版社,2002), 164~202쪽.

270. 溫玉成,「洛陽市偃師縣水泉石窟調查」,『文物』3(1990), 72~77쪽: 陳平,「河南中小型石窟調查的主要收穫」,『漢唐之間的宗敎藝術與考古』(文物出版社,2000), 104~11쪽: 宮大中,「偃師縣泉石窟」,『龍門石窟藝術』(人民美術出版社,2002), 584~585쪽: 劉景龍・趙會軍,『偃師水泉石窟』(文物出版社, 2006), 11~148쪽.

남북조시대 황석애와 용동에서 천연 석회 동굴을 이용하여 불상을 조성하였으며 (도 25), 수당대에 이르면 천불산, 백불산 등에서 여전히 천연 용동을 사용하고 있을 뿐이다.

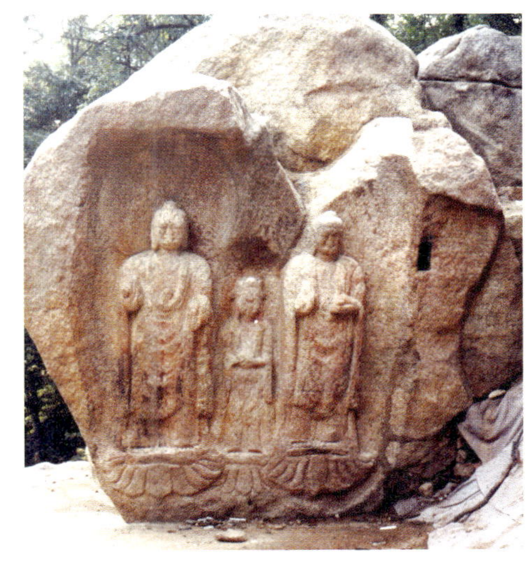

(도 163) 泰安 마애불(百濟)

단석산 마애조상의 경우 목조 시설물을 설치한 흔적이 명확하지만 중국의 경우 천연동굴을 이용할 때 이러한 시설은 부가되지 않았다. 산동지역의 타산, 운문산, 옥함산, 천불산 마애조상, 신통사 천불애는 암벽면에 불감을 판 이후 불교조각상을 감 안쪽에 새겨 놓고 있다. 특히 수, 당대 산동지역에서는 석굴이 아닌 마애조상이 많이 조성되고 있으며, 이는 이 지역의 특징으로 간주되고 있다.[271]

태안 마애조상의 불감은 어떠한 장식도 표현되지 않은 단순한 방형이다(도 163). 이 유형은 수대 산동지역 천불산, 옥함산(도 40), 운문산 1굴에서 매우 성행해 제작되었던 방형 불감과 유사하다.

여기서 한가지 주목해야 할 사실은 태안 마애조상의 바위 윗면과 조각면 상부에 파여 있는 원형 혹은 방형의 기둥자리들이다. 깊이 13cm, 직경 33~40cm의 이 기둥자리들은 목조건축물을 가구한 흔적들로 당시

---

271. 梁銀景, 『隋代佛敎窟龕硏究』(文物出版社, 2004), 43쪽.

전실(前室)의 건물이 축조되었음을 알 수 있다.[272] 목조가구를 마애조상의 암벽면에 조성하거나 배수구 등을 마련한 예로는 삼국 말~통일신라 초로 추정되는 경주 남산 불곡감불[273]과 경상북도 봉화 북지리마애조상과 영주 가흥리마애조상이 있다.[274]

이처럼 마애조상에 목조가구를 설치한 특징은 중국에서 수대~초당대 산동지역의 마애조상에서는 흔히 보이는 요소이다. 타산석굴 제2~5

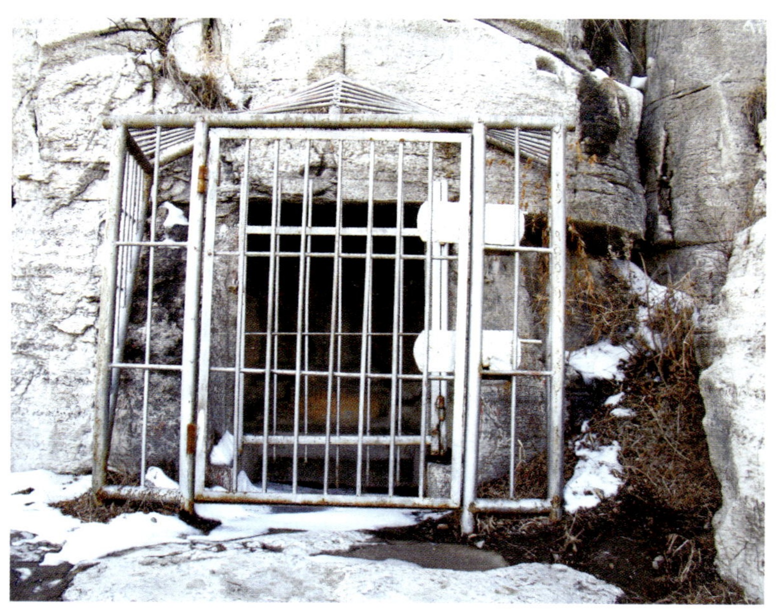

(도 164) 駝山石窟 제5굴(唐) 외부 전경

272. 文明大,「百濟佛像의 形式과 內容」,『百濟의 彫刻과 美術』, (公州大學校博物館 · 忠淸南道, 1991), 74쪽: 文明大,「泰安 百濟磨崖三尊佛像의 新研究」,『佛敎美術研究』2(佛敎美術文化財研究所, 1995.12), 4쪽.

273. 朝鮮總督府,『慶州南山の佛蹟』(民族文化, 1982), 64~65쪽.

274. 黃壽永,「泰安磨崖三尊佛像(補)」,『韓國의 佛像』(文藝出版社, 1990), 229~232쪽.

굴(도 164), 운문산석굴 제1·2굴, 옥함산 마애조상 등이 대표적이다. 타산석굴과 운문산석굴의 각 동굴에는 배수구도 설치함으로써 강우로 부터 유적을 보호하고 있다. 천정이 없는 마애조상을 조성한 이후 목조가구를 마애조상 암벽면에 연결하여 조성한 특징은 강소성 남경 서하산(棲霞山) 천불암, 절

강성 신창(新昌) 보상사(寶相寺) 감상의 남조 불감에 그 기원을 찾을 수 있다(도 165). 남조 마애조상과 앞쪽에 건립된 목조가구의 연결방식은 이후 북제 개화사(開化寺) 마애조상, 하남성 준현(浚縣) 마애조상 등 북방지역의 마애감상에 영향을 끼친다.[275] 산동지역 수대 마애조상의 목조가구 설치는 시기적으로 가깝게는 북제 마애

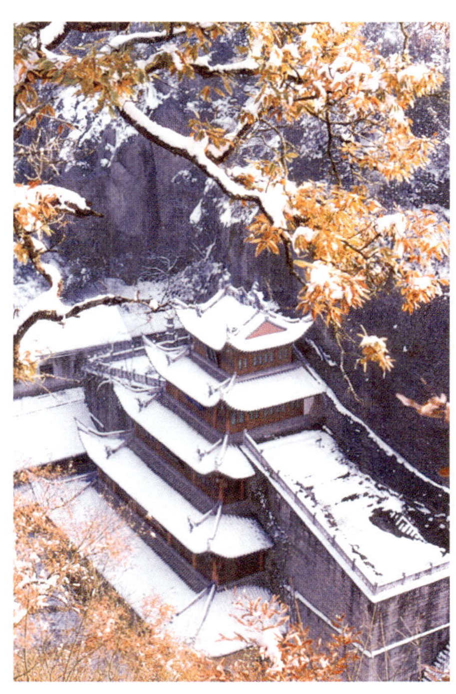

(도 165) 寶相寺 마애조상(齊~梁) 앞쪽 건축물(顧美華編選, 『中國大佛』(上海古籍出版社, 1994), 21쪽 사진 3)

275. 宿白, 「南朝龕像遺迹初探」, 『中國石窟寺研究』(文物出版社, 1996), 176~197쪽. 운강석굴의 석굴 앞쪽에 남아있는 梁孔, 서까래 기둥자리, 人字形 배수구 등의 흔적은 요대에 설치된 것으로 북위 당시에 조성된 것은 아니며 남조 마애조상의 목조가구와는 성질이 다르다(宿白, 「大金西京武州山重修大石窟寺碑-與日本長廣敏雄教授討論有關雲岡石窟的某些問題-」, 『中國石窟寺研究』(文物出版社, 1996), 94~98쪽).

조상과 관련을 가지는데 특히 타산 제3굴과 같이 불단과 목조가구가 함께 설치된 특징은 남조 마애조상과 직접적인 영향관계가 보인다.[276)]

백제 태안 마애조상은 불감의 유형과 목조가구의 설치 등에서 산동지역의 수대~초당대 마애조상과 영향관계가 보이지만 불상의 도상과 양식면에서는 산동지역 마애조상과 차이가 확인되기 때문에 남조와의 관련성도 배제

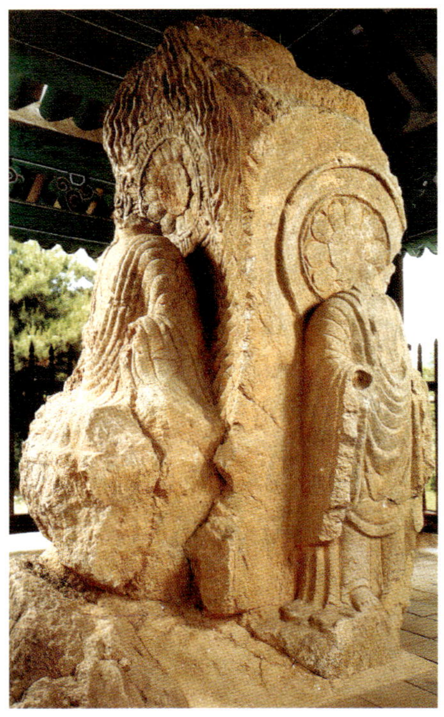

(도 166) 禮山 四面石佛(百濟)(최성은, 『석불—돌에 새긴 정토의 꿈』(한길아트, 2003), 58쪽 사진)

할 수 없다.[277)] 예산 사면석불(도 166)은 석주형의 특징에서 북조 석굴과의 관계가 지적된 바 있지만,[278)] 산동성박물관에 소장된 사면석불(도 167)과도 직접적인 영향관계가 엿보인다. 사면석불은 산동지역에

276. 李裕群, 「駝山石窟開鑿年代與造像題材考」, 『文物』6(1998), 52쪽.

277. 金春實은 태안 마애조상의 도상, 양식이 산동지역 수대 석굴사원 불상과 차이가 나는 점에 대해 북제, 梁 양식과의 비교가 더욱 타당하다고 여기고 있다(金春實, 「百濟 7세기 佛像과 中國 佛像」, 『선사와 고대』12(2000), 36~38쪽).

278. 文明大, 「百濟四方佛의 기원과 禮山 石柱四方佛像의 연구」, 『韓國佛敎美術史論』 (民族社, 1987), 66~68쪽.

서도 특이한 것으로 간주되고 있다. 또한 한 면에 좌불상으로 추정되는 불상 1구 이외에 각 면에 불입상 1구를 배치한 것은 예산 사방불과 동일하다.

2. 금동불상(金銅佛像)

현존하는 우리나라 삼국시대 소금동불은 흔히 일광삼존불(一光三尊佛)로 명명되며 이 소금동불상의 양식에 대해서는 산동지역 불상과의 연관관계를 지적하는 견해,[279] 북위 내지 중원의 고식 동위양식의 영향으로 간주하는 의견 등이 있다.[280]

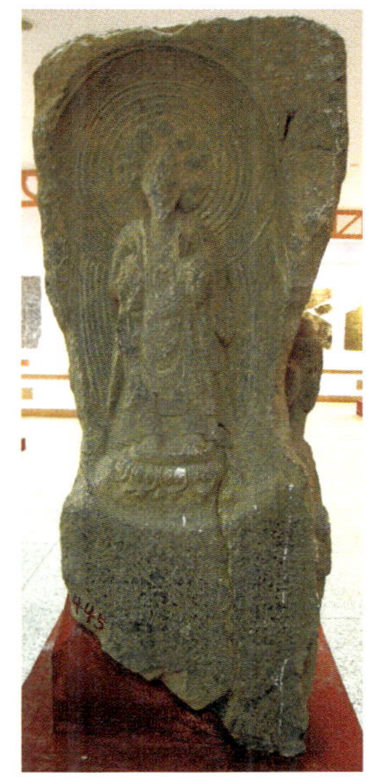

(도 167) 四面石佛(北魏), 石, 172cm, 山東省 靑州市 高柳鎭 西石塔 출토, 靑州市博物館 소장

연가7년명(延嘉七年銘) 금동여래입상(도 168), 계미명(癸未銘) 금동삼존불상, 경4년신묘명(景四年辛卯銘) 금동삼존불상(도 169), 전 강원도 춘천출토 금동삼존상, 건흥5년명(建興五年銘) 금동광배, 정지원명(鄭智遠銘) 금동삼존불상, 국립경주박물

279. 崗田健, 「佛敎彫刻における朝鮮半島と中國·山東半島の關係」, 『日韓兩國に所在する韓國佛敎美術の共同調査硏究-硏究成果報告書』, (奈良國立博物館, 1993.3), 11~18쪽: 郭東錫, 「金銅製一光三尊佛의 系譜-韓國과 中國 山東地方을 中心으로-」, 『美術資料』51(國立中央博物館, 1993.6), 1~22쪽: 金理那, 「高句麗 佛敎彫刻樣式의 展開와 中國 佛敎彫刻」, 『高句麗 美術의 對外交涉』(藝耕, 1996), 94~118쪽: 양은경, 「景四年辛卯銘 금동삼존불의 새로운 해석과 中國 불상과의 관계」, 『先史와 古代』23(韓國古代學會, 2005.12), 37~68쪽.

280. 金春實, 「中國 山東省 佛像과 三國時代 佛像」, 『미술사논단』19, (한국미술연구소, 2004), 28~30쪽.

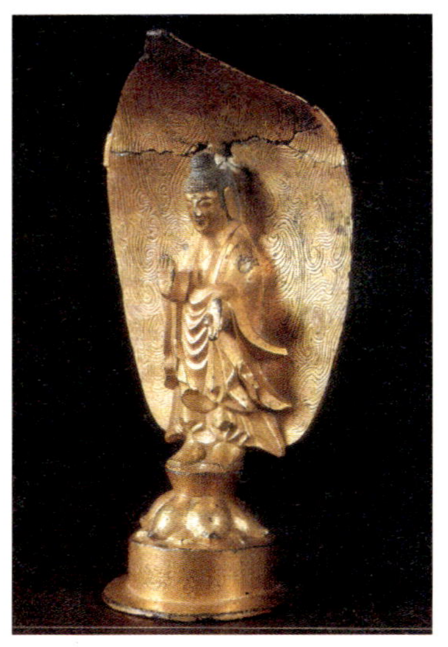

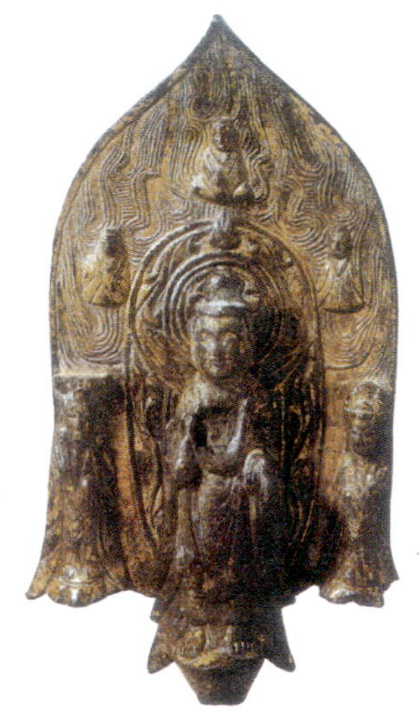

(도 168) 延嘉七年銘 佛立像(539년), 金銅, 16.2cm, 경남 의령 출토, 국립중앙박물관소장(곽동석, 2000, 『앞의 책』, 19쪽 사진 2)

(도 169) 景四年辛卯銘 三尊佛像(571년), 金銅, 17.5cm, 황해도 곡산군 화촌면 출토, 삼성 리움미술관소장(곽동석, 2000, 『KOREAN ART BOOK-금동불』(예경), 39쪽 사진 8)

관소장 금동삼존불상, 갑인년명(甲寅年銘) 금동광배 등은 6세기대로 편년되고 있다.[281]

이처럼 현존하는 삼국시대 불상은 소금동불이 절대다수를 차지하며, 주형 광배에 삼존상을 배치하는 형태가 주를 이룬다. 익산 연동리 석불좌상, 경주 배리 석조삼존상 등의 석불상과 예산 사면석불(도 166), 태안 마애조상(도 163) 등 삼국시대 사면불 및 마애조상은 주형 광배를 갖지 않는 예도 많다.

그런데 산동의 남북조~수대 금동불과 석불상들은 주형 광배를 가진

281. 郭東錫, 「製作技法을 통해본 三國時代 小金銅佛의 類型과 系譜」, 『佛敎美術』11, (東國大學校博物館, 1992. 12), 7~36쪽.

예가 많다. 특히 소금동불은 삼국과 마
찬가지로 주형 광배를 가진 경우가 대부
분이다.

갑인년명 금동광배를 제외한 대다수
삼국시대 금동불의 주형 광배는 한 층으
로 되어 있으며, 흔히 화염문 혹은 화염
문＋화생상이 배치되었다. 주존불상의
광배에는 인동문, 연화문이 있다. 이러
한 화염문, 인동문, 연화문은 전체적으
로 운강, 용문석굴의 북위대 석불과 금
동불상의 광배문양과 유사하지만 중국
의 예처럼 복잡다양하지 않고 간단하
다.282)

1981년 박흥현 고창사(高昌寺) 유적지
에서 출토된 동위대 불입상(도 170)의 단
순화된 화염문 광배는 고구려 연가7년

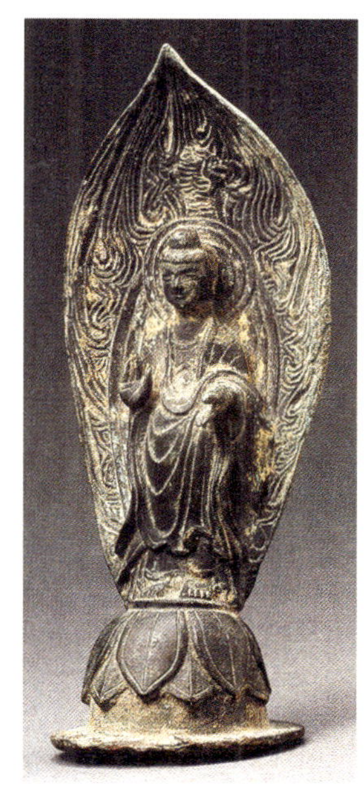

(도 170) 佛立像(東魏), 金銅, 15cm,
山東省 博興縣 高昌寺 유적지 출토,
博興縣博物館 소장(張淑敏等, 앞의
책, 11쪽 도 1)

명 금동불상(도 168)과 유사할 뿐만 아니라 단독불상의 양식도 비슷하
다. 경4년명 불상(도 169) 역시 1983년 박흥현 용화사 유적지에서 출토
된 매묘조(昧妙造) 금동불상283)과 양식적으로 유사하고(도 99), 건흥5
년명 금동광배의 문양은 산동 제성시에서 출토된 금동불상 그리고 정
지원명 불상은 박흥현 용화사 유적지에서 출토된 동위 금동불상과 동
일하다. 이처럼 광배문양을 통해 삼국의 금동불상은 산동지역 북위~동

---

282. 양은경,「고구려 금동불 광배와 중국 산동지역 불상 광배」,『고구려 불상과 중국
　　　산동 불상』(동북아역사재단, 2007), 108~125쪽.

283. 張淑敏等,『山東博興銅佛像藝術』(臺北 藝術家, 2005), 72쪽 圖 47 참고.

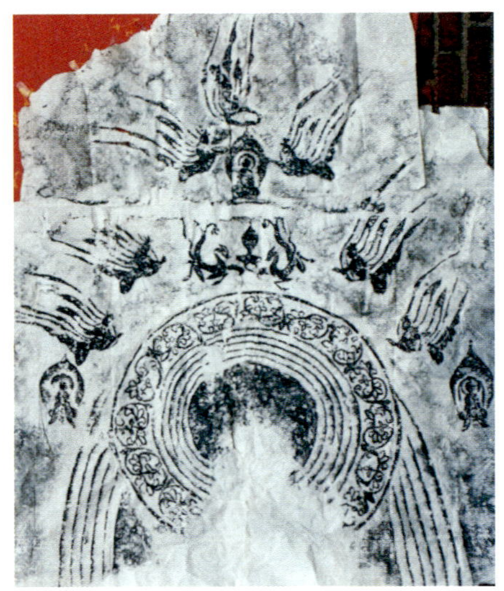

(도 171) 黃石崖 마애조상 大窟(北魏) 내부 광배 탁본(李淸泉
선생 사진 제공)

위대 금동불상과 영향 관계를 읽어낼 수 있다.

산동지역 남북조시대 금동불상의 광배는 동시기 마애조상, 석불상과는 차이가 있다. 북위 말에서 동위대에 걸쳐 개착된 황석애 마애조상의 광배에는 쌍용, 비천, 화생상이 등장한다(도 171).[284] 단독석불상의 경우 광요현에서 발견된 불입상(도 127)에는 일월을 들고 있는 사람이[285] 박흥의 왕세화(王世和) 조상비(525년)에는 반원형의 연꽃 등도 출현한다. 중국에서 비천, 탑, 화생상은 북위 말부터 광배에 표현되기 시작하여 북제대까지 유행되어 나타난다. 북위 말 산동 황석애의 주형 광배에서 출현한 용은 이후 단독 혹은 쌍용으로 광배 위쪽 혹은 아래쪽에 배치되며 산동지역의 특징으로 자리

---

284. 張恩,「山東歷城黃石崖摩崖龕窟調査」,『文物』4(1996), 45쪽

285. 八木春生은 주형 광배 위쪽의 좌우 두 곳에 배치된 사람들, 특히 원형의 물건을 들고 있는 형상에 대해 日, 月神으로 여기고 있다. 漢代에 극성한 일월표현이 계승되어 나타난 것으로 漢민족 전통요소가 산동지역 북조대 불교조각상에 나타난다고 보고 있다(八木春生,「北魏時代後期の佛(道)敎造像に見られる漢民族の傳統圖像について」,『佛敎藝術』245(佛敎藝術學會, 1999.7), 33~38쪽: 이 논문은 2004년『中國佛敎美術と漢民族化-北魏時代を後期中心として』(法藏館, 2004), 98~109쪽에 재수록).

잡는다(도 172).[286] 하북 지역에서도 용이 광배에 보이기는 하지만 수량이 많지 않을 뿐만 아니라 북 제대 작품이어서 산동지역 의 영향으로 파생된 것으 로 여겨지고 있다.[287]

주목해야 할 사실은 산 동지역의 용은 석불상, 마 애조상에서 유행하였을 뿐이고 많이 나타나지 않 고 있는 것이다. 산동의 남 북조시대 금동불과 석불상

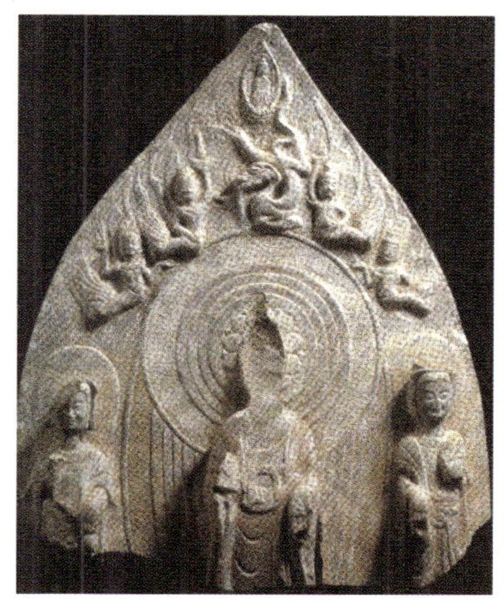

(도 172) 太昌元年銘 彌勒像(532년), 石, 51cm, 산동성 靑州市 龍興寺 유적지 출토, 靑州市博物館 소장(中國歷 史博物館·山東靑州市博物館, 앞의 책, 43쪽 사진)

과의 차이점은 광배 구조, 대좌에도 나타난다. 비천, 탑이 광배에 별도 로 붙여진 경우를 제외한 대부분의 소금동불은 주형 광배이지만 석불 상은 주형 광배가 두 겹으로 겹쳐지거나 방형 석상 안쪽에 주형광배가 있는 경우도 많다. 예를 들면 산동성박물관 소장의 장보주(張寶珠) 조 상[288]이 대표적이다.

대좌의 경우 석불상의 대좌는 방형이 많으며, 금동불은 방형 대좌,

286. 王華慶·莊明軍,「析龍興寺造像中的 "螭龍"」,『文物』5(2000), 46~49쪽: 夏名采· 王瑞霞,「靑州龍興寺出土背屛式佛敎石造像分期初探」,『文物』5(2000), 50~61쪽: 莊明軍,「靑州 佛敎造像중의 "螭龍"」,『美術을 通해 본 中國史 국제학술대회 논 문집』(中國史學會, 2004), 211~213쪽.

287. 李靜杰·田軍,「論定州系白石石佛像」,『藝術史硏究』(中山大學出版社, 2004), 213~214쪽.

288. 呂常凌主編『山東文物精萃』(山東美術出版社, 2000), 193쪽 사진 178 참고하기 바람.

복련+방형 대좌, 복련이 표현된 원형 대좌 등 다양하다.[289] 산동지역 금동불의 다양한 대좌와는 달리 우리나라 삼국의 금동불상은 복련이 표현된 원형대좌가 주류를 이룬다. 대좌의 유형을 통해 보았을때 현존하는 한국 삼국시대 금동불상은 산동지역에 비해 다양하지 않고 중국과는 다른 삼국의 고유한 특징을 형성한 것으로 추정된다.

동시기 하북지역 백옥상의 양식적 특징은 같은 지역의 금동불상의 양식에 기원이 있는 것으로 간주되고 있다.[290] 당시 북위대 금동불상에는 주형 광배에 화염문을 새겼지만 이러한 것은 동위대에 접어들면 점차 감소하여 북제대에는 보이지 않았다. 이러한 사실은 같은 지역 백옥상에도 그대로 확인된다. 또한 박산향로와 사자상을 대좌에 배치하거나 투조기법을 애용한 것도 마찬가지였다. 이러한 특징들은 수대까지 이어지고 있으며 특히 북제대에는 쌍신(雙身)의 조각 배치방식이 유행한다(도 173). 이상의 특징들은 모두 금동불상에 기원이 있기 때문에 하북지역 소금동불상

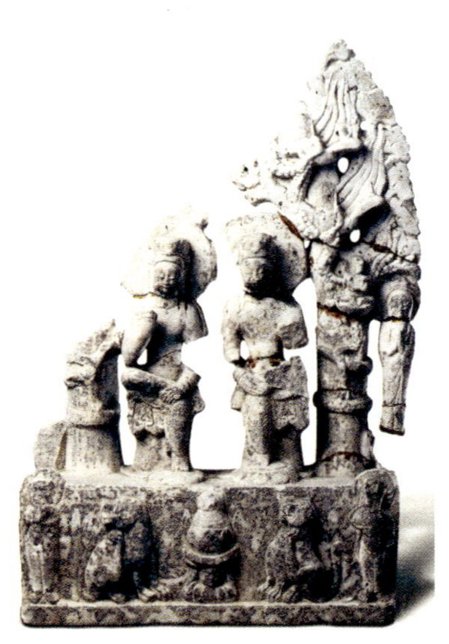

(도 173) 河淸元年銘 쌍반가사유상(562년), 백옥, 49.5cm, 하북성 곡양 출토, 故宮博物院 소장(馮賀軍, 『曲陽白石造像研究』(紫禁城出版社, 2005), 92쪽 도 39)

---

289. 許憑彬, 『山東博興龍華寺遺址出土佛敎遺物分期硏究-以鎏金銅造像爲中心』(北京大學碩士學位論文, 2005), 25~26쪽.

290. 李靜杰·田軍, 「定州系白石佛像硏究」, 『故宮博物院院刊』3(故宮博物院, 1999), 73~76쪽.

의 특징 역시 이와 유사하리라 생각된다. 결국 하북과 산동의 소금동불상 간에 차이가 존재함을 알 수 있다.

산동지역 조각상 배치방식은 단독상, 이불병좌상, 삼존상이 많은 수를 차지하며, 이는 비교적 간단한 배치방식에 속한다.[291] 삼존상은 북위에서 수대까지 산동지역에서 아주 성행한 조각상 배치방식이다.[292] 그러나 동위에서 수대까지 하남, 하북, 산서지역에서는 삼존상 뿐만 아니라 오존상, 칠존상도 유행하여 이 지역 불상 배치방식의 특징을 이룬다.[293]

고구려, 백제, 신라 불상의 배치방식은 단독상, 삼존상이 주류를 이루고 있다. 배치방식을 통해 볼때 고구려, 백제, 신라 불상은 산동지역과 관련이 있으며, 특히 동위 이후의 불상과 관련이 많다.

불상과 보살상의 양식을 통해서도 산동지역 내의 금동불상과 석불상의 차이점 및 고구려, 백제, 신라와의 관계를 이해할 수 있다. 고구려, 백제, 신라의 소금동불상은 육계가 높고 연가7년명 불상을 제외한 대부분의 금동불상은 소발로 표현되어 있다. 신체 비례면에서 얼굴과 손발이 크고 통견의가 대부분이며 두텁다. 흔히 내의를 묶던 띠매듭은 표현되지 않았다. 대의의 끝단이 왼팔을 지나 아래로 떨어지거나 왼쪽 어깨 뒤로 넘어가는 착의 형식이 있다.[294] 전자는 북위양식, 후자는 산동지역 석불상의 동위, 북제양식과 비교될 수 있다.[295]

그러나 고구려, 백제, 신라의 주형 광배를 가진 금동불상에서는 산동

---

291. 劉鳳君, 「山東地區北朝佛敎造像藝術」, 『考古學報』3(1993), 281~284쪽.

292. 梁銀景, 『隋代佛敎窟龕研究』(文物出版社, 2004), 60~68쪽.

293. 劉建華, 「北齊時期靑州與定州地區靑白石佛敎造像藝術」, 『四門塔阿閦佛與山東佛像藝術研究』(中國文史出版社, 2005), 84쪽.

294. 문명대, 「고구려 在銘 금동불상의 양식과 도상 해석의 과제」, 『한국의 불상 조각 1-三國時代 佛敎彫刻史 硏究』(예경, 2003), 189~197쪽.

지역 동위, 북제대 석불상에서 매우 성행했던 낮은 육계, 할절의(割截
衣), 우견편단식 착의 등이 많이 보이지 않는다.[296] 만일 삼국 금동불
상이 산동 불상과 관련이 밀접하다면 북제대 산동지역에서 극성했던
이러한 양식이 왜 보이지 않는 것인가? 이 문제는 산동지역 내에서의
석불상과 금동불상의 비교를 통해 해결할 수 있다. 동위에서 수대까지
산동의 소금동불상은 육계가 낮아지고 대의의 끝단이 왼쪽 어깨 뒤로
넘어가는 등 북위와는 다른 새로운 양식이 나타나지만[297] 석불상에서
성행했던 할절의, 우견편단식 착의 등은 보이지 않는다. 이는 광배에
서도 용이 극성스럽게 등장하지 않는 것과 마찬가지로 산동지역 북조
대 소금동불상은 전체적으로 고식을 계속 유지하였음을 알 수 있다.

이처럼 남북조~수대 산동지역의 금동불과 석불ㆍ마애조상은 서로
간의 차이가 많음을 확인할 수 있다. 결국 고구려, 백제, 신라의 소금동
불상은 산동지역의 남북조시대 불상 중 소금동불상과 매우 유사하며
영향관계가 보인다고 생각된다. 다만 산동 출토 소금동불상에는 중국
왕조의 연호가 새겨져 있는 반면 삼국은 독자적인 연호를 확인할 수 있
어 그 제작지가 다르다는 사실을 발견할 수 있다.[298]

---

295. 김춘실은 북위시대와는 달리 佛衣의 끝단을 왼쪽 어깨 뒤로 넘기는 새로운 형식
     은 산동 용흥사지출토 동위시대 석조상에서 나타나기 시작하며 중원지역에서
     는 북제대에 일반화되는 착의형식이라 하였다(金春實, 앞의 논문, 2004, 21~22).

296. 백제 정읍 출토 석조상, 신라 황룡사지 출토 금동불상 등 신라지역에서 출토된
     불상 15구 등의 단독상에서는 우견편단식이 표현되어 있는 예도 소수 있으며
     이러한 착의법은 삼국과 산동지역과의 교류에서 나타나는 양식으로 생각되고
     있다(최성은, 「新羅佛教彫刻의 對中關係」, 『新羅 美術의 對外交涉』(예경, 2000),
     41~45쪽: Tanabe Saburosuke, "From the Stone Buddhas of Longxinsi to
     Buddhist Images of Three Kingdaoms Korea and Asuka-hakuho Japan",
     Trasmiting the Forms of Divinity-Early Buddhist Art from Korea and Japan,
     Published by Japan society(New Yo가, 2003), 52쪽).

297. 劉鳳君, 앞의 책, 107~119쪽.

3. 지리적인 배경이 끼친 두 지역의 영향관계

고구려, 백제, 신라와 중국의 외교사절, 승려 그리고 민간인의 교류에 있어서 지리적으로 가장 가까웠던 산동지역은 교통의 요충지 역할을 하였다. 고구려는 육로와 해로를 모두 활용하여 중국과의 교류를 추진한 반면 백제와 신라는 해상교통을 주요하게 활용하였다. 중국과의 해상교통 역시 고구려가 우위를 점유하여 백제와 신라의 대중외교를 저지하곤 하였다.[299] 문헌기록을 통한 삼국과 중국 왕조와의 사절단 왕래, 책봉관계 기록을 표로 간략히 작성하면 다음과 같다.[300]

【표 19】 남북조~초당(420~668년) 삼국과 중국의 사절단 왕래, 책봉기록 통계표

		高句麗			百濟			新羅		
		中國史書	三國史記	총계	中國史書	三國史記	총계	中國史書	三國史記	총계
南北朝	北朝									
		北魏 83	85	92	1	3	3	1	1	1
		東魏 16	12	15						
		西魏 1		1						
		北齊 9	8	9	3	1	4	3	2	3
		北周 1	1	1	2	2	2			
	南朝	宋 22	5	24	12	4	15			
		齊 3	4	4	3	3	6			
		梁 13	12	13	7	6	9	2	3	3
		陳 8	7	8	5	4	5	4	7	7
隋		14	15	18	7	7	13	2	9	9
唐		19	24	31	20	21	25	16	41	45

298. 양은경, 「고구려 금동불 광배와 중국 산동지역 불상 광배」, 『고구려 불상과 중국 산동 불상』(동북아역사재단, 2007), 138~144쪽.

299. 孫兌鉉, 『韓國海運史』(亞成出版社, 1982), 36~40쪽.

300. 표는 梁銀景, 「試論隋代佛敎造像與朝鮮三國佛敎造像的關係」, 『藝術史硏究』(中山大學出版社, 2003), 244쪽 表 1 참고.

【표 19】를 통해 고구려는 북조와 118회 정식 교류를 하였으며, 남조와는 49회 왕래가 있었다. 백제의 경우 북조와는 9회, 남조와는 35회, 신라는 북조와 4회, 남조와 10회 정식 교류가 있었다. 결국 고구려는 북조, 백제와 신라는 남조와 더욱 밀접한 외교관계를 유지하였음을 알 수 있다. 신라의 경우 이전시기와 달리 당대에 들어서면 교류회수가 비약적으로 증대되는 것을 확인할 수 있다.

지리적으로 중국과 접해 있었던 고구려는 한대 이후부터 요서군(遼西郡)→요동군(遼東郡)→서안평(西安平)→낙랑(樂浪)으로 이르는 육로를 이용하다가 남북조시대에는 평양(平壤)→집안(集安)→심양(瀋陽) 혹은 요양(遼陽)→조양(朝陽)→평성(平城) 혹은 낙양(洛陽) 또는 업도(鄴都)에 도착하는 노선을 애용하였다. 수당대에는 평양(平壤)→요동성(遼東城)→영주(營州)→북경(北京)→중원(中原)으로 이르는 교통노선을 발전시켰다.[301]

고구려는 육로 이외에 해로도 적극적으로 이용하여 흔히 "노철산 수도 항로(老鐵山 水道 航路)"로 명칭되는 코스, 즉 대동강 입구→요동반도의 섬 들→대련의 노철산(老鐵山)→산동반도의 등주 혹은 동래에 도달하는 노선을 보편적으로 이용하였다(도 174).[302] 당시의 지형은 오늘날과 많은 차이가 있는데 대련과 산동성의 등주 사이에는 많은 섬들이 있었다. 항해술이 발달되지 않았던 당시로서는 섬들을 따라 목표물을 벗어나지 않는 안전 항해를 하였던 것이다.[303] 또한『三國史記』의 기록을 통해, 2월에 고구려를 출항하여 겨울의 북동 계절풍을 이용하

301. 王綿厚·李健才,『東北古代交通』(瀋陽出版社, 1990), 21~173쪽.

302. 孫兌鉉,『韓國海運史』(亞成出版社, 1982), 28~31쪽.

303. 신형식,「山東半島의 新羅坊」,『梨花史學研究』30(梨花史學研究所, 2003), 693~694쪽.

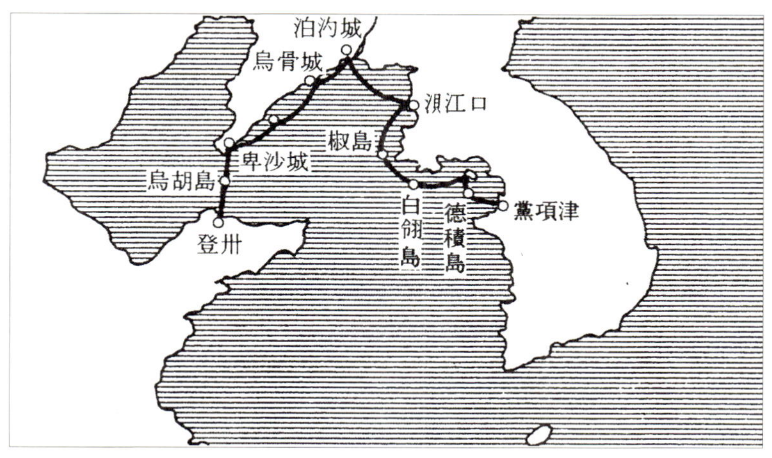

(도 174) 老鐵山 水道 항로(신형식, 『百濟史』(이화여자대학교 출판부, 1992), 59쪽 도 4)

여 남쪽으로 항해한 경우가 많았다.304)

고구려와 중국과의 항로는 크게 세 종류로 구분된다. 첫째, 황해 북부 연안 항로이다 (도 175). 우선 대동강을 출발, 서해 북부 연안을 타고 북상하여 요동반도 남단을 돌아 발해만을 깊숙이 들어가서 연안을 타고 내려가다가 산동반도 혹은 황하 어귀의 항구에

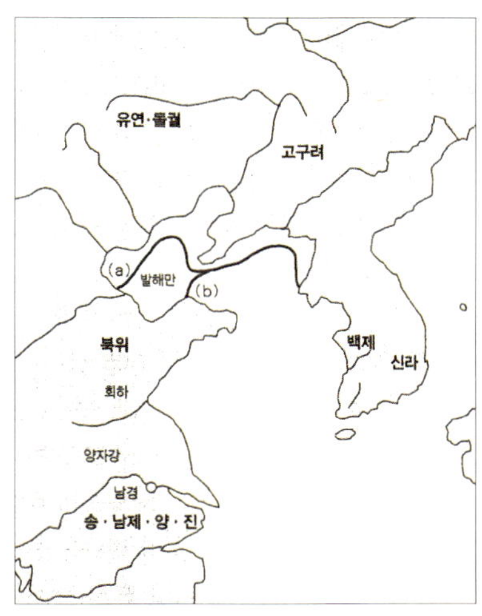

(도 175) 황해 북부 연안 항로(윤명철, 『고구려 해양사 연구』(사계절, 2003), 494쪽 도 7-4)

304. 尹明喆,「高句麗 發展期의 海洋活動能力에 대한 검토 -5~6세기를 중심으로」, 『卓村申延澈教授停年退任紀念史學論叢』(일월서각, 1995), 425~429쪽.

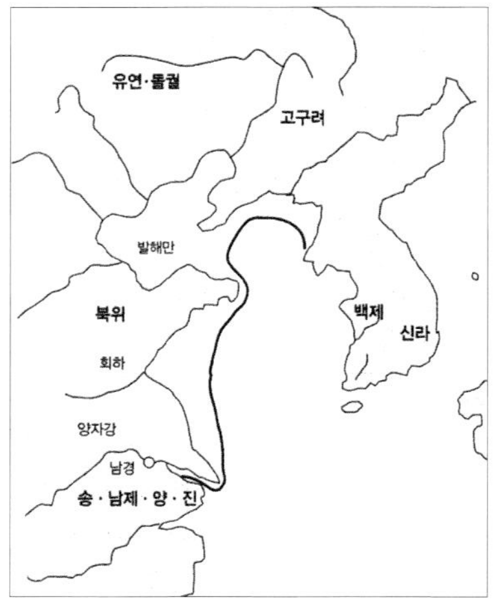

(도 176) 황해 북부 사단 항로(윤명철, 앞의 책, 497
쪽 도 7–5)

다다르는 항로와 대동강에서 출발하여 압록강 유역을 거쳐 요동반도의 끝에서 점으로 연결된 여러 섬들을 따라 산동반도의 북부에 이르는 이른바 노철산 항로이다.

이 항로는 고구려의 영역을 벗어나지 않고 연안 항로를 통해서 이루어지기 때문에 가장 손쉬운 항로이며 가장 많이 사용된 항로였다. 이 항로는 고구려가 북조와의 교섭시에 활용하였으며 정치, 외교교섭 이외에 민간인들의 교역에서도 많이 이용되었을 것으로 추정된다.

둘째, 황해 북부 사단(斜斷) 항로이다(도 176). 대동강 유역에서 출발하여 노철산항로의 근해를 부분적으로 이용하면서 산도반도의 해역권에 들어온 이후 양자강유역까지 남진하는 항로이다. 이 항로는 고구려가 남조와의 교섭을 할 때 이용한 항로였다.『魏書』「高句麗傳」의 기록 중 고구려와 남조의 교섭에서 양국의 사신이 각각 산동 광주(光州: 산동반도 북부에 있는 지역) 등의 해상에서 북위의 관리에게 붙잡혀 체포되는 내용이 있다. 이 기록을 통해 고구려는 남조와의 교류시 북위의 해양권, 즉 산동 해역권을 통과했음을 알 수 있다.

셋째, 황해 중부 사단 항로이다(도 177). 대동강 유역에서 출발하여 아래로 내려와 장산곶(長山串: 황해도 長淵郡) 부근에서 바다로 나가 최단거리인 산동반도를 목표로 직항한 다음 그 근해에서 남진을 계속

하거나 회하(淮河)유역 이남 지역에서 연안을 따라 양자강 유역의 항구로 들어가는 항로 이다.305)

중국과의 항로를 통해 보면, 고구려는 북조와는 물론이고 남조와의 대외적인 교섭에서도 산동반도를 경유하지 않을 수 없었던 것이다.

노철산 수도 항로는 고구려 이외에 백제, 신라도 보편적으로 이용한 항로였다. 하지만 고구려에 의해 항상 위협

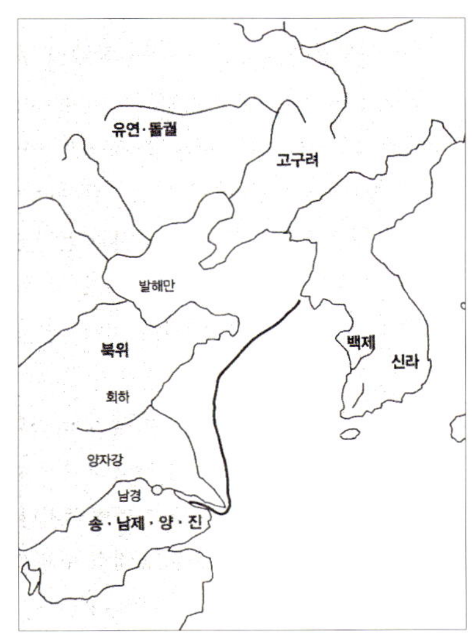

(도 177) 황해 중부 사단 항로(윤명철, 앞의 책, 500쪽 도 7-6)

을 받아 대중교류에 차질이 빚게 되자 4세기 후반에는 당항진(黨項津) →백령도(白翎島)→숙도(椒島: 豊川)→산동 적산(赤山)으로 직행하는 서해 중부 횡단 항로(赤山航路)가 개척되었다. 이 노선을 처음 활용한 백제는 역시 고구려의 방해로 번번히 저지당했으며 웅진천도 이후에는 고구려에 의해, 사비천도 이후에는 신라가 한성을 장악함에 따라 이 항로가 막혀 외교적인 차질을 빚었다.306)

웅진시기 백제와 남조의 해상 항로는 전남 영암→흑산도→중국 양자강 일대로 이르는 코스와 경기도 해안→황해→산동반도→중국 연해

---

305. 尹明喆, 1995,「高句麗 發展期의 海洋活動能力에 대한 검토-5~6세기를 중심으로」『卓村申延澈敎授停年退任紀念史學論叢』, 일월서각, 432~440쪽: 윤명철,『고구려 해양사 연구』(사계절, 2005), 493~503쪽.

306. 신형식,『百濟史』(이화여자대학교 출판부, 1992), 58~63쪽.

→남조에 도달하는 두 갈래 길이 있었다.[307] 한성을 잃어버린 이후인 6세기말 백제는 새로운 대중 항로를 개척하였는데 이는 곧 서산(瑞山)과 태안(唐津)을 거치는 새로운 루트였다. 즉 부여→홍성→예산→서산→태안→산동 적산으로 이어지는 교통노선을 개척하였다.[308] 6세기 후반에는 남조와의 교섭시 흑산도를 거쳐 강남의 명주(明州: 현재의 寧波)로 들어가는 항해 노선을 이용하기는 하였지만 항해상 어려움으로 인해 크게 활용되지는 못하였다.[309]

백제는 6세기 말 흑산도를 경유하여 중국 명주로 들어가는 노선을 활용하기 이전에는 고구려의 노철산 항로 혹은 백제의 당항진에서 산동의 적산으로 들어가는 항로를 주로 이용하였다.[310] 신라 역시 6세기 말 이전에는 남양만(南陽灣)-장산곶-대동강 어귀-압록강 어귀-여순-여러 섬들-산동의 봉래 항로를 널리 이용하였다. 이로 인해 백제와 신라는 고구려의 계속적인 방해를 받았으며, 남양만에서 황해도 서단을 거쳐 산동반도의 동쪽지역으로 횡단하는 항로를 개척하기도 하였다.[311]

신라는 한강을 장악하기 이전인 6세기 중엽 이전에는 고구려, 백제에 의존하여 대중 외교를 진행하였다. 한강을 확보한 6세기 후반 이후에는 당항성에서 덕물도(德物島)를 거쳐 산동 적산으로 서향하는 백제의 노선을 이용하였을 가능성이 높다.[312] 838년 엔닌이 입당할 당

---

307. 姜孟山,「熊津時期 百濟와 中國과의 關係」,『百濟文化』26(公州大學校 百濟文化研究所, 1997), 60~62쪽.

308. 朴聖相,「三國時代 磨崖佛像의 特性에 關한 考察」,『文化史學』6·7(韓國文化史學會, 1997), 154~155쪽.

309. 신형식, 앞의 책, 63~64쪽.

310. 신형식, 1992,『百濟史』, 이화여자대학교 출판부, 58~64쪽.

311. 申瀅植, 2004,『統一新羅史硏究』, 한국학술정보, 302~303쪽: 신형식, 2003,「山東半島의 新羅坊」,『梨花史學研究』30, 694쪽.

시 적산 항로를 이용한 사실에서 적산 항로는 통일신라시대에도 항시 운행되는 노선임을 알 수 있다. 백제대에 흑산도를 거쳐 강남으로 이르렀던 노선은 통일신라시대에도 계절의 제약을 받지만 제한적으로 사용되었다.[313)

『續高僧傳』卷25 「魏太山朗公谷山寺釋僧意傳」에는 "釋僧意… 元魏中, 住太山朗公谷山寺…寺有高驪像, 相國像, 胡國像, 女國像, 吳國像, 崑崙像, 岱京像. 如此七像並是金銅, 俱陳寺堂"[314)[승의가 있었는데…위나라때 태산 낭공곡의 산사에 머물렀다. 이 절에는 고려상, 상국상, 호국상, 여국상, 오국상, 곤륜상, 대경상 등 7구의 금동불상이 있었는데 모두 법당에 진열되어 있다]라는 기록이 있다.

북위대 산동에서 가장 유명한 사찰인 낭공곡사(현재 신통사)에 고구려 불상이 모셔져 있다는 사실은 고구려와 산동의 교류관계를 증명해 준다.[315)

『海東高僧傳』卷1 流通1 에는 "釋義淵, 句高麗人也…聞前齊定國寺沙門法上, 戒山彗海…句高麗大丞相王高德, 乃深懷正信…遣淵乘帆向鄴, 啓發未聞…"[의연은 고구려 승려이다…이때에 북제 정국사 법상스님은 계율을 엄격히 지키고 지혜가 밝은 분이었다…고구려의 재상 왕

---

312. 申瀅植, 『統一新羅史研究』(한국학술정보, 2004), 302~310쪽

313. 고경석, 「장보고의 해상활동과 신라 서남해 지역」, 『제1회 목포해양문화축제 기념 학술회의 논문집』(목포대 도서문화연구소 · 국립해양유물전시관, 2006.4), 21~24쪽.

314. 『大正新修大藏經』50. 647上 참고.

315. 문명대, 「고구려 금동불상과 중국 산동 금동불상 교류」, 『고구려 불상과 중국 산동 불상』(동북아역사재단, 2007), 17~18쪽: 양은경, 「고구려 금동불 광배와 중국 산동지역 불상 광배」, 『고구려 불상과 중국 산동 불상』(동북아역사재단, 2007), 148~149쪽.

고덕은 불교에 깊은 신심을 가지고 있어서…의연을 배에 태워 북제의 수도 업으로 보내어 불법을 알아오게 했다[316]는 기록이 있다.

북제대 고구려의 승려가 바다를 항해하여 중국의 업(현재 하북성 임장현)에 도달하였음을 알 수 있다. 당시 의연스님은 노철산 항로 혹은 적산 항로 등 어떤 항로를 통하여 산동지역에 먼저 도달한 후 산동의 여러 지역을 경유하여 업도에 도착하였을 것이다.

후대 9세기 초의 일본 승 엔닌의 순례기를 통해 보면 그는 산동지역 내에서 대략 적산(赤山)→등주(登州: 봉래)→내주(萊州)→청주(靑州)→장산(長山)→임제(臨濟)를 경유하여 계속해서 서행하였다[317](도 178). 고구려는 해상을 통해 등주 혹은 적산에 먼저 도착한 다음, 9세기 엔닌이 이용한 육로 노선과 비슷한 교통 노선을 이용하였을 가능성이 높다. 남북조시대와 수대 산동지역의 정치, 경제, 문화의 중심지는 청주였기 때문에 이곳을 경유하여 낙양 혹은 업도로 나아갔을 것으로 추측된다.

불교예술이 북조에서 고구려·백제·신라, 남조에서 고구려·백제·신라로 전래되는데에 산동지역은 아주 중요한 위치를 차지했다. 청주와 그 주위의 제성, 박흥, 광요, 임구 등지에서 출토된 남북조시대 불상들은 모두 청주 불상의 영향권 내에 있다.[318] 이를 통해 본다면 고

---

316. 원문은 『海東高僧傳』崔南善本(章輝玉, 1991, 『海東高僧傳』현대적 풀이와 주석, 民族社, 책 뒷부분의 64~65쪽)을 인용하였으며 번역문은 章輝玉, 1991, 『앞의 책』, 책 앞부분의 64~65쪽을 참고로 함. 밑줄은 필자가 임의로 설정함.

317. 엔닌 지음·김문경 역주, 『엔닌의 입당구법순례행기』(중심, 2001), 159~280쪽. 엔닌은 산동 내 적산에서는 장보고가 세운 法華院, 청주에서는 龍興寺 내에 설치된 新羅院, 장산에서는 禮泉寺의 신라원에 각각 기거하였다. 이를 통해 통일신라시대에는 산동지역에 신라인들이 많이 거처하고 있었음을 확인할 수 있다.

318. 劉鳳君,「論靑州地區北朝晩期石佛像藝術風格」『山東大學學報』3(1998), 116쪽.

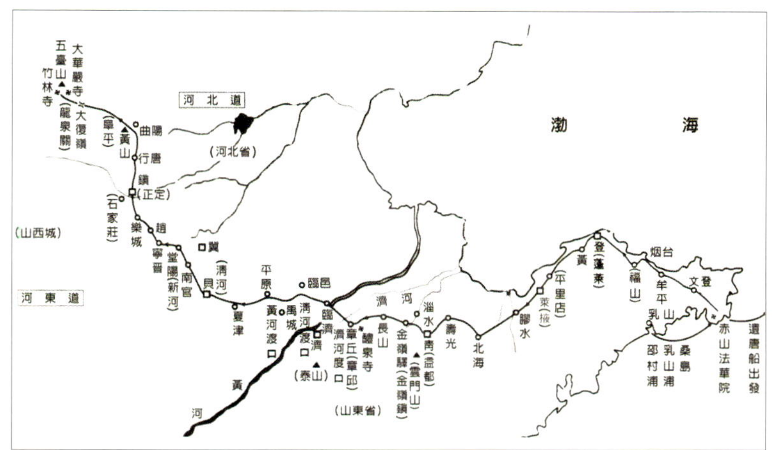

(도 178) 엔닌의 산동 내 행적도(엔닌 지음 · 김문경 역주, 『엔닌의 입당구법순례행기』(중심, 2001), 157쪽)

구려, 백제, 신라의 삼국시대 금동불상과 박흥에서 출토된 금동불상과의 직접적인 영향관계는 자연스럽게 상호 공통점을 이해할 수 있다.

고구려, 백제, 신라의 대중교류에서 산동지역은 북조는 물론 남조와의 교섭에서도 반드시 경유해야 하는 아주 중요한 위치를 차지하였다. 북위대 산동 제남 신통사에 모셔진 2구의 고구려 불상, 북제대 고구려 의연스님의 바다길을 통한 산동지역 경유 등은 두 지역 불교의 밀접한 관련성을 잘 시사하고 있다.[319]

319. 양은경, 「景四年辛卯銘 금동삼존불의 새로운 해석과 中國 불상과의 관계」, 앞의 출처, 64~66쪽.

참고문헌

■ 제 I 장

劉英文編輯,『山東省地圖册』(山東省地圖出版社, 1993)

國立文化財研究所,『中國 所在 文化遺蹟 調查報告書』(國立文化財研究所, 1998)

安作璋主編,『山東通史』(山東人民出版社, 1994)

趙浦根·朱赤主編,『山東寺廟窟龕』(齊魯書社, 2002)

李洪波主編,『諸城文化志』(中國文史出版社, 2004)

劉鳳君,「靑州地區北朝晩期石佛像與 "靑州風格"」,『考古學報』1(2002)

劉鳳君主編,『黃河三角洲佛敎造像硏究』(山東人民出版社, 2003)

■ 제 II 장

Osvald Sirén, *Chinese Sculpture From the Fifth to the Fourteenth Century*, London: Ernest Benn, Ltd, 1925

E. É. Chavannes, "Mission archéologique dans la Chine Septentrionale", Paris: leroux, 1909~1915

關野貞·常盤大定,『支那佛敎史迹』4(佛敎史迹研究會, 1927): 關野貞·常盤大定,『支那文化史迹』4(法藏館, 1939)

荊三林,「濟南近郊的北魏隋唐造像」,『文物參考資料』9(1955)

______, 「關於濟南近郊的北魏隋唐造像的初步意見」, 『文物參考資料』
3(1956)

閻文儒, 「雲門山與駝山」, 『文物參考資料』10(1957)

荊三林, 「濟南郊外歷代石窟及摩崖造像」 上・下, 『現代佛學』5・6(1958)

阪井卓, 「神通寺千佛崖の唐代初期造像について」, 『佛教藝術』
159(1985)

泰安市, 文物考古研究室, 「山東東平白佛山石窟造像調查」, 『考古』
3(1989)

陳聿東, 「山東隋代石窟藝術探析」, 『南開學報』5(1992)

李裕群, 「太原姑姑洞與瓦窯村石窟調查報告」, 『文物季刊』3(1995)

______, 「駝山石窟開鑿年代與造像題材考」, 『文物』6(1998)

______, 『北朝晚期石窟寺研究』(文物出版社, 2003)

______, 「靈巖寺石刻造像考」, 『文物』8(2005)

李淸泉, 「濟南地區石窟, 摩崖造像調查與初步研究」, 『藝術史研究』
2(2000)

梁銀景, 「中國 駝山石窟 佛敎雕刻에 대한 考察」, 『佛敎美術研究』
2(1995)

______, 「隋代 長安・洛陽지역 佛敎雕刻 硏究」, 『講座 美術史』18(2003)

______, 「中國 山東지역 隋代 佛敎石窟과 摩崖造像」, 『강좌 미술사』
20(2003)

______, 『隋代佛敎窟龕研究』(文物出版社, 2004)

______, 「山東 神通寺 千佛崖의 銘文分析과 造像의 特徵」, 『中國史研
究』34(2005)

마쓰창 외 저・양은경 역, 『중국 불교석굴』(다홀미디어, 2006)

董傳運, 『山東名勝古迹』(山東友誼書社, 1989)

馮蜂鳴, 『巨佛,駝山,仰天山文化探源』(中國文聯出版社, 2000)

趙浦根 · 朱赤主編, 『山東寺廟塔窟』(齊魯書社, 2002)

郭建芬等編著, 『山東文物叢書-碑刻造像』(山東友誼出版社, 2002)

劉鳳君, 『山東佛像藝術』(藝術家, 2001)

류펑쥔, 「산동지역 북조, 수, 당의 불상」, 『고구려 불상과 중국 산동 불
　　상』(동북아역사재단, 2007)

溫玉成, 「青州佛教造像考察記」, 『四門塔阿閦佛與山東佛像藝術研究』
　　(中國文史出版社, 2005)

張總, 「山東歷城黃石崖摩崖龕窟調查」, 『文物』4(1996)

清 法偉堂이 편찬한 『山左訪碑錄』(『石刻史料新編』第二輯 地方類(臺
北: 新文豊出版公社, 1979)

常盤大定 · 關野貞, 『支那佛敎史蹟』1(佛敎史蹟研究會, 1972)

李淸泉, 「濟南地區石窟, 摩崖造像調查與初步研究」, 『藝術史研究』
　　2(2000)

淸代 麥曾德이 편찬한 『續歷城縣志』卷三十一 金石考 二十七 기록(『石
刻史料新編』第三輯 二五(臺北新文豊出版公司, 1986

唐仲明, 『山東地區隋代摩崖龕窟造像研究』(山東大學 碩士學位論文,
　　2000.5)

唐仲明, 「濟南玉函山隋代摩崖龕窟造像」, 『中原文物』1(2003)

靈巖寺編輯委員會編, 『靈巖寺』(文物出版社, 1999)

常盤大定 · 關野貞, 『支那佛敎史蹟』1(佛敎史蹟研究會, 1972)

由少平 · 常興照等編著, 『山東文物叢書-建築』(山東友誼出版社, 2002)

劉振淸主編, 『齊魯文化』東方思想的搖籃 (商務印書館, 1996)

劉繼文, 『濟南神通寺』(山東友誼出版社, 2005)

『舊唐書』卷七十六「列傳 第二十六」太宗諸子傳 (中華書局標點本, 1975)

孫建華編著, 『漫步石窟雕塑』(中國社會科學出版社, 2005)

孫建華, 「濟南市大佛寺調査記」, 『文物』10(1964)

高愛穎·劉守亮, 『齊魯歷史文化叢書-齊魯名寺』(山東文藝出版社, 2004)

王仲奮, 『中國名窟名洞』(中國旅游出版社, 2002)

泰安市文物考古研究室, 「山東東平白佛山石窟造像調査」, 『考古』3(1989)

張　總, 「白佛山等十六王子像槪述」, 『敦煌研究』3(1998)

______, 「山東東平理明窩摩崖造像」, 『文物』8(1998)

______, 「北朝至隋山東佛敎藝術査硏新得」, 『漢唐之間的宗敎藝術與考
　　古』(文物出版社, 2000)

安廷山, 『山東摩崖書刻藝術』(新華出版社, 1997)

山東省地方史志編纂委員會, 『山東省志·文物志』(山東人民出版社, 1996)

泰安市文物考古研究室, 「山東東平白佛山石窟造像調査」, 『考古』3(1989)

郭建芬, 『山東文物叢書-碑刻造像』(山東友誼出版社, 2002)

中共臨朐縣委宣傳部·臨朐縣旅游局·紙坊鄕黨委政府編, 『石門坊』
　　(濰坊市新聞出版局, 1996)

潘心德主編, 『山東著名風景名勝-石門坊』(明天出版社, 2002)

穆紅梅·張經法, 「新泰市放城鎭閣老頂觀音造像」, 『四門塔阿閦佛與山
　　東佛像藝術研究』(中國文史出版社, 2005)

溫玉成, 「龍門北朝小龕的類型, 分期與洞窟排年」, 『中國石窟·龍門石
　　窟(一)』(文物出版社, 1991)

梁銀景·崔德卿, 「北魏시기 大同지역의 小石窟群」, 『강좌 미술사』
　　23(한국불교미술사학회, 2004)

水野淸一·長廣敏雄, 『響堂山石窟』(京都 東方文化學院京都硏究所, 1937)

邯鄲市峰峰礦區文管所·北京大學考古實習隊, 「南響堂山石窟新發現
　　窟檐遺蹟及龕像」, 『文物』5(1992)

田村節子,「響堂山石窟の現狀」,『佛教藝術』153(1984)

曾布川寛,「響堂山石窟考」,『東方學報』62(1990)

顔娟英,「河北南響堂山石窟寺初探」,『考古與歷史文化-慶祝高去尋先生八十大壽論文集』(下)(臺北 正中, 1991)

李裕群,『中原北方地區北朝晚期的石窟寺』(北京大學 考古系 博士學位論文, 1993)

邯鄲市文物保管所,「邯鄲鼓山水浴寺石窟調査報告」,『文物』4(1987)

河南省古代建築保護研究所,「河南安陽靈泉寺石窟及小南海石窟」,『文物』4(1988)

河南省古代建築保護研究所,『寶山靈泉寺』(河南人民出版社, 1991)

李玉珉,「大住聖窟」,『故宮學術季刊』2(1998)

王振國,「龍門隋代小龕初探」,『華夏考古』1(1998)

______,「河南沁陽懸谷山隋代千佛洞石窟」,『敦煌研究』4(2000)

河南省古建研究所,「博愛縣石佛灘隋代摩崖造像調査簡報」,『中原文物』1(1992)

劉建華,「河北曲陽八會寺隋代刻經龕」,『文物』5(1995)

樊錦詩 · 關友惠 · 劉玉權,「莫高窟隋代石窟の時代區分」,『中國石窟 · 敦煌莫高窟』(二)(平凡社, 1981)

水野清一 · 長廣敏雄,『龍門石窟の研究』(京都, 1941)

張若愚,「伊闕佛龕之碑和潛溪寺, 賓陽洞」,『文物』1(1980)

岡田健,「龍門石窟初唐造像論 -その一 太宗貞觀期まての道のり-」,『佛教藝術』171(1987)

曾布川寛,「龍門石窟における唐代造像の研究」,『東方學報』60(1988)

劉東光 著 · 勝木言一郎 譯,「響堂山石窟に關するいくつかの問題について」,『佛教藝術』230(1997)

宿　白,「靑州龍興寺窖藏所出佛像的幾个問題」,『山東靑州龍興寺出土
　　　佛敎石刻造像精品』(1999)

Marylin M. Rhie, "Late Sui Buddhist Sculpture: A Chronology and
　　　Regional Analysis", *Archives of Asian Art,* No. 35, 1982

顧彦芳・李文生,「龍門石窟主要唐窟總敍」,『龍門石窟(二)』(文物出版
　　　社, 1992)

李裕群・李鋼,『天龍山石窟』(科學出版社, 2003)

篠原典生,『南響堂山石窟隋唐小龕分期研究』(北京大學碩士研究生學
　　　位論文, 2003)

廣元市文物管理所・中國社會科學宗敎所佛敎室,「廣元千佛崖石窟調
　　　査記」,『文物』6(1990)

敦煌文物研究所編,『中國石窟・敦煌莫高窟』2(平凡社, 1993)

■ 제Ⅲ장

王思禮・楊子范,「山東省曲阜勝果寺出土銅造像」,『文物』6(1959)

郭東錫,「金銅製一光三尊佛의 系譜-韓國과 中國 山東地方을 中心으
　　　로-」,『美術資料』51(國立中央博物館, 1993)

胡新立,「山東鄒縣發現的北朝銅造像」,『考古』6(1994)

常叙政・于豊華,「山東省高靑縣出土佛敎造像」,『文物』4(1987)

韓崗,「山東諸城出土北朝銅造像」,『文物』11(1986)

韓崗・張健,「諸城北朝佛敎造像綜述」,『中國北朝佛敎造像及其傳播國
　　　際學術研討會論文集』(2005)

李少南,「山東博興出土百餘件北魏至隋代銅造像」,『文物』5(1984)

丁明夷,「談山東省博興出土的銅佛造像」,『文物』5(1984)

山東省博興縣文物管理所,「山東省博興龍華寺遺址調查簡報」,『考古』
　　　9(1986)

張淑敏,「博興縣出土の金銅仏について」,『シリーズ山東文物5-小さな御
　　　仏たち』(中國文史出版社, 2005)

張淑敏等,『山東博興銅佛像藝術』(臺北 藝術家, 2005)

張淑敏・田茂亭,「淺談山東博興出土的北朝銅佛像」,『中原文物』2(2005)

＿＿＿,「博興發現的兩件北魏早期銅佛像」,『四門塔阿閦佛與山東佛像
　　　藝術研究』(中國文史出版社, 2005)

吉愛琴,「泰安大汶口出土北朝銅鎏金蓮花座等文物」,『考古』6(1989)

許憑彬,『山東博興龍華寺遺址出土佛敎遺物分期研究-以鎏金銅造像爲
　　　中心』(北京大學碩士學位論文, 2005)

李靜杰,「靑州風格佛像的形成與發展」,『中國北朝佛敎造像及其傳播國
　　　際學術研討會論文』(2005)

金　申,『中國歷代紀年佛像圖典』(文物出版社, 1995)

李玉珉,「山東早期佛敎造像考-劉宋至北魏時期」,『臺灣學者中國史研
　　　究論叢-美術與考古』上册(中國大白科全書出版社, 2005)

歐陽啓名,『佛敎造像』(文物出版社, 2004)

譚其驤主編,『中國歷史地圖集』-第四册, 東晋十六國・南北朝時期(中國
　　　地圖出版社, 1996)

夏名采・莊明軍,「山東靑州興國寺故址出土石造像」,『文物』5(1996)

崔天勇,「山東萊州市出土北魏銅造像」,『考古』10(1994)

양은경,「고구려 금동불 광배와 중국 산동지역 불상 광배와의 관계」,
　　　『고구려 불상과 중국 산동 불상』(동북아역사재단, 2007)

劉鳳君,「山東地區北朝佛敎造像藝術」,『考古學報』3(1993)

劉鳳君·王志芳·張健,「山東地區古代佛教藝術的主要成就」,『四門塔
　　　阿閦佛與山東佛像藝術研究』(中國文史出版社, 2005)

張淑敏等,『山東博興銅佛像藝術』(臺北 藝術家, 2005)

劉鳳君,『黃河三角洲佛教造像研究』(山東人民出版社, 2003)

丁明夷,「談山東省博興出土的銅佛造像」,『文物』5(1984)

■ 제IV장

夏名采·莊明軍,「山東青州興國寺故址出土石造像」,『文物』5(1996)

黃春和,「青州龍興寺石佛造像背光上的佛塔」,『文物天地』5(1999)

夏名采·劉華國·楊華勝,「山東青州出土兩件北朝彩繪石造像」,『文
　　　物』2(1997)

山東省青州市博物館,「山東龍興寺佛教造像窖藏清理簡報」,『文物』
　　　2(1998)

中國歷史博物館·山東青州市博物館,『山東青州龍興寺出土佛教石刻
　　　造像精品』(中國歷史博物館, 1999)

青州市博物館編,『青州龍興寺佛教造像藝術』(山東美術出版社, 1999)

王衛明,「青州龍興寺址出土窖藏佛教造像初論-魏晉南北朝時期におけ
　　　る山東佛教美術史的成立背景を中心に」,『京都橤女子大學研
　　　究紀要』25(1991.1)

夏名采·王瑞霞,「青州龍興寺出土背屏式佛教石造像分期初探」,『文
　　　物』5(2000)

大西修也,「山東省青州出土石造半跏像の意味するもの」,『佛教藝術』
　　　248(2000.1)

金維諾, 「靑州龍興寺造像的藝術成就-兼論靑州背屛式造像及北齊“曹家樣”」, 『漢唐之間的宗敎藝術與考古』(文物出版社, 2000)

郭長建主編, 『中國靑州石雕』(五洲傳播出版社, 2001)

劉鳳君·村松哲文譯, 「山東省靑州地域における北朝後期の佛像樣式について」, 『會津八一記念博物館硏究紀要』3(2002.3)

劉鳳君, 「靑州地區北朝晚期石佛像與“靑州風格”」, 『考古學報』1(2002)

Katherine R. Tsiang, “Embodiments of Buddahist Texts in Early Medieval Chinese Visual Culture”, *Body and Fall in Chinese Visual Culture*, Harvard University Asia Center, 2005

劉建華, 「北齊時期靑州與定州地區靑白石佛敎造像藝術」, 『四門塔阿閦佛與山東佛像藝術硏究』(中國文史出版社, 2005)

杜斗城·崔峰, 「山東龍興寺等佛敎造像“窖藏”皆爲“葬舍利”說」, 『四門塔阿閦佛與山東佛像藝術硏究』(中國文史出版社, 2005)

常敍政·李少南, 「山東省博興縣出土一批北朝造像」, 『文物』7(1983)

博興縣文物管理所, 「山東博興縣出土北朝造像等佛敎遺物」, 『考古』7(1997)

惠民地區文物管理組, 「山東無棣出土北齊造像」, 『文物』7(1983)

惠民縣文物事業管理處, 「山東惠民出土一批北朝佛敎造像」, 『文物』6(1999)

臨朐縣博物館, 「山東臨朐明道寺舍利塔地宮佛敎造像淸理簡報」, 『文物』9(2002)

諸城市博物館, 「山東諸城發現北朝造像」, 『考古』8(1990)

杜在忠·韓崗, 康培仁譯, 「山東諸城出の土石佛像について」(1), (2), (3), (4), 『古美術』99, 101, 102, 103(1991.7, 1992.1, 1992, 1992.8)

杜在忠·韓崗,「山東諸城佛敎石造像」,『考古學報』2(1994)

松原三郎,「諸城派石彫考」,『古美術』103(1992.8)

趙正强,「山東廣饒出土佛敎石造像」,『文物』12(1996)

尹秀民主編,『廣饒文物槪覽』(內蒙古人民出版社, 2001)

王君衛,「山東昌邑保垓寺故址出土石造像」,『文物』6(1999)

夏名采·莊明軍,「山東靑州興國寺故址出土石造像」,『文物』5(1996)

夏名采·劉華國·楊華勝,「山東靑州出土兩件北朝彩繪石造像」,『文
　　　物』2(1997)

夏名采,『靑州龍興寺佛敎造像窖藏』(三聯書店, 2004)

山東省靑州市博物館,「山東龍興寺佛敎造像窖藏淸理簡報」,『文物』
　　　2(1998)

韓崗·張健,「諸城北朝佛敎造像綜述」,『中國北朝佛敎造像及其傳播國
　　　際學術硏討會論文集』(2005)

杜在忠·韓崗,「山東諸城佛敎石造像」,『考古學報』2(1994)

諸城市博物館,「山東諸城市丁家花園發現北周石蓮座」,『考古』7(1998)

臨朐縣博物館,「山東臨朐明道寺舍利塔地宮佛敎造像淸理簡報」,『文
　　　物』9(2002)

宮德杰,「明道寺背屛式造像分期初探」,『中國北朝佛敎造像及其傳播國
　　　際學術硏討會論文』(2005)

宮德杰,「小時家莊出土的佛敎造像與寺院建築基址」,『中國北朝佛敎造
　　　像及其傳播國際學術硏討會論文』(2005)

趙正强,「山東廣饒出土佛敎石造像」,『文物』12(1996)

八木 春生,「北魏時代後期の佛(道)敎造像に見られる漢民族の傳統圖
　　　像について」,『中國佛敎美術と漢民族化』(法藏館, 2004)

尹秀民主編,『廣饒文物槪覽』(內蒙古人民出版社, 2001)

惠民縣文物事業管理處,「山東惠民出土一批北朝佛敎造像」,『文物』6(1999)

惠民地區文物管理組,「山東無棣出土北齊造像」,『文物』7(1983)

王君衛,「山東昌邑保垓寺故址出土石造像」,『文物』6(1999)

常敍政・于豊華,「山東省高靑縣出土佛敎造像」,『文物』4(1987)

常敍政・李少南,「山東省博興縣出土一批北朝造像」,『文物』7(1983)

山東省博興縣文物管理所,「山東博興龍華寺遺址調査簡報」,『文物』9(1986)

博興縣文物管理所,「山東博興出土北朝造像等佛敎遺物」,『考古』7(1997)

張淑敏,「龍華寺遺址」,『シリ-ズ山東文物5-小さな御佛たち』(山口縣立萩美術館・浦上記念館, 2004)

李廣英,「"丈八佛"石造像」,『鐫刻的歷史』(中國文史出版社, 2004)

張志義,「西天寺與北魏石佛」,『四門塔阿閦佛與山東佛像藝術硏究』(中國文史出版社, 2005)

王集欽,「北魏石造像遷徙記」,『靑島文物與名勝保護紀實』(靑島出版社, 2000)

時桂山,「靑島的四尊北魏造像」,『文物』1(1963)

房道國・劉會先,「濟南地區的北朝佛敎造像遺存及相關問題硏究」,『中國北朝佛敎造像及其傳播國際學術硏討會論文』(2005)

房道國,「濟南地區佛敎造像遺存及相關問題初探」,『四門塔阿閦佛與山東佛像藝術硏究』(中國文史出版社, 2005)

______,「濟南市出土北朝石造像」,『考古』6(1994)

曹元啓・宮德杰,「簡析壽光寺出土的兩批佛敎造像」,『中國北朝佛敎造像及其傳播國際學術硏討會論文』(2005)

穆紅梅·馬培林, 「光化寺出土東魏佛敎造像硏究」, 『四門塔阿閦佛與山
　　　東佛像藝術硏究』(中國文史出版社, 2005)

蔣惠民, 「龍口北朝佛像小考」, 『四門塔阿閦佛與山東佛像藝術硏究』(中
　　　國文史出版社, 2005)

欒學智, 「法海寺」, 『靑島文物與名勝保護紀實』(靑島出版社, 2000)

孫善德, 「靑島市新征集一件北魏石造像」, 『文物』1(1985)

路維民, 「鄄城縣文物管理所所藏四块北齊造像殘碑」, 『四門塔阿閦佛與
　　　山東佛像藝術硏究』(中國文史出版社, 2005)

■ 제V장

梁銀景, 「漢代 美術의 分類와 特徵」, 『中國史硏究』(中國史學會, 2006)

______, 「隋代 長安, 洛陽지역 불교조각 연구」, 『강좌 미술사』18(2002. 6)

______, 「中國 山東지역 隋代 佛敎石窟과 摩崖造像」, 『강좌 미술사』
　　　20(2003)

______, 『隋代佛敎窟龕硏究』(文物出版社, 2004)

______, 「山東 神通寺 千佛崖의 銘文分析과 造像의 特徵-太宗, 高宗初
　　　期 佛龕을 중심으로」, 『中國史硏究』34(2005)

______, 「중국 山東지역 불상과 한국 삼국시대 불상의 교류 관계」, 『강
　　　좌 미술사』26(2006)

Wu. Hung, "Buddhist Element in Early Chinese Art-2nd and 3rd
　　　centuries A. D" *Artibus Asiae*, Vol. XLVII, 3/4, 1986

Eugene Y. Wang, *Shaping the Lotus Sutra: Buddhist Visual Culture
　　　in Medieval China*, Seattle: University of Washington

Press, 2005

江心力, 『齊魯歷史文化叢書-齊魯佛教史話』(山東文藝出版社, 2004)

裵淑蘭·冀艷坤, 「河北省征集的部分十六國北朝佛教銅造像」, 『文物』
　　　　7(1998)

宿　　白, 「靑州龍興寺窯藏所出佛像的幾個問題」, 『山東靑州龍興寺出土
　　　　佛像石刻造像精品』(中國歷史博物館, 1999)

黃志成, 『四至六世紀山東地區佛教之研究-以寺院, 僧侶與義邑爲中心』
　　　　(臺北 中正大學 歷史研究所 碩士論文, 1995.6)

劉鳳君, 「山東省北朝觀世音和彌勒造像考」, 『文史哲』2(1994)

　　　　, 『黃河三角洲佛教造像研究』(山東人民出版社, 2003)

　　　　, 「山東省北朝觀世音和彌勒造像考」, 『文史哲』2(1994)

　　　　, 『山東佛像藝術』(藝術家, 2001)

王瑞霞, 「北朝晚期古靑州地區的佛教信仰」, 『中國北朝佛教造像及其傳
　　　　播國際學術硏討會論文集』(2005)

李玉珉, 「山東早期佛教造像考-劉宋至北魏時期」, 『美術與考古』上册(中
　　　　國大百科全書出版社, 2005)

　　　　, 『中國佛教美術史』(東大圖書公司, 2007)

　　　　, 「山東早期佛教造像考-劉宋至北魏時期」, 『美術與考古』上册(中
　　　　國大百科全書出版社, 2005)

江心力, 『齊魯佛教史話』(山東文藝出版社, 2004)

張健·韓崗·張總, 「諸城出土窖"法界圖像"佛像」, 『中國北朝佛教造像
　　　　及其傳播國際學術硏討會論文集』(2005)

陳冬梅, 「四門塔與隋文帝」, 『四門塔阿閦佛與山東佛像藝術研究』(中國
　　　　文史出版社, 2005)

黨明德·林吉玲主編, 『濟南百年城市發展史-開埠以來的濟南』(濟南書

社, 2004)

張淑敏等,『山東博興銅佛像藝術』(臺北 藝術家, 2005)

金文經,『唐代의 社會와 宗敎』(崇田大學敎 出版部, 1984)

한국불교연구원,『한국 승려들의 중국 내 활동에 관한 연구』중간보고
　　　서(2006)

羅世平,「巴中石窟三題」,『文物』3(1996)

廣元皇澤寺博物館・成都市文物考古研究所,『廣元石窟』(巴蜀書社,
　　　2002)

雷玉華・王劍平,「四川菩提瑞像研究」,『2004年龍門石窟國際學術研討
　　　會文集』(河南人民出版社, 2006)

巴中市文管所・成都市文物考古研究所,『巴中石窟』(巴蜀書社, 2003)

常　靑,「試論龍門初唐密敎雕刻」,『考古學報』3(2001)

邢　軍,「廣元千佛崖初唐密敎造像析」,『文物』6(1990)

巴中市文管所・成都市文物考古研究所,『巴中石窟』(巴蜀書社, 2003)

河定旼,「中國 法界像에 관한 研究」,『美術史學研究』238・239(2003.9)

■ 제Ⅵ장

劉振淸主編,『齊魯文化-東方思想的搖籃』(香港 商務印書館, 1996)

劉鳳君,「山東地區北朝佛敎造像藝術」,『考古學報』3(1993)

　　　,「論靑州地區北朝晩期石佛像藝術風格」『山東大學學報』3(1998)

　　　,『山東佛像藝術』(藝術家, 2001)

　　　,「靑州地區北朝晩期石佛像與"靑州風格"」,『考古學報』1(2002)

　　　,『黃河三角洲佛敎造像研究』(山東人民出版社, 2003)

黃壽永, 「泰安磨崖三尊佛像(補)」, 『韓國의 佛像』(文藝出版社, 1990)

______, 「斷石山神仙寺石窟磨崖像」, 『韓國의 佛像』(文藝出版社, 1990)

辛鐘遠, 「斷石山神仙寺 造像銘記에 보이는 彌勒信仰集團에 대하여-신라 中古期의 王妃族 岑喙部」, 『歷史學報』143(역사학회, 1994)

최성은 글·안장헌 사진, 『석불 돌에 새긴 정토의 꿈』(한길아트, 1998)

溫玉成, 「古陽洞研究」, 『龍門石窟研究論文選』(上海人民美術出版社, 1993)

中華人民共和國國家文物局, 『龍門石窟』(人民美術出版社, 2002)

宮大中, 「龍門造像第一窟-古陽洞」, 『龍門石窟藝術』(人民美術出版社, 2002)

陳　平, 「河南中小型石窟調查的主要收穫」, 『漢唐之間的宗敎藝術與考古』(文物出版社, 2000)

宮大中, 「偃師縣泉石窟」, 『龍門石窟藝術』(人民美術出版社, 2002)

文明大, 「百濟四方佛의 기원과 禮山 石柱四方佛像의 연구」, 『韓國佛敎美術史論』(民族社, 1987)

______, 「百濟佛像의 形式과 內容」, 『百濟의 彫刻과 美術』, (公州大學校博物館·忠淸南道, 1991)

______, 「泰安 百濟磨崖三尊佛像의 新研究」, 『佛敎美術研究』2(佛敎美術文化財研究所, 1995.12)

______, 「고구려 在銘 금동불상의 양식과 도상 해석의 과제」, 『한국의 불상 조각 1-三國時代 佛敎彫刻史 研究』(예경, 2003)

朝鮮總督府, 『慶州南山の佛蹟』(民族文化, 1982)

黃壽永, 「泰安磨崖三尊佛像(補)」, 『韓國의 佛像』(文藝出版社, 1990)

宿　白, 「南朝龕像遺迹初探」, 『中國石窟寺研究』(文物出版社, 1996)

______, 「洛陽地區北朝石窟的初步考察」, 『中國石窟寺研究』(文物出版

社, 1996)

______,「大金西京武州山重修大石窟寺碑-與日本長廣敏雄教授討論有
　　　　關雲岡石窟的某些問題-」,『中國石窟寺研究』(文物出版社, 1996)

李裕群,「駝山石窟開鑿年代與造像題材考」,『文物』6(1998)

金春實,「百濟 7세기 佛像과 中國 佛像」,『선사와 고대』12(2000)

崗田健,「佛敎彫刻における朝鮮半島と中國・山東半島の關係」,『日韓
　　　　兩國に所在する韓國佛敎美術の共同調査研究-研究成果報告
　　　　書』, (奈良國立博物館, 1993.3)

郭東錫,「製作技法을 통해본 三國時代 小金銅佛의 類型과 系譜」,『佛敎
　　　　美術』11, (東國大學校博物館, 1992.12)

______,「金銅製一光三尊佛의 系譜-韓國과 中國 山東地方을 中心으
　　　　로-」,『美術資料』51(國立中央博物館, 1993.6)

______,『KOREAN ART BOOK-금동불』(예경, 2000)

金理那,「高句麗 佛敎彫刻樣式의 展開와 中國 佛敎彫刻」,『高句麗 美術
　　　　의 對外交涉』(藝耕, 1996)

梁銀景,「試論隋代佛敎造像與朝鮮三國佛敎造像的關係」,『藝術史硏
　　　　究』(中山大學出版社, 2003)

______,「景四年辛卯銘 금동삼존불의 새로운 해석과 中國 불상과의 관
　　　　계」,『先史와 古代』23(韓國古代學會, 2005.12)

金春實,「中國 山東省 佛像과 三國時代 佛像」,『미술사논단』19, (한국미
　　　　술연구소, 2004)

강희정,「고구려 화생상의 기원과 의미-금동불 광배를 중심으로」,『항
　　　　산 안휘준교수 정년퇴임 기념 논문집』, (사회평론, 2006)

張淑敏等,『山東博興銅佛像藝術』(臺北 藝術家, 2005)

張　恩,「山東歷城黃石崖摩崖龕窟調査」,『文物』4(1996)

八木春生,「北魏時代後期の佛(道)敎造像に見られる漢民族の傳統圖像について」,『佛敎藝術』245(佛敎藝術學會, 1999.7)

王華慶・莊明軍,「析龍興寺造像中的"螭龍"」,『文物』5(2000)

夏名朵・王瑞霞,「靑州龍興寺出土背屏式佛敎石造像分期初探」,『文物』5(2000)莊明軍,「靑州 佛敎造像중의 "螭龍"」,『美術을 通해 본 中國史 국제학술대회 논문집』(中國史學會, 2004)

李靜杰・田軍,「論定州系白石石佛像」,『藝術史硏究』(中山大學出版社, 2004)

呂常凌主編,『山東文物精萃』(山東美術出版社, 2000)

許憑彬,『山東博興龍華寺遺址出土佛敎遺物分期硏究-以鎏金銅造像爲中心』(北京大學碩士學位論文, 2005)

劉建華,「北齊時期靑州與定州地區靑白石佛敎造像藝術」,『四門塔阿閦佛與山東佛像藝術硏究』(中國文史出版社, 2005)

최성은,「新羅佛敎彫刻의 對中關係」,『新羅 美術의 對外交涉』(예경, 2000)

______,『석불-돌에 새긴 정토의 꿈』(한길아트, 2003)

Tanabe Saburosuke, "From the Stone Buddhas of Longxinsi to Buddhist Images of Three Kingdaoms Korea and Asuka-hakuho Japan", *Trasmiting the Forms of Divinity-Early Buddhist Art from Korea and Japan,* Published by Japan society(New York, 2003)

孫兌鉉,『韓國海運史』(亞成出版社, 1982)

王綿厚・李健才,『東北古代交通』(瀋陽出版社, 1990)

신형식,『百濟史』(이화여자대학교 출판부, 1992)

______,「山東半島의 新羅坊」,『梨花史學硏究』30(梨花史學硏究所,

2003)

______, 『統一新羅史硏究』(한국학술정보, 2004)

尹明喆, 「高句麗 發展期의 海洋活動能力에 대한 검토-5~6세기를 중심
으로」, 『卓村申延澈敎授停年退任紀念史學論叢』(일월서각,
1995)

______, 『고구려 해양사 연구』(사계절, 2003)

姜孟山, 「熊津時期 百濟와 中國과의 關係」, 『百濟文化』26(公州大學校
百濟文化硏究所, 1997)

朴聖相, 「三國時代 磨崖佛像의 特性에 關한 考察」, 『文化史學』6·7(韓
國文化史學會, 1997)

申瀅植, 『統一新羅史硏究』(한국학술정보, 2004)

고경석, 「장보고의 해상활동과 신라 서남해 지역」, 『제1회 목포해양문
화축제 기념 학술회의 논문집』(목포대 도서문화연구소·국립
해양유물전시관, 2006.4)

溫玉成, 「洛陽市偃師縣水泉石窟調査」, 『文物』3(1990)

______, 「高句麗"相之國"」, 『北方文物』3(2004)

馮賀軍, 『曲陽白石造像硏究』(紫禁城出版社, 2005)

顧美華編選, 『中國大佛』(上海古籍出版社, 1994)

230, 239, 251, 254, 255, 275, 280, 311, 312, 314

동평현   14, 19, 21, 97, 98, 105, 113, 146, 148, 152, 281, 289, 294, 299

【ㅁ】

막고굴   134, 137, 140, 141, 144

명도사   208, 209, 210, 217, 250, 251, 278

무량수불   40, 281, 290, 291, 295

무체현   14, 189, 191, 225, 251, 257, 258, 277, 284

문제   80, 286, 287, 288

미륵상   40, 54, 55, 56, 60, 67, 70, 76, 103, 162, 167, 178, 179, 201, 241, 261,
        275, 276, 295

미륵하생신앙   276, 280

밀교   292, 297

【ㅂ】

박흥현   14, 18, 156, 166, 167, 182, 183, 185, 186, 187, 188, 189, 191, 217, 218,
        229, 233, 236, 251, 254, 255, 257, 258, 272, 277, 278, 281, 282,
        284, 285, 290, 292, 302, 311

박흥현박물관   166, 167, 233

방산   78, 79, 123, 129

법화경   281

법화원   292, 293, 294

병령사석굴   273